上海政法学院法学高原学科刑法学创新团队建设项目

总主编：姚建龙

新型经济活动中的罪刑问题

XINXING JINGJI HUODONG ZHONG DE ZUIXING WENTI

彭文华 / 主　编

陈丽天　王　娜　骆　群　刘崇亮 / 副主编

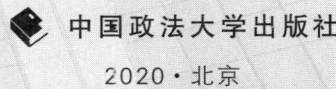

中国政法大学出版社

2020·北京

图书在版编目（ＣＩＰ）数据

新型经济活动中的罪刑问题/彭文华主编. —北京:中国政法大学出版社,2020.7
ISBN 978-7-5620-8132-6

Ⅰ.①新… Ⅱ.①彭… Ⅲ.①经济犯罪－研究－中国 Ⅳ.①D924.334

中国版本图书馆 CIP 数据核字(2020)第 122626 号

出 版 者	中国政法大学出版社
地　　址	北京市海淀区西土城路 25 号
邮寄地址	北京 100088 信箱 8034 分箱　邮编 100088
网　　址	http://www.cuplpress.com (网络实名：中国政法大学出版社)
电　　话	010-58908586(编辑部) 58908334(邮购部)
编辑邮箱	zhengfadch@126.com
承　　印	保定市中画美凯印刷有限公司
开　　本	720mm×960mm　　1/16
印　　张	20.25
字　　数	350 千字
版　　次	2020 年 7 月第 1 版
印　　次	2020 年 7 月第 1 次印刷
定　　价	79.00 元

总主编简介

　　姚建龙，男，1977年出生，汉族，江西永丰人，中共党员，法学博士。上海社会科学院法学研究所所长、教授、博士生导师，原上海政法学院党委常委、副校长。在《中国法学》《法学评论》《法学》《现代法学》《环球法律评论》《法律科学》等刊物上公开发表学术论文数百篇；独著、主编《刑法学总论》《刑法学分论》《刑法思潮与理论进展》《禁毒刑法学》《合适成年人与刑事诉讼》《禁毒学导论》《反恐学导论》等20余部；主持国家级、省部级项目近10项。主要社会兼职有上海市禁毒法研究会会长、上海市未成年人法研究会会长、上海市预防青少年犯罪研究会会长、中国刑事诉讼法研究会理事、少年司法专业委员会副主任委员等。受聘为全国人大、国务院妇儿工委办、中央综治委预青专项组、最高人民检察院、团中央等部委在相关专业领域咨询专家、顾问等。曾入选中国哲学社会科学最有影响力学者排行榜（2017年）、中国被引次数超过百次刑法学科青年学者（45岁以下）第八位（2017年）、全国未成年人思想道德建设工作先进工作者、上海市十大杰出青年、上海市十大优秀中青年法学家、上海市杰出青年岗位能手、上海市禁毒先进个人、上海市曙光学者等。曾获首届全国刑法学优秀学术著作奖（1984-2014年）一等奖、中国犯罪学学会"五年优秀犯罪学科研成果奖"论文类一等奖、钱端升法学成果奖提名奖、第三届上海市法学优秀成果奖三等奖等。

主编简介

彭文华，男，江西新建人，上海政法学院刑事司法学院院长、教授。社会兼职主要有中国犯罪学研究会常务理事、中国法学教育研究会理事、佛山市仲裁委员会仲裁员、苏州市委政法委法律顾问、西南政法大学量刑研究中心研究员等。在《法学研究》《法学家》《法律科学》《法学评论》《法学》《现代法学》《法制与现代发展》《法商研究》等刊物上发表论文 150 余篇，独著、主编、副主编《刑法第 13 条但书与刑事制裁的界限》等著作十余部，主持国家级、省部级项目 7 项。

副主编简介

陈丽天，上海政法学院刑事司法学院副院长，副教授，硕士生导师，西北政法学院学士，复旦大学硕士，常年从事刑法学教学研究，在《政治与法律》等学术刊物发表论文数十篇，出版个人专著以及主编、参编著作、教材多部。上海市育才奖获得者，上海市司法行政系统先进个人，上海政法学院先进个人，上海政法学院教书育人先进个人，上海政法学院优秀教学示范岗，被荣记个人三等功。

王娜，1979 年生，女，法学博士，上海政法学院副教授，硕士研究生导师。现任上海政法学院检察制度比较研究中心负责人，上海政法学院刑事司法学院副院长，印度金德尔全球大学汉语言培训和研究中心中方主任，上海市"晨光学者"。系中法"欧洲法培训项目"第十期成员、印度金德尔全球大学短期访问学者。曾挂职担任上海市闵行区人民检察院副检察长，社会兼职主要有中国犯罪学学会理事、中国比较法学研究会理事、上海市预防青少年犯罪研究会理事等。主要著作有《刑事赦免制度》《东方比较法学》《戒毒学》等。公开发表论文多篇，主持、参与国家级、省部级课题多项。

骆群，男，法学博士，博士后，上海政法学院刑事司法学院副教授，硕士生导师，上海市法学会社会治理研究会理事，曾挂职上海市虹口区人民检察院副检察长。主要从事刑法学、犯罪学、刑事执行法学的教学和研究工作，讲授课程主要有《刑法学》《犯罪被害人学》《犯罪学》等。至今已发表论文50余篇，其中多篇被《人大复印报刊资料》《高等学校文科学术文摘》转载或转摘，已出版《弱势的镜像：社区矫正对象社会排斥研究》《社区矫正专题研究》《犯罪被害人十五讲》等专著3部。主持上海市哲学社会科学规划课题和中国法学会部级课题各一项，参与国家哲社及省部级课题10余项，主持厅局级课题3项。

刘崇亮，男，汉族，江西南昌人，法学博士，上海政法学院副教授。2011年毕业于中国人民大学法学院，获法学博士学位。2017—2018年纽约城市大学约翰杰刑事司法学院访问教授。专业为刑法学，研究方向为刑法学、犯罪学与刑事执行学。在《现代法学》《法制与社会发展》《法律科学》等刊物上发表论文三十余篇，并有多篇被人大复印资料全文转载。主持国家社科基金、教育部项目与中国法学会课题等多项，出版专著4部。

序 言 PREFACE

近些年来，我国新型经济活动中的犯罪不断增多，相关问题往往成为社会热点。本书聚焦新型经济活动中的罪刑问题，内容主要涉及三个方面：一是"套路贷"的罪与罚；二是区块链技术下刑法面临的新问题；三是其他新型经济活动中的罪刑问题。

关于"套路贷"的概念，有学者主张广义说，认为广义的套路贷指采取乘人之危（显失公平）、虚构事实、隐瞒真相、胁迫等方式，系统性地诱使、欺骗或者迫使借款人签订或形成规避法律调整的虚假文件、证据的民间借贷行为。另有学者认为，"套路贷"犯罪是一种以非法占有为目的，假借民间借贷之名，通过虚增债权、巧设债务、制造违约陷阱、转单平账等一系列方式，采取诱骗或者胁迫的手段与受害人形成虚假债权债务关系，通常以暴力（包含软暴力）、虚假诉讼方式实现其虚假债权的财产类犯罪。关于"套路贷"的入罪路径，有学者认为"套路贷"属于高利贷衍生的诈骗、敲诈勒索、非法拘禁等犯罪行为，普通高利贷属于民事违法行为，刑法只宜追究其衍生行为的刑事责任；而暴利贷是一种从事非法金融业务活动的行为，具有行政违法性，并宜认定为非法经营罪。

不少学者从被害人角度、治理模式、规制模式或者立足于司法实践等，对"套路贷"进行了深入研究。如有学者指出，"套路贷"愈演愈烈，其中被害人的介入对"套路贷"行为人的定罪量刑起到了重要作用。"套路贷"被害人的介入存在双向模式，其中被动模式包括原生"套路贷"危害与次生"套路贷"危害；主动模式包括"套路贷"中被害人自陷风险行为与"反套路"行为。这种从被害人的角度加以界定的方式，深化了对"套路贷"的理论研究。有学者认为，"套路贷"是一个内涵较为模糊的名词，应将其当作一种性质中立的行为和社会现象加以理解。还有学者认为，在"套路贷"案件中，诈骗行为是行为人"套路"被害人的必要手段，司法解释的相关规定忽视了被害人认识错误的独立要素地位和认识错误的程度差异，应在主观说基础上进一步将"一般人"限定为"套路贷"案件中的受害人来判断被害人是否陷入了认识错误。

关于区块链技术中的刑事法律问题。有学者提出，区块链技术是一种去中心化、分布记账式的新型互联网技术，比特币等数字货币基于该技术而产生。利用数字货币进行代币融资，可能属于以区块链名义非法集资的行为，主要涉及非法吸收公众存款罪和集资诈骗罪。有学者认为，区块链的技术性特征对个人信息刑法保护所造成的认定困境（如"去中心化"）弱化了作为犯罪对象的个人信息的权利属性，可编程智能合约强化了个人信息犯罪的隐蔽性。应从刑事立法或司法角度有针对性地予以完善，必须全面厘清侵犯个人信息罪所保护的法益，并借鉴《刑法》第 395 条的"法律推定"的规定模式。

关于互联网金融中的刑事法律问题。有学者认为，刑事合规可以从源头降低互联网金融企业的刑事风险，增强企业抵抗刑事风险的能力，有利于互联网金融企业安全良性发展。互联网金融企业可以通过确立刑事化的预防标准、划定全面化的预防范围、构建完整化的预防体系等路径实现企业刑事合规。实务部门有的同志提出了互联网金融民事纠纷与刑事犯罪的界分原则是刑法保障和补充性原则、刑法的谦抑性原则和刑事优先原则。界分标准有三：一是是否承担风险；二是主观上是否具有非法占有目的；三是是否超越中介机构定位。

关于比特币使用中的刑事法律问题。有学者认为，比特币属于虚拟货币，刑法对比特币相关犯罪归责存在责任主体缺失、法益损害评价不充分、犯罪行为难以认定等困难。比特币刑法规制应明确犯罪主体、厘清法益侵害，确认犯罪行为与因果关系，对开发者/维护者的刑事责任、使用者的刑事责任和第三者的刑事责任进行明确区分。有学者主张，比特币法律与经济分析应从发行与交易机制"去中心化"与治理结构、资源分配、利益实现中心化等实质特征出发，解构比特币的经济机理及固有缺陷，能够揭示比特币货币与金融投资、投机功能，确立比特币的货币、金融商品法律属性实质解释原理，从而引入经济刑法制度微调、司法规则与执法机制优化、货币体系反思等解决经济刑法困局、控制互联网金融市场风险的现实路径。

关于冒用账户并转移财产这一复合行为，有学者提出应当根据资金性质分别认定，分歧最多的冒用他人"蚂蚁花呗"则应当根据开通该业务的状态予以分别定性讨论。对于民刑交叉、行刑衔接的金融犯罪案件，有学者主张刑事违法性的判断具有相对独立性，不绝对从属于相关前置法的规定。金融犯罪的认定要真正贯彻刑法谦抑主义，就必须顾及法规范目的的协调性与法益的个人性还原这两方面的要求。有学者指出，扫描付款二维码转移财产构成盗窃罪，盗窃比特币以盗窃罪论处将比以非法获取计算机信息系统数据罪论处更加合理。此外，学者们对虚假诉讼罪、非法吸收公众存款罪、集资诈骗罪以及诈骗罪中的新型犯罪行为、手段等进行了深入研究。

　　我在上海政法学院工作了近八个年头，其间与彭文华教授等共同创办了每年一届的刑法论坛暨全国刑法学者乒乓球赛，初步形成了"前沿、务实""文质合一"的海派风格刑法学论坛。本书系 2019 年度论坛的成果，也是上海政法学院法学高原学科刑法学创新团队建设项目的阶段性成果之一。

　　祝愿上海政法学院刑法论坛暨全国刑法学者乒乓球赛一届更比一届精彩。

上海社会科学院法学研究所所长、教授、博士生导师　姚建龙
上海政法学院原党委常委、副校长

目　录 CONTENTS

"套路贷"的概念及入刑条件辨析

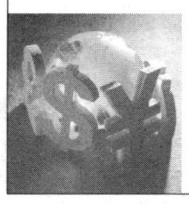

刘仁文 * 刘文钊 **

近年来，在快速积累的民间资本、相对狭窄的投资渠道、民营企业的融资困境等多种原因的共同促进下，民间借贷行业日趋活跃。作为一种资金来源多样、手段灵活便捷的融资途径，民间借贷在一定程度上满足了部分社会融资需求，促进了社会资本的流动，但也催生了诸多社会乱象，甚至衍生出了大量违法犯罪行为。大约从 2016 年开始，一种被称为"套路贷"的借贷模式开始出现，其巨大的危害引发了社会舆论的极大关注。对此，司法机关给予了高度重视。2017 年起，上海、浙江、安徽、重庆等地陆续出台针对套路贷案件的地方性司法文件。[1] 2018 年 1 月，全国范围内开展的"扫黑除恶"专项斗争将民间借贷领域的黑恶犯罪作为打击重点之一。2019 年 4 月，最高人民法院、最高人民检察院、公安部、司法部联合印发了《关于办理"套路贷"刑事案件若干问题的意见》（法发［2019］11 号，以下简称《套路贷意见》），希望统一套路贷刑事案件的法律适用。但是，套路贷并非一个具有严格教义学定义的法律概念，仅仅是司法实践对于部分新型违法犯罪行为的类型化总结，如何对其进行合理甄别、准确处罚和有效规制仍然处于探索阶段，由此产生了一定的司法风险。本文拟从套路贷的概念入手，分析当前套路贷中的犯罪行为的刑法规制手段，以期为司法机关准确认定和打击此类犯罪提供一

---

 * 中国社会科学院法学研究所研究员、刑法研究室主任、博士生导师。

** 中国社会科学院法学研究所博士研究生、天津市人民检察院第一分院检察官。

〔1〕 2017 年 10 月 25 日，上海市高级人民法院、上海市人民检察院、上海市公安局发布《关于本市办理"套路贷"刑事案件的工作意见》（沪公通［2017］71 号）；2018 年 3 月 18 日，浙江省高级人民法院、浙江省人民检察院、浙江省公安厅印发《关于办理"套路贷"刑事案件的指导意见》（浙公通字［2018］25 号）；2018 年 6 月 15 日，安徽省高级人民法院、安徽省人民检察院、安徽省公安厅发布《关于办理"套路贷"刑事案件的指导意见》（皖高法［2018］125 号）；2018 年 7 月 4 日，重庆市高级人民法院发布《关于办理"套路贷"犯罪案件法律适用问题的会议纪要》（渝高法［2018］136 号）。

点参考意见。

一、狭义套路贷概念的缺陷

依法处理的前提是正确认识套路贷的概念。从外延上看，套路贷概念有广义与狭义之分。[1]狭义套路贷概念认为，套路贷是假借民间借贷之名非法占有公私财物的犯罪行为[2]，或者认为其是以非法占有为目的，通过虚增债务等欺诈手段，辅以暴力或者以暴力相威胁，非法占有他人财物的犯罪行为。[3]虽然两种表述略有不同，但是均认为套路贷是犯罪行为，应当严格区分套路贷与民间借贷、高利贷、非法讨债等行为。套路贷在借款目的、侵犯客体、手段方法、法律后果等方面与民间借贷具有本质上的不同。[4]其定义方法实质上是将套路贷中的犯罪行为的共同点归纳为狭义套路贷的行为特征，认为符合狭义套路贷特征就是犯罪行为。

《套路贷意见》采用狭义套路贷概念，其认定规则可以被总结为三个特征、两点区分、五类步骤。狭义套路贷具有三个特征，即行为目的非法性、债权债务虚假性、讨债手段多样性。[5]狭义套路贷与民间借贷行为的两点区别在于是否具有非法占有的目的、是否采取"套路"与借款人[6]形成虚假债权债务。五类步骤指套路贷的常见犯罪手段和步骤，包括制造民间借贷假象、制造资金走账流水等虚假给付事实、故意制造违约或者肆意认定违约、

---

〔1〕 为了行文方便，本文中未明确使用广义或狭义套路贷时，均采用的是广义的套路贷。

〔2〕 参见刘道前、满艺伟："'套路贷'的法律性质及侦防对策分析"，载《犯罪研究》2018年第4期。

〔3〕 典型的如浙江省高级人民法院、浙江省人民检察院、浙江省公安厅印发的《关于办理"套路贷"刑事案件的指导意见》将套路贷定义为假借民间借贷之名，通过"虚增债务""签订虚假借款协议""制造资金走账流水""肆意认定违约""转单平账"等方式，采用欺骗、胁迫、滋扰、纠缠、非法拘禁、敲诈勒索、虚假诉讼等手段，非法占有公私财物的犯罪。学者中也有持该观点的，参见董邦俊、侯晓翔："'套路贷'的刑事规制及其防控研究"，载《湖北社会科学》2018年第10期。

〔4〕 类似观点参见谢波、蒋和平："'套路贷'犯罪的特点及其法律规制"，载《山东警察学院学报》2018年第2期；孙丽娟、孟庆华："'套路贷'相关罪名及法律适用解析"，载《犯罪研究》2018年第1期。

〔5〕 参见朱和庆、周川、李梦龙："《关于办理'套路贷'刑事案件若干问题的意见》的理解与适用"，载《人民法院报》2019年6月20日。

〔6〕 在套路贷法律关系中，本文统一使用借款人的表述。借款人主要在民事法中予以表述，刑事法中主要用被害人的表述。为了显示广义套路贷与犯罪行为脱钩的特点，笔者选择了借款人的表述。涉及犯罪时使用被害人的表述。

恶意垒高借款金额、软硬兼施"索债"等。《套路贷意见》改变了传统刑法罪与非罪、此罪与彼罪判断同时进行的一元判断模式,[1]构建了狭义套路贷概念确定罪与非罪、犯罪构成确定此罪与彼罪的二元判断模式,认为套路贷犯罪案件适用法律时,首先认定是否构成套路贷。一旦构成套路贷就是犯罪行为,之后根据犯罪构成确定具体罪名。根据犯罪行为的表现不同,认定不同罪名,一般情况下认为构成诈骗罪。如果行为人采用多种手段并用构成诈骗、敲诈勒索、非法拘禁、虚假诉讼、寻衅滋事、强迫交易、抢劫、绑架等多种犯罪的,区分不同情况数罪并罚或者择一重罪处理。如果能够有效统一判断标准,这种二元判断模式即便造成法律适用的重复,也不会对正确处理案件造成实质影响。但是,狭义套路贷仅是对部分发达地区早期套路贷犯罪事实特征的归纳总结,认定过程存在以下缺陷,会影响准确认定犯罪。

(一)占有目的的非法性内涵不明,引发司法实践认定混乱

根据《套路贷意见》,以占有为目的的非法性既是狭义套路贷的认定特征,又是其与正规民间借贷行为、高利贷行为相区分的重要标准。民间借贷中,债权人放贷的目的本来就是获取利息。《套路贷意见》只能将非法性作为民间借贷谋利目的与财产犯罪非法占有目的的区分标准,认为民间借贷的出借人是为了到期按照协议约定的内容收回本金及获取利息,不具有非法占有他人财物的目的,但是非法性的具体内容十分模糊。无论是民间借贷、高利贷还是套路贷案件都涉及多个法律关系,非法性究竟指的是刑事违法、行政违法还是民事违法并不明确。《套路贷意见》还强调整体评价非法占有的目的,但是如何整体评价、参考哪些因素、以何为标准并不明确。缺乏明确的判断标准引发了理解适用混乱。有人从行政许可的角度认识非法性。我国目前对于金融领域的管理采用特许制度,以此为逻辑,凡是未经监管机构批准从事金融业务的均被视为非法,这显然背离了财产犯罪的本质。有人从单纯的刑事违法性认识非法性,认为符合了套路贷五种常见犯罪手段和步骤就具

---

[1] 传统刑法认为犯罪构成是区分清罪与非罪、此罪与彼罪界限的具体标准,是行为构成犯罪的一切主、客观要件的有机统一。行为一旦符合犯罪构成,即同时确定构成犯罪和构成哪种犯罪。我们将这种模式称为罪与非罪、此罪与彼罪的一元判断模式。

有非法性。[1]这相当于取消了占有目的的非法性要件，将非法占有的目的与犯罪故意等同。还有一些地方司法机关以道德评价代替法律评价认定非法性，认为只要套路贷行为超出了一般民事经营、夸大宣传、钻营取巧的范围，手段行为触碰一般社会道德底线，就应当被评价为具有非法占有的目的。[2]这实际上是将占有目的的法律标准解释为道德标准，违背了罪刑法定原则。根据从前的司法解释，具有交易因素的侵犯财产犯罪中非法占有的目的认定标准是对价的合理性。[3]如果参照该标准，民间借贷与套路贷的区分标准应当为利息是否合理。这是高利贷与民间借贷之间的区分标准。《套路贷意见》认为需要区分狭义套路贷与高利放贷行为，[4]两者相互矛盾。如果以此为标准将会造成高利贷与狭义套路贷的混同。反之则会造成司法实践中非法性认定标准的不统一。

（二）债权债务的虚假性脱离实践，造成入罪标准不当扩大

《套路贷规定》认为区分套路贷犯罪与民间借贷的另一特征是债权债务的虚假性，即吸引被害人借款，利用虚增借贷金额、恶意制造违约、肆意认定违约、毁匿还款证据形成虚假债权债务。但是，这些行为并不能与犯罪的实行行为完全对应。实行行为是刑法分则具体罪名所定型化的行为。判断是否构成犯罪首先需要判断是否具有某种犯罪的实行行为。如果不符合任何犯罪的实行行为，则无法构成犯罪。[5]从实质角度看，一个行为被认定为犯罪行为应当具备"当罚性"也就是处罚的必要性、合理性。符合《套路贷意见》

---

〔1〕 类似观点如浙江省高级人民法院、浙江省人民检察院、浙江省公安厅发布的《关于办理"套路贷"相关刑事案件若干问题的纪要》（浙高法〔2019〕117号）第2条规定："以非法占有为目的，是'套路贷'的本质属性。在'套路贷'案件中，只要有'套路'，就可认定非法占有的目的。……"

〔2〕 参见胡公枢："'套路贷'的刑法规制路径"，载《中国检察官》2018年第5期。

〔3〕 2005年最高人民法院发布的《关于审理抢劫、抢夺刑事案件适用法律若干问题的意见》（法发〔2005〕8号）第9条第2项"以暴力、胁迫手段索取超出正常交易价钱、费用的钱财的行为定性"规定："从事正常商品买卖、交易或者劳动服务的人，以暴力、胁迫手段迫使他人交出与合理价钱、费用相差不大钱物，情节严重的，以强迫交易罪定罪处罚；以非法占有为目的，以买卖、交易、服务为幌子采用暴力、胁迫手段迫使他人交出与合理价钱、费用相差悬殊的钱物的，以抢劫罪定罪处刑。……"这里以获得对价是否合理作为非法占有的目的有无的标准。

〔4〕 参见朱和庆、周川、李梦龙："《关于办理'套路贷'刑事案件若干问题的意见》的理解与适用"，载《人民法院报》2019年6月20日。

〔5〕 当然，在预备犯罪具有可罚性的情况下，也可能构成预备犯罪。但是，这里考虑的是司法实践中套路贷的一般情况，故而暂不考虑该情况。

罗列的债权债务的虚假性特征的行为并不完全具有当罚性，很多行为甚至不仅不是法秩序所禁止的，反而还是部门法所保护的，直接将其作为犯罪行为的认定标准，不当扩大了入罪标准。比如，虚增借贷金额、制造虚假给付痕迹不能完全被解释为诈骗、敲诈勒索、抢劫等犯罪的实行行为。在民间借贷中，大量存在着预先在本金中扣除利息的情况，也就是人们通常讲的"砍头息""上打息"[1]。显然不能认为这些民间借贷行为都是套路贷犯罪。《套路贷意见》认为正常民间借贷行为不会虚增债务，那么按照该逻辑，凡是虚增债务的便都是狭义套路贷，这样不当扩大了套路贷构成犯罪的范围。又如恶意制造违约、肆意认定违约。我国《合同法》中违约责任的归责原则采用严格责任，也就是在借款人无过错的时候，除非存在不可抗力等免责事由，否则仍需由借款人承担责任。[2]即便违约是放贷人[3]恶意造成的，根据民事法借款人也要承担违约责任。刑法作为保护法将民法都不禁止的行为一概解释为犯罪行为是不适当的。再如，毁匿还款证据。根据《民事诉讼法》的相关规定，"谁主张，谁举证"。在民间借贷中，还款的事实自然由主张还款的借款人负责举证。[4]既然民事诉讼都未赋予债权人交出还款凭证的义务，作为保护法的刑事法增加该义务便是不适当的。

（三）套路贷整体评价方法不明确，增加法律适用错误风险

《套路贷意见》及起草人员撰写的理解与适用文章均提出在处理狭义套路

---

　　[1]　根据笔者的搜索：中国裁判文书网公开的2019年上半年涉及"砍头息""上打息"的民间借贷一审案件达243件，遍及全国25个省、自治区、直辖市，这说明这种情况具有普遍性。最高人民法院发布的《关于审理民间借贷案件适用法律若干问题的规定》（法释〔2015〕18号，以下简称《民间借贷规定》）第27条规定："借据、收据、欠条等债权凭证载明的借款金额，一般认定为本金。预先在本金中扣除利息的，人民法院应当将实际出借的金额认定为本金。"这也说明，在民事审判过程中，借据上载明的借款金额不一定是实际发生的借款金额。

　　[2]　关于合同的严格责任与过错责任的立法选择，参见韩世远：《合同法总论》（第4版），法律出版社2018年版，第746~750页。

　　[3]　在套路贷法律关系中，本文统一使用放贷人的表述，区分民间借贷中的出借人。出借人主要是民事法中的表述，而刑事法主要用行为人的表述。为了显示广义套路贷与犯罪行为脱钩的特点，同时突出套路贷与普通民间借贷行为的区别，笔者选择了经营色彩更重的放贷人表述，但在套路贷法律关系中，两组表述内涵、外延基本一致。

　　[4]　《民间借贷规定》第16条第1款规定："原告仅依据借据、收据、欠条等债权凭证提起民间借贷诉讼，被告抗辩已经偿还借款，被告应当对其主张提供证据证明。……"

贷案件时应当整体评价案件事实，不能只关注某个因素、某个情节。[1]上述整体评价的思路是透过套路贷案件虚假合法表象发现案件真实情况。但也留下了整体评价的内容、范围并不明确的缺点。实践中，套路贷案件千差万别，有些套路贷行为以公司、网站的身份进行，究竟是评价整个公司、网站的行为，还是针对不同借款人进行整体评价；有些套路贷行为可能涉及不同小额贷公司相互介绍、平账，究竟是评价其中的一次借贷行为，还是评价多次借贷行为；有些套路贷行为针对不同的借款人采取不同的套路，究竟是评价全部套路，还是针对借款人所涉及的套路整体进行评价。不同的评价内容和范围，结果可能不同。同时，整体评价方法未明确整体评价与狭义套路贷三个特征的关系。整体由部分组成，部分离不开整体。整体评价与特征判断的逻辑先后顺序可能会影响裁判结果。在认定犯罪时，通常采取涵摄或者涵摄锁链的形式，也就是采取三段论判断每一个构成要件要素。当一个行为符合全部构成要件要素时，则整体评价为犯罪行为。此时，强调整体评价意义不大，因为实质上起到判断作用的是部分判断。如果将整体评价置于特征评价之前，则判断的标准不再是特征判断，而是特征之外的其他规则，这样便架空了狭义套路贷的概念。另外，《套路贷意见》未明确犯罪手段和步骤究竟是整体评价的参考因素还是决定因素。如果是参考因素，那么即便全部符合了前述五种常见犯罪手段和步骤也可能不构成狭义套路贷。如果是决定因素，只要部分符合常见犯罪手段和步骤就可以整体认定狭义套路贷。

综上，《套路贷意见》确立的狭义套路贷概念及其二元判断模式产生的最大法治风险是与罪刑法定原则的紧张关系。整体评价方法为司法机关先入为主地认定行为有害提供了空间。既然行为是有害的，就应予处罚，基于犯罪行为与具体罪名二元判断模式，法官可以绕开刑法分则的规定，直接认定犯罪行为。下面的问题就是如何定罪处罚了，在《套路贷意见》中诈骗罪作为狭义套路贷的兜底性罪名，成了"最好"的入罪方法。狭义套路贷概念的另一个作用是将诈骗罪"口袋化"，在"有恶能罚"观念的推动下超出刑法法条的解释范围认定犯罪。

针对狭义套路贷概念的上述缺陷，本文将从套路一词的日常含义入手，

---

〔1〕 参见朱和庆、周川、李梦龙："《关于办理'套路贷'刑事案件若干问题的意见》的理解与适用"，载《人民法院报》2019年6月20日。

结合近期司法实践中出现的套路贷案件特点，提出广义套路贷的概念。

二、广义套路贷概念的提倡

（一）广义套路贷的概念及其特征

近年来，"套路"一词的内涵正在逐步变化。在 2012 年出版的《现代汉语词典》（第 6 版）中，套路的含义主要有两个：一是编制成套的武术动作，如少林武术套路；二是成系统的技巧、方式、方法。[1]在这个阶段，套路并不具有贬义色彩。随着互联网兴起，网友、青年人之间相互调侃时常常使用套路一词。[2]此时，套路逐渐具有圈套、诡计、门道、陷阱的意思。套路一词的日常理解体现了套路贷的事实特征，即借贷过程的诱骗性与行为模式的系统性。但仅从事实层面分析套路贷的特点并不能准确认定套路贷。这就引出了套路贷的法律特征，即法律规避属性。综上，广义套路贷指采取乘人之危（显失公平）[3]、虚构事实、隐瞒真相、胁迫等方式，系统性地诱使、欺骗或者迫使借款人签订或形成规避法律调整的虚假文件、证据的民间借贷行为，具有借贷过程的诱骗性、行为模式的系统性、法律适用的规避性三个特征。

1. 借贷过程的诱骗性

根据对意思自治的侵害程度不同，借贷过程的诱骗性可以分为引诱、欺骗、胁迫。除胁迫系违背借款人意思放贷获利外，引诱、欺骗均是利用借款人意思表示瑕疵放贷获利。引诱与欺骗的本质区别在于借款人是否产生了认识错误。现实生活中存在着很多没有欺骗但是引诱进入"陷阱"的行为，比如赌博、传销、虚假广告。这些行为虽然存在一定引诱的成分，但是不能被评价为诈骗行为，只能单独规定为犯罪。虽然《套路贷意见》要求整体上把握，一般以诈骗罪定罪处罚，但是在套路贷犯罪处理过程中，司法机关发现为了规避惩罚，放贷人有意摒弃了"骗"的环节，将不公平的条款明白无误

---

〔1〕 中国社会科学院语言研究所词典编辑室编：《现代汉语词典》（第 6 版），商务印书馆 2012 年版，第 1272 页。

〔2〕 比如网络经典名句"城市套路深，我要回农村""少一点套路，多一点真诚"。

〔3〕 根据《合同法》的规定，乘人之危与显失公平为两个独立的合同可撤销的条件。但是《民法总则》第 151 条的规定将二者合并规定，赋予显失公平新的内涵。本文考虑到语义的衔接并未直接使用该名词，仍使用乘人之危一词，表达《民法总则》第 151 条规定的情形。关于乘人之危与显失公平的立法变化及评价，参见陈甦主编：《民法总则评注》，法律出版社 2017 年版，第 1082~1084 页。

地告诉借款人，借款人因自身原因还不上款会造成高额违约金或者利息。[1]这些都说明，引诱也是司法实践中套路贷的放贷手段。乘人之危（显失公平）是引诱的主要表现形式，指利用对方处于危困状态、缺乏判断能力等情况与借款人达成显失公平的借款协议的情形。危困状态一般指陷入暂时性的急迫困境而对金钱的需求极为迫切等，如利用创业中期常出现的资金短缺与创业者签订不公平的借款合同。[2]所谓缺乏判断能力是指缺少基于理性考虑而实施民事法律行为或对民事法律行为的后果予以评估的能力，[3]如利用未成年人、在校大学生风险意识不足、防范意识淡薄、盲目非理性消费、社会阅历浅等特点签订显失公平的借款合同。另外，套路贷利用资金优势与借款人多次签订借款合同，以贷还贷，垒积虚高债务，形成显失公平的借款协议的情况也属于这种情形。欺骗的主要表现形式为虚构事实、隐瞒真相，一般指虚构、隐瞒影响对方做出财产处分的事实，造成对方陷入认识错误的情形，如隐瞒实际目的，以"行规"、不会真正索要财物为由欺诈借款人签订虚高合同，事后以虚假合同要求还款。胁迫即敲诈勒索罪、抢劫罪中的胁迫行为，一般指以恶意诉讼、软暴力、暴力等恶害相通告，使对方产生恐惧进而处分财物，如借款人无力还款，以提起诉讼马上冻结对方全部资金为由胁迫借款人签订以所欠高额利息、违约金为本金的借款合同并虚假走账。

2. 行为模式的系统性

套路贷犯罪的行为模式主要包括物色借款对象、确立虚高债务、索取虚高债务三个阶段，共同构成一个放贷、索债的整体。通过公司化管理、系统化放贷流程，对借款人形成法律优势、人员优势，诱使、欺骗或者迫使借款人进入债务陷阱。套路贷对借款人一般具有明确的要求，其会审查借款人的个人信息、家庭状况、资产状况，为之后索取债务实际得利创造条件。套路贷确立虚高债务主要通过三种方式：一是在借款之初与借款人签订虚高合同，并制造虚假给付事实；二是在还款过程中放任违约、故意制造违约、肆意认

---

〔1〕 参见金懿："'套路贷'犯罪案件的刑法定性"，载《犯罪研究》2019年第2期；钱立波、胡公枢："'套路贷'行为规制刍议"，载《中国检察官》2019年第3期。

〔2〕 中央电视台《今日说法》栏目2018年3月31日报道的《破解"套路贷"》中所讲述的案例就是乘创业中期的资金短缺之危，与创业者签订显失公平合同，获得非法利益。（参见 http://tv.cctv.com/2018/03/31/VIDERCErF73nZaMfHpHPkxRr180331.shtml，2018年7月19日访问。）

〔3〕 韩世远：《合同法总论》（第4版），法律出版社2018年版，第292页。

定违约，利用严格的违约条款增加债务；三是当被害人无力偿还时，采取转单平账、以贷还贷的方式垒高虚假债务。套路贷的目的就是获取高额利息。由于法律对于民间借贷利息的限制，[1]套路贷获取异常高息的方式必然包括虚高债务。套路贷的手段可能不断翻新，但是其虚高债务的本质不会改变。最后，套路贷索取虚高债务的手段多种多样，既可能采取诉讼、仲裁、公证等法律手段，也可能采取暴力、威胁、软暴力等手段，在有的案件中甚至经过简单的催要便使借款人归还了债务。

套路贷行为模式的系统性仅是对同一借款人相互关联的借贷过程具有系统性。套路贷的系统性不是一个放贷组织的所有放贷行为的系统性。实践中，套路贷组织会对多个借款人放贷。虽然所使用的手段具有相似性，但同一套路因被害人的不同认识、放贷行为的细微差别可能构成不同犯罪，甚至可能不构成犯罪。套路贷的系统性也不是对同一借款人的所有套路贷行为的系统性。实践中，不同套路贷组织对同一借款人的债务可能存在资源互换、共享客户、相互平账的情况。除非能够证明具有事前同谋，否则这种套路贷组织相互平账的行为不能直接作为一个整体考虑，尤其是当两个组织各自独立考察借款"资质"，单独放款，"利益""风险"各自承担时，应当谨慎认定系统性。

3. 法律适用的规避性

套路贷为什么要设计并逐步发展出这样复杂的行为流程呢？原因是以合法的方式进行民间借贷无法获得如此高额的回报，甚至还会面临无法收回借款的风险。在保证借款足额收回、获得超额回报、规避司法打击三重目标的共同作用下，高利贷行为从简单的"食利"，逐步进化出了"砍头息""造违约"等行为方式，最终异化为套路贷。[2]从规范角度看，套路贷采取上述借贷模式的目的是规避法律调整，获得合法途径无法获得的优势。这是套路贷的规范本质。

法律规避原本属于国际私法上的概念，后来被学者引入理论法学视野。[3]套

---

〔1〕 我国对于民间借贷利息的限制主要依据的是《民间借贷规定》确立的法定利息的司法红线。严格讲，该文件仅属于司法解释，但是司法解释的作用是解释立法，考虑该文件已经成了指导实践的明确标准，所以在此处行文时并不突出法律与司法解释的区别。

〔2〕 关于高利贷向套路贷的演变过程，参见孙丽娟、孟庆华："'套路贷'相关罪名及法律适用解析"，载《犯罪研究》2018 年第 1 期。

〔3〕 关于法律规避问题，参见苏力："法律规避和法律多元"，载《中外法学》1993 年第 6 期；苏力："再论法律规避"，载《中外法学》1996 年第 4 期。

路贷中所涉及的法律规避在民法上又被称为脱法行为,指利用契约自由原则,规避强行规定,获得法律所禁止或未设定的效果,[1]主要规避的是民事、行政法律对民间借贷的限制,获得合法途径无法获得的优势。关于借贷主体的限制。小额贷公司属于特许设立的公司。[2]有些套路贷组织没有特许经营权,就采用借款中介的形式,安排组织成员或其他自然人作为出借人与借款人签订借款合同,达到规避行政管理的法律效果。这种虚构放贷人的方式与以贷还贷、索要中介费增加实际利息等方法结合成了套路贷犯罪中常见的法律规避手段。关于利息限制。套路贷行为模式中虚高债务是规避利息红线[3]的主要方法,本质就是隐瞒利息的法律属性,利用"砍头息"、以贷还贷等形式将利息变为本金、违约金、中介费。关于担保措施,套路贷在使用抵押、质押等担保物权的同时,还会采取签订虚假买卖合同、租赁合同等方式保证债务履行,同时约定一旦无力偿还则履行买卖合同。这实际上颠倒了借款合同与担保合同的主从合同关系,为获取高额利息、肆意认定违约、超额抵押等行为提供了空间。

(二) 广义套路贷概念的优势

1. 整合多种法律关系,更好地实现"扫黑除恶"的治乱需求

民间借贷行业的暴利和乱象成了黑恶犯罪的温床。本次"扫黑除恶"专项斗争比以往的"打黑除恶"更加全面、深入,与"打黑"更多地是从社会治安角度点对点打击黑恶犯罪不同,"扫黑"更加强调治理社会乱象,重视综合治理、源头治理、齐抓共管。相比等同于犯罪行为的狭义套路贷概念,整合民事、行政、刑事法律关系的广义套路贷概念更符合社会综合治理的需求。

套路贷涉及的法律关系具有复杂性。在刑事法视角内,其既可能构成犯罪,也可能不构成犯罪;在民事法视角内,其借贷关系既可能因乘人之危(显失公平)属于可撤销的合同,也可能因为实际利息超过年利率36%而属于部分无效的合同,[4]在个别套路贷案件中甚至存在借贷合同属于有效合同的

---

[1] 参见王泽鉴:《民法总则》(增订版),中国政法大学出版社 2001 年版,第 284~287 页。

[2] 《小额贷指导意见》规定:"……申请设立小额贷款公司,应向省级政府主管部门提出正式申请,经批准后,到当地工商行政管理部门申请办理注册登记手续并领取营业执照。……"

[3] 《民间借贷规定》确立了年利率 24% 的民间借贷利息红线和年利率 36% 自然债务利息红线。

[4] 《民间借贷规定》第 26 条第 2 款规定:"借贷双方约定的利率超过年利率 36%,超过部分的利息约定无效。……"

可能；在行政法视角内，其可能根据《非法金融机构和非法金融业务活动取缔办法》（中华人民共和国国务院令第588号，以下简称《取缔办法》）被认定为属于非法发放贷款而应当被取缔，也可能因设立方式符合原中国银行业监督管理委员会、中国人民银行发布的《关于小额贷款公司试点的指导意见》（银监发〔2008〕23号，以下简称《小额贷指导意见》）的规定而具有发放贷款资质。面对这样复杂的法律关系，有效治理套路贷需要打破学科壁垒、树立系统思维，构建一个统御全局的概念，指导民事、行政、刑事法律的协调适用，提示司法机关、行政管理部门依法处理。法学和法治是一个开放、复杂的巨大系统，相关学科作为其中的一个子系统，对内有其自身组织系统的原理，对外有与环境的关联。[1]广义套路贷为各部门法的相互协调、沟通提供了平台，其并非刑事法的专属概念，也不与犯罪行为相对应，能够有效地表征民间借贷行为异化的最新特点，将传统生活性民间借贷排除出治理的重点领域，保证社会治理的针对性。

2. 统一犯罪认定标准，维护罪刑法定原则

2018年1月16日，最高人民法院、最高人民检察院、公安部、司法部印发的《关于办理黑恶势力犯罪案件若干问题的指导意见》（法发〔2018〕1号，以下简称《黑恶势力意见》）使用的表述是"非法放贷的犯罪活动"。此时，套路贷中的犯罪行为的认定仍然采用的是犯罪构成一元认定标准，并没有在事实与定罪之间加入狭义套路贷这个概念。《套路贷意见》使用的狭义套路贷概念的问题在于二元判断模式，造成套路贷中的犯罪行为的判断标准与罪名认定标准相分离。广义套路贷概念回归了《黑恶势力意见》中犯罪行为与罪名认定的一元模式，从而维护了罪刑法定原则。与狭义套路贷不同，广义套路贷是司法机关认定事实的一部分，并不直接进行法律评价，也不代表犯罪行为，对于是否属于犯罪行为、构成何种犯罪、如何有效处罚均应当以刑法规定的犯罪构成作为唯一标准。刑法处罚的并非制造民间借贷假象、制造虚假给付事实、故意制造违约、肆意认定违约、恶意垒高借款金额、以虚高"借款"提起诉讼的行为，而是在这些行为背后虚构事实、隐瞒真相骗取财物的诈骗行为，以借贷、违约为借口威胁借款人，从而获得财物的敲诈

---

〔1〕 关于系统性思维，参见刘仁文等：《立体刑法学》，中国社会科学出版社2018年版，第1~19页。

勒索行为以及软硬兼施索债时的寻衅滋事、非法拘禁、强迫交易等行为。另外，狭义套路贷无法解决的占有目的非法性的认定标准、整体评价判断标准等问题，只有回归犯罪构成、实行行为才能得出妥当的结论。

3. 有效指引侦查行为，衔接刑事诉讼证明标准

在"扫黑除恶"专项活动开始之初，套路贷并非司法解释层面的专有名词。《套路贷意见》提出狭义套路贷概念的原因是一些地方对套路贷案件的理解、认识存在偏差，在办理套路贷刑事案件时不同程度地出现了"不会打"或"打不准"的问题。[1]我们认为，狭义套路贷概念希望有效指引侦查的初衷值得提倡，但是其中的法治风险也是不能忽视的。广义套路贷概念也可以实现有效指导侦查的目的且法治风险更小，更值得提倡。《套路贷意见》中总结的五种套路贷常见借贷手段和步骤也是广义套路贷的表现形式，同时借贷过程的诱骗性、行为模式的系统性、法律适用的规避性三个特征可以指导套路"进化"后对套路贷的甄别与认定。与狭义概念相比，广义套路贷概念更具有包容性、灵活性，更有利于经济发展水平不同、民间金融发展阶段不同的地区统一适用，更有利处理发展阶段不同、借贷模式不同的套路贷案件的法律判断。

广义套路贷概念形成的套路贷与犯罪行为分层认定的模式更符合刑事诉讼的特点。刑事诉讼中各个阶段的证明标准并不相同，案件事实的证明活动是一个由浅入深的认识过程。虽然认定套路贷不能直接认定犯罪，但是根据套路贷中的犯罪行为多发的特点，侦查机关可以将认定套路贷作为是否立案的标准，一旦初步认定行为构成套路贷即可推定有犯罪事实发生，进而立案侦查。经过侦查，套路贷中的行为符合诈骗、敲诈勒索等犯罪构成的，应当及时移送检察机关审查起诉。对于行为不符合犯罪构成的，应当及时撤案。另外，侦查机关应当制定妥当的考评机制，正确认识套路贷这种复杂社会现象在立案侦查时的认识局限性，充分调动基层干警侦查案件的积极性。

三、当前打击涉套路贷犯罪应当注意的几个问题

（一）依法认定犯罪，维护构成要件的定型功能

"套路"并不能直接被解释为刑法规定的实行行为，认定套路贷中的犯罪

---

[1] 参见朱和庆、周川、李梦龙："《关于办理'套路贷'刑事案件若干问题的意见》的理解与适用"，载《人民法院报》2019 年 6 月 20 日。

行为应当严格根据刑法规定的犯罪构成。套路贷主要涉及的财产犯罪包括诈骗罪、敲诈勒索罪、抢劫罪等，准确认定上述犯罪的关键在于正确区分借贷过程的诱骗性程度的差异，根据套路行为对被害人意志自由的侵害程度不同，套路贷可能构成不同的犯罪。

套路贷案件中认定财产犯罪还应当注意行为模式的系统性。套路贷的手段可能是五花八门的，但合成的有机整体都需要经过虚高债务、实现债务的过程。比如，某套路贷组织以借款后以房平账的方式进行套路贷。放贷人与借款人以"砍头息"的方式签订借款合同，将借款人某房屋作为担保，办理了抵押登记。同时，放贷人又要求与借款人签订虚假房屋买卖合同，委托套路贷组织其他成员全权代理该房屋买卖事宜，办理了全权代理公证。当借款人无法还款时，放贷人要求借款人用该房屋抵偿。征得借款人同意后利用全权代理过户占有房屋。在这个套路贷中，"砍头息"、虚假买卖合同是虚高债务阶段的套路，全权代理、逼迫抵债是实现债务阶段的套路。判断是否构成财产犯罪应当考虑两个阶段的全部情节，综合判断是否构成诈骗罪、敲诈勒索罪、抢劫罪。笔者认为，本案借款人明知"砍头息"和虚假买卖合同，因为急需用钱而不得不签订上述合同，故而不构成诈骗行为。在之后的债务实现过程中，放贷人利用抵押权限制借贷人自行卖房还款，利用全权代理获得随时过户的权利，从而对借款人形成法律上的优势。此时，放贷人逼迫借款人用房屋还款，借款人因套路处于不利的法律地位，迫于无奈以房抵债，可以被评价为敲诈勒索的胁迫行为或强迫交易的强迫行为。两者的区别在于是否具有非法占有的目的。

套路贷案件中认定财产犯罪需要正确认识套路贷的法律规避属性。民法学界通常认为，处理脱法行为需要经过正确解释法律行为，探寻行为人真正想要实施的法律行为，进而判断真实法律行为的效力，解决纠纷。[1]为了公平解决纠纷，最高人民法院的《民间借贷规定》确立了前述案件中脱法行为

---

〔1〕 关于民法中法律规避的性质，参见 ［德］迪特尔·施瓦布：《民法导论》，郑冲译，法律出版社 2006 年版，第 406~407 页；［德］迪特尔·梅迪库斯：《德国民法总论》，邵建东译，法律出版社 2004 年版，第 493~496 页。

的处理规则，将形式上的买卖合同视为实质的担保合同。[1]笔者认为，在认定套路贷中的犯罪行为时也应当注意此类套路的特殊情况，同时考察形式上的法律关系与实质上的法律关系。比如，在前列案例中，形式上的法律关系是房屋买卖合同，实质上的法律关系是债务担保。在认定被害人是否陷入认识错误时，应当综合考虑两类法律关系。如果通过骗取签字的方式获得房屋买卖合同，则此时借款人将对形式上的法律关系陷入认识错误，应当认定为诈骗行为。如果谎称以后不会执行这份买卖合同欺骗借款人签字，则借款人对实质法律关系陷入认识错误，也应当认定为诈骗行为。

（二）合理判断非法占有的目的，明确财产犯罪认定范围

套路贷中的财产犯罪在认定非法占有的目的时具有特殊性，需要区分虚高债务、实现债务两个阶段分别进行。虚高债务阶段借款人对放贷人没有债务负担或者债务负担尚未实现，如若采取不正当手段缔结借款合同，则借款人负担不正当的债务，产生的仅是财产法益侵害的风险，而非实害。认定非法占有的目的的关键在于是否产生了财产法益侵害的不当风险。司法实践中，有观点认为凡是有"套路"就有非法占有的目的。这种观点的问题在于片面强调行为的不正当性，忽视了刑法中法益侵害风险与经济交往中正常风险的实质区别，以刑事责任代替民事、行政责任。根据民法中脱法行为[2]的相关理论，一些"套路"并不当然属于无效的法律行为，有些甚至可能被解释为有效的民事法律行为。在这种情况下，"套路"所体现出来的财产损失风险是经济交往中的正常风险而非法益侵害风险。虚高债务阶段的财产法益侵害风险起源于放贷行为的不正当性。笔者认为，只有当套路侵害了借款人的缔约自由，造成认识错误或者恐惧，甚至违背借款人意志时才能认定为具有占有目的的非法性。在实现债务阶段，放贷人的债权影响占有目的的非法性认定。根据行为模式的系统性，在虚高债务阶段已经具有非法占有的目的的放贷人

---

[1] 《民间借贷规定》第24条规定："当事人以签订买卖合同作为民间借贷合同的担保，借款到期后借款人不能还款，出借人请求履行买卖合同的，人民法院应当按照民间借贷法律关系审理，并向当事人释明变更诉讼请求。当事人拒绝变更的，人民法院裁定驳回起诉。按照民间借贷法律关系审理作出的判决生效后，借款人不履行生效判决确定的金钱债务，出借人可以申请拍卖买卖合同标的物，以偿还债务。就拍卖所得的价款与应偿还借款本息之间的差额，借款人或者出借人有权主张返还或补偿。"

[2] 脱法行为主要指利用契约自由原则，规避强行规定，获得法律所禁止或未设定的效果。参见王泽鉴：《民法总则》（增订版），中国政法大学出版社2001年版，第284~287页。

在实现债务阶段也具有非法占有的目的,其拥有的"债权"只是犯罪的工具,不影响非法占有的目的的认定。需要分析的是在虚高债务阶段并无非法占有的目的时行使债权的行为是否具有非法占有的目的。笔者认为,此时的判断标准有两个。第一个标准为是否超出法定利息限制,对于超出法定利息限制的部分具有非法占有的目的。这是因为套路贷具有法律适用的规避性,设计套路的目的就是规避利率限制,那么套路贷所希望获得的超出法定利息限制就具有非法性。这种非法性不仅表现为民事法的非法性,还具有刑事法的非法性。在实践中,需要解决的是年利率24%与36%之间的自然债务如何处理的问题。笔者认为,本着刑法谦抑性的原则,应当以年利率36%作为占有目的非法性的判断标准,超过的部分具有刑法上的非法性。第二个标准为在具有债务履行阻却事由时采取诈骗、敲诈勒索、抢劫等方式要求给付。此时,涉及财产犯罪保护法益的争议。关于财产犯罪保护的法益有本权说、占有说、修正说等,[1]由于篇幅所限,本文无意在此区分三种学说的优劣,但笔者认为在套路贷案件中修正说值得肯定。套路贷在借贷过程中具有欺骗性,通过套路使借款人陷入债务陷阱。获得法律上的优势是放贷人引诱借款人的结果。债权尚未到期、债权已经超过诉讼时效等给付阻却事由是借款人为数不多的自我保护方法。放贷人使用诈骗、敲诈勒索、抢劫等犯罪方法排除给付阻却事由可以体现出非法占有的目的。

根据上述分析,可以总结出三条非法占有的目的的认定规则:第一,实际利息超过36%的套路贷,对超过部分具有非法占有的目的;第二,在债务缔结过程中侵害了借款人的缔约自由造成认识错误或者恐惧甚至违背借款人意志的,对全部实际利息具有非法占有的目的;第三,在具有给付阻却事由时采取诈骗、敲诈勒索、抢劫等方式要求给付或者实现债权的,对全部利息具有非法占有的目的。

(三)防止认定套路贷犯罪的口袋化,厘清非法经营罪入罪条件

有观点认为将套路贷整体上认定为诈骗罪无法自圆其说,建议突破法律

---

〔1〕 基于本权说,由于放贷人具有债权,以犯罪方法要回债权的情形下没有侵害财产权,故而不构成犯罪。基于占有说,如果没有犯罪行为就不会归还借款及利息,故而构成财产犯罪。基于混合说,需要通过法定程序改变现状的占有也值得保护,在具有给付阻却事由的情况下采取犯罪方法实现债权也构成犯罪。

障碍，增设行政前置法、调整司法解释，将套路贷整体规定为非法经营罪。[1]非法经营罪一直被理论界诟病为"筐"中之"筐"，是所有破坏市场秩序的兜底性罪名，是旧刑法口袋罪的历史遗留。[2]笔者认为，在适用非法经营罪时也应当慎重，既应当防止诈骗罪口袋化，也应当防止非法经营罪口袋化。

套路贷是否构成非法经营罪的关键在于是否符合非法经营罪中的"其他严重扰乱市场秩序的非法经营行为"。从罪状表述方式上看，《刑法》第225条第4款属于空白罪状与弹性条款的结合，在刑法解释过程中应当采用同类解释的规则，也就是该条第4款中的其他行为应当与前三项规定犯罪行为具有同等性质、罪质相当。根据《刑法》第225条规定的其他三种非法经营行为及司法解释明文确定为非法经营的十余种行为[3]均为未经许可、擅自经营的行为。如果按照同类解释规则，第4款中的"其他严重扰乱市场秩序的非法经营行为"的认定条件应当为违反国家规定侵害国家对特殊商品、特种经营业务实行的专营、专卖、许可等制度，严重扰乱市场秩序的非法经营行为。

笔者认为，与高利贷不同，当套路贷符合非法金融业务活动的特征[4]，又不具有小额贷特许经营权时，可能被解释为非法经营行为。理由如下：第一，套路贷与高利贷不同，侵害了民法上的契约自由与意志自由。虽然套路贷的欺骗性对借款人意志自由侵害的程度存在差异，但是本质上均对借款人的意志自由造成了影响。第二，套路贷与高利贷不同，其存在不具有任何合

---

[1] 参见金懿："'套路贷'犯罪案件的刑法定性"，载《犯罪研究》2019年第2期。

[2] 参见于志刚："口袋罪的时代变迁、当前乱象与消减思路"，载《法学家》2013年第3期。

[3] 如最高人民法院、最高人民检察院发布的《关于办理扰乱无线电通讯管理秩序等刑事案件适用法律若干问题的解释》（法释〔2017〕11号）规定的非法生产、销售"黑广播""伪基站"、无线电干扰器等无线电设备的行为；最高人民法院、最高人民检察院发布的《关于办理环境污染刑事案件适用法律若干问题的解释》（法释〔2016〕29号）规定的无危险废物经营许可证从事收集、贮存、利用、处置危险废物经营活动的行为；最高人民法院、最高人民检察院、公安部、原国家新闻出版广电总局发布的《关于依法严厉打击非法电视网络接收设备违法犯罪活动的通知》（新广电发〔2015〕229号）规定的违反国家规定从事生产、销售非法电视网络接收设备的行为以及为非法广播电视接收软件提供下载服务、为非法广播电视节目频道接收提供链接服务等营利性活动的行为；最高人民法院、最高人民检察院发布的《关于办理危害药品安全刑事案件适用法律若干问题的解释》（法释〔2014〕14号）规定的未取得或者使用伪造、变造的药品经营许可证非法经营药品的行为；等等。

[4] 中国人民银行办公厅发布的《关于以高利贷形式向社会不特定对象出借资金行为法律性质问题的批复》（银办函〔2001〕283号），对《取缔办法》中的非法发放贷款行为进行了解释，明确了形成非法金融业务活动的判断标准，即借贷频率的经常性、借贷对象的不特定性、出借金额的规模性。

理性。民间借贷对金融体系的补充作用毋庸置疑。高利贷具有相对合理性也是学者论述其不构成非法经营罪的重要理由。[1]但是，套路贷作为异化的借贷行为，采用规避法律调整的方式进行民间借贷不具有任何合理性，还侵害了法律的权威。第三，经营性套路贷与高利贷不同，侵害了民间借贷市场的有效监管。套路贷规避法律的属性妨碍了监管部门对民间借贷行为的有效监督，影响了司法机关正确处理民间借贷纠纷，对正常民间借贷市场秩序造成了侵害。

将套路贷作为非法经营罪处理还要考虑前置行政法规。虽然《取缔办法》属于行政法规，但是其侵害的《小额贷指导意见》的效力级别仅为部门规章，尚不能认为是刑法上的"国家规定"。所以，现阶段经营性套路贷仍然不能被认定为非法经营罪。为了整治民间借贷行业的乱象，应当由有权机关制定相关小额贷行政法规。根据该行政法规，可以对其以非法经营罪处理。

结　语

最好的社会政策是最好的刑事政策。套路贷的出现与民间借贷行业的混乱息息相关，加强对套路贷中的犯罪行为的刑法规制只是依法治理套路贷乱象的一个环节，还需要民法、行政法等部门法的协同配合。笔者提倡广义套路贷的概念就是希望能够提供一个部门法协调规制的平台。现有司法解释性文件使用狭义套路贷概念难以满足"扫黑除恶"专项斗争的社会治理需求，还会带来某些法治风险。建议以适当方式完善司法解释，使用广义套路贷概念，以套路贷中的犯罪行为来代替狭义套路贷概念。在完善刑法规制的同时，应当由有权机关制定行政法规替代《小额贷指导意见》，完善经营性民间借贷行为的行政监管，明确套路贷的行政责任。同时，制定民事司法解释，统一套路贷案件中民事纠纷、民刑交叉案件的处理规则。

---

〔1〕　参见邱兴隆："民间高利贷的泛刑法分析"，载《现代法学》2012年第1期。

"套路贷"入罪的路径选择 *

张勇 **

摘　要："套路贷"属于高利贷衍生的诈骗、敲诈勒索、非法拘禁等犯罪行为。高利贷分为普通高利贷和暴利贷，针对其行为本身应否入罪，须从形式和实质两个层面进行评判。普通高利贷属于民事违法行为，刑法只宜追究其衍生行为的刑事责任；暴利贷是一种从事非法金融业务活动的行为，具有行政违法性，但不宜认定为非法经营罪；我国刑法应合理设定"暴利贷罪"，以有利于从源头上惩治"套路贷"，维护金融安全。

关键词：套路贷；高利贷；暴利贷；衍生犯罪

在我国，借贷市场主要由金融机构借贷和民间借贷两部分组成。一直以来，民间借贷活动游离于国家金融管理体系的边缘，因高利贷而产生的融资风险增升，企业资金链断裂，负面效应叠加凸显，涉及高利贷民事纠纷案件数量大幅上升，"套路贷""现金贷""校园贷""裸贷"等乱象丛生，引起了社会的广泛关注。其中，以民间借贷为幌子非法占有他人财物的"套路贷"犯罪日益猖獗。对此，上海市高级人民法院、上海市人民检察院、上海市公安局出台了《关于本市办理"套路贷"刑事案件的工作意见》（沪公通[2017]71号），上海市高级人民法院下发了《关于加大审判工作力度　依法严惩"套路贷"犯罪的通知》，对本市"套路贷"犯罪予以严厉打击。2017年8月28日，上海宝山、静安、奉贤法院分别对4起涉"套路贷"案集中宣判，共判处17名被告2年~16年不等的有期徒刑，共涉及诈骗罪、敲诈勒索罪、非法拘禁罪3个罪名。那么，实践中"套路贷"的刑事惩治效果究竟如何？如何厘清"套路贷"案件中高利贷及其衍生犯罪行为之间的界限？对高

---

　*　本文原刊载于《人民法治》2018年第13期。

　**　华东政法大学教授、博士生导师。

利贷行为本身如何进行刑法评价？有的司法机关将高利贷行为认定为非法经营罪是否妥当？我国刑法有无必要对高利贷行为本身单独设立罪名加以刑事规制？本文将就以上问题加以探讨。

一、"套路贷"的行为特征及衍生性质

上海市法院、公安机关出台的上述文件对套路贷的基本特征、与高利贷的区别，以及如何定罪处罚都作出了明确规定：首先，"套路贷"的基本特征可概括为：制造民间借贷假象；制造银行流水痕迹；单方面肆意认定被害人违约；恶意垒高借款金额；软硬兼施"索债"五个方面。其次，"套路贷"与高利贷的区别点在于：行为目的不同。套路贷是以"借款"为名行非法占有被害人财物之实，而高利贷的目的是获取高额利息。手段方法不同主要体现在虚增数额的名目、借款人对本金之外的数额的主观认识、出借人对"违约"的态度等方面。侵害客体不同。套路贷不仅侵害被害人的财产权、人身权，还危害公共秩序，破坏金融管理秩序，甚至挑战司法权威，而高利贷主要是破坏金融管理秩序。法律后果不同。套路贷在本质上属于违法犯罪行为，借贷本金和利息均不受法律保护，而高利贷体现了双方意思自治，借款行为本身是合法的。最后，对"套路贷"一般情况下应当以侵财类犯罪定罪处罚。行为人实施"套路贷"犯罪时，未采用明显暴力或者威胁手段，则其行为特征从整体上属于以非法占有为目的，虚构事实、隐瞒真相骗取被害人财产的诈骗行为，一般可以诈骗罪追究刑事责任；行为人既采用了诈骗手段，又采用了暴力、威胁、虚假诉讼等手段，同时构成诈骗、抢劫、敲诈勒索、非法拘禁、虚假诉讼等多种犯罪的，依据刑法的规定数罪并罚或者按照处罚较重的定罪处罚。从现行刑法及司法解释来看，2000 年最高人民法院发布的《关于对为索取法律不予保护的债务非法拘禁他人行为如何定罪问题的解释》（法释［2000］19 号）、2005 年最高人民法院发布的《关于审理抢劫、抢夺刑事案件适用法律若干问题的意见》（法发［2005］8 号）、2014 年最高人民检察院发布的《关于强迫借贷行为适用法律问题的批复》（高检发释字［2014］1号）等都作出了相关规定。

实践中，由于高利贷高出法定上限部分的利息不受法律保护，出借人往往通过暴力、威胁、欺诈等手段催讨利息或本金，甚至强迫借款人低价以房抵债；有的采用暴力故意伤害借款人及其亲属，或非法剥夺或限制其人身自

由；有的高利贷活动中非法从事资金支付结算业务；有的利用黑社会性质组织实施催讨强索高利贷等。在"套路贷"案件中，诸如诈骗、非法拘禁、敲诈勒索等高利贷衍生犯罪行为的社会危害性及程度一般比较严重，往往超过了高利贷行为本身，且更为社会公众所关注，但其与高利贷行为本身之间并不存在等同性。或者说，这些行为手段不属于高利贷行为的本质特征，因而不能将其作为高利贷行为是否入罪的评价根据。然而，一方面，由于我国现行刑法对于高利贷行为本身未予规制，许多地方司法机关均将民间借贷视为民事合同纠纷，对"套路贷"中的高利贷行为本身不予刑事追究，对整个"套路贷"案件的定罪处理则有"舍本求末"之嫌；另一方面，对于高利贷衍生犯罪也存在"认定难"的问题，尤其是对于"套路贷"案件中诈骗罪的认定，需要从客观上认定行为人实施了虚构事实、隐瞒真相的行为，主观上具有非法占有他人财物的目的，由于"套路贷"比普通的诈骗手段更为复杂，从表面上看借款合同手续合规合法，但实际上欺诈手法一环套一环，且持续时间很长，加上被害人处于经济困难的急迫境地，缺乏维权意识，往往会成为"违约者"。行为人在追索债务时往往刻意避免实施暴力或胁迫手段，不触及刑事法律底线，而是利用跟踪纠缠被害人及其近亲属、频发骚扰性手机短信、干扰被害人邻居正常生活等间接手段对被害人施加精神压制和影响，呈现出诈骗犯罪职业化、集团化的特点，司法机关搜集和认定相关证据十分困难，刑事打击"套路贷"犯罪的范围有限，其效果也难以达到从根本上预防犯罪的目的。因此，有必要对高利贷行为应否入罪、如何入罪的问题做进一步探讨。

二、高利贷的入罪之争与价值评判

目前，我国涉及民间借贷的法律法规及规范性文件主要包括：2017年《民法总则》、1999年《合同法》、1991年最高人民法院发布的《关于人民法院审理借贷案件的若干意见》（法民〔1991〕21号，以下简称《借贷意见》，已废止）、1998年国务院发布的《非法金融机构和非法金融业务活动取缔办法》（中华人民共和国国务院令第588号，以下简称《取缔办法》）、1999年最高人民法院发布的《关于如何确认公民与企业之间借贷行为效力问题的批复》（法释〔1999〕3号，以下简称《借贷效力批复》）、2002年中国人民银行发布的《关于取缔地下钱庄及打击高利贷行为的通知》（银发〔2002〕30

号，以下简称《取缔通知》）、2015 年最高人民法院发布的《关于审理民间借贷案件适用法律若干问题的规定》（发释〔2015〕18 号，以下简称《民间借贷规定》）等。以下，笔者将对不同类型高利贷的入罪问题进行分析。

（一）高利贷行为的入罪之争

根据上述法律和司法解释的规定，高利贷即自然人、法人、其他组织之间及其相互之间进行资金融通，当事人约定的利率超过法定上限的借贷行为。《民间借贷规定》划定了三个区域：借贷双方约定的利率在年利率的 24% 以下是"司法保护区"，在年利率的 36% 以上是"无效区"，在年利率的 24%～36% 之间是"自然债务区"，即如果要提起诉讼，要求法院保护，法院不会保护，但是当事人愿意自动履行，法院也不反对。民间借贷可分为三种行为类型：处于"司法保护区"的，是一般民间借贷行为，处于"自然债务区"的，是普通高利贷；处于"无效区"的，可称为"暴利贷"。在一般民间借贷、普通高利贷与暴利贷之间，形成了介于合法与违法、违法与犯罪之间过渡的"灰色地带"。首先，处于"司法保护区"的一般民间借贷行为，纯粹属于民事法律行为。其次，处于"自然债务区"的普通高利贷，属于可撤销的民事行为。民法"不保护但不禁止"，"不禁止"就意味着"允许"或者说"可以做"。双方当事人完全可以基于自愿原则建立借贷关系，如果一方不申请撤销，仍是有效的，且不需要中国人民银行批准。既然是普通高利贷是法律允许实施并可予以保护的行为，行政法就没有必要对高利贷行为加以规制，刑法在一般情况下也没有必要介入，追究单纯的普通高利贷行为的刑事责任。其三，处于"无效区"的暴利贷行为，按照《民间借贷规定》超过部分的利息约定无效，借款人可以请求出借人返还，法律非但不保护出借人的利益，而且反过来要保护借款人的利益。与可撤销的普通高利贷行为不同，对于受到民法、合同法否定性评价而归于无效的暴利贷行为，行政法就有了介入的空间和规制的必要，其性质就发生了根本性变化，属于非法发放贷款金融业务的行政违法行为，如果其社会危害性达到严重程度，就有必要将其作为破坏金融管理秩序的犯罪予以刑事处罚。

关于高利贷行为应否入罪，以及如何入罪的问题，学界存在以下分歧：肯定高利贷行为入罪的学者认为，高利贷不但会损害贷款消费者的财产利益，而且还会伤害实体经济与中小企业利益，破坏社会信用机制，扰乱金融秩序与社会稳定。同时，催讨强索高利贷的衍生行为还容易引发诈骗、非法拘禁、敲诈勒索、故意伤害等违法犯罪活动，具有严重的社会危害性，应予以刑事打击。在肯定高利贷入罪的基础上，关于如何入罪的问题，存在两种观点：①主张"司法入罪"。认为在我国刑法现有罪名体系下，可以对《刑法》第225条第4项"其他严重扰乱市场秩序"进行扩大解释，将高利贷行为认定为非法经营罪。但截至目前，国内以非法经营罪定罪处罚的高利贷案件并不多见，不少地方的司法机关对于将高利贷认定为非法经营罪显得比较谨慎，大多倾向于以无罪处理。②主张"立法入罪"。认为"司法入罪"难免会出现同案不同判、影响法律统一适用等诸多争议，主张设置"高利贷罪""非法放贷牟取暴利罪""非法发放高利贷罪"等新罪名进行规制。[1]

相反，否定入罪者认为，高利贷行为不具有实质的社会危害性，也缺乏合法性根据，不应单独评价为犯罪。其主要理由是：①将高利贷行为入罪缺少实质性根据。首先，高利贷是借贷双方当事人的自愿行为，符合意思自治原则和契约自由精神，不损害社会公共利益，属于民事法律调整范畴。如果将这种民事借贷行为纳入刑法规制范围，就会造成对社会经济生活的过度干预，同时违背刑法的谦抑性精神。有的学者认为："过于依赖刑法对社会关系的调整，其必然的后果就是对刑法功能定位的错位，从而导致刑法干预社会生活的过度和泛化。"[2]其次，出借人将自有资金放贷给他人，适用市场经济风险自负原则，虽然行为人过度追求高额利润具有道德上的可谴责性，但这并未达到构成犯罪所要求的罪过程度。最后，高利贷虽然可能会侵害国家正规金融机构的利益，但这并不意味着其一定具有严重的社会危害性。②将高利贷行为入罪缺乏合法性根据。有的学者认为，《取缔办法》中"非法发放贷款"的主体仅是非法金融机构，而自然人和单位之间的有息借贷并不需要金融监管机构的批准，所以也不违法。《借贷效力批复》将"非法发放贷款"界定为"非法金融业务活动"的规定属于无权解释，因而民间高利贷不具有构成非法经营罪的前置法条件，"在现有刑法语境下，司法实践中将高利贷定性为非法经营有违反罪刑法定原则和罪行相适应原则之嫌疑"。[3]

以上观点产生分歧的主要原因在于，对高利贷行为内涵的理解各不相同。

---

〔1〕 参见徐德高、高志雄："增设'职业放高利贷罪'确有必要"，载《人民检察》2005年第18期。

〔2〕 刘伟："论民间高利贷的司法犯罪化的不合理性"，载《法学》2011年第9期。

〔3〕 龚振军："民间高利贷入罪的合理性及路径探讨"，载《政治与法律》2012年第5期。

肯定者将高利贷及其衍生行为都纳入刑法评价范围，从而认定其具有严重的社会危害性，应当入罪；否定者对民间借贷行为也不加以界分，将一般民间借贷有无社会危害性也作为对高利贷行为的评价根据。如前所述，普通高利贷行为属于民事法律的调整范围，并不具有行政违法性质；暴利贷行为虽然具有非法发放贷款金融业务的性质，但只是违反了中国人民银行有关限制和打击高利贷的行政规章，并不违反国家有关从事发放贷款金融业务的特别许可制度，不具有构成非法经营罪所要求的"违反国家规定"前置性条件。另须指出，实践中有的所谓"高利贷"已非纯粹的民间高利贷，如"地下钱庄"非法从事高利贷的资金支付结算业务的，就可以直接适用《刑法》第225条第3项的规定以非法经营罪处罚，而不需要适用该条第4项兜底条款的规定。

（二）高利贷的刑法价值评价

针对高利贷行为应否入罪的上述争论，首先需要对高利贷的内涵作出准确界定、区分不同的行为类型，分别从形式和实质两个层面对其社会危害性和刑事违法性进行合理评判和价值选择，从中得出高利贷行为入罪的正当根据。

高利贷作为民事合同或市场交易行为，自愿性和公平性是其本质特征，分别反映了契约自由与社会公平的价值。同时，高利贷行为本身也包含着缓解资金短缺、促进市场经济的效率价值。但过度追求市场效率，而忽视社会公平也是不可取的。通过分析自由、公平与效率的价值关系，对民间高利贷行为进行实质评价和价值选择，可以得出高利贷行为应否入罪的正确判断。

1. 自由与公平的价值关系

在民间借贷活动中，按照契约自由原则，对借贷利率的约定无论高低，均是当事人意思自治的结果，法律本身不应对民间借贷利率规定限制。然而，须以当事人具有对等的讨价还价能力为前提条件，否则就不是真正的契约自由。实践中，民间借贷双方的地位差距很大，借贷双方之间缺乏对等的讨价还价能力和公平交易的现实基础。在没有法律限制的情况下，所达成的利率条款常常是强势一方意志的体现。若放贷人凭借强势地位假借契约自由获取高额利益，其结果是弱势一方得不到合理保护，事实上的契约自由及公平正义难以体现。其实，公平与自由并不矛盾，公平是应得的权利，所强调的合同交易的平等性是契约自由的基础，维系着整个社会道德准则和社会合作条件。[1]而契约自由是当事人在法律范围内享有的权利，两者都是有限度的、相对的。正义的原则与制度具有"抑恶扬善"的双重功能。合理和适度的惩罚也是正义，是社会公平不可或缺的一面。在高利贷中，应当采用公序良俗或诚实信用原则，对当事人的自愿性加以必要限制，保障处于弱势地位的借款人的自由权利，防止处于优势地位的出借人滥用权利，从而体现借贷关系的公平性和契约正义。无论是一般民间借贷还是高利贷，其共同点即在于平等主体之间形成的借贷合同关系所具有的自愿性和公平性，两者正是体现着自由与公平的法律价值。其中，自愿性相对于公平性显然更为重要，更为民事法律所重视和加以保护。"两者存在偏正的依附关系，非自愿性是遭到显失公平的必要条件，而显失公平的结果是非自愿交易的充分条件。"相对来说，民法更注重保护借贷主体的自由选择权即自愿性，在此基础上，兼顾借贷行为的公平性和等价性。正如有学者指出，在民间高利贷活动中，出借人拥有宽裕资金，待价而沽，借款人急于用钱又深陷融资困境，借款人的"愿挨"实际是表面的、不得已的，而非内心真正"自愿"的，这是典型的"乘人之危"。高利贷的绝对自由是不存在的。如果双方当事人自愿选择高利贷交易，即使贷款利率略显不公平，民法一般也不会干涉；只有在显失公平的情况下才会予以介入，并在公平性与自愿性发生冲突时予以适当平衡。实际上，一般来说，当事人只有认为贷款利率公平合理才会自愿选择交易，如果显失公平是不会自愿选择交易的；如果当事人即使在交易明显不公平的情况下也自愿选择交易，也就不值得法律去干涉了。但如果高利贷行为严重违反了合同交易的自愿性或公平性原则、超出民事法律调整范围，则可能构成犯罪。

2. 公平与效率的价值关系

公平是人类社会具有目的性的价值，而效率则是工具意义上的价值。公平本身也就是一种激励，只要有公平就会有效率，公平的合理差距带来效率；公平意味着平等和社会稳定，没有社会稳定市场效率将无从谈起。只有顾及公平的效率才是真正体现正义的。理想的社会是让平等与自由保持在富有效

---

[1] 参见范广垠："公平相对于效率与自由的优先性——一个行为学的视角"，载《观察与思考》2014 年第 12 期。

率的最佳状态，实现公平与效率的动态平衡。[1]在民间借贷领域，毋庸置疑，利率市场化代表了现代金融市场发展的基本方向，客观上需要进一步放松包括贷款利率在内的利率管制；以高利率补偿高风险的信贷会增加借贷人的利息及债务负担，从而提高其过度负债的风险。高度的利率管制和完全的利率自由同样不符合市场经济的要求，利率市场化不是鼓励或放纵高利贷，对高利贷的限制不仅能够防止过度剥削，满足公平正义的价值追求，还有防范金融风险的功能。可以说，一个国家越是要实行利率市场化，越是要运用法律规制高利贷。因此，许多实现利率市场化的发达国家和地区仍然不同程度地禁止高利贷，甚至予以刑法规制。当然，如果一味采用刑罚手段予以打击，增加放贷者的刑事法律风险，其所期望的报酬率反而会大大增加。只要我国现有金融制度不变，对民间高利贷的市场需求将不会因为高利贷行为入罪而减少。既然高利贷利息居高不下甚至变本加厉，借款人更难以偿还本息，违约概率大幅提升，结果必然导致放贷者催讨逼债手段更加趋于极端暴力，高利贷衍生的违法犯罪现象将更加严重，同样要予以刑事打击，只不过是治标不治本而已，但在必要时，"治标"也只能作为刑事政策的现实选择。

3. 刑法的次优价值选择

与民法相同的是，刑法也应当注重通过惩治高利贷行为来保护借贷交易的自愿性。当事人若基于善意而放高利贷，不违反契约自由精神，刑法应不予干涉。如果当事人选择高利贷交易是非强迫性或者说是自愿的，即使是不完全情愿但也愿意接受，可排除入罪的可能性。实践中，出借人往往乘借款方急需资金之机，采用种种隐蔽手段来掩盖其非法谋取暴利目的，这显然违背了当事人意思。如果一方当事人以欺诈、胁迫等手段或者乘人之危，使另一方当事人违背真实意思"自愿"接受了高利贷交易，则可能入罪；如果交易不是自愿的，而是一方采取了暴力、胁迫手段，强迫另一方同意选择高利贷交易，即使借贷利率是公平合理的，也可能入罪。然而，与民法不同的是，刑法应当更多地考虑高利贷交易的公平性。也就是说，虽然借款人是自愿的，但如果贷款利率达到超高水平形成暴利，超出了民法上的"显失公平"，甚至达到了"完全不公平"的地步，借款人根本没有偿还本息的可能，其有可能侵犯自愿、平等交易的借贷市场秩序，危及借贷市场秩序和社会经济稳定，

---

[1] 参见陈建平："公平与效率：平等与自由的博弈"，载《理论月刊》2015年第10期。

则应考虑入罪。

否定高利贷入罪者强调，民间高利贷可提高资金使用率、满足市场对资金的需求、刺激经济发展、分摊金融机构的贷款风险，拓宽中小企业的融资渠道，符合自由和效率的价值要求，于社会无害。[1]从现实角度来看，高利贷带来的社会负面影响不可小觑，它对于我国实体经济、产业结构调整、国家货币政策的宏观调控以及金融危机都会带来重要影响，一味强调市场效率的高利贷只能让经济发展走向畸形发展的局面。我国在利率市场化的过程中，可借鉴其他国家的经验教训，在推进利率市场化的进程中，注重运用法律手段对高利贷行为进行规制。在必要的情况下，应当将具有严重社会危害性的暴利贷予以犯罪化，以遏制高利贷的进一步恶性循环，从而达到降低和化解金融危机、风险的目的。

在肯定暴利贷行为入罪的同时，也有必要从出罪的角度，对高利贷的刑法规制问题加以反思，避免形成民间借贷的制度性压制。对于高利贷行为来说，需要经过由民法或行政法调整再到刑法规制的过程。根据法秩序的一体性与刑法谦抑性理念，刑事违法性与行政或民事违法性具有一致性。不存在着具有刑事违法性，而没有行政或民事违法性的行为；缺少行政或民事违法性的行为，不可能具有刑事违法性。同时，所有犯罪行为都是具有严重社会危害性和刑事违法性的行为，是非刑事法律无法有效规制和调整的。作为保障法、事后法和制裁法，刑法只有在非刑事的前置法对高利贷行为管控无效、超出其调整范围的情况下才可以介入。然而，刑法规制并不以民法、行政法的实际调整为必要前提。在涉及高利贷的民事合同纠纷或行政处罚案件中，如果发现高利贷行为触犯了刑法中的相关罪名，应由民事或行政案件转为刑事案件处理，对其定罪量刑也不一定以判定合同无效或以行政处罚为前提条件。同时，高利贷民事违法行为也可以被直接纳入刑法规制范围，不需要以其具有行政违法性或实际行政处罚为前提。

三、暴利贷入罪的立法比较与借鉴

高利贷作为一种民间借贷活动，当事人双方约定的利率标准是否超过法

---

[1] 姚万勤："用刑法规制高利贷行为的合理性质疑"，载《内蒙古社会科学（汉文版）》2016年第 4 期。

定上限是界定其违法性的关键。许多国家和地区的法律都明确规定了高利贷的利率上限。如《德国民法典》列举了"违反公序良俗"的各种类型，其中就包含了"暴利"行为，其中包括信用暴利、销售暴利及租赁暴利等；如果双方就消费借贷或其他信贷行为约定了超高的利息，就可从法律上认定为"信用暴利"。不少国家和地区法律明确将贷款利率不同的借贷行为加以区别对待。如《日本出资法》第5条规定，对于贷款业者和一般债权人规定了不同的处罚高额利息的上限。只要行为人签约或领受超过上限利息，就应受到刑事处罚。我国香港地区《放债人条例》规定，对于实际利率超过年息4分8厘但没有超过6分的借贷的苛索行为，作为一般民事行为予以处理。反之，对于超过6分的借贷行为，一律作为苛索行为对待，并依照高利贷罪处理。

在刑事立法上，目前我国刑法尚无相关罪名专门对高利贷行为予以规制，只有《刑法》第175条高利转贷罪规定了"高利"，该罪名以转贷牟利为目的，套取金融机构信贷资金高利转贷他人的行为，这与本文讨论的以自有资金给他人放贷有着本质区别。比较来看，德国、日本、意大利、芬兰、瑞典等不少国家都专门设立了暴利罪、高利贷罪、重利罪等相类似的罪名。这些罪名大都被列入了财产犯罪范畴，主要保护被害人的财产利益，但对此也有不同认识。同时，在暴利犯罪的构成要件方面，各个国家和地区的刑事立法规定也不尽相同。如《德国刑法》第291条规定了暴利罪，对利用他人处于困境、缺乏经验、缺乏判断力或者严重意志薄弱，让他人向自己或第三人在住房的出租或与此相关的从给付；提供信贷；其他给付，或者上述给付之一的中介，允诺或给予财产利益，而该财产利益与给付或给付的中介显失公平的，处3年以下监禁或者罚金。情节特别严重的，处6个月以上10年以下监禁。"暴利罪"中的"暴利"不仅包括高利贷的"信用重利"，而且包括房屋出租的"租赁重利"、中介行业的"中介重利"，且"情节特别严重"的法定最高刑为10年，可见，德国刑法对暴利行为是予以严厉惩处的。其他国家和地区的刑事立法规定也比较相似，一般都要求行为人利用对方的急迫、困难、轻率、无知等有违合同交易自愿性的情况，获取与对价严重不相当、显失公平的利益。同时，所设立的类似罪名适用范围宽泛，不仅限于借贷合同交易。如《芬兰刑法》第36章"欺诈与其他不诚实行为"第6条、《瑞典刑法》"诈欺和其他不诚实罪"章第5条、《丹麦刑法》第282条等。值得注意的是，有的国家和地区的刑法规定只要高利贷超过法定上限的，就构成犯罪，并不要求行为人"乘他人急迫、轻率或无经验"。如《意大利刑法》第644条规定，除第643条规定的情况外，以任何形式要求他人向自己或其他人给付或者许诺给付高利贷性质的利息或其他好处，以作为对钱款或其他利益借贷的报偿的，处2年~10年有期徒刑和5000欧元~30 000欧元罚金。

应当看到，域外立法将高利贷定性为侵犯财产法益的行为，并设立单独罪名予以刑事惩治，体现了域外立法对个人财产法益保护的重视，也体现了这些国家和地区在民间借贷领域的刑事法治程度，这是值得肯定的。为了有效惩治我国民间高利贷中具有严重社会危害性的暴利贷行为，同时为了防止因适用非法经营罪的兜底条款而涉嫌"口袋罪"的扩大化，有必要通过刑事立法途径，对暴利贷行为进行刑事规制。在借鉴域外刑事立法的基础上，我国刑法可考虑单独设立"暴利贷罪"，但应当通过对设置其构成要件，严格限定其刑事处罚范围。"暴利罪"的罪状设计应体现其以下罪质特征：①非法经营性。如前所述，暴利贷行为属于非法从事金融业务的经营活动，拟设立的"暴利贷罪"的法益性质与域外刑事立法中的"暴利罪"不同。如前所述，单纯违反民事法律的普通高利贷行为无须入罪，只要将其认定为无效行为处理，或者通过追究高利贷衍生行为的刑事责任即可。而对于暴利贷来说，其行为具有非法经营金融业务的性质，不仅为民法、合同法所否定，且为金融管理法律法规所禁止。出借人通过借贷交易获取暴利，其侵犯的主要客体是金融管理秩序，次要客体是借款人的财产权。②谋取暴利性。设定超高利率的暴利贷应当是刑法惩治的重点。行为人主观上以获取超高利息（借贷利率超过年利率36%）为目的，属于直接故意；客观上借贷双方设定的超高利率是不可或缺的构罪条件，对于借贷利率在年利率24%~36%的普通高利贷行为，刑法不应将其认定为暴利贷罪，而是应当按照其催讨强索手段行为所触犯的罪名，或者与从事非法活动的借款人构成的共犯追究其相应刑事责任。③手段不正当性。根据我国《民法总则》第148~151条规定，一方以欺诈、胁迫手段，使对方在违背真实意思的情况下实施的民事法律行为，或者乘人之危，利用对方处于危困状态、缺乏判断能力等情形，致使民事法律行为成立时显失公平的，另一方有权请求人民法院或者仲裁机构予以撤销。结合我国刑法现有罪名，需要区分两种情况分别处理：一是采取欺诈或胁迫手段，违背对方意愿的情况下签订高利贷合同，情节严重的，可直接适用刑法中的强迫交易罪、敲诈勒索罪、诈骗罪等罪名，而不必再纳入"暴利贷罪"的构成范围，否则会产生不必要的法条竞合与罪名冲突，给刑事司法适用带来不必要的麻烦。二是乘人之危，利用对方处于危困状态、缺乏判断能力等情形，发放贷款谋取暴利，显失公平的，可将其作为"暴利贷罪"的客观构成要件。这样既可以突出体现对借贷交易当事人平等性的刑法保护，又可实现民刑之间的法律衔接；还可以有效地限制暴利贷的入罪范围，将单纯的暴利贷行为排除在刑法规制范围之外。如果出借人并未乘人之危，而是与借款人自愿设立的利率超出法定上限（年利率的36%）的借贷合同，则不构成本罪。

根据以上分析，建议通过刑法修正案立法，将拟设立的"暴利贷罪"置于刑法分则第三章第四节"破坏金融管理秩序罪"，与《刑法》第175条高利转贷罪并列规定在同一法条当中。在法定刑方面，考虑到"暴利贷罪"与非法吸收公众存款罪、高利转贷罪等相关罪名之间的法定刑协调，宜将最高法定刑设置为10年有期徒刑。具体条文可表述为："行为人乘人之危，利用对方处于危困状态、缺乏判断能力等情形，违法发放贷款谋取暴利，情节严重的，处3年以下有期徒刑或者拘役，并处或者单处罚金；情节特别严重的，处3年以上10年以下有期徒刑，并处或单处罚金。单位犯前款罪的，对单位判处罚金，并对其直接负责的主管人员和其他直接责任人员，依照前款规定处罚。"最后须指出，设立"暴利贷罪"新罪名弥补了以往对社会危害严重的单纯高利贷行为不能定罪的立法漏洞，但也不是万能的，高利贷的市场需求是客观存在的，希冀通过刑事立法消除暴利贷、彻底控制高利贷所带来的金融风险和负面效应是不现实的。只有综合运用刑事与非刑事法律手段，适度加强政府金融监管，合理引导民间资本融通，促进借贷市场生态健康发展，切实解决实体经济融资难问题，才是治理高利贷问题的治本之策。

"套路贷"的民刑界限及犯罪认定中的争议问题

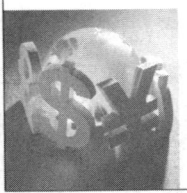

彭文华 *

一、问题的提出

截至 2019 年 9 月 30 日，在中国裁判文书网上以"套路贷"作为全文检索项检索，共释出 7005 篇判例。在这些判例中，与"套路贷"有关的刑事案件和民事案件占绝对多数，分别为 507 例[1]和 6325 例，占案件总数的百分比分别为 7.24% 和 90.29%。从发生区域来看，"套路贷"案件及关联案件在全国 31 个省市自治区均有发生，可谓呈现遍地开花态势。特别是在 2018 年后，"套路贷"案件呈爆发式增长[2]，当之无愧地成了司法实践新热点。

"套路贷"违法犯罪的出现，受到了地方和最高司法机关的高度关注。自 2017 年以来，各地司法机关纷纷出台适用于本辖区内的指导意见，对"套路贷"犯罪及其表现形式、犯罪的性质认定、共同犯罪等作了详细规定。[3] 2018 年，最高人民法院在《关于依法妥善审理民间借贷案件的通知》（法 [2018] 215 号，以下简称《民间借贷通知》）中要求严格区分民间借贷行为

* 上海政法学院刑事司法学院教授。

　[1]　其中，行为人因"套路贷"而被认定构成犯罪的判例有 402 起，与"套路贷"关联的判例，即非因"套路贷"构成犯罪，乃因深陷"套路贷"而实施其他犯罪，如诈骗、抢劫等，从而构成犯罪的有 105 例。

　[2]　关于"套路贷"案件之判例，检索发现 2012 年、2016 年分别为 2 例、1 例，2017 年 93 例，2018 年 2408 例，2019 年前 9 个月为 4501 例。

　[3]　例如，上海市高级人民法院、上海市人民检察院、上海市公安局颁布了《关于本市办理"套路贷"刑事案件的工作意见》（沪公通 [2017] 71 号），浙江省高级人民法院、浙江省人民检察院、浙江省公安厅颁布了《关于办理"套路贷"刑事案件的指导意见》（浙公通字 [2018] 25 号），重庆高级人民法院颁布了《关于办理"套路贷"犯罪案件法律适用问题的会议纪要》（渝高法 [2018] 136 号），江西省颁布了《关于办理"套路贷"刑事犯罪案件的指导意见（试行）》，等等。

与诈骗等犯罪行为。最高人民法院、最高人民检察院、公安部、司法部颁布的《关于办理黑恶势力犯罪案件若干问题的指导意见》（法发〔2018〕1号，以下简称《黑恶势力意见》）第20条则对以非法占有为目的，假借民间借贷之名非法占有他人财产的行为作了具体规定。2019年，最高人民法院、最高人民检察院、公安部、司法部先后颁布了两个专门规制"套路贷"刑事案件的意见，即《关于办理"套路贷"刑事案件若干问题的意见》（法发〔2019〕11号，以下简称《套路贷意见》）、《关于办理非法放贷刑事案件若干问题的意见》（法发〔2019〕24号，以下简称《非法放贷意见》），对"套路贷"的概念、与民间借贷的区别、犯罪手段和方式、共同犯罪、刑事管辖以及民间高利借贷的定性等作了明确、具体的规定。

"套路贷"犯罪受到司法关注，不仅是因其属于新型犯罪形态，更重要的是在定罪量刑上存在诸多问题。有学者就曾一针见血地指出："在当前的司法实践中，却出现了一种以非刑法概念取代刑法规定的现象，典型的便是'套路贷'概念。一些地方的司法机关认为，只要有'套路'就是诈骗，只要是'套路贷'就构成诈骗罪。"[1]从所检索到的有关"套路贷"的民事案件和刑事案件来看，司法机关在认定"套路贷"犯罪时，确实面临不少困惑。例如，如何理解"套路贷"的含义？如何认定"套路贷"的民刑界限？将"套路贷"犯罪认定为诈骗罪是否恰当？"套路贷"团伙在何种情形下才能被认定为黑社会性质的组织？如何对"套路贷"犯罪加以合理定性？对第三方公司或者个人的平账行为应否认定为共同犯罪？如何认定"套路贷"犯罪的罪数形态？如何认定"套路贷"犯罪数额？等等。本文立足于中国裁判文书网上所检索的402起"套路贷"犯罪判例，拟对"套路贷"的含义、民刑界限以及"套路贷"犯罪认定中的疑难问题加以深入探讨，期待能为司法实践提供有益参考。

二、"套路贷"的含义

在司法实践中，对"套路贷"的认定往往见仁见智。在许多情况下，行为人只是实施普通的财产犯罪，却被认定为"套路贷"犯罪，导致在定性上出现问题。例如，在"姚某、祝某诈骗案"中，姚某以被害人刘某提供的担

---

[1] 张明楷："不能以'套路贷'概念取代犯罪构成"，载《人民法院报》2019年10月10日。

保人卢某是假老师为由，要告刘某涉嫌诈骗，并称只要刘某支付7万元违约金就能不让出借人告刘某。刘某出于种种考虑被迫重新签订13万元且出借人处为空白的借款合同，后来姚某、祝某以该借款合同为据起诉刘某。[1]法院认为姚某、祝某的行为完全符合"套路贷"的特征，并以诈骗罪追究两人刑事责任。在笔者看来，该案的关键在于姚某以刘某提供的担保人身份不符为由，敲诈勒索刘某7万元违约金，并据此重新签订借款合同，这与一般的"套路贷"案件存在本质不同。事实上，对姚某、祝某以敲诈勒索罪论处更为恰当。

在理论上，人们通常将"套路贷"理解为特定类型犯罪，但对何谓"套路贷"亦存在理解上的分歧。如有论者认为，"套路贷"属于特殊的金融犯罪，即"'套路贷'是以借贷为名实施犯罪的伪金融类案件"。[2]有论者主张："所谓'套路贷'，并不是一个新的法律上的罪名，而是一类、一系列犯罪行为的统称。"[3]有论者指出："套路贷应当界定为由犯罪团伙针对特定被害人群体实施的，以贷款的方式签订虚假高额合同，在支付本金之后可能会要求贷方立即用现金的方式返还，并采取非法方法迫使被害人履行该虚假合同及因未及时履行该虚假合同而造成的虚构损失，最终达到非法获取被害人及其亲属财产（如汽车、房产及其他财产）的犯罪行为。"[4]还有论者认为："'套路贷'是指行为以非法占有为目的，并通过虚增债务、制造资金走账流水、转单平账、恶意制造违约、伪造证据、虚假诉讼等欺诈方式，辅以暴力

〔1〕 基本案情：2018年2月初，被告人姚某向刘某出借6万元，由王某与时任汪清县复兴镇小学老师卢某做担保。2月中旬，姚某以出借人的名义提出刘某提供的担保人卢某是假老师为由要告刘某涉嫌诈骗，并称只要刘某支付7万元的违约金就能不让出借人告刘某。刘某怕连累担保人，同意支付7万元。姚某提出由其向别人借款支付本金及违约金。随后，姚某谎称已将本金及违约金共13万元支付给出借人，将原6万元的借款合同还给刘某，重新签订13万元出借人处为空白的借款合同，并让刘某出具收条。2018年4月8日，在多次向刘某催讨无果的情况下，姚某指使被告人祝某在13万元借款合同中的出借人处填写祝某的名字，委托诉讼代理人以祝某的名义向法院提起诉讼。同年4月26日，汪清县人民法院开庭审理了祝某诉刘某民间借贷纠纷案件。参见吉林省汪清县人民法院〔2019〕吉2424刑初45号刑事判决书。
〔2〕 参见闵达："'套路贷'案认定分歧的审查判断"，载《中国检察官》2017年第22期。
〔3〕 孙丽娟、孟庆华："'套路贷'相关罪名及法律适用解析"，载《犯罪研究》2018年第1期。
〔4〕 刘道前、满艺伟："'套路贷'的法律性质及侦防对策分析"，载《犯罪研究》2018年第4期。

或者暴力相威胁，非法占有他人财物的犯罪行为。"[1]

与理论界不同的是，司法解释所规定的"套路贷"不仅包括犯罪行为，还包括违法行为。根据《套路贷意见》的规定，"套路贷"是对以非法占有为目的，假借民间借贷之名，诱使或迫使被害人签订"借贷"或变相"借贷""抵押""担保"等相关协议，通过虚增借贷金额、恶意制造违约、肆意认定违约、毁匿还款证据等方式形成虚假债权债务，并借助诉讼、仲裁、公证或者采用暴力、威胁以及其他手段非法占有被害人财物的相关违法犯罪活动的概括性称谓。《套路贷意见》明确了"套路贷"集违法活动与犯罪活动于一体，是一个包含违法行为与犯罪行为在内的概括性概念。《套路贷意见》对"套路贷"含义的规范消除了理论界与实务界在如何理解"套路贷"上的分歧。不过，就《套路贷意见》对"套路贷"之规定而言，不但存在以偏概全等与事实不符之处，且概念本身也存在自相矛盾之处。具体如下：

（一）"假借民间借贷之名"有以偏概全之嫌，与客观事实不符

从字面上理解，"假借民间借贷之名"显然指有民间借贷之名，无民间借贷之实。客观地说，司法实践中不少"套路贷"确实存在假借民间借贷之名的现象，行为人的真实目的是占有被害人的房产等财物。问题在于，这种假借民间借贷之名占有他人财物的现象，并不能代表"套路贷"的全貌。在司法实践中，也有依托于真实、合法的民间借贷并设置"套路"不当占有他人财物的情形。2019 年 7 月 11 日，在杭州市人民检察院举办的第 19 期"案例大讲坛"上，最高人民法院案例研究院、国家检察官学院和上海市第一中级人民法院联合发布了"刑民交叉典型案例"，其中就包括"潘某与金某民间借贷纠纷抗诉案"。[2]该案具有典型的民间借贷性质，且其中的借贷关系真实、合法，并不存在假借民间借贷之名。不过，检察机关通过对借贷纠纷判决文书进行大数据挖掘分析，发现潘某等人涉嫌套路贷有关犯罪，及时移送公安

---

[1] 董邦俊、侯晓翔："'套路贷'的刑事规制及其防控研究"，载《湖北社会科学》2018 年第 10 期。

[2] 案情简介：2017 年 6 月 15 日，被告金某向原告潘某出具借条一份，约定：借款金额为 40 000 元，借款期限为 1 个月，2017 年 7 月 14 日前归还，借款月利率按 1% 计算；如被告未能在约定的还款期限内向原告归还本息 40 400 元，被告愿意向原告支付每日借款总金额 1% 的滞纳金。同日，原告通过银行汇款将 40 000 元款项交付至被告。原告陈述，借款发生后被告未支付过利息及归还过本金。原告诉请判令被告向原告归还借款本金 40 000 元，利息 400 元，以及违约金（从 2017 年 7 月 15 日至今的每天 400 元整）。

机关立案侦查。2018 年 12 月 4 日,浙江省绍兴市柯桥区人民法院以虚假诉讼罪,分别判处潘某、朱某恒、朱某根等人 8 个月至 4 年不等的有期徒刑。[1] 事实上,从中国裁判文书网有关"套路贷"案件的检索情况来看,民事案件远多于刑事案件。这些民事案件基本上都是以出借人为原告的,许多案件均以原告胜诉告终。这也足以说明"套路贷"案件往往存在真实的民间借贷关系,并非都是假借民间借贷之名。

(二) 诱使或迫使被害人签订相关协议言过其实

根据《套路贷意见》的规定,"套路贷"成立的前提条件是行为人"诱使或迫使被害人签订'借贷'或变相'借贷''抵押''担保'等相关协议"。然而,在司法实践中,很多时候都是被害人在急需用钱而借贷无门的情形下,主动找行为人借款,不存在行为人诱使或迫使被害人的现象。例如,刘某于 2014 年经人介绍认识了做民间借贷的郝某,为了生意周转从郝某那里借了高利贷。其后经历反复借款、还款、再借款、还不上,继而想尽各种办法继续借款、贷款、抵押房产,最终导致无家可归的状态。[2] 在该案中,刘某基于资金周转主动经人介绍认识郝某,郝某对刘某无任何诱使或者迫使之举。这样的情形在司法实践中可谓十分常见,故认为"套路贷"是行为人诱使或者迫使被害人签订相关协议不符合客观事实。

(三) "形成虚假债权债务"并不切合实际

根据《套路贷意见》的规定,"通过虚增借贷金额、恶意制造违约、肆意认定违约、毁匿还款证据等方式形成虚假债权债务",也是套路贷的成立要素。不过,从司法裁判的情况来看,事实并非如此。客观地说,"套路贷"形成的债权债务,有的确实是虚假的。例如,在"莫某诈骗案"中,莫某先将 150 万元打入被害人王某妻子唐某的银行账户,后以出资方需要提前支付利息 117 万元为由,要求王某分二笔 58.5 万元转账至莫某的银行账户,并分别备注为"利息"和"服务费"。而王某当即提出 117 万元都是利息,不存在高额服务费,莫某即以行业规矩为由让王某按照要求操作。事后,同案犯朱某却以王某未按合同约定支付利息为由起诉王某,并使用莫某提供的《借据》《委

---

[1] 参见浙江省绍兴市柯桥区人民法院 [2018] 浙 0603 刑初 837 号刑事判决书。

[2] 刘文静:"陷入'套路贷',我已无家可归",载《燕赵晚报》2019 年 6 月 19 日。

托融资服务协议》主张服务费不属于利息,与出资方无关。[1]但是,在许多判例中,债权债务的形成并非虚假的。在某公司与赵某某纠纷案中,因2018年2月无约定的还款日期29日,赵某某便于3月1日还款,某公司遂认定赵某某违约并向赵某某主张严厉的违约责任。[2]该案中,某公司只是利用特定时间窗口擅自主张权益,并不存在形成虚假债务的问题。

(四)方式与手段并列限缩了"套路贷"的范畴

根据《套路贷意见》的规定,通过虚增借贷金额、恶意制造违约、肆意认定违约、毁匿还款证据等方式,与借助诉讼、仲裁、公证或者采用暴力、威胁以及其他手段,属于并列关系。换句话说,虚增债权债务方式与借助暴力、威胁等手段是相辅相成、缺一不可的。然而,在司法实践中,许多判例并不要求两者皆具备。有时,通过虚增借贷金额、编造莫须有的事实等方式便可以非法占有他人财物,无需借助暴力、威胁等手段。例如,在"孟某等人诈骗案"中,孟某等对外谎称参加"以房养老"等投资项目能获得高额回报,诱骗徐某通过抵押名下房产高息借款,并将其房产抵押款共计人民币120.8万元骗走。法院认定该案属于"套路贷"诈骗,"投资""借款"都是被告人等为了掩盖犯罪目的而采用的犯罪手段。[3]在该案中,孟某等人并未借助诉讼、仲裁、公证或者采用暴力、威胁以及其他手段,但这并不影响其因"套路贷"构成诈骗罪。另外,即使行为人没有通过虚增借贷金额等方式形成虚假的债权债务,若借助诉讼、仲裁、公证或者采用暴力、威胁以及其他手段非法占有他人财物,也是可以成立"套路贷"的。在司法实践中,许多"套路贷"案件的行为人通过借贷格式条款让被害人接受手续费、保证金、逾期

---

[1] 参见上海市第一中级人民法院〔2019〕沪01刑终1124号刑事裁定书。

[2] 基本案情:赵某某因公司资金周转需要将一辆丰田凯美瑞车作为抵押,向某贷款公司借款7万元。双方约定:如赵某某在2个月内把本金归还,借款合同就终止,如不能归还,借款合同就继续。继续合同,赵某某要在每个月29日还款2900元,其中1000元作为归还本金,1900元作为归还利息。赵某某在如期履约20余期后,适逢2018年2月没有"29日",便于3月1日在其银行卡中存入2900元,但某公司未予以扣款。3月2日早上,赵某某发现其停在家门口附近的车子丢失,后联系某公司,得知因赵某某未按期归还欠款车子已被拖走,想要取回车子,需要支付拖车费4000元、违约金14 000元(按70 000元的20%计算),还要支付剩余欠款49 000元。赵某某认为2018年2月份无"29日",自己已在3月1日还款,不能算违约,某公司不能将其车辆拖走,更不能向其索取高额的拖车费、违约金。参见胡公枢:"'套路贷'的刑法规制路径",载《中国检察官》2018年第8期。

[3] 参见北京市朝阳区人民法院〔2019〕京0105刑初25号刑事判决书。

费等不公平条款,让被害人实际所借本金减少,以求利益的最大化。[1]由于是得到被害人认可,故因该格式条款造成本金减少的情况不应属于虚增借贷金额,更谈不上恶意制造或肆意认定违约。可见,将虚增债权债务方式与借助暴力、威胁等手段并列,严重限缩了"套路贷"的范畴。

(五)该定义存在自相矛盾之处

根据《套路贷意见》的规定,"套路贷"在主观上乃基于以非法占有为目的,客观上假借民间借贷之名,诱使或迫使被害人签订"借贷"或变相"借贷""抵押""担保"等相关协议,并通过形成虚假债权债务且采取暴力、威胁等手段非法占有被害人财物。应当说,这样的行为除非数额没有达到定罪要求,否则在性质上不可能是违法行为。因为,其与典型的诈骗、抢劫、敲诈勒索等财产性犯罪或者其他犯罪并没有本质区别。既然如此,将"套路贷"定义为"违法犯罪活动的概括性称谓",显然与其主客观特征自相矛盾,难免让人产生疑虑。

通过上述分析可知:首先,"套路贷"乃假借民间借贷之名不妥,有民间借贷之实亦可成立"套路贷",故而"套路贷"乃依托于或者说借助民间借贷。其次,既然"套路贷"在许多情况下乃被害人自愿甚至主动参与,因而谓之诱使或迫使被害人签订相关协议不恰当,这使得"诱使或迫使"之说纯属多余。再次,借助民间借贷所形成的债权债务,有虚假的亦有客观真实的,既然如此则"形成虚假债权债务"亦可摒弃。最后,虚增债权债务方式与借助暴力、威胁等手段不是并列的,而是可选择的。据此,可以将"套路贷"定义为:以非法占有为目的,借助民间借贷关系,通过特定的方式或者手段非法占有他人财物的违法犯罪活动的概括性称谓。

三、"套路贷"的民刑界限

(一)"套路贷"民刑界定之困惑

"套路贷"案件属于典型的民刑交叉案件,究竟以犯罪论还是以民事违法行为论,有时并不容易认定。在所检索到的3244起与"套路贷"关联的一审民事案件中,有不少是涉及民转刑的判例,经初步检索共发现关联判例856

---

[1] 参见广东省深圳市南山区人民法院[2018]粤0305刑初1808号刑事判决书。

起，占比约为 26.39%。[1]可见，"套路贷"之民转刑案件数量是具有相当规模的。同样，在被司法机关认定为"套路贷"犯罪的刑事案件中，有不少案件存在将民事违法行为认定为犯罪之嫌。例如，在"陈某某诈骗案"中，被害人严某某因急需资金周转而向陈某某借款 60 万元，并自愿将利息和服务费等共计 25.5 万元通过周某银行账户转归陈某某银行账户。严某某在无力还款的情形下导致债务被垒高至 100 万元，最终严某某通过买房等偿还借款，共计损失 25 万元。[2]该案虽然存在"套路"，但所有"套路"均是在被害人知晓并同意的情形下发生的，而且陈某某最终也并未完全根据"套路"锁定的数额要求严某某如数归还。客观地说，这样的"套路"很难与犯罪挂上钩。

由上可知，在司法实践中涉及"套路贷"的案件，由民转刑或者将民事违法行为认定为犯罪的情形并不鲜见。这表明，司法机关对于何种"套路贷"案件应当以犯罪论处，何种"套路贷"案件属于普通民间借贷纠纷，还是存在不同的认识和理解的。正因如此，要想对"套路贷"加以准确的民刑定性，显然存在一定难度。"由于民商事审判中事实查明手段的局限性，在个案中法官对于有明确的'借款合同'、有详细的'银行流水'，形成了证据优势的疑似'套路贷'犯罪行为，甄别难度较大。"[3]遗憾的是，司法解释并未为

---

〔1〕 1998 年 4 月 21 日最高人民法院颁布的《关于在审理经济纠纷案件中涉及经济犯罪嫌疑若干问题的规定》（法释〔1998〕7 号）第 11 条规定："人民法院作为经济纠纷受理的案件，经审理认为不属经济纠纷案件而有经济犯罪嫌疑的，应当裁定驳回起诉，将有关材料移送公安机关或检察机关。"从所检索的裁判文书情况来看，司法机关在发现可能涉及犯罪时，一般会以该司法解释为据作出驳回起诉的裁定。由此，凡是在裁判文书中有引用该解释规定的"套路贷"民事案件，一般可认定为民转刑案件。笔者以"套路贷"作为全文检索项，选择"民事案件"与"民事一审"分别作为案件类型和审判程序检索项，以《关于在审理经济纠纷案件中涉及经济犯罪嫌疑若干问题的规定》作为法律依据，在中国裁判文书网上检索发现相关判例 856 起。尽管该项检索数据不足以准确反应"套路贷"案件中民转刑案件的具体情况，但能基本揭示"套路贷"案件中民转刑案件的大致概况。

〔2〕 基本案情：2015 年 9 月中旬，被害人严某某因经营奉贤区金汇镇迎金路×××号×××楼服装厂需要资金周转，经张某某（另处）介绍至被告人陈某某处借款，双方约定借款金额人民币 60 万元，并签署了 60 万元的借条。被告人陈某某为谋取非法利益，在转账留下银行交易流水后，又以行业规矩需提前支付利息和服务费为由，让严某某转账 25.5 万元至周某银行账户，后回流至自己银行账户，严某某实际到手 34.5 万元。嗣后，被告人陈某某凭借该借条及银行流水，要求被害人严某某还款 60 万元。严某某还款 4.5 万元后无力还款，被告人陈某某又以违约、支付利息等方式，垒高债务至 100 万元，并纠集他人逼迫严某某签下 70 万元还款计划，后严某某卖房还款 55 万元。被告人陈某某通过上述"套路贷"方式骗得被害人严某某共计 25 万元。参见上海市奉贤区人民法院〔2018〕沪 0120 刑初 503 号刑事判决书。

〔3〕 北京市第一中级人民法院：《民间借贷案件审判白皮书（2011-2018）》，第 17 页。

"套路贷"的民刑界分提供切实可行的法律依据。

　　一方面，《套路贷意见》将"套路贷"定义为"违法犯罪活动的概括性称谓"，本身就不利于民刑界分。[1]另一方面，《套路贷意见》对"套路贷"与民间借贷的关系的规定，也难以发挥厘清"套路贷"之民刑界限的功能。根据《套路贷意见》的规定，"套路贷"与平等主体之间基于意思自治而形成的民事借贷关系存在本质区别，民间借贷的出借人是为了到期按照协议约定的内容收回本金并获取利息，不具有非法占有他人财物的目的，也不会在签订、履行借贷协议过程中实施虚增借贷金额、制造虚假给付痕迹、恶意制造违约、肆意认定违约、毁匿还款证据等行为。不难发现，该规定并不能有效厘清"套路贷"之民刑界限：首先，由于"套路贷"犯罪在很多情形下也是借助民间借贷进行的，行为人与被害人之间存在意思自治是毋庸置疑的。其次，认为民间借贷的出借人不具有非法占有他人财物的目的也不客观，如前所述，在民间借贷纠纷中出借人基于非法占有目的也是比较常见的。最后，将制造虚假给付痕迹、毁匿还款证据等作为民间借贷与"套路贷"的本质区分也有所不妥。因为，在民间借贷纠纷中，行为人不履行给付义务或者拒不承认已发生的给付，制造虚假给付痕迹、毁匿还款证据等现象并不鲜见。

　　(二) 民刑视野下"套路贷"违法犯罪类型

　　通过上述分析可知，尽管要厘清作为典型的民刑交叉案件"套路贷"的民刑界限并不容易，但也并非难以界定。从司法实践中的情况来看，若以民刑之不同性质来划分"套路贷"的行为类型，则"套路贷"不外乎三种类型：一是作为民事行为的"套路贷"；二是作为犯罪行为的"套路贷"；三是具有复合特征的"套路贷"。

　　1. 作为纯粹民事行为的"套路贷"

　　民事违法行为与犯罪之成立要件存在明显不同。例如，即使是无过错的

---

　　〔1〕《套路贷意见》对"套路贷"基本特征的规定也充分体现了民刑混溶的特点。例如，关于"非法占有目的"，在内涵上应当包括占有之民事违法目的、行政违法目的还是刑事违法目的。像高利贷行为人之非法占有高额利息的目的等，就属于民事违法目的。又如，关于"套路贷"之实行行为，《套路贷意见》规定包括虚增借贷金额等虚构债权债务行为与使用暴力、威胁等手段非法占有他人财物行为。鉴于司法实践中因"恶意制造违约"等引发的民事纠纷极为常见，故"恶意制造违约"等可谓典型的民事违法行为，而以暴力、威胁等手段非法占有他人财物则属于典型的刑事实行行为。这种将民事违法行为与刑事实行行为糅合在一起的规定，无疑会给"套路贷"之民刑界分带来困惑。

民事违法行为有时也需要承担民事责任，但无过错的行为是不可能构成犯罪的。另外，许多民事违法行为如果社会危害性严重，就有可能升级为犯罪。但是，这并非意味着凡是社会危害严重的民事违法行为就一定构成犯罪。一些民事违约行为即使造成一方当事人巨额财产损失，行为人也不会因此构成犯罪。这表明，某些行为可以只能是民事行为，而不会构成犯罪，这类行为可以说属于典型的民事行为。

从司法实践中的情况来看，有的"套路贷"就属于纯粹民事行为。这类"套路贷"成立通常需要符合四个条件：一是要有"真贷"，即存在真实、合法的民间借贷关系，而不是以民间借贷为名或者为幌子意图实现不法目的；二是要有"套路"，即出借人各种"套路"，如设置不合理、不合法借贷条款（多数是所谓的"格式条款"）或者出借人故意制造陷阱等，以获取非法利益；三是出借人的借贷"套路"是约定的，借贷人知道具体情况；四是没有实施刑法规定的类型化行为。存在"真贷"是"套路贷"成为典型民事行为的前提条件，借贷人知晓"套路"则是"套路贷"成为典型民事行为的保障。从判例所揭示的情形来看，虚增借贷金额、恶意制造违约、不合理的利滚利以及非法的逾期利率等，都是"套路贷"行为人惯用的行为方式。在没有通过暴力、胁迫等手段截取非法利益的情形下，该类行为属于纯粹的民事违法行为。从司法实践中的情况来看，行为之"套路"在表现形式上具有多样性。

作为纯粹民事行为的"套路贷"不应被认定为犯罪，盖因其属于典型民事无效行为，被害人完全可置之不理，或者即使受到不合理损失也完全可以通过民事途径得到救济。2018 年最高人民法院发布的《关于依法妥善审理民间借贷案件的通知》（法〔2018〕215 号）就明确规定："人民法院在民间借贷纠纷案件审理过程中，对于各种以'利息''违约金''服务费''中介费''保证金''延期费'等突破或变相突破法定利率红线的，应当依法不予支持。"不仅如此，法律和司法解释有时还会有针对性地作出具体规定。以司法实践中最惯常的"砍头息"为例，作为虚增借贷金额的主要方式，行为人通常抓住被害人急需用钱的状况，以行业规矩为由，让被害人无奈接受"砍头息"。根据 2015 年最高人民法院发布的《关于审理民间借贷案件适用法律若干问题的规定》（法释〔2015〕18 号，以下简称《民间借贷规定》）第 27 条的规定："……预先在本金中扣除利息的，人民法院应当将实际出借的金额认定为本金。"这表明"砍头息"不为法律所支持，相关约定属于无效条款。至于畸高的违约金、不合理的利滚利或者逾期利率、恶意制造违约等获取非法利益的"套路"，或因违反法律、行政法规的强制性规定无效[1]，或因司法解释明确规定无效[2]，或本质上就不属于违约行为[3]，等等。这些行为均属于不为法律支持的民事行为。

作为纯粹民事行为的"套路贷"不应被认定为犯罪，还因该类行为在本质上不具有犯罪的实行化特征。众所周知，犯罪实行行为乃具有侵害法益危险的构成要件行为。"实行行为原本是作为构成要件之核心的行为，它必须具备每个构成要件中所描述的各构成要件要素……每个实行行为必须包含法益侵害之危险的内容。"[4]然而，无论是虚增借贷金额、恶意制造违约，还是肆意认定违约、毁匿还款证据等"套路"，本质上都不足以产生侵犯他人财产之现实危险。在行为人实施了虚增借贷金额等"套路"的情形下，只要被害人不履行非法约定，若不借助虚假诉讼、暴力、胁迫等非法手段，行为人的行为不可能会产生侵害被害人财产利益之危险。如果被害人自愿履行非法约定，则在刑法上属于自愿放弃财产权益的行为，如此也不能认为行为人的行为侵害了被害人的财产利益。此外，在行为人根本没有借助虚假诉讼、暴力、胁迫等非法手段获取非法利益的前提下，虚增借贷金额等"套路"行为也就不可能获得犯罪预备行为之"法定身份"。总之，纯粹的虚增借贷金额等"套路"行为本质上不属于犯罪实行行为，也不可能成为犯罪预备行为，因而不能构成犯罪。

---

〔1〕畸高的违约金之约定属于违反法律、行政法规的强制性规定的无效条款。如《民间借贷规定》第26条规定："借贷双方约定的利率未超过年利率24%，出借人请求借款人按照约定的利率支付利息的，人民法院应予支持。借贷双方约定的利率超过年利率36%，超过部分的利息约定无效。借款人请求出借人返还已支付的超过年利率36%部分的利息的，人民法院应予支持。"《合同法》第114条第2款规定："……约定的违约金过分高于造成的损失的，当事人可以请求人民法院或者仲裁机构予以适当减少。"《合同法》第52条第5项规定，违反法律、行政法规的强制性规定的合同无效。《民间借贷规定》第14条第5项也规定，其他违反法律、行政法规效力性强制性规定的，人民法院应当认定民间借贷合同无效。

〔2〕在"套路贷"案件中，被害人往往会因为借款而付出几倍、几十倍甚至数百倍的本金代价，这种不成比例的代价往往是由不合理的利滚利或者逾期利率导致的。不合理的利滚利或者逾期利率不为司法解释所支持，《民间借贷规定》第28条对前期借款本息结算后将利息计入后期借款本金并重新出具债权凭证的利滚利，第29条对逾期利率就作了相应规定。

〔3〕恶意制造违约也是常见的"套路"，但却不具有任何法律意义。因为，被害人并非不履行合同义务，而是履行了合同义务，根据《合同法》规定履行合同义务是不用承担违约责任的。

〔4〕[日]西原春夫：《犯罪实行行为论》，戴波、江溯译，北京大学出版社2006年版，第13页。

不过，《非法放贷意见》对民间高利借贷在定性上作了区别对待。根据规定，违反国家规定，未经监管部门批准，或者超越经营范围，以营利为目的，经常性地向社会不特定对象发放贷款，扰乱金融市场秩序，情节严重的，依照《刑法》第225条规定的非法经营罪定罪处罚。同时，《非法放贷意见》还通过对"经常性地向社会不特定对象发放贷款"和"情节严重"加以限定，有选择性地将特定民间高利借贷认定为犯罪。

2. 作为纯粹犯罪行为的"套路贷"

与纯粹民事行为"套路贷"不同的是，作为纯粹犯罪行为的"套路贷"虽然也需要借助于民间借贷，但所谓的民间借贷完全是一种形式。实质上，行为人乃基于非法占有目的，以民间借贷为幌子或者形式，借此非法占有他人财物。《民间借贷通知》规定："社会上不断出现披着民间借贷外衣，通过'虚增债务''伪造证据''恶意制造违约''收取高额费用'等方式非法侵占财物的'套路贷'诈骗等新型犯罪，严重侵害了人民群众的合法权益，扰乱了金融市场秩序，影响社会和谐稳定。"在这里，行为人没有履行民间借贷义务的诚意，以民间借贷协议为幌子非法占有他人财物，被明确定性为犯罪。

从司法实践来看，假以民间借贷之名主要包括三种不同形态：一是以非法占有为目的，诱骗他人签订虚假的民间借贷协议，实质上根本不存在民间借贷关系，以期非法占有他人财物。二是基于非法占有目的，通过制造银行流水等手段将实质上并不存在的借贷关系"坐实"，以期非法占有他人财物。常见情形是，行为人趁被害人急需用钱之际，要求被害人签订空白合同、"制造资金走账流水"，声称这只是公司的程序，实际上被害人并未收到借款。三是以非法占有为目的，虽然存在形式上的民间借贷关系，但行为人通过"制造资金走账流水"等各种"套路"，只是借款人象征性地取得有限钱款，或者虽然收到借款但因现取现还而实质获得部分借款，非法占有他人财物。

两种情形既有共同之处亦有不同之处。两者之共同之处在于：均依托于民间借贷；均将民间借贷作为一种手段，其目的在于非法占有他人财物。两者之不同在于：首先，以民间借贷为幌子的"套路贷"犯罪在本质上缺乏民间借贷的实质性权利和义务，出借人根本没有出借贷款，却借助民间借贷之名非法占有他人财物。以民间借贷为基础的"套路贷"犯罪则不然，出借人与借贷人之间存在真实的借贷协议，且出借人也支付了借款，即发生了实质的民间借贷关系。其次，以民间借贷为幌子由于不存在实质的借贷权利与义务，因而在非法占有他人财物时，往往是借助追偿虚假或实质不存在的借款来实现非法占有他人财物之目的。以民间借贷为基础则不可能借助追偿借款来实现，而是通过恶意制造违约等，以追偿高额或者不合理的违约金等来实现非法占有他人财物之目的。

由上可知，作为纯粹犯罪行为的"套路贷"实质上乃利用民间借贷之形式行非法占有他人财物之实。不过，不管是虚假的民间借贷关系还是通过恶意制造违约的方式，由于被害人实质上并未得到借款或者知道行为人恶意所为导致自己违约，因而往往不愿意偿还并不存在的借款或者不合理的"违约金"等，此时行为人往往需要进一步借助其他手段才能实现非法占有他人财物的目的。例如，以形式上的民间借贷关系为据，通过诉讼方式或者直接通过暴力威胁等手段，非法占有他人财物。可见，与一般犯罪不同的是，作为纯粹犯罪行为的"套路贷"的行为人之所以敢采取进一步的不法行为，是因为其能够借助民间借贷关系，这事实上也就是所谓的"套路"。

3. 存在民刑交叉关系的"套路贷"

在司法实践中，民刑交叉的"套路贷"主要存在于以下两种场合：一是民刑并列的"套路贷"。即在合法、有效的民间借贷关系的基础上，行为人的套路行为因触犯刑法而构成犯罪，从而导致民刑交叉的情形。二是民刑合致的"套路贷"。即在合法、有效的民间借贷关系的基础上，行为人的套路行为符合民事违法行为和犯罪的形式特征，乃至需要加以民刑界分的情形。

民刑并列的"套路贷"在构造上通常具有复合特征，可以被分解成两部分：一是行为人通过"套路"获得被害人给付不正当利益的允诺；二是通过非法手段获取不正当利益。获得被害人给付不正当利益的允诺既可以是善意的（即为被害人认可，如在民间借贷协议中明确设定不合理条款，如"砍头息"、不合理的利息或者违约金等），也可以是恶意的（即通过虚增借贷金额、恶意制造违约、肆意认定违约、故意毁匿还款证据等成就）。在善意取得允诺的场合，由于借款人不能如期偿还本息，行为人因采取刑法规定的类型化行为逼债，乃至于构成犯罪。在恶意取得允诺的场合，被害人不会如期偿还本息以及违约金等，行为人通过实施刑法规定的类型化行为逼债，从而构成犯罪。在司法实践中，行为人采取的刑法类型化行为，常见的有敲诈勒索、非法拘禁、虚假诉讼、寻衅滋事、强迫交易甚至抢劫、绑架等。[1]民刑并列的"套路贷"之民刑界分并不难，主要是在犯罪认定上容易滋生问题。例如，将合法的民间借贷行为认定为犯罪，或者在认定犯罪未遂等停止形态时，不注意区分民事行为与犯罪行为，乃至于将民事行为认定为犯罪实行行为；或者在认定犯罪数额时，需要区分民事关系中合法的收益与非法所得，否则会导致将合法收益计入犯罪数额，从而影响对"套路贷"行为的定罪与量刑，等等。

民刑合致的"套路贷"的主要问题在于定性。一般来说，某一套路行为通过社会危害程度来判断民刑界限的，如何定性并不难。难的是民刑界分不是由行为的社会危害程度决定，而是由行为的性质决定，此时极容易出现认定上的分歧。例如，在司法实践中，常见的套路之一是出借人在贷款过程中以借贷行规为名，诱骗被害人签订翻倍借条，并以此为据索要巨额利息或者违约金等。对于这样的欺诈行为，究竟应认定为民事诈欺还是刑事诈骗，理论上存在较大争议。在司法实践中，许多判例秉着"先刑后民"的原则，通常以刑事诈骗犯罪论处。笔者认为，对这种欺诈行为的定性应从以下三个方面进行：一是从主观目的上判断。民事诈欺的目的在于骗取他人作出影响法律行为之意思表示，而生法律上之效力，而刑事诈欺则无意于被诈欺人有此意思表示。[2]换句话说，民事诈欺只是为了骗取他人为一定的意思表示并产生法律上的效力，其本身并不足以使行为人非法占有他人财物。刑事诈骗则是为了使他人"自愿"交出财物而非法占有之，并不在意被害人的意思表示是否产生法律效力。二是从行为效果上判断。民事诈骗在效果上只是导致被害人"自愿"接受不合理或者不合法的协议或者条款，不会直接导致被害人"自愿"交付财产。刑事诈骗则不然，它不但能造成被害人接受不合理或者不合法财产给付的协议或者条款，还会直接导致被害人"自愿"交付财产。三是从被害人受骗原因上判断。合法的民事行为不得存在欺诈，否则就违背诚实信用原则。因此，成立民事诈欺不要求行为人的欺诈行为足以导致被害人

---

〔1〕 例如，被害人刘某向小额借贷公司借贷 250 万元，月息 4.5%，扣除首月利息后借贷公司仅支付刘某 239 万元。后该公司故意扣留刘某房产证致使其无法向银行贷款，而未能按期归还欠款。之后，该组织通过恐吓、跟踪、打砸店铺等手段，非法占有刘某财物。参见林晔晗、全小晴、林婷："套路贷：路数多得你'伤不起'"，载《人民法院报》2019 年 6 月 4 日。
〔2〕 参见朱平山："试论民事诈欺的法律性质"，载《法学研究》1984 年第 6 期。

陷入错误认识。刑事诈骗则不然，由于刑罚制裁的严厉性，成立刑事诈骗要求欺诈行为足以导致被害人陷入错误认识。四是从对被害人的不同要求上判断。由于成立刑事诈骗要求足以导致被害人产生错误认识，因而被害人没有恪尽应有的谨慎义务的，行为人通常不能构成犯罪。成立民事诈欺由于不需要被害人陷入错误认识，因而不要求被害人恪尽应有的谨慎义务。

通过分析可知，以借贷行规为名诱骗被害人签订翻倍借条，若行为人并没有采取刑法规定的类型化行为获取非法利益，不应以犯罪论处。主要理由如下：首先，行为人的目的是使被害人做出错误的意思表示而接受不合理的翻倍借条之条款；其次，该类行为在效果上只是导致翻倍借条在形式上有效，并不会导致被害人直接将翻倍的本息交付给行为人；最后，被害人轻易相信行为人谎称的翻倍借条之条款属于借贷行规，未尽应有的谨慎义务。

四、"套路贷"犯罪的定性

（一）判例对"套路贷"定性之概况

通过对全国不同省、市、自治区地方法院的 402 起有关"套路贷"的一审、二审裁判文书进行分析，笔者发现"套路贷"涉嫌罪名很多，主要包括诈骗罪，组织、领导、参加黑社会性质组织罪，敲诈勒索罪，抢劫罪，寻衅滋事罪，聚众斗殴罪，非法拘禁罪，虚假诉讼罪，强迫交易罪，故意伤害罪，侵犯公民个人信息罪，非法侵入住宅罪等。其中，诈骗罪，组织、领导、参加黑社会性质组织罪，敲诈勒索罪等是定性较多的犯罪。定性的多样化表明，"套路贷"犯罪之"套路"较为复杂，同时，行为人为获取不正当利益往往会不择手段。

全国各地法院对"套路贷"犯罪的定性具有较大的差异性。主要表现在两个方面：一是罪名单复的差异。例如，上海市涉嫌"套路贷"犯罪的判例有 55 起，单纯以一罪论处的判例有 50 起。江苏省涉嫌"套路贷"犯罪的判例有 45 起，单纯以一罪论处的判例有 28 起，以数罪论处的有 17 起。这倒不是说上海市的"套路贷"方式相对单一，而是司法在认定时的倾向使然。例如，在"苏某某诈骗案"中，尽管行为人除诈骗外还伴有虚假诉讼、寻衅滋事等情节，但宝山区人民法院只以诈骗罪论处。[1]二是定性的差异。例如，

---

〔1〕 参见上海市宝山区人民法院审 ［2019］沪 0113 刑初 1030 号刑事判决书。

在上海市的55起判例中，认定构成诈骗罪的有53起，只有2起单纯以敲诈勒索论处，另有个别判例作出了抢劫罪、非法拘禁罪之定性，这表明上海市司法机关对"套路贷"犯罪之定性主要考虑的是诈骗罪。在江苏省的45其判例中，认定成立诈骗罪的只有16起，且涉嫌罪名极为多样，诸如诈骗罪，组织、领导、参加黑社会性质组织罪，敲诈勒索罪，寻衅滋事罪，聚众斗殴罪，非法拘禁罪，虚假诉讼罪，强迫交易罪等尽皆有之。在内蒙古自治区的6起判例中，无一认定构成诈骗罪。

尽管各地法院对"套路贷"犯罪的定性存在较大差异，但这并非意味着"套路贷"犯罪在行为方式上相去甚远。相反，各地"套路贷"犯罪在行为方式上并不存在太大差异，即在"套路"上大同小异。应当说，行为性质的多样性会导致定性差别化。不过，分析发现，行为性质的多样化对定性差别化的影响较小，对相同或者相似性质的行为存在不同的认识和理解才是造成定性差异化的主要原因。对于罪数形态的不同理解引起的定性差异，下文会具体分析。下面，笔者将重点对诈骗罪、黑社会性质组织犯罪、寻衅滋事罪和非法经营罪四个典型罪名之定性进行分析和述评。

（二）"套路贷"犯罪之典型罪名定性及其述评

1. 诈骗罪之定性及其述评

"套路"本为武术动作，现多指预设的圈套，含有诡计、门道、陷阱的意思。因此，将"套路贷"犯罪定性为诈骗罪是很容易想到的，司法实践中对"套路贷"犯罪以诈骗罪论处也较为常见。不过，对于"套路贷"犯罪是否应当被认定为诈骗罪，不同司法机关之间还是存在很大差异。对"套路贷"犯罪主要以诈骗罪论处的，除前述上海市外，还包括河南省等地司法机关。在河南省司法机关审理的20起"套路贷"犯罪中，有19起均有诈骗罪之定性。而在天津市的7起"套路贷"犯罪和内蒙古自治区的6起"套路贷"犯罪中，无一有诈骗罪之定性。这表明不同地区司法机关对"套路贷"犯罪的认识和理解存在很大分歧。

对"套路贷"犯罪以诈骗罪论处，司法解释在某种程度上起了推波助澜作用。例如，《套路贷意见》就规定，实施"套路贷"过程中，未采用明显的暴力或者威胁手段，其行为特征从整体上表现为以非法占有为目的，通过虚构事实、隐瞒真相骗取被害人财物的，一般以诈骗罪定罪处罚。《民间借贷通知》中所出现的"'套路贷'诈骗等犯罪设局者具备知识型犯罪特征""要切实提高对'套路贷'诈骗等犯罪行为的警觉"等规定，似乎也进一步明确了"套路贷"犯罪应以诈骗罪论处。不过，若简单地将"套路贷"犯罪一律认定为诈骗罪，则未免失之偏颇。

就我国理论来看，一般认为，"诈骗罪（既遂）的基本构造为：行为人实施欺骗行为—对方（受骗者）产生（或继续维持）错误认识—对方基于错误认识处分财产—行为人获得第三者的财产—被害人遭受财产损失"。[1]德国刑法诈骗罪的客观构成要件亦体现如是特征。[2]"套路贷"犯罪则未必尽然。以民间借贷为名，以"钓鱼法"（即通过出借一定现金恶意套取巨额收益）骗取被害人财产，当然成立诈骗罪。但是，许多时候行为人是以民间借贷为基础，通过"砍头息"或较高违约金等，意图获取不合理收益。在这种情形下，行为人事先借贷给被害人，在被害人违约等情况下才逼迫被害人偿还债务。此时，行为人通常并未欺骗被害人，以诈骗罪论处是有失偏颇的。事实上，在这种情形下，行为人往往会成为被害人，即其出借钱款被借款人骗走。由于许多"套路贷"犯罪以行为人事先借贷给他人为前提，往往会给他人行骗提供契机。具体表现为两种情形：一是骗取借款后逃之夭夭。[3]二是向公安机关报案达到不还借款的诈骗目的。[4]既然"套路贷"的行为人也会成为诈骗对象，则究竟是谁套路谁、谁骗谁很难一语以概之，故将"套路贷"犯罪一概定性为诈骗罪过于绝对。

需要注意的是，即使基于民间借贷关系发生的"套路贷"犯罪，也并非没有欺诈情节。很多时候行为人都会以行业规矩、已经非常优惠等骗取被害

---

〔1〕 张明楷：《刑法学》（第5版），法律出版社2016年版，第1000页。

〔2〕 参见王钢："德国刑法诈骗罪的客观构成要件——以德国司法判例为中心"，载《政治与法律》2014年第10期。

〔3〕 例如，2016年9月26日，刘某某以生意周转急需用钱为由向胡某借款人民币23万元，双方约定月息3%，并谎称以自有楼房产权证做抵押，并通过一系列操作获得胡某信任。借款到期后刘某某未偿还借款，胡某发觉被骗遂报案。后经公安机关立案侦查，杨某、胡某等团伙涉嫌"套路贷"犯罪。该案中，"套路贷"行为人胡某被反"套路"成为受害人，"套路贷"的"被害人"刘某某反而成为行为人。参见黑龙江省肇东市人民法院〔2019〕黑1282刑初100号刑事判决书。

〔4〕 在原告郭某诉被告李某民间借贷纠纷案中，被告在答辩时称本案属于套路贷，应当移交相关机关处理，且不允许原告起诉。在原告申请撤诉时，被告既不同意原告撤诉，也不要求继续审理，而是愿意自行向公安机关报案处理。最终，法院裁定驳回郭某的起诉。参见山东省临邑县人民法院〔2019〕鲁1424民初974号民事裁定书。该案中，李某明知道郭某可能存在"套路"嫌疑而借贷，在被起诉时举报行为人，且不允许郭某申请撤诉，完全不符合常理。可以说，李某意图骗取郭某财产的不轨意图昭然若揭。

人的信任而发生借贷关系，在这种情况下是否构成诈骗罪呢？笔者认为，应当具体情况具体分析，关键在于被害人有没有尽谨慎义务、是否自陷风险。

在被害人自陷风险的情况下，行为人是否对结果负责，学界存在争议。例如，日本学者佐伯仁志在谈到因诈骗而缔结的合同在刑法上的正当化问题时认为："由于因诈骗而缔结的合同在撤销前就是违法的，所以不能考虑肯认由此而生的正当化。"[1]不过，德国教义学一般认为，如果制裁的好处大于坏处就把结果归责于行为人，反之就不能归责于行为人。其核心在于，当得出"自我保护"优于"刑法保护"的结论时，就作出"不可归责于行为人"之判断，因为在被害人信条学那里，"被害人是保护自己法益的第一责任人"。[2]在英美法系国家，被害人信条学同样得到认可，这便是如果被害人未尽谨慎职责而轻率地相信行为人，乃至于造成财产受损，则不能构成诈骗犯罪。例如，在英国的"雷克斯诉古德霍尔案"（Rex v. Goodhall）中，被告从一名商人那里获取肉类，并承诺在未来某个时候付款，但从未付款。陪审团裁定被告无意支付肉费而判他有罪。法院推翻了这一判决，理由是商人基于一般的谨慎本可防止因违反被告的承诺而造成任何损害，买方未能谨慎行事，因而有理由承担损失。[3]

笔者认为，基于被害人信条学或者说被害人有无尽谨慎义务的区分做法，充分考虑了刑法介入欺诈行为的价值和尺度，对厘定民刑界限具有积极意义。据此，在被害人已尽谨慎义务而不能自保的场合，行为人若存在欺诈行为可认定为诈骗罪。例如，行为人以借贷之名，"空手套白狼"骗取被害人财物，令被害人难以防范，就具备了成立诈骗罪的条件。但是，在被害人因轻信行为人所称的"行业规矩"或者已经很实惠等托词，接受畸高的利息、违约金等场合，就没有必要认定为诈骗罪。因为，借款人对超额利息、违约金或者没有实收借款等是明知的，他应当知道其中的风险，只需尽谨慎义务便完全可以避免，但他却铤而走险，未尽起码的谨慎义务和责任，对这种自陷风险的行为，刑法没有肆意介入之必要。同时，被害人未尽谨慎义务而疏于自我保

---

〔1〕 ［日］佐伯仁志、道垣内弘人：《刑法与民法的对话》，于改之、张小宁译，北京大学出版社 2012 年版，第 304 页。

〔2〕 参见王骏："论被害人的自陷风险——以诈骗罪为中心"，载《中国法学》2014 年第 5 期。

〔3〕 Bruce N. Proctor, "Marking the Line between Criminal Fraud and Commercial Misfortune: The Amendment of Vermont's Law of False Pretense", *Vermont Law Review*, Vol. 7, No. 1 (Spring 1982), pp. 127~128.

护时，刑法若介入将使制裁效果大打折扣，且会不必要地增添司法成本。

2. 黑社会性质组织犯罪之定性及其述评

在"套路贷"犯罪中，行为人的目的是获得非法的高额回报，若要遂愿仅凭一己之力难以完成，故往往要依靠团伙力量，个人实施"套路贷"犯罪的情形基本不存在。利用团伙力量"讨债""逼债"，很容易与黑社会性质组织犯罪挂上钩，故将"套路贷"团伙认定为黑社会性质组织并不鲜见。从各地判例来看，对多人纠集在一起形成的团伙势力应否认定为黑社会性质的组织，司法机关分歧较大。有的地方法院倾向性较大，有的地方法院则基本上予以否定。例如，在天津市的7起和黑龙江省的23起"套路贷"犯罪中，分别有4起和7起被认定构成组织、领导、参加黑社会性质组织罪。但是，在上海市的55起和福建省的19起"套路贷"犯罪中，无一起被认定构成组织、领导、参加黑社会性质组织罪。那么，"套路贷"犯罪团伙能否被认定为黑社会性质组织呢？

对此，《套路贷意见》规定："符合黑恶势力认定标准的，应当按照黑社会性质组织、恶势力或者恶势力犯罪集团侦查、起诉、审判。"《非法放贷意见》也规定："有组织地非法放贷，同时又有其他违法犯罪活动，符合黑社会性质组织或者恶势力、恶势力犯罪集团认定标准的，应当分别按照黑社会性质组织或者恶势力、恶势力犯罪集团侦查、起诉、审判。"两个司法解释均强调符合黑恶势力认定标准，那么何为"符合黑恶势力认定标准"呢？众所周知，黑社会性质组织具有四大典型特征，即组织特征、经济特征、行为特征和非法控制特征。客观地说，在组织特征、经济特征与行为特征上，黑社会性质组织与犯罪集团等有时并不存在实质性不同，非法控制特征才是界分两者的核心所在。"黑社会性质组织与一般犯罪团伙犯罪界分的关键在于，黑社会性质组织更多是通过非法控制社会秩序或者形成重大影响来谋取非法利益，而一般团伙犯罪只是破坏社会秩序，并没有意图非法控制社会秩序。"[1] 黑社会性质组织犯罪不管是通过暴力、威胁手段还是非暴力手段实施，其目标通常不是为了获得某一具体的利益或影响，而是为了在一定区域内或行业内形

---

〔1〕 于冲："黑社会性质组织与'恶势力'团伙的刑法界分"，载《中国刑事法杂志》2013年第7期。

成非法控制或重大影响，严重破坏经济、社会生活秩序。[1]因此，判断"符合黑恶势力认定标准"的重点是是否符合黑社会性质组织的非法控制特征。

从各地判例来看，对非法控制特征的认定往往较为笼统、含糊，甚至象征性地一语带过，缺乏说服力。例如，有判例在认定非法控制特征时指出："该组织所实施的违法犯罪活动，给多名被害人造成严重的经济损失和精神创伤，大部分被害人及其亲属在被侵害后，慑于该组织的势力和手段，不敢向公安机关报案。严重破坏了当地的经济、社会生活秩序，造成了恶劣的影响。"[2]将给被害人造成严重的经济损失和精神创伤以及被害人及其亲属不敢报案作为非法控制特征的认定依据，显得过于简单，也与刑法规定不相符。那么，如何理解黑社会性质组织的非法控制特征呢？一般认为，"非法控制的实质是进行支配，不能形成对他人（团伙成员以及其他同类行业竞争者）的功能性支配、行为支配或意思支配，不能在相当程度上形成对社会秩序和合法社会管控权的冲击的，谈不上在一定区域或者行业内形成非法控制，也就不可能严重破坏一定区域或者行业的经济、社会生活秩序"。[3]

根据黑社会性质组织的非法控制特征，对于以真实的民间借贷为基础，通过高额利息或者违约金条款或者借助恶意制造违约等种种"套路"，利用暴力、胁迫或者其他手段，非法占有他人财物的"套路贷"犯罪团伙，一般不宜认定为黑社会性质组织。主要理由在于：首先，实施"套路贷"犯罪的前提是存在民间借贷关系或者加以民间借贷关系之名，这本身就具有较大的局限性。同时，许多情况下都是被害人主动找到行为人借贷，这使得行为人在某种程度上具有参与的被动性。因此，"套路贷"犯罪团伙往往难以对其他同类行业竞争者形成功能性支配。其次，从司法实践来看，"套路贷"犯罪团伙基本上各自为政，不存在谁控制谁的现象，因而谈不上在一定区域或者民间借贷行业内形成非法控制。最后，由于向"套路贷"犯罪团伙借款的被害人多是基于现金需求或资金周转等目的，属于相对少数的群体。对这些被害人的日常学习、工作、生活或生产经营等造成严重影响或破坏，根本谈不上对一定区域或者行业的经济、社会生活秩序造成严重破坏。

---

〔1〕 参见彭文华："黑社会性质组织犯罪若干问题研究"，载《法商研究》2010年第4期。
〔2〕 参见天津市红桥区人民法院［2018］津0106刑初297号刑事判决书。
〔3〕 周光权："黑社会性质组织非法控制特征的认定——兼及黑社会性质组织与恶势力团伙的区分"，载《中国刑事法杂志》2018年第3期。

当然，如果"套路贷"犯罪团伙假以民间借贷之名，肆意强迫他人向自己借贷，通过种种"套路"虚假垒高债务以谋取非法利益，并以暴力、胁迫等手段有组织地多次实施违法犯罪活动，在一定区域或行业内形成非法控制或重大影响，严重破坏经济、社会生活秩序的，完全可以认定为黑社会性质组织。从司法实践来看，这样的"套路贷"犯罪团伙并非没有，而且大有后来居上的态势。这样的"套路贷"犯罪团伙完全具备黑社会性质组织的四个特征，认定为黑社会性质组织符合立法规定及现实需要。

3. 寻衅滋事罪的定性及其述评

从判例的情况来看，有不少对"套路贷"犯罪以寻衅滋事罪定性，共有37起，约占全部"套路贷"犯罪案件总数的9%。例如，在内蒙古自治区的6起"套路贷"犯罪中，有4起被定性为寻衅滋事罪。之所以需要对寻衅滋事罪之定性进行分析，是因为在以索债为目的之场合，如果采取随意殴打他人、追逐、拦截、辱骂、恐吓他人、强拿硬要或者任意损毁、占用公私财物等寻衅滋事罪方式，很容易与故意伤害罪等侵犯公民人身权利罪、敲诈勒索罪等侵犯财产罪混淆，因而有必要澄清。笔者认为，在"套路贷"犯罪中，不宜以寻衅滋事罪论罪处罚。主要理由在于：

首先，"套路贷"犯罪通常不会扰乱社会秩序。一般认为，刑法规定寻衅滋事罪，所保护的法益是社会秩序。[1] 理由在于："一方面，刑法将寻衅滋事罪规定在刑法分则第六章'妨害社会管理秩序罪'的第一节'扰乱公共秩序罪'中；另一方面，《刑法》第293条项前规定，'破坏社会秩序'的行为才成立寻衅滋事罪。"[2] 在司法实践中，"套路贷"犯罪具有较强的指向性，即只针对特定被害人实施。常见的方式是拦截、劫堵被害人并通过暴力、威胁方式索要欠款及利息，或者在被害人住处采取堵门锁锁眼、在房门上涂抹粪便、在门外墙壁上喷涂文图等方式，逼迫被害人给付欠款及利息。[3] 这种针对性行为通常并不会扰乱公共秩序或者破坏社会秩序，故不应以寻衅滋事罪论处。

其次，"套路贷"犯罪不符合寻衅滋事罪的主观要件。众所周知，寻衅滋

〔1〕 参见陈兴良："寻衅滋事罪的法教义学形象：以起哄闹事为中心展开"，载《中国法学》2015年第3期。

〔2〕 张明楷："寻衅滋事罪探究（上篇）"，载《政治与法律》2008年第1期。

〔3〕 参见鞍山市铁东区人民法院［2019］辽0302刑初7号刑事附带民事判决书。

事罪是在刑法废除流氓罪后从中分离出来的罪名。流氓罪与其他犯罪最重要的区别在于其是一种无事生非、公然藐视国家法纪和社会公德的犯罪，并不具有特定的、个别化目的，这也成了寻衅滋事罪与其他犯罪的重要区别。例如，同样是追逐、拦截、辱骂、恐吓他人，若基于猥亵目的则可能构成强制猥亵、侮辱罪，只有无事生非而公然挑战社会秩序才会构成寻衅滋事罪。"套路贷"犯罪是具有特定的、个别化目的之犯罪，即行为人是为了索要欠款及利息等，这与寻衅滋事罪无事生非、挑衅社会秩序的主观动因明显不同，故不宜以寻衅滋事罪论处。

4. 非法经营罪之定性及其述评

非法经营罪是最高人民法院、最高人民检察院、公安部、司法部颁布的《非法放贷意见》对民间高利借贷进行了定性。不过，此前倒是有判例将民间高利借贷认定为非法经营罪。2003 年，武汉市江汉区人民法院在"涂某江案"[1]中，将涂某江等人的民间高利贷行为认定为非法经营罪。令人感到意外的是，在全部 410 起"套路贷"犯罪的判例中，竟然无一有非法经营罪之定性。

对于民间高利贷犯罪化，有学者表示反对。主要理由在于：民间高利贷犯罪化有违契约自由与意志自治的基本精神；民间高利贷是市场经济下的必然产物，其存在相当的合理性；民间高利贷功大于过；民间高利贷伴生犯罪不能作为民间高利贷应当犯罪化的理由；遏制民间高利贷所派生的犯罪的最有效的途径是对民间高利贷予以法律保护。[2]应当说，该观点是较为中肯的。在我国中小企业融资难、民间资本投资渠道有限的背景下，民间借贷（包括民间高利贷）是有其存在之合理性与必要性的，谓之功大于过并不过分。而且，民间高利贷的盛行最主要原因其实是缺乏有效的民事、金融法律规制，而非刑法规制。这或许是在"套路贷"犯罪案件无非法经营罪定性的深层次原因。当然，在民间高利贷随"套路贷"犯罪的泛滥而日益猖獗的背景下，

---

〔1〕 基本案情：1998 年 8 月至 2002 年 9 月期间，被告人涂某江、胡某为牟取非法利益，以贺胜桥公司或涂个人名义，或假借中国农业银行武汉市江汉支行及未经批准成立的武汉市江夏区工商联互助基金会的名义，采取签订借据的形式，按月息 2.5%、超期按月息 9% 的利率，以贺胜桥公司及涂、胡二人的个人资金，先后向凌云水泥有限公司、庞某权等 21 家单位及个人发放贷款共计人民币 907 万元，从中牟利共计人民币 114 万余元。参见湖北省武汉市江汉区人民法院［2003］汉刑初字第 711 号刑事判决书。

〔2〕 参见邱兴隆："民间高利贷的泛刑法分析"，载《现代法学》2012 年第 1 期。

利用刑法规制民间高利贷，不失为一种救济途径。

问题在于，尽管司法实践有过先例，但一直以来，司法机关将民间高利贷认定为非法经营罪还是非常谨慎的。究其原因，在于将民间高利贷认定为非法经营罪，确实存在诸多法理与规范上的问题。主要表现在：

首先，关于法益问题。《非法放贷意见》明确规定民间高利贷"扰乱金融市场秩序"，是值得商榷的。一方面，这种行为是以借款方付出高昂的利息为代价的，只有那些因急需用钱而不惜承受高利贷的"无理盘剥"的人才会被迫接受，对他们而言除了接受高利贷可以说别无选择。因此，高利贷只能对特定对象起作用，难以起到示范效应或者被效仿。这种局限在特定群体之间的行为，难言扰乱市场秩序。另一方面，高利贷是借贷双方基于各自意愿签订的，正所谓"一个愿打一个愿挨"，故而对当事人而言谈不上扰乱市场经济秩序。事实上，民间高利贷与套取金融机构信贷资金高利转贷给他人，本质上并无不同。因此，民间高利贷实质上破坏的是金融秩序，应当像高利转贷罪那样规定在破坏金融秩序罪中才是恰当的。可见，将民间高利贷认定为扰乱市场经济秩序的非法经营罪是不恰当的。

其次，缺乏制裁的法律依据。根据《非法放贷意见》的规定，民间高利贷构成非法经营罪是由违反国家规定，未经监管部门批准，或者超越经营范围所导致。然而，民间借贷作为与金融机构借贷并行的借贷方式，并不需要经金融监管部门批准设立。同时，民间高利贷作为民间借贷的一种方式，本质上仍属于民间借贷，故从事民间高利贷不能说超越经营范围，充其量只是违反规定。其性质类似于合法买卖中的漫天要价行为，你可以说漫天要价不合理，但不能说买卖涉及漫天要价就超出经营范围。可见，《非法放贷意见》将民间高利贷认定为非法经营罪，可谓名不正、言不顺。

再次，罪状设立不合理。根据《非法放贷意见》的规定，民间高利贷构成非法经营罪，必须是行为人"经常性地向社会不特定对象发放贷款"。所谓"经常性地向社会不特定对象发放贷款"，是指2年内向不特定多人（包括单位和个人）以借款或其他名义出借资金10次以上。这种将罪状量化的现象在以前的立法中几乎是不存在的，很难说具有合理性。这是因为，罪状是对犯罪性质的揭示，一般是由影响行为性质的要素决定的，与数量化无直接关系。例如，盗窃1元是盗窃行为，盗窃1万元也是盗窃行为，决定是否属于盗窃行为与盗窃的数量没有关系。而且，其中的"2年内""10次以上"是以何为据确定的，不得而知。人们很难理解"2年内""10次"与"2年内""9次"，"2年内""10次以上"与"超过2年""10次以上"有何质的区别！

最后，需要注意的是，司法实践在认定"套路贷"犯罪时，有时会将性质相近的犯罪混淆，或者为表面之"套路"行为所迷惑，导致混淆不同罪名并在定性上出现问题，故需要审慎界分并合理甄别。例如，2016年1月22日，被害人于某至穆某公司借款1.1万元，约定本金及利息总额为2.4万元，借款期为1年，分12期还款，每期还款2000元，后全部正常归还。同年8月29日下午，被告人彭某某等到于某工作处，认定其还款属于违约而强行将其挟持至租住房屋内拘禁，并以去家中滋扰、侵占房产等威胁，强行索取5万元后解除对于某的人身控制。对此，法院认定构成敲诈勒索罪。[1]法院的裁判理由可能是基于"去家中滋扰、侵占房产等威胁"属于事后兑现法律后果的行为，不符合抢劫罪当场兑现暴力的成立要件。显然，法院有将问题片面化、简单化之嫌。一方面，行为人强行将被害人挟持至租住房屋内拘禁，就属于典型的暴力行为，在这样的前提下强行索取5万元，已经完全具备了抢劫罪的构成要件。另一方面，就算行为人以去家中滋扰、侵占房产等威胁，也不能简单地将之理解为事后兑现法律后果的行为，并据此认定成立敲诈勒索罪。事实上，行为人强行挟持被害人并拘禁就等于告诉被害人不顺从或者说反抗是无用的，同时以去家中滋扰、侵占房产等相威胁也是为了让被害人不敢反抗，这也是符合抢劫罪的构成特征的。"在我国刑法语境下构建处分自由的概念，不仅包括反抗是否有用的含义，还必须进一步加入被害人是否能够反抗的条件。相对于抢劫罪是反抗无用且不敢反抗，敲诈勒索罪就是反抗有用且能反抗。"[2]因此，对彭某某等人定抢劫罪较为合理。

五、"套路贷"犯罪的犯罪形态

（一）平账行为是否构成"套路贷"犯罪的共犯

"套路贷"犯罪通常只有由多人共同实施才能顺利实施犯罪，所有参与人

---

[1] 参见天津市红桥区人民法院［2018］津0106刑初297号刑事判决书。
[2] 车浩："抢劫罪与敲诈勒索罪之界分：基于被害人的处分自由"，载《中国法学》2017年第6期。

员构成共同犯罪当无异议。[1]容易依法争议的是"套路贷"犯罪的"平账"公司及其工作人员之间是否构成共同犯罪。所谓"平账",是指"套路贷"行为人利用借款人急需还款之机,诱骗其从其他公司或者个人贷款清偿之前所有债务,从而使借款人与平账的第三方公司或个人建立新的借贷关系的情形。由于第三方公司或个人通常会以更高的利息、违约金等作为平账条件,因而平账后成立的新借款合同往往会使借款人的债务成倍增长。平账是常见的垒高债务的手段,正是通过平账才使得平账人成了"套路贷"犯罪的承继者。在司法实践中,第三方公司或个人的平账行为有两种不同情形:一是直接平账行为,即第三方公司或个人为"套路贷"犯罪中的被害人平账的行为,对"套路贷"犯罪而言属于直接平账;二是间接平账行为,即第三方公司或个人为平账后的被害人平账的行为,对"套路贷"犯罪而言属于间接平账。

对于直接平账行为是否构成"套路贷"犯罪的共犯,需要具体情况具体分析。如果第三方平账人与"套路贷"行为人有通谋,成立"套路贷"犯罪之共犯当无异议。[2]反之,不成立"套路贷"犯罪之共犯。需要讨论的是,此时第三方是否应对其并未参与的先前"套路贷"犯罪承担责任,即是否认可承继的共犯。对此,理论上有肯定说、否定说和中间说之别。中间说论者虽在理解上有差异,但均认为对已经发生的结果不能肯定后行为人的罪责,在承继了先行行为人的行为或者是其行为效果并加以利用的场合,在该限度内肯定后行为人成立承继的共犯。[3]中间说是日本学界的有力学说。当然,"承继了先行行为人的行为或其行为效果并加以利用"有时可能会招致误解,尽管如此亦为瑕不掩瑜。就"套路贷"犯罪中直接平账人是否构成承继的共

---

[1] 根据《套路贷意见》规定,明知他人实施"套路贷"犯罪,具有以下情形之一的,以相关犯罪的共犯论处,但刑法和司法解释等另有规定的除外:(1)组织发送"贷款"信息、广告,吸引、介绍被害人"借款"的;(2)提供资金、场所、银行卡、账号、交通工具等帮助的;(3)出售、提供、帮助获取公民个人信息的;(4)协助制造走账记录等虚假给付事实的;(5)协助办理公证的;(6)协助以虚假事实提起诉讼或者仲裁的;(7)协助套现、取现、办理动产或不动产过户等,转移犯罪所得及其产生的收益的;(8)其他符合共同犯罪规定的情形。

[2] 司法实践中,有时会出现为了垒高债务,"套路贷"犯罪主体与直接平账人、间接平账人沆瀣一气,共同谋取不法利益。在某些情况下,有的行为人甚至身兼"套路贷"公司或团伙与直接平账或者间接平账的公司或者团伙的成员,以方便共同谋取非法利益。在这种情况下,"套路贷"公司或团伙与直接平账或者间接平账的公司或者团伙实质上属于利益共同体,只是分工不同而已,应当认定为共同犯罪。

[3] 参见[日]山口厚:《刑法总论》(第3版),付立庆译,中国人民大学出版社2018年版,第367页。

犯而言，采取中间说更为可取。一方面，站在"套路贷"犯罪行为人的角度，因平账而收取钱财无疑是"套路"的有机组成部分，平账人实际上参与了该结果，理应成立"套路贷"犯罪之共犯。[1]另一方面，直接平账人承继了"套路贷"犯罪行为人的行为或其行为效果并加以利用也是非常鲜明的。这是因为，直接平账人的目的在于续签高利贷协议以便垒高债务，获取非法利益。其利用"套路贷"犯罪行为人之行为、行为效果以及影响力的意图十分明显，不存在理解上的分歧或者误解。事实上，从司法实务来看，对于没有清偿能力的人，直接平账人若不是为了垒高债务以获取暴利，是不会甘冒风险的。事后，直接平账人也往往会不择手段地非法占有被害人财产。因此，认定直接平账人成立"套路贷"犯罪的共犯，是合理、可行的。

对于间接平账人是否构成"套路贷"犯罪的共犯，司法实践一般持否定态度。例如，在"陈某、程某某等'套路贷'犯罪案"中，陈某利用被害人沈某某向其借款虚增债务，后又安排他人带沈某某至被告人程某某等处平账，程某某等又将沈某某带至他人处平账，最终将2万元借款垒高至150万元。[2]该案中，法官最终认定陈某与程某某等人构成共同犯罪，并没有处罚其他平账主体。又如，在朱某团伙等"套路贷"犯罪一案中，法官只认定直接平账人朱某团伙等构成诈骗罪，对"套路贷"犯罪主体天甘公司以及间接平账人并未以共同犯罪论处。[3]笔者认为，对间接平账人不宜以"套路贷"犯罪的

---

〔1〕 正如在甲实施诈骗而乙参与获取财物的场合，站在甲的立场收受行为是骗取的一部分，乙也实际上参与了该结果，故而中间说似乎更为合适。参见［日］西田典之：《日本刑法总论》，刘明祥、王昭武译，中国人民大学出版社2007年版，第303页。

〔2〕 基本案情：2016年6月至同年11月，被告人陈某利用被害人沈某某向其借款人民币2万元之机，以"套路贷"的方式虚增债务，骗取沈某某出具10万元的高额借条。嗣后，陈某安排他人带沈某某至被告人程某某、熊某某、罗某某处平账，继续以"套路贷"方式虚增债务至35万元。同年8月，沈某某又被程某某、熊某某带至他人处平账，最终该笔借款虚增至150万元。参见上海市徐汇区人民法院［2018］沪0104刑初1084号刑事判决书。

〔3〕 案情简介：2016年5月11日，被害人张某某向天甘公司借款20万元，被要求按所谓行规签订40万元虚高金额借条并银行走账40万元。张于2016年6月、7月共计还款4.76万元给天甘公司。2016年7月，天甘公司将张某某介绍至朱俊团伙虚假平账，张某某向朱俊团伙借款26.8万元用于所谓平账，并与之签订101万元虚高金额借条并银行走账，其中的26.8万元转给天甘公司用于平账，74万元取现归还朱俊团伙。此次平账，天甘公司参单11.7万元，朱俊团伙参单15.3万元。随后，朱俊团伙通过为张某某办理兴业银行、浦发银行贷款，共计获得23万元还款。2016年8月，朱俊团伙通过将张某某再次转单平账给其他团伙获得19万元。参见上海市黄浦区人民法院［2017］沪0101刑初919号刑事判决书。

共犯论处。这是因为，间接平账人往往与直接平账人联系，与"套路贷"犯罪人并无直接联系，甚至相互之间并不认识，且"套路贷"犯罪的行为、行为效果以及影响力等根本不及于间接平账人。若将间接平账人认定为"套路贷"犯罪共犯，要求其对"套路贷"犯罪承担责任，显然缺乏事实根据，于理不合。

但是，若完全将间接平账人排除在"套路贷"犯罪行为人或者直接平账人的犯罪之外，也是不可取的。这里需要厘清第三方平账行为的构造及其性质才能加以客观评价。从实际效果上看，第三方平账行为实质上由两部分构成：一是平账行为；二是高利贷行为。前者是手段，后者是目的。正是因为有平账行为，被害人才会与行为人签订高利贷协议；也正是由于能与被害人签订高利贷协议，第三方才会为被害人平账。对于直接平账人而言，间接平账行为是其非法占有被害人财产的一部分；对于间接平账人而言，其平账行为表明其参与了直接平账人的犯罪行为，而且还利用了直接平账人的行为、行为效果或者影响力，故应对直接平账人垒高债务的犯罪承担责任。因此，间接平账人属于直接平账犯罪的承继共犯，其与直接平账人一起构成共同犯罪。由此类推，在存在诸多平账环节的场合，因给先前平账人平账，后续平账人将成为先前平账人的承继共犯。

（二）"套路贷"犯罪中的罪数形态

在"套路贷"犯罪中，行为人往往需要一系列"套路"行为相互配合，才能实现非法占有他人财物的目的。那么，这些行为究竟是成立一罪还是数罪呢？《非法放贷意见》规定："为强行索要因非法放贷而产生的债务，实施故意杀人、故意伤害、非法拘禁、故意毁坏财物、寻衅滋事等行为，构成犯罪的，应当数罪并罚。"据此，对于实现非法债务的续后行为，在各自独立成罪的情况下，应以数罪论处。如此定性符合法理与情理，毕竟，实现非法债务的不同手段行为之间不存在特别关系。不过，对于造就不法债务的先前犯罪行为与实现非法债务的续后犯罪行为如何定性，《非法放贷意见》并未作出规定，故容易在罪数认定上出现问题。此外，在存在平账行为并独立成罪的场合，"套路贷"犯罪行为人与平账人构成一罪还是数罪也不无争议。

1. 先前犯罪行为与后续犯罪行为的罪数认定

对于造就不法债务的先前犯罪行为与实现非法债务的后续犯罪行为如何

定性，判例的裁断存在较大分歧。既有认定为数罪的，[1]也有认定为一罪的。在认定为一罪时，究竟是按照先前行为定性[2]，还是按照后续行为定性，也不一雷同。例如，在"瞿某某等诈骗案"中，瞿某某等人既有诈骗行为又有敲诈勒索行为，上海市宝山区人民法院判决瞿某某等人构成诈骗罪。[3]而在"开某某等人敲诈勒索案"中，开某某等人既有诈骗行为又有敲诈勒索行为，江苏省南通市崇川区人民法院认定开某某等人构成敲诈勒索罪。[4]那么，对于"套路贷"犯罪行为人采取走空账等方式虚构借贷事实构成诈骗罪，又通过敲诈勒索等方式非法占有被害人财产的情形，司法机关应当如何定罪呢？

笔者认为，这里必须厘清先前诈骗行为与后续敲诈勒索等行为之间的关系。通常，"套路贷"犯罪团伙在实施犯罪时，具有一定的组织分工和运作流程，需要多人合作才能实现犯罪目的。例如，在"王某某等敲诈勒索案"中，被告人王某某等注册成立两家公司实施"套路贷"活动，公司设置业务部、催收部等部门，分别负责寻找借款对象办理借款业务、对借款对象进行催收等工作。[5]可见，"套路贷"犯罪中的先前诈骗行为与后续敲诈勒索等行为密切联系，属于同一犯罪过程中的不同阶段行为。在刑法理论上，这样的两种行为之间一般被认为具有吸收关系。在我国，通说认为成立吸收关系，是

---

[1] 例如，在"邵某某诈骗、敲诈勒索案"中，邵某某伙同马某、恽某某等人开展非法放贷业务，在放贷过程中欺骗被害人签订包含"保证金""服务费""平台费"等虚高数额的借条，并采用"平账"、制造"违约"等方式骗取高额违约金，进而以恐吓、威胁、扣押车辆等手段向被害人进行敲诈勒索。江苏省溧阳市人民法院认定邵某某等人构成诈骗罪、敲诈勒索罪。参见江苏省溧阳市人民法院［2018］苏0481刑初450号刑事判决书。

[2] 在司法实践中，行为人在签订借贷协议时，往往以行规等诱骗被害人签订虚高的借贷合同，或者在被害人取现后将大额借款骗回而制造虚高的借贷事实，或者采取走空账等方式虚构借贷事实，等等。该类行为本质上属于虚构事实或隐瞒真相，往往被认定为诈骗罪。

[3] 基本案情：瞿某某等人在"空放"高利贷后，以"利滚利"为由向杭某某索要远远高于空方数额的欠款，并声称给杭两个选择，即要么拉到外面打一顿，回家跪在父母面前让父母还钱，要么帮杭某某以名下房产抵押贷款以便归还欠款以及放贷赚利息赎房。最终，瞿某某等人迫使杭某某从家中偷出房产证，并伺机将房产转卖谋取非法暴利。参见上海市宝山区人民法院［2017］沪0113刑初1232号刑事判决书。

[4] 基本案情：被告人开某某等人以被害人首次来借钱又无抵押等为理由，诱骗被害人写本金三至四倍的"高条"，并且告诉被害人如果按时还款只需还本金部分。待被害人在"高条"上签字之后实际上拿到手的借款只有本金的一小部分。如果被害人不按照"高条"上的金额给钱，被告人会采取找被害人家属、上门喷漆、堵锁、砸玻璃等手段进行威胁，直至敲诈得手。参见江苏省南通市崇川区人民法院［2018］苏0602刑初355号刑事判决书。

[5] 参见江苏省南京市中级人民法院［2019］苏01刑终484号刑事裁定书。

因为密切联系的数个相关犯罪行为属于实施某种犯罪的同一过程中或者是实施过程中伴随的，前行为可能是后行为发展的所经阶段，或者后行为可能是前行为发展的当然结果。[1]如此看来，先前诈骗行为与续后敲诈勒索等行为应成立吸收犯，只能依照吸收的罪名定罪处罚。

对于不同犯罪之间谁吸收谁，学理上有个总的原则，即高度行为吸收低度行为。"所谓高度行为吸收低度行为，是指从犯罪性质、犯罪情节、社会危害性程度和法定刑等各方面综合衡量，刑事责任大的吸收刑事责任小的。"[2]例如，对于先前诈骗行为与续后敲诈勒索行为，就应当以敲诈勒索罪论处。因为，根据司法解释的规定，在同等数额的情况下，敲诈勒索罪的刑事责任较诈骗罪要大，因而敲诈勒索罪应当吸收诈骗罪。因此，在"瞿某某等诈骗案"中，应认定为敲诈勒索罪而非诈骗罪。又如，如果先前行为与后续行为分别是诈骗和非法拘禁的，考虑到"套路贷"诈骗数额往往较大，且非法拘禁罪为轻罪（最高刑为 3 年以下有期徒刑），那么诈骗罪应吸收非法拘禁罪，以诈骗罪论处。

不过，"套路贷"犯罪的先前诈骗行为与后续犯罪行为并非必然成立吸收关系，典型的便是诈骗罪与虚假诉讼罪。在司法实践中，行为人通过欺骗被害人取得形式上合法的借贷协议后，在很多情况下会接着采取诉讼方式非法侵占被害人财产。根据司法解释的规定，行为人单方或者与他人恶意串通，捏造身份、合同、侵权、继承等民事法律关系的，属于以捏造的事实提起民事诉讼，构成虚假诉讼罪。[3]可见，"套路贷"犯罪行为人捏造身份、合同等民事法律关系骗取钱财的，不仅仅是诈骗罪的客观要件，也是虚假诉讼罪的客观要件。理论上，通常将此种情形的虚假诉讼称为诉讼诈骗。

对于诉讼诈骗是否以诈骗罪论，学界存在争议。如著名刑法学家张明楷教授认为："诉讼诈骗是三角诈骗的典型形式，应当以诈骗罪论处。"[4]不过，在《刑法修正案（九）》增设虚假诉讼罪后，有学者认为对诉讼诈骗行为均

〔1〕 参见黎宏：《刑法学总论》（第 2 版），法律出版社 2016 年版，第 329 页；陈兴良：《刑法适用总论》（上卷），法律出版社 1999 年版，第 705 页；高铭暄主编：《中国刑法学》，中国人民大学出版社 1989 年版，第 223~224 页；等等。

〔2〕 吴振兴：《罪数形态论》（修订版），中国检察出版社 2006 年版，第 312 页。

〔3〕 参见最高人民法院、最高人民检察院《关于办理虚假诉讼刑事案件适用法律若干问题的解释》第 1 条第 7 项。

〔4〕 张明楷："论三角诈骗"，载《法学研究》2004 年第 2 期。

应以虚假诉讼罪论处。[1]根据该观点，因诈骗罪与诉讼诈骗罪并不存在特殊竞合关系，故先行诈骗再以虚假借贷协议进行虚假诉讼的，亦应成立吸收关系。对此，张明楷教授认为，《刑法修正案（九）》增设虚假诉讼罪，并非因为诉讼诈骗行为不构成诈骗罪，而是因为没有骗取财物和骗免债务的行为不成立诈骗罪。他还以《刑法修正案（九）》的形成与修改情况为由，说明《刑法修正案（九）》增设虚假诉讼罪并不是对诉讼诈骗行为成立诈骗罪的否认。[2]显然，张明楷教授的观点更有说服力。笔者认为，"套路贷"犯罪的先前诈骗行为与后续虚假诉讼行为属于单纯一罪，应以诈骗罪论处。理由在于，后续诉讼诈骗与先前诈骗不应认定为两个完全独立的犯罪行为，因为其中的捏造身份、合同等民事法律关系骗取钱财的行为，既是诈骗罪的构成要件，也是虚假诉讼罪的构成要件。若认为两者完全独立乃至于成立数罪，那么就有重复评价之嫌。而且，诉讼诈骗侵犯他人财产权利已具备成立诈骗罪之客体要件，法院以判决方式处分当事人财产，影响的只是诈骗罪之既遂。[3]

2. "套路贷"犯罪行为人与平账人的罪数认定

如前所述，直接平账人因平账而使"套路贷"犯罪行为人收取不法钱财，故参与了"套路贷"犯罪之结果，应成立"套路贷"犯罪之共犯。同时，直接平账人采取欺骗手段并与被害人签订不合法的借贷协议，不断垒高债务，骗取他人财物。此时，直接平账人实质上触犯了两个诈骗罪，即自己实施的诈骗罪和"套路贷"犯罪行为人实施的诈骗罪。对"套路贷"犯罪行为人而言，由于其将债务转让给直接平账人，从而成就了其诈骗行为。因此，"套路贷"犯罪行为人也触犯了两个诈骗罪，即自己实施的诈骗罪和直接平账人实施的诈骗罪。如何理解直接平账人与"套路贷"犯罪行为人触犯的两个诈骗罪之间的关系？应当如何定性？

笔者认为，直接平账人与"套路贷"犯罪行为人虽然触犯两个诈骗罪，但事实上属于一行为触犯数罪名的法规竞合。理由在于：直接平账人是因平账行为而触犯两个罪名，"套路贷"犯罪行为人是因转账行为而触犯两个罪名，属于一行为触犯数罪名的情况。这与连续犯的基于同一或者概括的犯罪

---

[1] 参见杨兴培、田然："诉讼欺诈按诈骗罪论处是非探讨——兼论《刑法修正案（九）》之诉讼欺诈罪"，载《法治研究》2015年第6期。

[2] 参见张明楷："三角诈骗的类型"，载《法学评论》2017年第1期。

[3] 参见赵冠男："'诉讼诈骗'的行为性质"，载《法学》2015年第2期。

故意，连续实施性质相同的数个行为有所不同。因此，对于直接平账人与"套路贷"犯罪行为人触犯的两个诈骗罪，应按照法规竞合进行处罚。在具体处罚时，由于直接平账人与"套路贷"犯罪行为人的两个诈骗罪之间不存在普通法与特别法的关系，因而根据重法优于轻法的原则定罪处罚。

需要注意的是，直接平账人的平账行为属于"套路贷"犯罪行为人之诈骗罪的帮助行为，而"套路贷"犯罪行为人的转账行为属于直接平账人之诈骗罪的帮助行为，但对于直接平账人与"套路贷"犯罪行为人而言，这种帮助行为与自己实施的诈骗罪相比，在轻重程度上可能有所不同。因为，直接平账人往往会成倍垒高债务，从而使"套路贷"犯罪行为人转账行为的处罚可能重于其自己实行的诈骗罪，并让自己实行的诈骗罪的处罚远远重于对其平账行为的处罚。例如，若"套路贷"犯罪行为人诈骗数额为1万元，那么直接平账人可能会将债务垒高至10万元，则诈骗10万元的帮助犯之处罚也可能较诈骗1万元的实行罪要重。此时，对于"套路贷"犯罪行为人，按照法规竞合之重罪优于轻罪原则，应当以后续诈骗罪定罪处罚。相应地，平账行为作为"套路贷"犯罪行为人诈骗罪的帮助行为，其处罚不太可能重于直接平账人实施的诈骗罪的处罚，故对直接平账人以其实施的诈骗罪论处便可。至于直接平账人与间接平账人以及间接平账人与后续平账人的处罚，按照上述原则认定便可。

六、"套路贷"犯罪数额之认定

"套路贷"犯罪是针对财产的犯罪，因而犯罪数额的认定对定罪量刑来说至关重要。由于"套路贷"犯罪有时会集民间借贷与犯罪于一体，且通常行为人会先给付本金给被害人，并通过平账等方式不断垒高债务，种种"套路"使得对犯罪数额的认定较之一般犯罪复杂。同时，司法解释对"套路贷"犯罪的相关规定也给犯罪数额的认定带来一些变数。

（一）"套路贷"犯罪数额规定的理解与认定

对于"套路贷"犯罪数额，《套路贷意见》有明确规定。即：在认定"套路贷"犯罪数额时，应当与民间借贷相区别，从整体上予以否定性评价，"虚高债务"和以"利息""保证金""中介费""服务费""违约金"等名目被犯罪嫌疑人、被告人非法占有的财物，均应计入犯罪数额。犯罪嫌疑人、被告人实际给付被害人的本金数额，不计入犯罪数额。该规定不但自身存在矛盾，而且将复杂的"套路贷"犯罪简单化，有必要加以分析和厘清。

该规定自身矛盾之处，在于利息计入犯罪数额而本金不计入犯罪数额。这意味着，"除了借款人实际收到的本金外，双方约定的利息不受法律保护，亦应当计入犯罪数额"。[1]问题在于，"利息""债务""违约金"等与"保证金""中介费""服务费"等有着本质不同。后者具有典型的非法性，而前者如"利息"等具有法定与非法定之别。若否定利息的合法性，则意味着法定利息不受法律保护，唯一的解释便是行为之犯罪属性，因为只有犯罪收益才不作法定与非法定之分。问题在于，不将本金计入犯罪数额，表明是排除其非法性的。可见，利息计入犯罪数额而本金不计入是存在自相矛盾之处的。还有，该规定明确了"虚高债务"的非法性，在逻辑上自然可以推断出非虚高的债务是合法的。既然肯定债务有不合法（虚高）与合法（非虚高）之别，缘何"利息"等不区分合法与不合法呢，可见其中的不协调。上述矛盾与不协调之处意味着司法解释在认定犯罪数额对"套路贷"犯罪存在如下不协调之处：一方面给予"套路贷"犯罪整体性否定评价，另一方面又肯定"套路贷"犯罪的民刑交叉性质。肯定"套路贷"犯罪的纯粹犯罪性，才会得出利息、违约金等附随于犯罪具有纯粹非法性，应计入犯罪数额。"在办理'套路贷'刑事案件时，要牢牢把握'套路贷'的本质是以非法占有为目的而实施的违法犯罪，不能适用民间借贷法律关系，也不可能产生合法收入。"[2]非虚高债务和本金被排除在犯罪数额之外，表明司法解释肯定其不具有刑法上的非法性，充其量只具有民事违法性甚至是合法的，这显然承认了"套路贷"犯罪之民刑交叉性质。

笔者认为，认识到司法解释在财产性质认定上的矛盾与冲突之处，在认定犯罪数额时就应当避免上述不合理现象，以维护司法的协调性与一致性。如前所述，"套路贷"并非纯粹犯罪，《套路贷意见》就明确"套路贷"是相关违法犯罪活动的概括性称谓。据此，《套路贷意见》中所谓的"'套路贷'犯罪数额"应当包含两层意义：一是"套路贷"犯罪之犯罪数额；二是"套路贷"之犯罪数额。

---

[1] 河南省宝丰县人民法院［2018］豫 0421 刑初 264 号刑事判决书。

[2] 朱和庆、周川、李梦龙："《关于办理'套路贷'刑事案件若干问题的意见》的理解与适用"，载《人民法院报》2019 年 6 月 2 日。

　　"套路贷"犯罪之犯罪数额，乃指以民间借贷之名，行非法占有他人财物的犯罪之实的纯粹"套路贷"犯罪之犯罪数额。在此情形下，应肯定所有涉案财产的非法性，一切债务（包括非虚高债务）、利息、保证金、中介费、服务费、违约金等，均应被计入犯罪数额。例如，在"张某某等诈骗案"中，被害人戴某某欲办理贷款50万元，张某某等人以行业规矩为由，欺骗戴某某在贷款100万元的协议上签字，并通过银行走账100万元后，以收取保证金的名义让戴某某返还50万元。嗣后，张某某等向法院提起诉讼要求戴某某偿还100万元欠款。[1] 该案中，行为人的犯罪数额应为100万元。在通过平账垒高债务的场合，犯罪数额应为垒高后的贷款数额。例如，甲通过为被害人乙平账10万元，将被害人的债务由10万元垒高至30万元，则犯罪数额应为30万元。

　　"套路贷"之犯罪数额则指"套路贷"存在民刑交叉的场合，由于财产包括作为民事行为的财产和作为犯罪行为的财产，只有基于非法占有目的而侵犯他人财产的场合，涉案财产数额才能计入犯罪数额。换句话说，只有犯罪涉及的财产才能计入犯罪数额，民事行为涉及的财产不应计入犯罪数额。例如，甲借款20万元给乙，约定年利率30%。后甲恶意制造乙违约，要求乙支付违约金10万元，并通过暴力、威胁等手段逼迫乙偿还。则涉案的犯罪数额应为10万元。从司法实践来看，在民刑交叉场合，关于"套路贷"犯罪数额主要存在以下两种情形：一是签订不合理的借款条款，如约定非法的违约金，基于非法占有目的（如企图非法占有超高违约金）侵犯他人财产的，意图非法侵占的财产（如超高违约金等）计入犯罪数额。二是在履约过程中，以非法占有为目的，通过恶意违约或者恶意造成他人违约，并实施刑法规定的类型化行为占有他人财产乃至构成犯罪的，非法占有的财产计入犯罪数额。

　　值得注意的是，在放"私单"的场合，要注意区别共同犯罪数额与个人犯罪数额。例如，在"王某等诈骗案"中，被害人潘某某被王某等人联手

---

　　[1] 2016年4月至9月，侯某某（另案处理）纠集王某某、殷某某（均另案处理）等人形成恶势力，实施"套路贷"诈骗活动。2016年7月间，被告人张某某为被害人戴某某介绍办理贷款人民币50万元（以下币种均为人民币），该贷款后由侯某某、王某某负责办理，二人在要求戴某某提供房产抵押的同时，以防止戴某某违约，需要收取保证金为由，骗戴某某在金额为100万元的借款合同上签字，并通过银行走流水的方式造成戴某某已取得全部借款金额的假象，随即又以收取保证金的名义，让戴某某在银行取出50万元现金后交给前来办理放款的人。嗣后，张某某在明知戴某某实际只拿到50万元的情况下，仍要求戴某某归还100万元。遭拒后，殷某某等人又通过向人民法院起诉的方式要求戴某某归还100万元。参见上海市长宁区人民法院［2018］沪0105刑初1268号刑事判决书。

"套路"后因无法归还虚高的借款，王某又乘机利用自有的 10 万元资金向潘某某做私单，即借钱给其用于还账赚取 1 万元利息，等潘某某第二期借贷后又马上从潘某某处收回借款，仅一次换手便又多侵吞了潘某某 1 万元的"利息"。[1] 该案中，王某及其辩护人提出王某利用自有资金向潘某某做"私单"赚取的 1 万元利息不应计入诈骗金额，法院以该 1 万元也被计入公司利润为由，认定应计入诈骗金额。笔者认为，将王某放"私单"收取的 1 万元利息计入犯罪数额不应存在问题，问题是到底应计入王某等人的共同犯罪数额，还是只计入王某的犯罪数额。笔者认为，放"私单"所涉犯罪数额究竟是计入共同犯罪数额还是个人犯罪数额，应分别而论：若放"私单"为"套路贷"公司允许，且个人所收取利息等非法利益计入公司利益统一分配，则应认定为共同犯罪数额；若放"私单"不为"套路贷"公司所知，且个人所收取利息等非法利益完全归于个人，并不计入公司利益统一分配，或者虽然计入"套路贷"公司利润但只是基于业绩表现所需，并不具实质意义，则应认定为个人犯罪数额。

（二）非法放贷数额的理解与认定

根据《非法放贷意见》的规定，民间高利贷成立非法经营罪，影响定罪量刑的数额有两类，即非法放贷数额和违法所得数额。[2] 非法所得数额在很多犯罪中都存在，相对来说比较容易认定。特别是在"套路贷"违法犯罪中，厘清非法放贷数额后，可以说基本上就厘清了违法所得数额。因此，认定非法放贷数额，对于非法经营型"套路贷"犯罪的定罪与量刑而言意义重大。根据《非法放贷意见》之"非法放贷数额应当以实际出借给借款人的本金金额认定"，"以超过 36% 的实际年利率实施符合本意见第一条规定的非法放贷行为"之规定，决定放贷之非法性的是实际年利率超过 36%，非法放贷数额在判断上以"实际出借给借款人的本金金额"为据。

《非法放贷意见》之所以规定实际年利率，是因为有时虽然约定年利率不超过 36%，但行为人会事先扣除手续费、管理费等，导致实际年利率可能超过 36%。例如，行为人出借人民币 50 000 元，约定年利率 20%，但以行业规

---

[1] 参见杭州市上城区人民法院［2018］浙 0102 刑初 353 号刑事判决书。

[2] 根据《非法放贷意见》的规定，个人非法放贷数额累计在 200 万元以上的，单位非法放贷数额累计在 1000 万元以上的，个人违法所得数额累计在 80 万元以上的，单位违法所得数额累计在 400 万元以上的，属于《刑法》第 225 条规定的"情节严重"。

矩为由事先扣除介绍费、咨询费、管理费等 10 000 元。根据《非法放贷意见》的规定："非法放贷行为人以介绍费、咨询费、管理费、逾期利息、违约金等名义和以从本金中预先扣除等方式收取利息的，相关数额在计算实际年利率时均应计入。"则实际年利率为（50 000×20% + 10 000）÷50 000 = 40%，超过 36%，应认定为非法放贷。需要注意到的是，《非法放贷意见》只规定扣除逾期利息，没有规定扣除约定利息的情形，但在司法实践中实现扣除利息的情况较为常见。笔者认为，既然逾期利息都属于实际年利率的计算依据，那么约定利息理所当然应作为实际年利率的计算依据。

至于《非法放贷意见》将实际出借给借款人的本金金额作为非法放贷数额，是值得商榷的。主要理由如下：首先，在司法实践中行为人实际出借的本金有时比较低，经过一系列的"套路"运作，致使债务成倍增长，从而获得超额非法利益。以实际出借给借款人的本金计算犯罪数额，无疑有放纵犯罪之嫌。其次，在具体计算利息、违约金等数额时，行为人都是以最初的协议出借额为依据计算的。若以实际出借的本金计算非法放贷数额，会导致计算依据上的不协调。再次，从司法实践中的情形来看，行为人要求被害人偿还的放贷数额，往往都是走账数额等，而非实际出借给借款人的本金数额，因而以实际出借的本金数额作为非法放贷数额，不能揭示该类犯罪的社会危害性。最后，"套路贷"犯罪往往会出现多次平账而垒高债务的现象，若以实际出借的本金计算非法放贷数额，而不考虑平账数额等，对于计算后续非法放贷数额来说是不合理的。

结　语

近两年来，与"套路贷"相关的违法犯罪呈现井喷态势，相应地，司法机关规制"套路贷"违法犯罪，特别是有关"套路贷"犯罪的司法解释、文件等也呈现井喷态势。那么，通过刑事制裁大张旗鼓地规制"套路贷"，究竟是否可取和必要，确实值得深入探讨。这就需要弄清"套路贷"及相关违法犯罪发生的原因，以便做到有的放矢。客观地说，"套路贷"及相关违法犯罪的滋生和盛行，其背后有着复杂的原因。从宏观层面来看，中小企业融资难以及民间资金找不到合适的投资渠道等是支撑"套路贷"及相关违法犯罪发生的深层次原因。从微观层面上看，法律规范和引导不力也是重要原因之一。

在我国，中小企业融资难是众所周知的。"据全国工商联调查，90%的小企业和95%的微小企业，没有与正规金融机构发生任何借贷关系，其融资多依靠民间借贷市场。"[1]中小企业融资难既有自身原因，也有限制多、风险大、法务繁等外部因素。民间融资可以缓解部分中小企业融资难的问题，有利于合理配置资源和提高资金使用效率。[2]民间借贷作为一种资源丰富、操作简捷、灵便的融资手段，在一定程度上缓解了银行信贷资金不足的矛盾，促进了经济的发展。但是，民间借贷具有随意性、高风险性等特点，会不可避免地抬升中小企业融资的成本。央行的调查报告显示：我国民间融资利率水平本身明显偏高。根据相关研究，中小企业的融资成本在20%以上，抵押贷款评估成本占融资成本的20%。[3]尽管如此，由于向私人借钱多半在半公开甚至秘密状态下进行的资金交易，借贷双方仅靠所谓的信誉维持，借贷手续不完备，缺乏担保抵押，无可靠的法律保障，等等。一旦遇到情况变化，极易引发纠纷乃至刑事犯罪。因此，为了避免民间借贷滋生诸多社会问题，将之纳入法制化的轨道，使之规范运作至关重要。问题在于，"我国立法对民间融资的保护及确认还十分模糊不清。现行的民间融资相关法律规定，多为概括性的条款，散见于《宪法》《民法总则》《合同法》《证券法》《刑法》等法律及行政法规、规章及司法解释中，其规定原则性强、条款模糊、法律冲突较为明显"。[4]

民间借贷纠纷激增需要加快相应立法，关键是如何进行有效的法律规制。目前，无论是最高司法机关还是地方司法机关，显然都将重点置于刑法规制上。事实上，在规制"套路贷"违法犯罪方面，更需要加强的是民事、金融法律法规的规制。不可否认，民间放贷是新生事物，在其成长过程中，难免会遭受"成长的烦恼"，其经营行为也远远比不上银行规范，特别是一些不法之徒，趁机浑水摸鱼，让老百姓的血汗钱成为他们恣意挥霍的资本。但是，通过最严厉的法律制裁措施规制"套路贷"未必就能起到治本之效，甚至可能会产生消极效果，如不恰当地遏制民间借贷和民间融资，这对中小企业来说无异于雪上加霜。正因如此，本文对"套路贷"的概念、民刑界限以及犯

---

〔1〕 张西流："民间借贷激增，立法应提速"，载《人民法院报》2019年7月16日。

〔2〕 参见王颖："中小企业民间融资现状、问题及对策分析"，载《经济研究导刊》2017年第15期。

〔3〕 参见陈美云："中小企业民间融资问题研究"，载《全国流通经济》2018年第1期。

〔4〕 邹雄智："中小企业民间融资现状、风险与路径选择"，载《企业经济》2018年第5期。

罪认定等进行了探讨，特别是对"套路贷"犯罪之罪与非罪的界限、定性、犯罪形态以及犯罪数额认定等加以深入分析，期待在借此打击"套路贷"犯罪的同时，不至于扼杀民间借贷与民间融资，确实维护民间放贷人和中小企业的合法利益。

打击"套路贷"新型违法犯罪法律适用相关建议

孙利坚 *

为遏制"套路贷"的发展蔓延,在上海市检、法部门的大力支持下,上海市公安局从 2016 年 9 月开始开展专项行动,对此类新型违法犯罪进行持续、深入的打击。截至 2018 年年底,全市公安机关共打掉"套路贷"违法犯罪团伙 206 个,刑事拘留 1152 人,逮捕 617 人,为人民群众挽回各类经济损失共计 8 亿余元。

鉴于此类案件属新类型犯罪,且案情复杂、民刑交织,为确保打击效果和办案质量相统一,笔者现就此类案件的相关情况予以介绍,并就法律适用、案件定性等提出相关建议。

一、犯罪手法、主体及危害

(一) 犯罪手法

第一,制造民间借贷假象。犯罪嫌疑人对外以"小额贷款公司"名义招揽生意,但实际上均无金融资质,以个人名义与被害人签订借款合同,制造个人民间借贷假象。犯罪嫌疑人以"违约金""保证金""行业规矩"等各种名目骗取被害人签订"阴阳合同""虚高借款合同"以及房产抵押借款合同、房产买卖委托书、房屋租赁合同等显然不利于被害人的各类合同,有的还要求借款人办理上述合同的公证手续。

第二,制造银行流水痕迹。犯罪嫌疑人将虚高后的借款金额转入借款人银行账户后,要求借款人在银行柜面将上述款项提现,形成"银行流水与借款合同一致"的证据,但犯罪嫌疑人要求借款人只得保留实际借款金额,其

---

* 上海市公安局刑侦支队高级警官。

余虚增款额须交还犯罪嫌疑人。有的犯罪嫌疑人刻意让被害人抱着提取出的现金进行照相，刻意制造被害人已取得所借款额的假象。

第三，单方面肆意认定违约。在签订"虚高借款合同"并制作银行走账流水后，通过"变相拒收还款""借款人还背负其他高利贷"等方式和无理借口故意造成或单方面宣称借款人"违约"，并要求其偿还"虚高借款"，"虚增款额"少则数倍本金，多则数十倍本金，与传统高利贷利用高利率攫取高额利润的敛财方式存在本质区别。

第四，恶意垒高借款金额。在借款人无力偿还情况下，犯罪嫌疑人介绍其他假冒的"小额贷款公司"（或"扮演"其他公司）与借款人签订新的"虚高借款合同"予以"平账"，进一步垒高借款金额（如在"闵行'12·3'案"中，被害人陆某向一犯罪团伙借款20万元，实际借得2万元，经2次平账后被骗还款500万元）。

第五，软硬兼施"索债"。犯罪团伙成员自行实施或雇佣社会闲散人员采取暴力手段（如非法拘禁等）或"软暴力"手段（如喷油漆、堵锁眼等）侵害借款人合法权益，滋扰借款人及其近亲属的正常生活秩序，以此向借款人及其近亲属施压；或提起民事诉讼，向法院主张所谓的"合法债权"，通过胜诉判决实现侵占借款人及其近亲属财产的目的。随着上海市司法部门逐步对此类案件提高警觉，对公证及相关诉讼加大审核力度，目前还出现了跨省市异地虚假诉讼的新情况。

（二）犯罪主体及社会危害

目前，上海市公安机关侦破的"套路贷"案件均系共同犯罪，犯罪嫌疑人以团伙形式出现，分工明确、"流水作案"，部分团伙有组织犯罪趋势已经呈现，初具犯罪集团规模，其成员构成固定、内部组织严密，对外完全以公司模式运营，有明确的策划者、组织者、出资者，有明显的首要分子，团伙内部上下级领导关系明确，犯罪目的明确各有分工且作案能力强，具有较大社会危害性。

"套路贷"违法犯罪活动案情复杂，侵害客体多、社会危害大，从诱骗或强迫被害人签订合同到暴力讨债、虚假诉讼，不法分子的犯罪行为不仅侵害被害人财产权、人身权，还破坏公共秩序，扰乱金融市场秩序，甚至公开挑战司法权威，严重妨害司法公正。

二、当前"套路贷"案件定性建议

（一）建议以"侵犯财产罪"为主罪进行追责

一是此类犯罪嫌疑人以非法占有为目的，采取"签订借款协议""制作资金走账流水""肆意认定违约""转单平账"等虚构事实或隐瞒真相的方法，骗取债务人或其家属较大财产的，建议以诈骗罪或敲诈勒索罪等侵犯财产罪作为主罪定罪处罚。二是犯罪嫌疑人为达到侵占被害人财产目的还实施了暴力恐吓、滋扰生活、虚假诉讼等手段行为构成其他犯罪的，可以根据牵连犯的处断原则，择一重罪从重处罚。三是如果在案证据不足以证明借贷行为构成犯罪或系诈骗、敲诈勒索共犯，但实施滋扰借款人及其近亲属或其他相关人正常生活秩序的暴力讨债行为的，以寻衅滋事罪追究刑事责任。

（二）关于非法所得的认定标准

一是对犯罪嫌疑人在借贷过程中以"保证金""中介费""服务费"等各种名目扣除、收取的费用纳入非法所得数额予以计算；二是将虚高后的借款金额扣除借款人实际所得借款应还本息认定为非法所得，双方约定利率低于36%的按照约定计算利息，双方约定利率高于36%或无约定的按照年利率36%计算利息（参照《最高人民法院关于审理民间借贷案件适用法律若干问题的规定》）。

三、关于进一步统一执法共识打深打透的建议

由于此类新型犯罪案情复杂，且犯罪嫌疑人规避打击意识强，单纯分析某一作案环节难以全面揭露团伙的犯罪目的，单纯处罚某一作案环节恐难实现"罪刑相称、罚当其罪"，为进一步落实上级指示精神，打深打透、除恶务尽，现归纳公安机关在打击工作中发现的问题并就进一步用足、用好现有法律法规提出相关建议：

（一）认定犯罪集团

在当前已侦破的"套路贷"案件中，犯罪嫌疑人多以涉嫌诈骗罪、敲诈勒索罪、非法拘禁罪、虚假诉讼等行为被追究刑事责任，但具体实施此类暴力行为的往往并非犯罪组织的核心成员，犯罪集团首要分子或犯罪团伙头目（如策划者、组织者、出资者等）为规避打击一般并不直接参与，为实现"打团伙、摧网络、追赃款"的目标，做到"全链条、全方位"打击，有待进一

步用足、用好现有法律法规，打深、打透。

相关建议：按照全国"打黑办"下发的《关于严厉打击涉恶类犯罪集团的通知》的要求，调整办案思路，对符合犯罪集团法定构成要件的团伙坚决以犯罪集团定性，进而对犯罪集团首要分子以犯罪集团施行的全部罪行追究刑事责任，对犯罪组织核心形成强力震慑。

（二）定性非法经营

为规制民间高利贷，法律明确规定"借贷双方约定利率超过年利率36%的，超过部分的利息约定无效，借款人请求出借人返还已支付的超过年利率36%部分的利息的人民法院应当予以支持"。但放贷公司（个人）会通过两种途径刻意规避法律：一是通过制造虚高放贷本金，通过签订高于实际借贷金额的借款合同形成虚高放贷本金，并按照虚高放贷本金制作银行走账流水，在形式上制作了"银行流水与借款合同一致"的所谓"优势证据"。二是编造各种名目变相收取"高额利息"。放贷公司（个人）以"洽谈费""违约金""担保费"或"砍头息"等各种名目变相收取"高额利息"，在一些实际案例中，犯罪嫌疑人索要的此类费用远远高于36%的利息，甚至超过本金数倍、数十倍。（如在"闵行'12·3'案"中，被害人陆某向一犯罪团伙借款20万元，被骗签订50万元虚高借款合同，但犯罪团伙在放款时以中介费、介绍费等名目强行扣除18万元，造成被害人实际借得2万元但背负50万元债额。）

相关建议：对既不具备金融从业资质，又假借小额贷款公司名义向不特定群体以高于36%的年利率发放高利贷牟取巨额利润的行为加以规制，对扰乱市场秩序，情节严重的以非法经营罪追究刑事责任。适用非法经营罪能够有力破解当前打击工作中面临的"打不深、罚不痛"困局，依法对此类犯罪活动实现罚款、没收财产等经济制裁才能打到"痛点"，形成强有力的震慑。

（三）明确民刑切割

以借贷为名非法牟利案件案情复杂且民刑交织，上海市公、检、法对打击此类违法犯罪尚未完全达成共识，导致各区对于同类案件的批捕情况存异。此类信访人员（尤其是财产已被法院判处执行的信访人员）"情绪大、怨气重"，极易衍生极端恶性上访事件。

相关建议：2014年4月17日，最高人民检察院在针对广东省人民检察院作出的《关于强迫借贷行为适用法律问题的批复》中明确指出："以暴力、胁迫手段强迫他人借贷，属于刑法第二百二十六条第二项规定的'强迫他人提供或者接受服务',情节严重的,以强迫交易罪追究刑事责任;同时构成故意伤害罪等其他犯罪的,依照处罚较重的规定定罪处罚。以非法占有为目的,以借贷为名采用暴力、胁迫手段获取他人财物,符合刑法第二百六十三条或者第二百七十四条规定的,以抢劫罪或者敲诈勒索罪追究刑事责任。"

鉴于此,笔者建议对当前出现的买卖、转让非法债权的行为追究刑事责任。例如,在"松江以舒某强为首的恶势力犯罪团伙案"中,该团伙诱骗被害人至赌场赌博,并在被害人输钱后强迫被害人签订高利借贷合同并制造银行流水,以此将赌债转化为高利贷,嗣后,大肆向被害人及其父母索债,对于上述行为笔者建议以强迫交易罪追究刑事责任。

"套路贷"被害人介入的刑法规制

梅传强 [*] 李 岳 ^{**}

摘　要： "套路贷"愈演愈烈，其中被害人的介入对"套路贷"行为人的定罪量刑可以起到重要作用。"套路贷"被害人的介入存在双向模式，其中被动模式包括原生"套路贷"危害与次生"套路贷"危害；主动模式包括"套路贷"中被害人自陷风险行为与"反套路"行为。通过对"套路贷"被害人介入相关刑事判例进行总结分析，笔者发现，目前"套路贷"呈现出社会危害较大且被害人易转化的特点，出现了被害人介入的刑法规制困境。针对"套路贷"中的被动介入情形可在已有规范内量刑。而对主动型被害人介入情境：首先，"套路贷"中行为人需要对被害人将信将疑的"自陷风险行为"负责；其次，被害人"反套路"中，行为人应对诈骗未遂负责；最后，原"被害人"即"反套路"行为人在诈骗情节严重时同样应以诈骗罪论处。

关键词： 套路贷；诈骗罪；自我答责；自陷风险；被害人

近年来，各地均出现了诸如"借款 4 万元却还 150 万元"[1]、"借款 1400 万元还款 3395 万元"[2]等新闻报道，这涉及一种以"合法"的民商事行为为外观，以欺骗、威胁、暴力等为手段，非法占有被害人财物的一系列违法犯罪——"套路贷"。在我国经济发展转型期，"套路贷"作为一新型犯罪模式不断被媒体曝光，其传播范围广、涉案数额大，涉及的暴力、软暴力等索款手段，容易诱发其他犯罪。其中，被害人的介入对"套路贷"行为人的定

---

　* 男，四川省邻水县人，西南政法大学法学院教授，博士生导师，法学博士，中国刑法学研究会副会长。

　** 男，陕西省西安市人，西南政法大学法学院博士研究生。

　〔1〕 王闲乐："'套路贷'放贷者早就盯上借款人房产"，载《解放日报》2017 年 8 月 16 日。

　〔2〕 吴艺："上海侦破'套路贷'特大团伙诈骗案"，载《上海法治报》2017 年 8 月 23 日。

罪量刑可以起到关键作用。但现有规范对"套路贷"中被害人介入问题规定甚少，司法实践中已经出现争议，且学术界对包括被害人自陷风险、被害人"反套路"的处理存在不同意见。因此，对"套路贷"中被害人介入问题的刑法规制问题进行研究具有重要意义。

一、"套路贷"被害人介入的双向互动模式

对"套路贷"被害人介入刑法规制中的"被害人"应当作出限制解释，其不同于刑事诉讼法学研究的诉讼参与人，不同于犯罪学研究的被害原因及预防，也不同于社会学所研究的被害补偿及管理，而应当在刑法学视野下对"被害人"进行解释。有学者将其解释为"由于犯罪行为直接侵害具体权利并由此而直接承受物质损失和精神损害的人和单位"[1]，也有学者认为是"因行为违反刑法规范义务并致使法规范所保护的法益遭受明确侵害从而直接担受重大损失的人"[2]。笔者认同以上观点，但认为可以增加"足以影响行为人定罪量刑的人"，以增强刑法视域下"被害人"这一概念的司法可适用性。"套路贷"被害人介入的双向模式在此基础上展开。

（一）被动型"套路贷"被害人介入

被动型"套路贷"被害人介入是"套路贷"中的常见模式，又可以被称作后果型"套路贷"被害人介入或影响量刑的"套路贷"被害人介入。具体又可以分为两类：一是在原生"套路贷"犯罪中对被害人直接造成的损失及影响；二是由此引发的次生"套路贷"危害。具体如下：

1. 原生"套路贷"危害

"套路贷"具有严重的社会危害，其犹如"毒品"一般，一旦触碰便很难摆脱。被害人的财产在一次次"合法"操作之下不断被侵蚀，直至被害人毫无压榨可能时行为人方才罢手，笔者试从已有的判例与新闻报道中试举几例。目前可以检索到的"套路贷"首例判决显示：17 周岁的未成年人杭某本想借款 3000 元却被诱骗借了 4 万元，还签下 16 万元借条。几个月后，16 万元的借条竟"利滚利"达到 90 万元，行为人瞿某、唐某又诱骗杭某从家中偷出房产证并过户给他人以偿还"欠款"。"套路贷"行为人共骗取超过 150 万

---

〔1〕 高铭暄、张杰："刑法学视野中被害人问题探讨"，载《中国刑事法杂志》2006 年第 1 期。

〔2〕 王海桥、吴邳光："刑法中的被害人基本理论界定"，载《广西社会科学》2011 年第 3 期。

元，被害人家属因此被摧残至精神异常。[1]再如新闻报道中的鲜活案例，袁某借款几千元仅想将信用卡的漏洞补齐，但遭遇"套路贷"。袁某共经历了十余次平账，"债务"从 5000 元累加至了 2000 多万元，而袁某在这过程中实际取得的"借款"仅有十余万。在实施"套路贷"的过程中，行为人先后三次强行把袁某带至外地去做虚假的房屋买卖委托代理公证，以便出售其名下的房屋。"套路贷"行为人通过以暴力相威胁、私自开锁等手段，得到了袁某的户口本与房产证。最终，袁某一家失去了对房产的控制，被迫搬出。类似的案例不剩枚举，经过惨痛的代价，"套路贷"终于被越来越多的人群知晓。[2]

2. 次生"套路贷"危害

将"套路贷"比作"毒品"并不为过，因为在"套路贷"自身具有严重危害的同时，还会引发很多次生犯罪，现实案例中不乏这样的例子。如在一起抵押担保肯定型"套路贷"（质押车）案件[3]中，被害人陷入"套路贷"犯罪，在被迫"违约"后突然发现自己的车辆"被盗"。为了取回被行为人以"合法"理由扣押的自有车辆，被害人强行夺车，但在取走车辆的过程中剐蹭到多辆汽车，最终被法院以故意毁坏财物罪判处有期徒刑。还有被害人在陷入"套路贷"后处理不当，怀恨在心，召集人员进行打架斗殴的[4]，甚至有故意杀人的判例[5]。

（二）主动型"套路贷"被害人介入

主动型"套路贷"被害人介入在"套路贷"中并非少见，但一直都未正式进入公众视野。其又可以被称作原因型"套路贷"被害人介入或影响定罪的"套路贷"被害人介入。具体又可以分为两类：一是"套路贷"中被害人自陷风险行为；二是"套路贷"被害人"反套路"行为。具体如下：

1. "套路贷"中被害人自陷风险行为

与德国学说相似[6]，我国理论界通常认为，诈骗罪（既遂）的基本构造

---

〔1〕 参见［2017］沪 0113 刑初 1232 号判例。

〔2〕 智英："起底'套路贷'人为刀俎我为鱼肉"，载《检察风云》2018 年第 2 期。

〔3〕 参见［2018］赣 1002 刑初 357 号判例。

〔4〕 参见［2018］赣 1121 刑初 26 号判例。

〔5〕 参见［2018］苏 04 刑初 15 号判例。

〔6〕 NurKrey, Strafrecht, Besonderer-Teil-Bd. Aufl. , 1995, Rdnr. p. 336. 需要指出的是，日本刑法并未如德国刑法那样对财产损失提出要求，故学界认为诈骗罪的构造为欺骗行为→错误→处分行为→诈取。参见［日］西田典之：《日本刑法各论》（第 6 版），王昭武、刘明祥译，法律出版社 2013 年版，第 196 页。

是：第一，行为人使用诈术；第二，被害人陷入错误；第三，被害人基于错误处分财产；第四，行为人或第三人取得财产；第五，被害人遭受财产损害。[1]根据这一构造，从被害人角度分析，被害人需要"配合"行为人陷入错误认识，并在错误认识的基础上对财物进行处分，才能"帮助"行为人完成全部诈骗的既遂过程。当被害人确实完全陷入错误认识并完成上述构造时，行为人当然成立诈骗罪既遂。但在司法实践中，"陷入错误认识"程度除了"确实陷入错误认识"与"没有陷入错误认识"之外，还存在一种特殊认识形态，我们可以将它理解为一种对诈术"有所怀疑"的心态。如在"套路贷"案件中，存在为数不少的被害人在"贷款"之前已经对"套路贷"中所宣传的"零抵押""当天放贷""无需社保证明""无手续费"等内容存在疑虑甚至重大怀疑，因为这些内容与银行等正规贷款服务业流程相差过大。但被害人仍然基于如"需要款项紧急""个人征信不达标"等某些原因，与行为人签订"虚假合同"，陷入"套路贷"危险之中。也就是说，被害人虽对"风险"有一定认知，但在自身主观衡量优劣之后，仍主动选择"自陷风险"并与行为人进行互动，最终造成了损失。[2]这涉及被害人自陷风险[3]这一概念，其又被称为被害人自担风险、危险接受，或自冒风险。具体是指被害人意识到风险时仍积极走进风险；或被害人仅仅意识到风险，在和行为人的共同作用下产生了法益侵害的结果。[4]

2. "套路贷"被害人"反套路"行为

由于"套路贷"的"套路"特性，在"套路贷"系列犯罪中还存在着一种特殊的被害人介入问题——被害人的"反套路"行为。"反套路"是一种通俗化的表达方式，其本质上是一种"套路贷"中名义上的"被害人"，在没有陷入错误认识的情况下，基于自愿的主观心理状态而"交付财物"。此处

---

[1] 张明楷：《刑法学》（第5版），法律出版社2016年版，第1000页。

[2] 王骏："论被害人的自陷风险——以诈骗罪为中心"，载《中国法学》2014年第5期。

[3] 绝大多数学者将其称为"被害人自陷风险"。参见江溯："过失犯中被害人自陷风险的体系性位置——以德国刑法判例为线索的考察"，载《北大法律评论》2013年第1期；车浩："过失犯中的被害人同意与被害人自陷风险"，载《政治与法律》2014年第5期；王骏："论被害人的自陷风险——以诈骗罪为中心"，载《中国法学》2014年第5期。但也有学者认为应该说风险是做或不做某件事情所产生的反面危险，例如，地震袭来是一种"危险"，但明知可能发生地震却仍然在原地居住，就是一种"风险"的承担。因此"被害人自陷危险"这一概念更为妥当。参见刘达妮、吴晓敏："被害人自陷危险的责任归属"，载《人民检察》2017年第12期。

[4] 江溯："过失犯中被害人自陷风险的体系性位置——以德国刑法判例为线索的考察"，载《北大法律评论》2013年第1期。

的"交付财物"是一种预期性的财产损失，而以此为对价获得的是现实性的"套路贷"行为人所发放的贷款"诱饵"。

二、"套路贷"被害人介入的规制现状检视

（一）"套路贷"被害人介入的立法规制缺失

"套路贷"型犯罪早在几年前就已初见苗头，但直到 2017 年才受到公安司法机关的重视。目前，"套路贷"主要受到国家层面的调整，地方各级文件也有涉及，但"套路贷"被害人介入的问题却并未引起重视。

1. 国家层面小试牛刀

近期全国出台了诸多政策司法文件对"套路贷"进行限制。根据相关文件精神[1]，全国开展了扫黑除恶专项斗争，涉黑涉恶类型的"套路贷"也被列入"黑恶势力犯罪"范畴。2018 年 1 月 16 日，最高人民法院、最高人民检察院、公安部、司法部制定的《关于办理黑恶势力犯罪案件若干问题的指导意见》（以下简称《黑恶势力意见》）第 20 条[2]专门对"套路贷"进行了规定。2019 年 4 月 9 日，《关于办理"套路贷"刑事案件若干问题的意见》（以下简称《套路贷意见》）[3]正式生效，这是目前国家层面对于套路贷规制得最全面的文件。《套路贷意见》吸收了多方意见，形成了针对"套路贷"问题的较为全面的规制体系，对前期争议较大的诸多问题做出了回应，为后期"套路贷"的解决提供了详实的参考。《黑恶势力意见》对"套路贷"与民间借贷的区别、"套路贷"共犯问题等做出了规定，并在第 8 条[4]对被动型"套路贷"被害人

---

〔1〕 参见中共中央、国务院于 2018 年 1 月发布的《关于开展扫黑除恶专项斗争的通知》。

〔2〕 《黑恶势力意见》第 20 条规定："对于以非法占有为目的，假借民间借贷之名，通过'虚增债务''签订虚假借款协议''制造资金走账流水''肆意认定违约''转单平账''虚假诉讼'等手段非法占有他人财产，或者使用暴力、威胁手段强立债权、强行索债的，应当根据案件具体事实，以诈骗、强迫交易、敲诈勒索、抢劫、虚假诉讼等罪名侦查、起诉、审判。对于非法占有的被害人实际所得借款以外的虚高'债务'和以'保证金''中介费''服务费'等各种名目扣除或收取的额外费用，均应计入违法所得。对于名义上为被害人所得、但在案证据能够证明实际上却为犯罪嫌疑人、被告人实施后续犯罪所使用的'借款'，应予以没收。"

〔3〕 参见《最高人民法院、最高人民检察院、公安部、司法部关于办理"套路贷"刑事案件若干问题的意见》（法发〔2019〕11 号）。

〔4〕 《套路贷意见》第 8 条规定："以老年人、未成年人、在校学生、丧失劳动能力的人为对象实施'套路贷'，或者因实施'套路贷'造成被害人或其特定关系人自杀、死亡、精神失常、为偿还'债务'而实施犯罪活动的，除刑法、司法解释另有规定的外，应当酌情从重处罚。"

介入问题进行了明确，但仍然未解决其他主动型"被害人介入"问题。

除此之外，因"套路贷"的套路复杂、手段多样、方法层出不穷，但为了形成外观"合法"的"套路"，行为方式总会有相通之处，如先公证"证据"再提起虚假诉讼就是一种常规"套路贷"模式。对此，部分国家司法行政机关或专业协会对"套路贷"犯罪中所利用的现有规范"漏洞"予以规制。[1]同样，为了规范民间借贷市场，维护金融秩序稳定，预防不可控的金融风险，国家出台了相关办法[2]，明确了发放贷款的主体资格，列举了在民间借贷活动中所禁止的负面清单，清理了"套路贷"所依托的混乱民间借贷市场，明确了民事审判程序可向刑事程序的流转，对于打击"套路贷"类犯罪具有重要意义，但均未专门规定"被害人介入"问题。

2. 地方层面暂未涉及

"套路贷"犯罪泛滥，各地先后对此类案件制定了细则规范。上海市由于经济发展较快、流动人口较多且房产的价值较高，是传统类型"套路贷"犯罪出现最早的地区之一，深受"套路贷"类犯罪毒害。为了规制"套路贷"类犯罪，保障经济秩序稳定，2017年10月15日出台的《关于本市办理"套路贷"刑事案件的工作意见》对"套路贷"犯罪进行了首次定性。[3]后浙江省也出台了《浙江省意见》[4]，其基本参考了《上海市意见》的相关内容。不管是"套路贷"定性，到其定罪和量刑，两份意见几乎一致，但实际执行效

---

〔1〕 如2017年8月14日，司法部以部门工作文件形式下发《关于公证执业"五不准"的通知》（司发通〔2017〕83号）；两高于2018年9月26日发布了《关于办理虚假诉讼刑事案件适用法律若干问题的解释》（法释〔2018〕17号）。

〔2〕 2018年4月16日，银行保险监督管理委员会、公安部、国家市场监督管理总局、中国人民银行联合印发了《关于规范民间借贷行为维护经济金融秩序有关事项的通知》（银保监发〔2018〕10号）。

〔3〕 参见2017年10月25日，在上海市高级人民法院、上海市人民检察院、上海市公安局联合印发《关于本市办理"套路贷"刑事案件的工作意见》（沪公通〔2017〕71号，以下简称《上海市意见》）。《上海市意见》规定："犯罪嫌疑人、被告人以'违约金''保证金''行业规矩'等各种名义骗取被害人签订虚高借款合同、阴阳借款合同或者房产抵押合同等明显不利于被害人的各类合同，制造银行流水痕迹，制造各种借口单方面认定被害人'违约'并要求'偿还'虚高借款，在被害人无力'偿还'的情况下，进而通过讨债或者利用其制造的明显不利于被害人的证据向法院提起民事诉讼等各种手段向被害人或其近亲属施压，以实现侵占被害人或其近亲属合法财产的目的。……"

〔4〕 2018年3月18日，浙江省高级人民法院、浙江省人民检察院、浙江省公安厅制定了《关于办理"套路贷"刑事案件的指导意见》（浙公通字〔2018〕25号，以下简称《浙江省意见》）。

果却迥异。重庆市高级人民法院以会议纪要[1]的形式对"套路贷"的犯罪本质、犯罪表现形式进行了更为全面、细致的规定[2]，对准确识别"套路贷"有较大帮助。后安徽省也出台了相关规定[3]，各地、市公安司法系统也出台了相关规定以规制"套路贷"的严重危害[4]，内容与《浙江省意见》基本一致。但是以上的地方法规、纪要、规定均未对"被害人介入"问题作出规制。

（二）"套路贷"被害人介入的司法困境明显

1. "套路贷"被害人介入的司法实证研究

为了能够准确判断"套路贷"犯罪的被害人介入问题，明晰目前刑事司法中存在的相关争议，笔者对中国裁判文书网中已经公布的相关案例进行了整理[5]，从判决时间、地区、案件类别、涉嫌罪名、行为方式、严重危害、所判处刑罚等方面对所有案例进行了整合分析。目前，共计收集到11份相关判例，笔者从判决时间、地区、被告、涉嫌罪名等方面进行汇总整理。

"套路贷"被害人涉及判例统计一览表

	判决时间	案号	地区	审级	被告人	涉嫌罪名
1	2017-06-06	［2017］浙0681刑初1351号	浙江省	一审	王某	诈骗罪（辩称被"套路贷"后为了继续支付资金）

---

[1] 2018年5月重庆市高级人民法院下发了《关于参加打击"套路贷"犯罪专项行动的通知》；2018年7月4日，重庆市高级人民法院发布《关于办理"套路贷"犯罪案件法律适用问题的会议纪要》（渝高法［2018］136号，以下简称《重庆纪要》）。

[2] 《重庆市纪要》将"套路贷"犯罪的表现形式归纳为：①制造民间借贷假象；②制造资金走账流水；③单方造成违约；④恶意垒高借款金额；⑤软硬兼施，恶意讨债。

[3] 参见安徽省高级人民法院、安徽省人民检察院、安徽省公安厅《关于办理"套路贷"刑事案件的指导意见》（皖高法［2018］125号）。

[4] 如昆明市中级人民法院于2018年初出台的《关于办理本市"套路贷"刑事案件的相关意见》；杭州市中级人民法院、杭州市人民检察院、杭州市公安局于2018年3月30日下发《关于办理"套路贷"刑事案件若干问题的工作实施意见》（杭公法［2018］17号）。

[5] 截至2019年1月1日，笔者于中国裁判文书网以"刑事案由""套路贷"为关键词，共检索到33份判决书/裁定书，除去无关判例和实质重复的二审裁定，一共筛选出30份与"套路贷"刑事案件确实相关的司法案例以供分析。通过对目前可以检索到的所有"套路贷"所涉案例进行分析整理后发现，"套路贷"所涉案例主要分为两部分，一是"套路贷"行为人所涉嫌的犯罪（19份）；二是"套路贷"被害人针对"套路贷"行为人犯罪的不当反馈所造成的新犯罪（11份）。其中筛选出不符合统计条件的判例为［2018］沪02刑终558号；［2017］沪0115刑初4336号；［2018］浙06刑终442号。

	判决时间	案号	地区	审级	被告人	涉嫌罪名
2	2018-02-26	［2018］沪 01 刑终 54 号	上海市	二审	乔某	诈骗罪（辩称是为了归还"套路贷"欠款）
3	2018-06-07	［2018］赣 1121 刑初 26 号	江西省	一审	顾某	聚众斗殴罪（"套路贷"团伙私自盗走顾某汽车并敲诈勒索，顾某未冷静处理）
4	2018-06-25	［2018］苏 0602 刑初 308 号	江苏省	一审	邵某	诈骗罪（辩称被"套路贷"后为继续支付资金）
5	2018-07-25	［2018］苏 04 刑初 15 号	浙江省	一审	金某	故意杀人罪（被"套路贷"行为人催收殴打后怀恨在心伺机报复）
6	2018-07-30	［2018］浙 0702 刑初 547 号	浙江省	一审	赵某	诈骗罪（辩称被"套路贷"后为了继续支付资金）
7	2018-08-10	［2018］赣 1002 刑初 357 号	江西省	一审	熊某	故意毁坏财物罪（为了取回被"套路贷"行为人扣押的车辆，先报警但不予受理，后在自行取走车辆的过程中剐蹭多辆汽车）
8	2018-08-23	［2018］晋 01 刑终 713 号	山西省	二审	张某	诈骗罪（辩称是为了归还"套路贷"欠款）
9	2018-09-12	［2018］晋 0502 刑初 324 号	山西省	一审	原某等二人	合同诈骗罪（辩称遭受"套路贷"放贷人胁迫，为了归还相关欠款）
10	2018-09-26	［2018］京 0117 刑初 191 号	北京市	一审	闫某	诈骗罪、伪造国家机关证件罪（辩称遭遇"套路贷"后为了归还欠款）
11	2018-11-08	［2018］皖 1523 刑初 216 号	安徽省	一审	赵某	盗窃罪（辩称遭遇"套路贷"为了归还欠款才实施犯罪）

2. "套路贷"被害人介入的司法现状小结

目前，"套路贷"呈现出社会危害较大且被害人易转化的特点，涉及被动型"套路贷"被害人介入。"套路贷"被害人是"套路贷"犯罪的相对方，原本处于弱势地位。但在实务户，由于"套路贷"的识别较难，规制仍存在障碍，此类群体可能在被"套路贷"侵害后无有效的救济渠道，从而引发新的犯罪。通过案例分析我们可以发现，目前"套路贷"犯罪的社会危害较大且被害人易转化。"套路贷"犯罪社会危害较大，在已有判例中大量出现严重暴力犯罪，在索要所谓的"债务"时使用拘禁、电击、威胁亲属等严重的暴力手段[1]，严重危害了社会稳定和金融市场秩序。在"套路贷"犯罪中，"被害人"容易出现从被害者到其他犯罪加害者的转化。在能够检索到的有效案例中，有超过1/3都是涉及"套路贷"被害人的判例。涉及较多的罪名主要分为两部分：第一部分是贪利类犯罪，如诈骗罪、合同诈骗罪、盗窃罪等，虽然其中大多数判例是被告人"辩称其犯罪是为了偿还自己被'套路贷'后所欠下的钱"，但这也同样值得关注；第二部分主要涉及暴力犯罪，如聚众斗殴罪、故意毁坏财物罪、故意杀人罪等。此类犯罪大多是"套路贷"被害人在被"套路贷"后没有得到妥善处理，导致原"被害人"怀恨在心，伺机报复"套路贷"行为人，最终酿成惨案，原"被害人"变成了新犯罪的"加害人"。

3. "套路贷"被害人介入的现实困境归纳

被害人学中的被害指个体在受到外力侵害、虐待、折磨等而导致的利益遭受损害的一种状态。[2]被害人问题研究本应当是犯罪学研究的一项重要领域，但由于"套路贷"犯罪模式特殊，需要被害人与行为人高频率的互动才能完成犯罪，因此，被害人介入情境影响着最终的定罪量刑。前文所述判例中，有超过1/3的案件是"套路贷"被害人所实行的新犯罪，这可能是由"套路贷"预防宣传力度不足、"套路贷"案发后公安司法机关反馈不及时、"套路贷"被害人自身特性等原因所造成，对上述问题仍需借助犯罪学、社会学等理论进行分析。但是，还有一部分"套路贷"被害人介入问题对"套路贷"刑法规制产生了影响。由于"套路贷"具有特殊性，笔者在调研中还发现了另外一类被害人转化问题，如"套路贷"被害人"反套路"的行为，即当"套路贷"行为人打算用"套路"诈术欺骗潜在被害人时，"被害人"也同时利用虚假证明文件或非自己所有的他人财物做抵押，以骗取行为人的

---

〔1〕 参见［2017］沪02刑终1182号；［2018］浙0191刑初61号等案例。

〔2〕 赵可、周纪兰、董新臣：《一个被轻视的社会群体——犯罪被害人》，群众出版社2002年版，第36页。

"贷款"。这一问题虽然在判例中还未出现结果，但在公安司法实务中已经出现了此类问题，需要予以重视。再如，"套路贷"被害人在将信将疑这一心理状态下参与"套路贷"案件，行为人的犯罪形态究竟如何？这些"套路贷"的被害人介入问题均需理清，才能对"套路贷"进行有效的刑法规制。

三、"套路贷"被害人介入的刑法规制路径

"套路贷"犯罪中被害人的介入在实体法上具有一定的意义和价值[1]，对于被动型"套路贷"被害人介入，不管是原生危害还是次生危害，尚可在现有规范中找寻解决方案，影响的更多是量刑的精准性与规范化。而对于主动型"套路贷"被害人介入，现有规范暂无明确规定，理论与实务界都存在争议。有学者认为，这类没有"骗"到被害人的"套路贷"犯罪，不应以诈骗罪论处，而应以非法经营罪予以规制[2]；也有学者认为，对于此类客观欺诈行为不明显的"套路贷"难以得出构罪的结论[3]。笔者认为，在没有新的立法的情况下，该问题应当在现有"诈骗罪"[4]的框架下解决，而非另辟蹊径。

（一）"套路贷"中被害人自陷风险行为

目前，学界将被害人自陷风险主要被划分为三种类型进行探讨分析[5]，包括："被害人自发的危险化"，即被害人虽然认识到某种危险的事物、动作或环境，仍自愿置身于该险境之中，由此导致该危险的现实化[6]；"被害人自己参与危险"，即行为人参与了被害人自发的自己危险化的行为，具体而言，被害人意识到某一行为的危险性之后仍然决意实施，由此导致该危险行为在结果构成要件中现实化[7]；"基于合意的他者危险化"，即认识到他人

---

[1] 劳东燕："被害人视角与刑法理论的重构"，载《政法论坛》2006年第5期。

[2] 金懿：" '套路贷' 犯罪案件的刑法定性"，载《犯罪研究》2019年第2期。

[3] 南俏俏：" '套路贷' 诈骗犯罪常见问题初探"，载《中国检察官》2019年第8期。

[4] 参见《套路贷意见》第4条规定："实施 '套路贷' 过程中，未采用明显的暴力或者威胁手段，其行为特征从整体上表现为以非法占有为目的，通过虚构事实、隐瞒真相骗取被害人财物的，一般以诈骗罪定罪处罚……"

[5] 张明楷："刑法学中危险接受的法理"，载《法学研究》2012年第5期。

[6] 例如，被害人独自攀登珠穆朗玛峰，不慎掉入冰窟中，身受重伤。

[7] 例如，"坂东三津五郎河豚中毒案"：被告人向作为客人的被害人坂东三津五郎提供了包含肝脏的河豚，被告人知道河豚的肝脏含有大量毒素，却仍然向被害人提供，且被害人对于食用河豚可能中毒也有清楚的认识，最终被害人因河豚中毒而死，但在之前被告人也向别的客人提供过含有肝脏的河豚，却未发生中毒的事件。

（行为人）实施危险行为会对自己的法益造成威胁，法益主体（被害人）却允许该行为的实行，据此而发生法益侵害结果。"套路贷"中所讨论的"被害人自陷风险"为第三种，即被害人意识到了行为人所实施的行为存在风险，但仍然选择参与并造成一定的损害结果的案件，行为人是危险的主要控制者。

"套路贷"中的被害人自陷风险与被害人承诺或被害人自损行为等违法阻却事由存在本质区别。第一，法益主体对他人侵害自己能够支配的利益表示允诺或者同意。[1]被害人承诺的刑法后果因其有效性的范围不同而异，全部有效时成立的被害人承诺，对行为人而言是正当化事由，当然阻却犯罪。[2]有学者将与"套路贷"被害人自陷危险具有相似性的"酒托"诈骗行为中的被害人主观心态归结为"财产犯罪中被害人承诺效力的扩大化"并不妥当。[3]被害人承诺自陷的是几乎确定会实现的风险，而被害人自陷风险中的风险状态却不一定实现。[4]自陷风险只是接受了危险，而被害人承诺接受了危险的结果，前者并未放弃自身的法益，而后者反之。[5]在"套路贷"中，被害人显然没有认可财物被侵占的实害结果，在此情况下，不能当然地以"被害人承诺"为正当化事由，进而确认"套路贷"犯罪被阻却。第二，行为人自己侵害自己法益的行为是自损行为或自伤行为。但因法益的主体自己损害其自身法益时缺少了刑法应当保护的对象，故原则上其不具有违法性。[6]自损行为的法律关系是单向的，在不损害其他法益的前提下，法益主体处分自身法益属于个人范畴，其并非刑法意义上的被害人，其自身对于损害的后果是持积极态度的，虽然在道德领域并不提倡，但刑法应当对此予以容忍。[7]自损行为在由具备辨认和控制能力的行为主体出于单纯放弃或损毁自己利益的目的而实施，且并未造成他人利益受损害时，可以作为犯罪阻却事由。[8]而

〔1〕 黎宏："被害人承诺问题研究"，载《法学研究》2007年第1期。

〔2〕 徐岱、凌萍萍："被害人承诺之刑法评价"，载《吉林大学社会科学学报》2004年第6期。

〔3〕 俞小海："财产犯罪中被害人承诺效力的扩大化与财产损失的实质化——以'酒托'诈骗案为例"，载《政治与法律》2014年第7期。

〔4〕 黄荣坚：《基础刑法学》（上）（第3版），中国人民大学出版社2009年版，第206页。

〔5〕 张明楷："刑法学中危险接受的法理"，载《法学研究》2012年第5期。

〔6〕 ［日］大塚仁：《刑法概说（总论）》（第3版），冯军译，中国人民大学出版社2003年版，第63页。

〔7〕 王海桥、吴郧光："刑法中的被害人基本理论界定"，载《广西社会科学》2011年第3期。

〔8〕 吴献平："论自损行为"，吉林大学2010年硕士学位论文，第16页。

"套路贷"中被害人自陷风险存在于被害人和行为人的双向关系之中，被害人自身完全反对损害结果，是行为人存在并且行为具有特定意义时所考虑的损害结果担受，二者存在本质差异。

对于"套路贷"中涉及的被害人自陷风险这一问题该如何处理，传统的大陆法系代表国家也有所争议。在德国，阿梅隆于 1977 年首次提出"被害人怀疑"与诈骗罪的"错误要素"的关系。在诈骗罪中，被害人运用"风险"进行投机时即丧失了刑法保护的必要性，因为刑法是国家法益保护的最后手段，被害人在可以使用其他方式保护其法益时却肆意放弃，就不满足诈骗罪中"陷入错误认识"的构成要件。[1]之后，这一学说发展为了"被害人信条说"。但德国的传统理论认为，被害人对行为人的诈术存在怀疑时，一般不影响陷入错误认识的判断[2]，只是对受骗者的确信必须达到何种程度存在争议。[3]在日本，这一问题来源于"泥地赛车案"[4]与"坂东三津五郎河豚中毒案"。日本的"相当因果关系说"占据主流地位，在认定刑法中的因果关系的过程中，除了明确条件关系外，还要以社会民众的一般经验为依据找寻真正原因。[5]此时，被害人自陷风险行为即使形式违法，也不具有实际的违法性，因此并不受到刑法的规制。[6]

目前，为了合理解释被害人自陷风险带来的相关争议，逐渐形成了"被

〔1〕 Amelung, Irrtum-und-Zweifel-des-Getüuschten-beim-Betrug, GA1977, p. 1.

〔2〕 张明楷：《外国刑法纲要》（第 2 版），清华大学出版社 2007 年版，第 581 页。

〔3〕 拉克纳指出：刑法规定诈骗罪所保护的是财产法益，如果受骗者认为行为人所声称的事项是"可能的"（möglich），即使存在怀疑，但仍然在此基础上交付财物的，就不影响陷入错误认识的认定。克里则认为，如果受骗者认为行为人所声称的事实是"很有可能的"（wahrscheinlich）并因此处分财物，便可以认定为陷入错误认识。吉林提出，受骗者认为行为人所声称的事项具有"极高度的可能性时"（überwiegende Wahrscheinlichkeit），才属于陷入错误认识。张明楷：《外国刑法纲要》（第 2 版），清华大学出版社 2007 年版，第 581 页。

〔4〕 "泥地赛车同乘者死亡案"案情：没有赛车经验的被告人在具有 7 年赛车经历的被害人的指导下，在没有铺设的泥路上练习赛车。在练习赛车的过程中，被害人用被告人从未使用过的开车技术指挥被告人练习赛车，由于减速不足，被告人无法控制方向盘，在陡坡拐弯处撞到防护栏，致使被害人当场死亡。

〔5〕 陈兴良："从归因到归责：客观归责理论研究"，载《法学研究》2006 年第 2 期。

〔6〕 赵明明："被害人自陷风险情境下的刑事归责——论自我答责原则"，吉林大学 2016 年硕士学位论文，第 4 页。

害人信条学说""自我答责理论"等几类主要学说理论。[1] 被害人信条学认为当被害人能自我保护其法益时，刑法就应当退至末位。"套路贷"中的被害人自陷风险行为运用被害人信条学可解释为，当"套路贷"行为人做出欺诈行为后，被害人根据一般社会观念应当对该风险具有判断力与自我保护力，但被害人最终选择主动放弃自身财产法益的先要保护，同时也就丧失了刑法保护的可能。[2] 被害人自我答责理论是指与行为相关的损害结果发生，如果判断这一损害是基于此人的任意判断而实施，则其就需要对相关损害负责。[3] 自我答责说在德日刑法理论中逐渐成了法哲学的基本原则。[4] 有较多学者认为，被害人自我答责是一种限定不法的原则，只要所发生的损害后果体现被害人的任意思想，则被害人就需要对所发生的损害予以答责。

以上学说的出发点均为在被害人自陷风险之时如何减免行为人之责任，强调了被害人的自我保护。受域外学说的影响，有学者已提出"被害人对诈骗行为内容存在具体怀疑时否认陷入错误认识这一构成"[5]，但以上理论与"套路贷"问题的刑法规制存在矛盾。

首先，"套路贷"这一精心设计的圈套所处的环境是商业交往领域，包装为"金融业务层面"，行为方充分掌握资源，拥有法律、商业知识，具备一整套业务人员，而被害方往往知识、能力严重不对等，此时虽然被害人对错误认识有所怀疑，但在绝大多数情况下难以达到"高度怀疑"，以上理论忽视了行为人创设的不被法所容许的风险。"套路贷"主要涉及的诈骗罪所造成的法益侵害需要行为人与被害人之间的频繁互动，即使被害人需要对损害结果负责，也并非意味着行为人就可免责，而是两者都应予以否定。首先需要对行为人创设的不被法所允许的风险予以非难，即使被害人进入此风险伴随有意识，那也只是跟随了行为人，不能因此否定行为人之责任。[6]

---

〔1〕 除文中所列学说外，还有包括但不限于事实支配说、准统一说、社会相当性说、与正犯相关联的支配论等，碍于篇幅不在此一一展开。

〔2〕 张怡真："诈骗罪中被害人自陷风险问题研究"，兰州大学 2017 年硕士学位论文，第 13 页。

〔3〕 冯军："刑法中的自我答责"，载《中国法学》2006 年第 3 期。

〔4〕 许玉秀主编：《刑事法之基础与界限——洪福增教授纪念专辑》，学林文化事业有限公司2003 年版，第 175 页。

〔5〕 缑泽昆："诈骗罪中被害人的怀疑与错误——基于被害人解释学的研究"，载《清华法学》2009 年第 5 期。

〔6〕 张怡真："诈骗罪中被害人自陷风险问题研究"，兰州大学 2017 年硕士学位论文，第 18 页。

其次，由于被害人（或潜在被害人）人生阅历所带来的认识骗术的能力不同，面对"套路贷"中的相同"套路"有的被害人陷入错误认识深信不疑，有的人未陷入错误认识，并以此区分了诈骗罪中的未遂与既遂。若在诈骗中，出现被害人因精明但不丰富的阅历陷入错误认识但却有所怀疑而交付财物后，与完全陷入错误认识而交付财物损失相同，但给予截然不同的评价显失公平。若以被害人阅历及精明程度来判断"套路贷"的诈骗行为是否既遂将有违公正。

再次，若以上述理论解释"套路贷"中的被害人自陷风险，将会带来"程度"之争，究竟以何种程度来评价陷入错误认识的"怀疑"存在争议。是只要"心有疑虑"还是"确实怀疑"或是"重大怀疑"暂且不论，如何证明此类怀疑还需要高超的侦查讯问手段与检察审判技巧。这些理论没有一个稳定的标准，实际操作性差，更易对打击"套路贷"犯罪，保障被害人权利造成负面影响。

最后，"套路贷"是我国目前"互联网+"时代的互联网金融创新的异化产物，行为人借助了"普惠金融"的外衣进行犯罪。虽然近期互联网金融出现了较大争议，其出发点始终是向上的。在当前的经济背景下，被害人虽知可能存在风险，但持有的可能是一种投机心理，从反面激发了市场活力。若刑法鼓励被害人认识到风险就回避，则会限制被害人的交易自由，降低制裁行为人效果，影响社会经济创新发展的大环境。

在被害人利用行为人的风险行为实现其意志的情形下，只有在危险接受人与危险创造人对危险的认识相同时才能免除行为人责任。[1]但在通常情况下，在"套路贷"犯罪中，即使被害人"自陷风险"，行为人仍然处于"优势认知"状态。被害人在行为之前仅仅接受了某种程度的"风险"，但实际上行为人对风险建立了优越的支配性，对被害人不能以"自愿"陷入风险处理。[2]在"套路贷"中，行为人明知被害人没有完全的风险意识还加以利用。行为人主观上仅仅是为了非法占有被害人财物，而非帮其"冒险获利"，被害人此时的自陷风险行为不可能利于自己，故在以"自由实现"作为结果归责的根据时，诈骗罪中行为人在被害人自陷风险时也需要对损害结果

---

〔1〕 ［德］罗克辛：《德国刑法学总论》（第1卷），王世洲译，法律出版社2005年版，第269页。
〔2〕 王焕婷、卢勤忠："试析合意型被害人自陷风险的刑法归责"，载《刑法论丛》2017年第3期。

负责。[1]

(二) "套路贷"被害人"反套路"行为

"套路贷"的特殊性在于,在"套路贷"中形成"套路"是需要成本的。不管"套路贷"的法律性质如何,它在行为过程中都是一项异化后的"贷"。"贷款"是"银行或其他机构借钱给需要用钱的个人或单位"[2],能出借钱款就需要有资金基础。尤其是对于财产担保肯定型"套路贷"与财产担保否定型"套路贷"来说,行为人需要使用自有资金池或集资资金池中的钱款作为"套路"诱饵,诱使被害人层层走入"套路"陷阱,最终达到行为人非法占有被害人财物的目的。无论是何种"套路贷"类型,作为一种诈术的"套路"也并非坚不可破,一旦诈骗的"套路"被打断,诈术中的某些环节被识破,便难以再使被害人陷入错误认识进而处分财物。

从实践来看,"套路贷"案件的被害人大多存在着短期资金周转困难、个人信用不满足正规贷款融资要求等特点,部分被害人在案发前已经有多次向小额贷款公司或"套路贷"公司贷款的经历,甚至一些被害人本身即是法律"灰色人群"。[3]这类被害人本身可能难以再行借贷,其房产或车产可能已被抵押多次,甚至用来抵押的财产本身就不是自己所有的。此时,被害人为了得到贷款,利用"套路贷"中贷款审查不严、放贷时间较快等"制度"漏洞,在明知行为人意为诈骗之时仍然与行为人签订"套路贷"合同,以接受"套路贷"中作为"诱饵"的贷款,实现自身短期利益。

在现实案件中大量存在"套路贷"被害人未按照行为人的预期来发展的情况,可以肯定,此时被害人完全没有陷入错误认识,行为人不成立诈骗罪既遂,[4]但"套路贷"行为人并非就可脱罪。"套路贷"中的"套路"是循环往复的,除了第一步涉及诈骗罪外,后续还可能涉及敲诈勒索罪、虚假诉讼罪等多重罪名,在基本犯罪诈骗罪未遂的情况下,仍需与之后所涉嫌的犯罪进行数罪并罚。但需要注意的是,此类"被害人"在接受询问时往往做贼心虚,刻意隐瞒事实真相,夸大自身损失、歪曲或隐瞒自身过错,误导侦查

---

[1] 王骏:"论被害人的自陷风险——以诈骗罪为中心",载《中国法学》2014年第5期。

[2] 中国社会科学院语言研究所词典编辑室编:《现代汉语词典》(第7版),商务印书馆2016年版,第248页。

[3] 梁嘉龙:"'套路贷'案件侦查对策研究",载《北京警察学院学报》2018年第5期。

[4] 王骏:"论被害人的自陷风险——以诈骗罪为中心",载《中国法学》2014年第5期。

视线。侦查机关可以运用询问技巧，结合"被害人"实际财务状况判断"反套路被害人"是否有"履约能力"或是"履约能力的期待可能"，综合多种信息仔细甄别此类"反套路"行为，将其排除在犯罪人涉嫌诈骗罪既遂数额之外。

在被害人"反套路"行为之中还存在着另一吊诡情形，当"套路贷"行为人打算用"套路"诈术欺骗潜在被害人时，"被害人"也同时利用虚假证明文件或非自己所有的他人财物做抵押，以骗取行为人的"贷款"。此时的"套路反套路"类似于诈骗罪中行为人与被害人之间的"黑吃黑"行为。"黑吃黑"可被解释为使用不法手段处理本来就是违法的事件。[1]行为双方均存在违法情节，在"被害人"明知"套路贷"事实的情况下，对案件的处理应当主要依据"被害人"的主观心态与客观表现。首先，若"被害人"提供了真实信息或抵押凭证，但由于客观方面原因从未有"贷款"后预期还款的心态，此时行为人属于诈骗罪未遂，"被害人"属于普通民事欺诈；若"被害人"提供的虚假信息与虚假手续、凭证等进行"贷款"，由于"被害人"没有实际的财产损失，行为人不构成诈骗罪。虽然我国刑法未明文规定需要有财产损失才能成立诈骗罪既遂，但作为侵犯财产罪的诈骗罪需要财产损失具有合理性。[2]此时，对"被害人"的"反套路"行为如何评价存在争议，因为此时"被害人"所获财物是"套路贷"行为人进行违法活动的"犯罪工具"，即"套路贷被害人"实施欺骗行为使行为人陷入错误认识时，行为人是基于不法动机陷入错误认识并处分财产的。

在"反套路"之中，原"套路贷"行为人转化为受害人，原"受害人"变为行为人。德国的已有判例认为，在诈骗罪中基于不法的原因给付财物不影响罪名成立。虽然此时被害人是基于不法的原因给付财物，但是给付财物的前提是行为人先前实施的欺骗手段，应当认定成立诈骗罪。诈骗罪是基于被害人有瑕疵的意思而取得财物，至于被害人交付财产的动机，并不影响诈骗罪的成立。受欺诈方是基于不法原因给付，虽然在民法上否认交付财物者有权要求返还，但国家有权没收该种财物，能成为其占有支配人，故这类情

---

[1] 高海峰："'黑吃黑'案件的定性分析"，南昌大学 2012 年硕士学位论文，第 4 页。
[2] 张明楷："论诈骗罪中的财产损失"，载《中国法学》2005 年第 5 期。

形也存在侵害财产的情况。[1]若在刑事政策上否认其构成诈骗罪则不利于对相关犯罪的预防，同时也为诈骗行为人找寻了一条"路径"。[2]因此，在第二种情况下，当"反套路"行为人诈骗行为情节严重时，也应当以诈骗罪论处。

---

[1] 刘明祥："论诈骗罪中的交付财产行为"，载《法学评论》2001年第2期。

[2] 张明楷："论诈骗罪中的财产损失"，载《中国法学》2005年第5期。

处理"套路贷"需要的不仅是刑事治理

王志远* 张笑天**

摘 要:"套路贷"是一个内涵较为模糊的名词,在其内涵不能被明晰的情形之下认定其是一种犯罪的概括便存在矛盾,因此应将其当作一种性质中立的行为和社会现象加以理解,区分认识其可能构成犯罪的一面和不构成犯罪的一面,并在此之上对治理方式进行探究。对"套路贷"使用刑事手段治理是目前治理方式中的主流和常态,但此种治理方式可能导致犯罪圈的扩张从而挤压刑事合法行为的空间。对不构成犯罪的"套路贷",可活用民事处理途径以实现保护借贷双方的合法权益。具体而言,可强化对证据的审查程度,并敦促法官积极行使释明权,以对合同的效力进行实质判断。

关键词:套路贷;治理方式;刑民交叉

"套路"不是个新词,《咬文嚼字》杂志编辑部将"套路"一词选入了"2016 年十大流行语"。"汉语中本有'套路'一词,指编制成套的武术动作,如少林拳套路;也指成系统的技术、方式、方法等,如改革新套路。2016 年网络流行语中的'套路'翻出新意,泛指经过精心编制的、用来迷惑人的说法或做法,甚至诡计、陷阱。"[1]

"套路贷"一词的起源虽已不可考,但随着"套路"这一模因的广泛传播,其受关注度也呈现了爆发式的增长,一大批具有"设套做局""层层引诱"和"被损失惨重"特征的贷款事件被冠以"套路贷"之名在互联网上大规模传播。这些案件中悬殊的借款、还款数量也让人们认识到了这种贷款形

---

* 中国政法大学刑事司法学院教授。

** 中国政法大学刑事司法学院硕士研究生。

〔1〕 "《咬文嚼字》公布 2016 年十大流行语",载 http://www.xinhuanet.com//politics/2016-12/14/c_1120118607.htm,访问日期:2019 年 9 月 18 日。

式的潜在危险。

况且，"套路贷"并不罕见："截至目前，全国公安机关共打掉'套路贷'团伙 1664 个，共破获诈骗、敲诈勒索、虚假诉讼等案件 21 624 起，抓获犯罪嫌疑人 16 349 名，查获涉案资产 35.3 亿余元。"〔1〕可以说，"套路贷"作为一种社会现象已经影响巨大，其中暗藏着的可能搅动社会稳定的风险也值得警惕和注意。

为了妥善处理"套路贷"现象，刑事手段早已被采用。早在 2017 年，上海市高级人民法院、上海市人民检察院、上海市公安局就联合发布了《关于本市办理"套路贷"刑事案件的工作意见》〔2〕（以下简称《上海市意见》），对"套路贷"涉及犯罪的情形进行了梳理。2018 年，浙江省、安徽省也发布了内容类似的指导意见〔3〕（以下称为《浙江省意见》《安徽省意见》）。2019 年 2 月，最高人民法院、最高人民检察院、公安部、司法部联合印发了《关于办理"套路贷"刑事案件若干问题的意见》〔4〕（以下简称《套路贷意见》）。可以说，以上文件表达出了将刑事手段适用在"套路贷"现象上的坚决态度。但从上文的数据来看，涉"套路贷"刑事案件依旧数量庞大，运用刑事手段治理是否足够有效也仍待求证。因此，笔者认为有必要对"套路贷"的治理方式进行再梳理。

一、论域梳理："套路贷"是什么

在进行学术研究和问题讨论时，论域标明了讨论的边界，也指明了讨论的对象。可以说，明晰论域对于问题讨论有着提纲挈领的效果。那么，首先需要解决的问题就是，"套路贷"是什么？

对于"套路贷"是什么，可以说是众说纷纭。有论者认为："所谓'套路贷'，并不是一个新的法律上的罪名，而是一类、一系列犯罪行为的统称。其本质上是一系列以借贷为名，骗人钱财的违法犯罪活动。'套路贷'这类犯罪行为最初起源于民间高利贷，其后经过不断演变而成为这种不以获得被害人

〔1〕 "全国公安机关：打掉'套路贷'团伙 1664 个 破获各类案件 21624 起"，载人民网，http://legal.people.com.cn/n1/2019/0226/c42510-30903232.html，访问日期：2019 年 9 月 18 日。

〔2〕 沪公通〔2017〕71 号。

〔3〕 浙公通字〔2018〕25 号、皖高法〔2018〕125 号。

〔4〕 法发〔2019〕11 号。

支付的高额利息为目的，而是以获得被害人财产为目的的犯罪行为。"[1]也有论者认为"套路贷"是"通过一系列可以归并总结的犯罪手段制造民间借贷的假象，达到非法占有他人财物的目的的犯罪"[2]。还有论者在论述中使用了电视节目《今日说法》的通俗表述，认为"'套路贷'是一种新型的犯罪方式，指不法分子用贷款的名义给你上套，最终导致你倾家荡产的做法"。[3]

实务中对"套路贷"则有多种概括，最早对"套路贷"进行概括的是上海二中院《2016-2018年"套路贷"案件审判白皮书》。其中的"套路贷"意指"犯罪分子以非法占有为目的，假借民间借贷之名，虚构事实、隐瞒真相，与被害人签订'虚假、阴阳借款合同'等明显对其不利的各类合同，通过'制造资金走账流水''肆意认定违约''转单平账'等方式'强立债权''虚增债务'，进而向被害人索要'虚高借款'的行为"。[4]《上海市意见》认为"套路贷"是"以民间借贷为幌子，通过'虚增债务''制造银行流水痕迹''肆意认定违法''胁迫逼债''虚假诉讼'等各种方式非法占有公私财物的"，"犯罪嫌疑人、被告人以'违约金''保证金''行业规矩'等各种名义骗取被害人签订虚高借款合同、阴阳借款合同或者房产抵押合同等明显不利于被害人的各类合同，制造银行流水痕迹，制造各种借口单方面认定被害人'违约'并要求'偿还'虚高借款，在被害人无力'偿还'的情况下，进而通过讨债或者利用其制造的明显不利于被害人的证据向法院提起民事诉讼等各种手段向被害人或其近亲属施压，以实现侵占被害人或其近亲属合法财产的目的"的犯罪行为。《浙江省意见》与《安徽省意见》也有着和《上海市意见》类似的表述。《套路贷意见》则将"套路贷"概括为："以非法占有为目的，假借民间借贷之名，诱使或迫使被害人签订'借贷'或变相'借贷''抵押''担保'等相关协议，通过虚增借贷金额、恶意制造违约、肆意认定违约、毁匿还款证据等方式形成虚假债权债务，并借助诉讼、仲裁、公

---

〔1〕 孙丽娟、孟庆华："'套路贷'相关罪名及法律适用解析"，载《犯罪研究》2018 年第 1 期。

〔2〕 倪铁、董磊："'套路贷'案件侦查困境的破解机制——基于 100 份判决书的实证研究"，载《山东警察学院学报》2019 年第 3 期。

〔3〕 参见谢波、蒋和平："'套路贷'犯罪的特点及其法律规制"，载《山东警察学院学报》2018 年第 2 期。

〔4〕 "2016-2018 年'套路贷'案件审判白皮书"，载 http://www.sohu.com/a/259463734_100271638，访问日期：2019 年 9 月 17 日。

证或者采用暴力、威胁以及其他手段非法占有被害人财物的相关违法犯罪活动的概括性称谓。"

通过以上对各方观点的列举我们可以发现，对于"套路贷"是什么，各方的共性集中在以下几个侧面：①"套路贷"是犯罪行为；②"套路贷"没有特定的行为类型，是对以贷款为表象的一系列行为的概括；③"套路贷"的对象是财产。在此基础上，最高人民法院以及出台了相关意见的各地高级人民法院意图通过对"套路贷"的行为内容进行列举，来试着为"套路贷"划定行为类型。

然而笔者认为，上述论者的努力使其陷入了自相矛盾的逻辑陷阱之中，这其中体现在上述共性的①和②之中。我国《刑法》第1条便开宗明义，将"依照法律应当受刑罚处罚"作为犯罪的条件，加之我国规定犯罪与刑罚的法律仅有《刑法》一部，这一条件便被学者和实务人士归纳为犯罪特征中的"刑事违法性"，并且从中衍生出了罪刑法定原则。这实际上就是说，一个行为，当其必须依照刑事法律应当受刑罚处罚时，该行为才具有了被称为是犯罪行为的必要条件。刑法通过对犯罪行为进行行为类型的总结来确定何种行为属于犯罪，并将之规定于刑法分则之中。那么，若要将"套路贷"行为认定为是犯罪行为则必然需要其能够与刑法分则规定的具体犯罪行为相对应，使刑法分则法条能够将其涵摄。然而，"套路贷"行为没有明确的行为类型，"套路"一词本就不是经过推敲的规范用语，其含义本就模糊，何者属于"套路"何者不属于"套路"都很难认定；即使是《套路贷意见》和各地高院归纳出来的"诱使""迫使""虚增借贷金额""恶意制造违约""肆意认定违约"等行为方式也与刑法分则规定的犯罪行为类型存在一定的差异，在具体认定是否构成犯罪时即存在认定犯罪与否的空间。

以"姚某南案"为例：2018年2月初，被告人姚某南向被害人刘某洋出借6万元，由王某辉与某校小学时任老师卢某云做担保。2月中旬，被告人姚某南以出借人提出刘某洋提供的担保人卢某云是假老师为由要告刘某洋涉嫌诈骗，并称只要刘某洋支付7万元违约金就能不让出借人告刘某洋。刘某洋怕连累担保人，同意支付7万元。被告人姚某南提出由其向别人借款支付本金及违约金。随后，被告人姚某南谎称已将本金及违约金共13万元支付给出借人，将原6万元的借款合同还给刘某洋，重新签订13万元出借人处为空白的借款合同，并让刘某洋出具收条。2018年4月8日，被告人姚某南在多次向刘某洋催讨无果的情况下，指使被告人祝某峰在 13 万元借款合同中的出借人处填写祝某峰的名字，委托诉讼代理人以祝某峰的名义向人民法院提起民事诉讼。同年 4 月 26 日，人民法院开庭审理了祝某峰诉刘某洋民间借贷纠纷案件。经审理，认定被告人姚某南以非法占有为目的，虚构事实，骗取他人签订虚高借款合同，虚高数额达 7 万元，系数额巨大，其行为构成诈骗罪；被告人姚某南、祝某峰以捏造的事实提起民事诉讼，妨害司法秩序，其行为构成虚假诉讼罪。[1]

一、二审法院在审理该案过程中均依据《套路贷意见》将被告人姚某南的行为认定为"套路贷"。笔者对此定性不作怀疑。但笔者认为，即使是"套路贷"，被告人的行为构成诈骗罪也有商榷的余地。构成诈骗罪需要被害人有基于错误认识给付财物的行为，但在本案中，被害人仅仅是签订了一个合同，出具了一个收条，即使是进入了民事诉讼程序也没有给付财物的实际效果。被害人的行为和"给付财物"之间还存在着"合同、收条是否是财物""签订合同的行为是不是给付"这两个待论证事项。一、二审法院仅在判决书中用"借款合同属于财产型利益"，"民事途径的救济属于犯罪行为实施终了之后的事后行为"来一笔带过，未免太过草率。

可见，将作为若干行为统称的"套路贷"作为一种犯罪是存在偏颇的，客观上存在符合"套路贷"特征但不能认定为犯罪的行为。而且，"套路"层出不穷，《套路贷意见》能够对目前出现的典型"套路"进行列举，但终究无法囊括非典型和未来可能出现的、与现有手段完全不一致以至于难以进行同类解释的新型"套路"。这就使得"套路贷"作为一种行为类型的名称，其内涵处于不确定的状态之中，将内涵不确定的行为类型引入刑事法律和刑事程序之中也伴随着较多风险。

因此，笔者认为，"套路贷"不能是一种对犯罪行为的概括，而应作为一种社会现象来加以认识。"套路贷"脱胎于以高利贷为代表的民间借贷，其存在本身便具有一定的必然性。一则，我国目前处于投资渠道较狭窄、民营中小企业融资难的大背景之中。面对银行、股市、基金等传统的投资方式，其较高的专业门槛、资金门槛与全球金融危机之后金融市场较高的风险使得社会闲散资金在逐利目的面前产生了民间放贷的投资方式；而急需资金的中小

---

[1] 参见［2019］吉 24 刑终 94 号刑事裁定书，文书来源于中国裁判文书网。

企业则限于金融政策而在融资上困难重重。据调查，"占浙江中小企业总量98%的制造业中小企业，能从银行等正规渠道获得贷款的仅有10%"[1]。可见，有相当比例的中小企业需要通过民间借贷等方式进行融资活动，再加上需要进行融资的部分个人，民间借贷的潜在"市场"不可谓不大。二则，民间借贷处在金融监管的范围之外，其运行过程难以受到监管，这就使得从事民间借贷的人员有着更大的自由度。我国目前将民间借贷作为民事活动加以处理，发生的民间借贷纠纷则依据民事法律进行处理，这实际上就排除了行政力量对民间借贷活动的监管。民间借贷的放贷人无需准入资格，无需在金融管理部门登记备案，民间借贷的方式和利率也不受央行、银保监会等机构出台的强制标准的制约。这种灵活性使得无论是放贷人还是贷款人均有充足的理由选择民间借贷进行融资活动。正是由于上述必然性的存在，导致以高利贷为代表的民间借贷虽然屡有放贷人被认定为非法经营犯罪，但依旧有论者认为高利贷不属于违法行为，更谈不上是犯罪行为。[2]而依据《套路贷意见》对"套路贷"的手段列举，"套路贷"的手段与高利贷的手段之间的区别也并不明显——签订虚高合同规避利率规定、借款人违约代价巨大、放贷人催收手段强硬等现象在高利贷之中也属常见。那么，对"套路贷"作一概地犯罪定性就不尽妥当了。

因此，笔者认为，"套路贷"应当被认定为是一种以贷款形式意图取得他人财物牟利的行为。其中存在构成刑事犯罪的部分类型，可以被认为是应受到刑事处罚的"套路贷"，也会存在不构成刑事犯罪的部分类型，即不应受到刑事处罚的"套路贷"。

二、"套路贷"的刑事治理困境

诚然，"套路贷"这种利用多种手段意在从他人手中取得财物的行为，确实因其防范难、救济难、损失大而在一些个案中造成了较明显的危害，也因此，主流观点认为应当使用刑事手段来应对"套路贷"，上文提到的《套路贷意见》和各地高级法院出台的相关意见就是刑事治理的产物。笔者在中国裁

---

[1] 邓小俊：《民间借贷中金融风险的刑法规制》，中国人民公安大学出版社2016年版，第54页。

[2] 参见李腾："论民间高利贷不应司法犯罪化"，载《法学杂志》2017年第1期；邱兴隆："民间高利贷的泛刑法分析"，载《现代法学》2012年第1期。

判文书网上以"套路贷"为关键词进行搜索，搜索到 464 份刑事裁判文书，其中 2017 年有 7 份，2018 年有 127 份，《套路贷意见》出台的 2019 年有 330 份。这 464 份裁判文书中又以高级法院出台过"套路贷"刑事案件处理意见的上海市（67 份）、江苏省（50 份）、浙江省（137 份）、安徽省（37 份）居多。此外，通过上文提及的公安部新闻发布会数据也可见，在应对"套路贷"时，刑事手段已经成了一种较为常规的治理手段。

但刑事手段成为常规治理手段则意味着认定"套路贷"行为构成犯罪的倾向必然出现，从而挤压不应受到刑罚处罚的"套路贷"的存在空间。这一倾向已经在现有的司法判例之中有所表现。

1. 诈骗罪适用的司法异化

上海市高级人民法院在 2017 年 8 月 28 日举行了新闻发布会，通报了四起已宣判的涉"套路贷"案件。其中一案件的情形如下[1]：

被告人张某、龚某在明知旭筹公司通过上述形式诈骗借款人钱款的情况下，以旭筹公司员工名义，使用假名帮助旭筹公司约谈客户、促成签约、走账、协助要债等并获取好处费，被告人张某涉案未遂金额 150 万元，龚某涉案未遂金额 100 万元。

事实一：2015 年 11 月 17 日，被害人张某某、梁某夫妇向旭筹公司借款 50 万元，由旭筹公司员工"陈健"（假名，另案处理）出面商谈，提出根据旭筹公司的规定，需要以房屋作抵押、签订金额为 80 万元的借款合同，被害人收到 80 万元转账后交付现金 30 万元作为保证金，并假意承诺只需按期归还实际借款 50 万元及利息。谈好后，由被告人陈某与张某某签订合同并转账共计 80 万元至张某某账户，张某某夫妻将房产证等证件交给陈健，并向陈健等人交付 30 万元现金。后张某某、梁某多次联系还款 50 万元事宜遭陈健等人借口拖延，至临近还款期限，被告人陈健否认公司收过 30 万元保证金的事实，要求被害人还款 80 万元，张某某、梁某夫妻无奈于 2016 年 5 月 11 日支付 80 万元给陈健。

事实二：2016 年 6 月 14 日，被害人陈某欲向旭筹公司借款 100 万元，自称旭筹公司员工的被告人张某使用假名"王蕾"、龚某使用假名"李滨"与

---

[1] 案件情形参见"上海四起涉'套路贷'案件集中宣判 上海高院召开新闻发布会发出'严惩'信号"，载 http://www.sohu.com/a/157921471_420076，访问时间：2019 年 9 月 19 日。

陈某商谈，要求以房屋作抵押签 200 万元的借款合同，陈某在收到 200 万元转账后需交付现金 100 万元作为保证金，并假意承诺陈某只需按期归还实际借款金额 100 万元。后陈某多次联系还款遭拖延，至借款期限届满，旭筹公司员工李某、葛某亚等人向陈某要求偿还 200 万元未遂，陈某为此多次报警。

事实三：2016 年 7 月 15 日，被害人陈某某、蒋某向旭筹公司借款，由王某出面商谈，以上述同样手法，在实际借给陈某某 20 万元的情况下，虚高借款金额为 70 万元，后向陈某某要求还款 70 万元未遂。

基于以上三事实，上海市奉贤区人民法院认定被告人张某、龚某均构成诈骗罪。然而，笔者认为，以上三事实认定诈骗罪均值得商榷。在事实一中，若认定该行为构成诈骗罪，有两个关键问题需要厘清：①欺骗行为是什么，何时发生；②被害人被骗的财物是什么，何时给付。本案中，出于对民间借贷合同的保护，对于被害人于 2016 年 5 月给付的 80 万元中的 50 万元应当认为是正常的还款行为。对于第一个问题，欺骗行为是假意承诺只需实际还款50 万元及利息，其发生时间为签订合同时。对于第二个问题，则有多种可能，第一种可能是被骗的财物是签订合同时给付的 30 万元"保证金"；第二种可能是被骗的财物是事后给付的 30 万元；第三种可能是合同上标识的 30 万元债权。在第一种可能的情形下，由于被害人对该 30 万元本就不具有财产性权利，因此此项给付不能被当作是被害人的损失。在第二种可能的情形下，由于被害人在给付 30 万元时已经知晓被告人的全部意图，故不存在错误认识，因此其也不是诈骗罪的合格对象。在第三种可能的情形下，就涉及债权是否是诈骗罪所指的财物的问题，笔者认为，诈骗罪是取得型财产类犯罪，其成立与转移财物的占有具有直接关系，然而，债权本身不能成为刑法之中占有的对象，"产生债权"的过程也不存在对占有状态的破坏和移转。[1] 如果对债权再次进行抽象处理，将之当作一种抽象利益，从而让创设债权的行为解释成"将自身拥有的利益转移给他人"的话，债务的绝对不履行行为也可以被解释成"使他人拥有的利益转移给自己"从而可能构成盗窃罪。这种解释是难以让人接受的。而如果第一个问题有不同的答案，即被告人是在合同届期之际起意否认曾收到过 30 万元，那么则因被害人给付财物之时不存在错误

---

〔1〕 参见刘明祥："论窃取财产性利益"，载《政治与法律》2019 年第 8 期。

认识而依旧不构成诈骗罪。事实二和事实三实则也是债权能否作为诈骗罪的对象、"创设债权"能否作为诈骗罪"给付财物"的要件的问题。值得一提的是，即使"创设债权"能够作为"给付财物"的要件，该案事实二、事实三的认定也存在矛盾。在认定"创设债权"即是"给付财物"的情形下，在不存在错误的情况下，债权一旦设立，给付行为便已经完成，诈骗罪即应既遂。而在本案中，法院一方面认为债权是财物，一方面认为被告人在事实二、事实三之中没有既遂，实则就是一方面认为财物不需要客观的占有状态，一方面又认为财物需要客观的占有状态，此即矛盾所在。

2. 敲诈勒索罪适用的司法异化

笔者在此仍以一案件为例[1]：被告人在抵押贷款过程中，制订免除己方责任、加重对方责任、排除对方主要权利的条款及包含高额拖车费（人民币10 000元至27 000元不等）、违约金条款等明显不利于被害人的格式借款合同、抵押合同。除办理车辆抵押登记之外，另要求各被害人预先签订空白车辆转让协议。签订完上述合同后即将合同文本没收，未将合同交给被害人。在发放贷款时，该团伙又以需要扣除安装费、手续费等为由，未足额发放贷款。

2017年4月12日，被害人沈某以闽C×××××现代小车（经鉴定价值60 000元）为抵押向鹏誉公司泉州分公司贷款62 000元，实际到账57 088元。后沈某按期支付利息计3300元。同年7月12日，沈某归还利息1000元，因剩余650元利息未能及时归还，沈某联系鹏誉公司泉州分公司工作人员说明情况，并承诺于次日归还剩余650元利息。次日，该团伙在未通知沈某的情况下，安排被告人易某成、李某及易某等风控人员携带车辆备用钥匙擅自将闽C×××××现代小车开走。沈某发现车辆被开走后，即到鹏誉公司泉州分公司内商谈。被告人黄某斌、林某红即要求沈某归还本息及支付所谓违约金、拖车费等共计70 000元，并威胁称如不还款就要将车卖掉。因被害人沈某无力还款，车辆被扣留。黄某斌、林某红、易某成、李某共同勒索7212元。

上述情节被法院认定为构成敲诈勒索罪。然而，观察此案情节，被告人在被害人未能归还借款本金之时将被害人抵押的车辆开走，并要求被害人支付钱款。虽然被告人等人签订合同时"制订免除己方责任、加重对方责任、

---

[1] 参见［2019］闽05刑终544号刑事判决书，文书来源于中国裁判文书网。

排除对方主要权利的条款"及规定高额"拖车费""违约金"的条款,但这些条款由于没有违反法律规定的效力性强制规定而有效,而其他可能影响合同效力的情形则需要合同当事人向法院提出撤销合同条款的申请才能使合同全部或部分无效,因此在该案中可以排除该合同文本的不法性。该合同文本既然有效,被告人依据合同所示的数额要求单方面开走抵押车辆,并借此索要财物的行为就不能被认定为具有非法占有目的。即便是依据《关于办理黑恶势力犯罪案件若干问题的指导意见》认定该公司成员为"恶势力",也不能在否定非法占有目的的情形下认定构成敲诈勒索罪。

由以上两案例可以看出,在对"套路贷"使用刑事手段进行治理时,会出现将在认定犯罪上存在疑点的案件或可能不构成犯罪的案件认定为构成犯罪的情形,从而让刑事手段泛化。刑事手段的泛化适用虽然在客观上具有打压"套路贷"的效果,但其对不构成犯罪的领域的挤压也是明显的,且容易走向规制功能失衡的极端——过度强制的治理手段会使得守法行为人承担较高的"成本",而让违法行为人获得较高的"收益",这种"勇敢者的游戏"难免不会起到反向激励的效果,从而削弱总体的治理效果。

三、"套路贷"的非刑事治理途径展望

值得肯定的是,用刑事手段对"套路贷"现象加以治理有其必要性,同时也是有效果的,在"套路贷"过程中使用暴力、威胁、拘禁、敲诈勒索等手段取得被害人财产的行为,在构成犯罪之时必然要通过刑罚手段对其进行处理。然而,如前所述,并不是所有的"套路贷"都构成犯罪,但其对社会的影响依旧十分巨大。且"套路贷"具有民间借贷性质,其本身具有融资功能,其存在也有其必然性,那么通过刑事手段打压,以图消灭"套路贷"则不甚现实。

因此,笔者认为,应当结合"套路贷"的民事属性,通过探索民事途径和构建公权力辅助体系来对不构成犯罪的"套路贷"和构成犯罪但未被侦查机关发现的"套路贷"进行预防性治理,从而达到在保护民间借贷融资属性的同时保障双方当事人的合法权益的目的。

1. 强化公证、仲裁、诉讼程序中对实质证据的审查力度

可以说,"套路贷"令被害人背负较大负担从而导致财产损失的原因在很大程度上是基于被害人签订的借款合同以及附随于该合同的抵押合同、质押

合同。而认定合同效力的难点则在于事实认定，主要表现为借款本身的真实性、借款交付的真实性以及交付行为在合同中的性质认定三方面。基于民事诉讼"谁主张，谁举证"的证明责任分配原则，出借人需要证明借出款项并且实际交付的事实，借款人则需证明还款事实。但由于民间借贷的借贷过程并不规范，签订合同、交付款项的隐秘性较强，且虚构合同条款的情形多发[1]，使得对事实的查明过程不能以形式审查为主体。这一点在公证程序中尤为重要。公证程序的严格性远低于诉讼、仲裁程序，其对证据的审查也不具有诉讼程序的公权力支撑，更不具有法院具有的调查取证权，而公证程序却能出具可供法院执行的文书，这就使得形式审查不足以查明涉及案件的事实。

因此，笔者认为，在涉及民间借贷情形时，能够出具可供执行的文书的程序需要对民间借贷的有关证据进行实质审查，在可能的范围内尽量还原案件情形，如要求债权人在出具债权凭证、给付凭证之外对借款过程、给付过程进行说明；要求债务人在提交还款证明时对还款过程进行说明；限制使用缺席审判程序等。必要时可赋予非公权机关（公证处、仲裁委员会）申请法院调查取证的权利。

2. 积极行使释明权，对合同效力作实质认定

"套路贷"屡屡给被害人造成损失，和被害人签订的借款合同有着根本性的关系。在许多套路贷案件中，行为人使用恶意制造违约、毁弃还款凭证等证据的手段强行使被害人背负沉重的违约负担。此时，因被害人对自己签订的合同内容明知，故无法构成诈骗犯罪。然而，民事法律早已为此种情形设定了救济途径。如在恶意制造违约的情形下，行为人在临近履约期时断绝和被害人的联系，或人为设置障碍使得行为人无法按时履约，被害人可以选择主张债权人受领迟延，或主张不可抗力来抹消其"违约"状态。又如合同条款明显排除行为人义务而给被害人科加额外义务时，被害人可以选择主张合同显失公平来撤销合同。

然而，此类民事救济途径有其专业性，对民事法律不了解的民事主体可能对这些救济途径不甚知晓。此时，如法院仍然严格恪守其中立立场而不履

---

[1] 参见张超、李云："民间借贷案件虚假诉讼的防范机制"，载陈国猛主编：《民间借贷：司法实践及法理重述》，人民法院出版社 2015 年版，第 185~198 页。

行对法律的释明权，则可能使原本可由被害人主张的救济权利归于消灭。故而，笔者认为，在面对民间借贷案件时，应赋予法官更自由的法律释明权，从而弥补民间借贷纠纷双方由于经验、法律知识不对称而导致的诉讼偏差。同时，法官如果在释法过程中发现该案有虚假诉讼之嫌疑，则可暂时中止该案的民事审理过程，将之移交给侦查机关。

"套路贷"中诈骗行为的认定与刑法规制

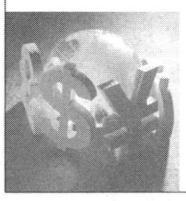

张成东 *

摘　要："套路贷"案件中，诈骗行为是行为人"套路"被害人的必要手段。但就"套路贷"中行为人诈骗行为的认定和规制而言，《关于办理"套路贷"刑事案件若干问题的意见》的相关规定忽视了被害人认识错误的独立要素地位和认识错误的程度差异。对此，我们应在主观说基础上进一步将"一般人"限定为"套路贷"案件中的受害人，来判断被害人是否陷入认识错误，并区分认识错误程度，以合理认定诈骗行为的犯罪形态。行为人以虚假诉讼方式进行催债成立虚假诉讼罪的，应从一重按诈骗罪从重处罚。但是，如果行为人的诈骗行为与后续的普通催债行为之间并不存在牵连关系，则应当数罪并罚。

关键词："套路贷"案件；诈骗行为；犯罪形态；罪数认定

一、"套路贷"规制现状及问题

自 2016 年以来，从"高利贷"演化而来的"套路贷"逐渐泛滥开来，"房贷""车贷""校园贷""信用贷"等不同类型的"套路贷"充斥着我们的日常生活。从定义来看，"套路贷"是通过虚增借贷金额、恶意制造违约、肆意认定违约、毁匿还款证据并借助诉讼、仲裁、公证或采用暴力、威胁以及其他手段非法占有被害人财物等相关违法犯罪活动的概括性称谓。而正是这种"以民间借贷为幌子，利用民事证据规则结合暴力索债手段，实现非法占有他人财物的行为"[1]，严重地影响了人们的社会生活和社会秩序，也不

＊　中南财经政法大学刑事司法学院 2018 级刑法学博士研究生。

〔1〕　吴加明："刑事实质何以刺破'套路贷'民事外观之面纱"，载《江西社会科学》2019 年第 5 期。

断地冲击着传统刑法理论并给刑事司法实践带来了新问题。

近年来,最高人民法院、最高人民检察院、公安部、司法部先后出台了《关于办理黑恶势力犯罪案件若干问题的指导意见》(下文简称《黑恶势力意见》)和《关于办理"套路贷"刑事案件若干问题的意见》(下文简称《套路贷意见》)来从严惩处"套路贷"违法犯罪活动,上海、江苏、北京、安徽等省市的司法机关也陆续出台了有关惩治"套路贷"的工作意见来指导司法实践。《黑恶势力意见》和《套路贷意见》以及地方出台的工作意见都指出"实施'套路贷'一般以诈骗罪定罪处罚;构成诈骗、敲诈勒索、非法拘禁、虚假诉讼、寻衅滋事、强迫交易、抢劫等多种犯罪行为的,结合具体案情进行数罪并罚或择一重处"〔1〕。

尽管这一规定为在司法实践中惩治和规制"套路贷"提供了指引,但相较于实践中"套路贷"行为人诈骗方式和手段的多样性和复杂性而言,这一规定显得过于宏观和抽象,进而缺乏可操作性。因而,如何认定和规制"套路贷"中行为人的诈骗行为便成了当前理论界和实务界共同面临的难题。而结合《套路贷意见》的相关规定,"套路贷"中行为人诈骗行为界定困难主要体现在罪名选择、犯罪形态判断、相关犯罪行为罪数认定等方面。其中,就罪名选择而言,行为人实施诈骗行为是否一律以诈骗罪论处?诈骗行为的犯罪形态又当如何认定?此外,诈骗行为与行为人伴随实施的敲诈勒索、虚假诉讼等其他催债行为间到底是进行并罚还是择一重罪处理?这些理论和实践难题都值得进一步探讨。

二、"套路贷"中诈骗行为认定

(一)诈骗行为种类

"'套路贷'的典型套路包括虚增借贷金额、制造银行流水痕迹、肆意认定违约、毁匿还款证据、转账平单、暴力或软暴力催债以及虚假诉讼等。"〔2〕

---

〔1〕 具体参见最高人民法院、最高人民检察院、公安部、司法部发布的《关于办理"套路贷"刑事案件若干问题的意见》、上海市高级人民法院、上海市人民检察院、上海市公安局发布的《关于本市办理"套路贷"刑事案件的工作意见》、安徽省高级人民法院、安徽省人民检察院、安徽省公安厅发布的《关于办理"套路贷"刑事案件的指导意见》以及浙江省高级人民法院、浙江省人民检察院、浙江省公安厅发布的《关于办理"套路贷"刑事案件的指导意见》等。

〔2〕 参见谢波、蒋和平:"'套路贷'犯罪的特点及其法律规制",载《山东警察学院学报》2018年第2期。

在日常生活中，"套路"一词本就带有"欺诈""诈骗"之义，而当前社会公众称其为"套路贷"也说明了诈骗行为在整个"套路贷"实施过程中的重要作用。在"套路贷"案件中，诈骗行为也是行为人"套路"被害人的起点和主要手段。但是，在整个"套路贷"过程中，诈骗行为应当如何认定呢？结合司法机关公布的典型案例，我们可以看到，在行为人"套路"被害人的一系列流程中，虚增借贷金额是行为人实施"套路"行为的起点，而在后续制造银行流水痕迹、肆意认定违约、毁匿还款证据、转账平单等行为中，诈骗手段也都是行为人实现犯罪目的的重要手段。根据"套路贷"案件的发案过程，我们可以将"套路贷"中的诈骗行为归类为以下四种不同情形。

其一，在虚增借贷金额环节中，行为人以"违约金""保证金""中介费""服务费""行业规矩"等各种名义骗取被害人签订虚高借款合同、阴阳借款合同、房产抵押合同等明显不利于被害人的各类合同或者与被害人进行相关口头约定，以虚高借贷金额，将被害人套进借贷圈套之中。

其二，在制造银行流水痕迹环节中，行为人一方面通过银行转账方式制造资金给付流水痕迹，为后续催债保留"凭证"。另一方面，在非监控区域通过现金方式回收虚高借款数额资金并以手续费的名义扣除被害人实际借款所得。

其三，在肆意认定违约环节中，行为人制造各种"借口"单方认定"违约"并要求被害人依据合同约定"偿还"虚高借款，为后续的转账"平单"和催债行为提供机会。

其四，在转账平单环节中，行为人假意为被害人"平单"，再次续增借贷金额、重新制造银行流水痕迹，垒高借贷金额以骗取被害人更多财物。

此外，在暴力或非暴力催款环节中，行为人借助此前制造和保存的完整"证据"链条，通过暴力方式或利用仲裁、公证、诉讼等途径主张其"合法债权"，这其中还有可能涉及虚假诉讼等诈骗行为。

尽管在实践中行为人不一定严格按照前述流程实施犯罪行为，而是多种手段灵活搭配使用来实施诈骗行为，但是，从实践案例来看，行为人在"套路贷"过程中采取的一般都属前述诈骗行为。对此，《套路贷意见》也正是按照不同阶段分别进行认定。遗憾的是，《套路贷意见》的规定还有待进一步商榷。

（二）《套路贷意见》规定的缺陷

不可否认，在"套路贷"案件中，诈骗行为是行为人"套得"被害人财物的重要手段。但是，诈骗罪是典型的行为人-受害人互动型犯罪，诈骗的成功，是行为人与被害人"面对面"甚至"正大光明"地进行"沟通"和"交易"，在被害人"积极配合"下以一种非暴力的方式完成的。[1]那么"套路贷"案件中行为人实施的诈骗行为是否都符合诈骗罪的构成要件，从而都构成诈骗罪呢？

从行为方式来看，相较于敲诈勒索罪、抢劫罪等暴力犯罪而言，诈骗罪确实是一种未使用暴力的平和型犯罪。但是，诈骗罪行为的特殊性在于其是一个环环紧扣的犯罪行为类型。从行为人实施"欺骗行为"到"被害人陷入认识错误"，到"被害人基于认识错误处分财物"，再到行为人"取得财物"这一系列因果流程中，任何一环缺位都会导致诈骗罪（既遂）不成立。换言之，行为人实施诈骗行为不等同于行为人就一定成立诈骗罪，在行为人实施诈骗行为后，我们还需要重点判断被害人是否陷入认识错误以及认识错误的程度等被害人方因素，以判断诈骗罪成立与否。这二者同时也是认定行为人是否成立诈骗罪以及诈骗罪是否既遂的重要考量因素。

当前《套路贷意见》将实施"套路贷"过程中未明显使用暴力或威胁手段的，一般以诈骗罪定罪处罚。这一规定实际上仅从行为人角度来分析和认定其实施的诈骗行为，只要行为人实施的诈骗行为未突破平和状态，便将其一般性地认定为诈骗罪，而忽视了诈骗罪的"互动性"特征，忽视了被害人在整个"套路贷"案件中心理状态的程度差异和变化。

首先，《套路贷意见》采取的是行为人本位来认定行为人的诈骗行为，忽视了被害人认识错误在诈骗罪成立过程中的独立地位。《套路贷意见》的见解存在一种以行为人陈述事实的虚假性判断和行为人的诈骗目的认定来代替被害人认识错误判断的不正确做法。《套路贷意见》的这一见解实质上体现的是学界在处理诈骗罪中认识错误时所采用的传统分析思路。在这种观点看来："被骗者处分自己的财产结果的发生，最终依赖于行为人所声称的事项是否真

---

〔1〕 参见车浩："从华南虎照案看诈骗罪中的受害者责任"，载《法学》2008 年第 9 期。

实。正是由于行为人的欺诈行为，被害人才处分自己的财产。"[1]在司法实践中，从行为人角度来看，其一开始确实有骗取他人财物的非法占有目的，随后也实施了诈骗行为。再加之从结果来看，诈骗人陈述事实的虚假性与被害人最终处分自己财产间也确实存在着前后因果关联。但是，"在刑法学研究中，大部分的金钱、时间、假设与论证都集中在行为人，同属案件参与者的受害人却较少受到重视"。[2]《套路贷意见》的规定采取的正是直接从行为人的诈骗行为推导得出被害人财物受损结果，限缩了"套路贷"案件中诈骗行为因果关系的认定，从而忽视了被害人认识错误在诈骗罪成立中的独立地位。在这种情况下，诈骗罪成立的因果关系被缩短为"欺骗行为—被害人基于认识错误处分财物—取得财物"。这一做法明显与诈骗罪成立中因果关系判断的客观现实不相符，无法对行为人实施的诈骗行为进行正确评价，裁判结果的公正性自然也就无法得到保证。

其次，《套路贷意见》的见解忽视了被害人认识错误的程度差异。在"套路贷"案件中，因年龄、社会经验、金融知识以及法律意识等背景知识方面的差异，在面对犯罪人的"套路贷"圈套时，被害人在是否会产生认识错误以及在认识错误的程度方面都是存在差异的。如有的人在行为人向其介绍"借贷政策"时便能立马识破其诈骗手段，从一开始就不会产生认识错误。有的被害人则会完全陷入行为人的虚假陈述之中，并最终遭受财产损失。结合典型案例，在"套路贷"案件中，我们可以整理出被害人的认识错误程度差异大致有以下几种类型：

第一，被害人完全信任行为人的陈述并同意其借款条件。符合这一类情形的被害人以未成年人居多，他们会由于社会经验不足、防骗意识不强而完全陷入行为人设定的圈套之中。如在上海市高级人民法院公布的四起典型案例中的"杭某某实借5000元损失190余万元房产案"中，在被害人杭某某（未成年人）原本想借3000元的情况下，傅某等行为人通过"空放""转账平单"等手段骗取杭某某房产。[3]在本案中，杭某某便是完全陷入了认识错

〔1〕　缑泽昆："诈骗罪中被害人的怀疑与错误——基于被害人解释学的研究"，载《清华法学》2009年第5期。
〔2〕　于小川："被害人对于欺骗行为不法的作用"，载《中国刑事法杂志》2012年第5期。
〔3〕　参见"严惩套路贷 上海高院通报四起典型案例"，载http://news.sina.com.cn/sf/news/ajjj/2017-08-29/doc-ifykiqfe2552852.shtml，访问日期：2019年7月17日。

误之中。

第二，受害人对行为人的诈骗手段表示怀疑，但出于其他原因而同意。以"陈某等诈骗罪案"为例，本案中，被害人蒋某某之所以同意旭畴公司员工张某提出的签 70 万元合同实借 20 万元的要求是因为其急需用钱。因此，在这种情形下，被害人蒋某某虽就张某表述的事实已有认识错误，但是其对行为人提出的"虚增贷款数额"作为保证金的"行规"其实是有怀疑，只是由于急需用钱而不得不接受。[1]本案中，蒋某某认识错误的程度明显低于前述杭某某，但无论是《套路贷意见》还是审理法院，在判决书中均未对此进行区分，都是按照诈骗罪论处的。

三、"套路贷"中诈骗行为入罪分析

在"套路贷"案件中，行为人往往是重点关注对象，整个司法活动主要是围绕如何合理对行为人的行为定罪量刑而展开。但是，行为人诈骗目的的最终实现却离不开被害人的"积极配合"，在这个过程中，被害人是否陷入认识错误以及认识错误的程度更是可以直接影响和决定对行为人诈骗行为的认定。

（一）被害人认识错误程度区分

"欺骗行为必须达到使对方产生认识错误的程度，达不到一定程度的不属于欺骗行为。"[2]换言之，被害人在未陷入认识错误或认识错误程度较低时，能够自由选择是否处分个人财产。而在这种情况下，行为人仍"陷入"认识错误而处分自己财产，实际上是一种自陷风险行为，可以阻却或在一定程度上阻却诈骗行为的违法性，行为人也因此可能不再成立诈骗罪或仅成立诈骗罪未遂。具体到"套路贷"案件中，被害人认识错误程度的差异也将直接影响和决定行为人诈骗行为在定罪与量刑方面的不同。但是受传统观念的影响，公、检、法机关在认定行为人诈骗行为时，往往会忽视被害人认识错误的程度差异。

就诈骗案件中被害人的认识错误程度而言，学者们的划分结论不尽相同。

---

〔1〕 参见上海市奉贤区人民法院［2017］沪 0120 刑初 560 号刑事判决书。

〔2〕 黎宏、刘军强："被害人怀疑对诈骗罪认定影响研究"，载《中国刑事法杂志》2015 年第 6 期。

如德国学者哈赛默将被害人对行为人诈称事项的主观认知分为主观确信、模糊怀疑和具体怀疑三种情形。[1]也有学者将诈骗罪中被害人的认识错误分为主观确信、抽象怀疑、具体怀疑和没有认识错误四种。[2]前述这两种区分标准和类型尽管在形式上存在差异，但是在区分结论方面实际上具有一致性。结合我们的生活经验，在"套路贷"案件中，在面对行为人所提出的"虚高借款金额""签订虚假借款协议""制造资金走账流水""肆意认定违约""转账平单"等虚假陈述时，由于被害人在社会经验、防骗意识等方面存在差异，被害人认识错误的程度也相应存在"主观确信""模糊怀疑""具体怀疑"以及"没有认识错误"等四种不同情形。

其中，主观确信指的是被害人对诈骗人的诈骗行为和陈述的诈骗事实完全相信，在主观上完全陷入认识错误之中。而抽象怀疑指的是，被害人对"套路贷"诈骗行为产生怀疑，但是缺乏进一步甄别的能力和条件。与之相对，具体怀疑则指的是被害人对行为人的诈骗行为已经产生了具有合理根据的怀疑。而没有认识错误则指的是被害人对"套路贷"人员的诈骗行径完全不相信。其中，就被害人对行为人的诈骗行为存在怀疑而言，我国有刑法学者专门将其称之为"半信半疑"的心理状态。遗憾的是，他并未进行进一步细分[3]。"套路贷"案件中，被害人认识错误程度的认定需要结合具体情形进行判断。

在"套路贷"案件中，我们首先需要摒弃以行为人为中心的传统观念。"目前现实是，许多'套路贷'案件中的借款人在借款前对放贷人'套路'明显很了解，并不存在真实被欺骗的情况。"[4]比如，被害人一开始便识破了行为人的诈骗套路，但出于"急于用资金"或其他原因而继续"接受"行为人的不合理要求并支付财物，尽管被害人在处分财物时也非出于自愿，但仍应认定其没有认识错误。如在前述"张某某夫妇被骗案"中，被害人张某某夫妇借款后积极主动还款以避免违约也从侧面说明其对行为人的一开始"虚高借贷金额"并未陷入认识错误。他们在同意对方的条件而接受借贷时，对借贷行为可能带来的后果有充分认识，而且其贷款行为也是自愿为之，只是

---

〔1〕 申柳华：《德国刑法被害人信条学研究》，中国人民公安大学出版社2011年版，第360页。

〔2〕 参见马卫军："论诈骗罪中的被害人认识错误"，载《当代法学》2016年第6期。

〔3〕 马克昌主编：《百罪通论》，北京大学出版社2014年版，第786页。

〔4〕 金懿："'套路贷'犯罪案件的刑法定性"，载《犯罪研究》2019年第2期。

没能避免行为人后续实施的"故意制造违约"陷阱。所以，不区分被害人的认识错误程度而径直将其认定为诈骗既遂明显与案件事实不相符。

又如，在实践中，那些被骗的被害人有很大一部分长期从事公司经营或资产投资，他们对民间借贷市场行情都有一定了解，也比较熟知金融政策。他们对行为人设定的圈套可能带来的风险和后果也有一定的预期，只是因为急需资金周转却又由于个人资信不高或向银行申请借贷困难等原因而向"套路贷"机构借款。他们对行为人设定的套路可能有怀疑，但由于缺乏辨识能力或者辨识条件不足而未能识破或者有合理怀疑根据却不得不接受。此时，被害人的认识错误便处于"怀疑"状态，根据程度不同而属于"抽象怀疑"或"具体怀疑"。

而被害人对行为人的诈骗行为完全相信则主要指的是未成年人和在校大学生充当被害人的情形。囿于自身辨识能力、社会经验、法律观念等方面的局限，未成年人和在校大学生们会轻信行为人的陈述而最终被骗。在这种情形下，认定行为人成立诈骗罪不存在问题。

（二）被害人认识错误认定标准厘定

在区分被害人认识错误的不同程度之后，采取什么样的标准来认定被害人是否陷入了认识错误便成了理论界和实务界接下来需要解决的难题。当前，学界在判断被害人是否陷入认识错误时，有根据特定的受骗人进行判断和根据普通一般人进行判断两种不同标准。在刑法理论中，我们一般将前一种区分方法称为客观标准，而将后一种区分方法称为主观标准。[1]如果采取客观标准按照特定受骗人的情况来具体判断被害人是否陷入认识错误的话，在"套路贷"案件中将会使得判断结果趋向两极化。一方面，如果行为人对未成年人或老年人实施诈骗行为，则会使得诈骗罪认识错误的认定标准过低，从而扩大诈骗罪的处罚范围。另一方面，行为人对风险意识和防骗意识都十分高的人员实施诈骗行为，被害人也很难陷入认识错误，从而使得诈骗罪中认识错误的认定标准过高，又会不当地缩小诈骗罪的成立范围。而且，采取客观标准说，将特定个人作为认识错误判断标准还将带来认识错误认定标准的不明确，从而损害刑法的明确性和统一性，限缩行为人的行为自由。

按照主观判断标准，将一般人作为判断标准能够避免客观判断标准的问

---

〔1〕 张明楷：《诈骗罪与金融诈骗罪研究》，清华大学出版社 2006 年版，第 85 页。

题和不足，也有利于维护刑法规定的明确性和可预测性。但是，由于普遍的一般人标准可操作性不强，因而需要进一步具体化，以便于司法实践判断。为此，在笔者看来，将这里的"一般人"限缩为"套路贷"受害人更为合适。根据"套路贷"中的受害人来判断被害人是否陷入认识错误以及认识错误的程度，不仅可操作性更强，而且判断结果更易为我们所接受。因此，在具体判断过程中，还应根据被害人的特征进一步区分未成年人、成年人等不同受害人群体，结合行为人实施的诈骗行为的内容来具体判断被害人是否陷入认识错误。

（三）诈骗行为犯罪形态认定

一般认为，行为人开始实施欺诈行为是诈骗罪的着手；实施诈骗行为后，他人没有陷入认识错误或陷入认识错误未处分财物的属于未遂；"对方交付财物，并因此使行为人占有和控制了财物的时候，就是既遂"[1]。在"套路贷"案件中，根据前文介绍的被害人陷入认识错后的四种不同程度，被害人处于"主观确信""抽象怀疑"并在此认识错误支配下支付财物的，犯罪人成立诈骗罪既遂；而当行为人没有陷入认识错误时，行为人成立诈骗罪未遂。对前面这两种情形中，对行为人的诈骗行为的认定，一般不存在争议。因此，行为人诈骗形态的判断主要分析的是被害人处于"具体怀疑"时，行为人实施的诈骗行为的犯罪形态认定。

我国学者一般将被害人对行为人的诈骗行为有怀疑的情形称为"半信半疑"，而就被害人"半信半疑"时是否成立认识错误，我国学者一般是持肯定态度的，将其认定为陷入了认识错误之中。[2]在司法实践中，法官在审理案件时也一般认定被害人陷入认识错误，行为人也因此成立诈骗罪既遂。但是，被害人陷入或维持认识错误是诈骗罪的一个独立要素，它是联结欺骗行为和财产处分行为的中介因素，该要素不成立则因果流程中断，即使相对人由于行为人的欺骗行为而处分了财产，也仍然不可能成立诈骗罪既遂。[3]因而，实践中，被害人对行为人实施的诈骗手段产生有合理依据的怀疑，但出于

---

〔1〕[日]大谷实：《刑法讲义各论》（新版第 2 版），黎宏译，中国人民大学出版社 2008 年版，第 245 页。

〔2〕马克昌主编：《百罪通论》，北京大学出版社 2014 年版，第 786 页。

〔3〕黎宏、刘军强："被害人怀疑对诈骗罪认定影响研究"，载《中国刑事法杂志》2015 年第 6 期。

"冒险""缓解资金压力"等其他原因而继续向行为人"借款",表明被害人对自身财产权益受损也存有一定过错,其在主观上未尽到谨慎注意义务。在这种情况下,能否将其认定为诈骗罪既遂还需要进一步分析。

首先,诈骗罪是互动型犯罪,如果被害人从一开始就并未因行为人的诈骗行为而陷入认识错误之中,诈骗罪因果关系链条也会因此断裂,行为人属于诈骗未遂。使被害人产生认识错误或维持在认识错误之中是诈骗行为得以展开的前提,而当被害人对行为人的诈骗行为已经产生了有合理根据的怀疑时,被害人主观认知和客观事实并未产生犹豫现象。也就是说,被害人并未陷入认识错误之中,其接受行为人的贷款是为缓解资金困难、偿还其他高利贷债务、个人挥霍等其他原因,而非行为人的诈骗行为使然。在这种情况下,由于被害人主观上并未完全陷入行为人的认识错误之中,行为人所实施的诈骗行为也不是被害人处分财物的直接原因,诈骗罪的因果链条因此中断,所以从犯罪形态上来看,行为人实施的诈骗行为应当是诈骗未遂而非诈骗既遂。

其次,从行为后果来看,被害人在有合理根据怀疑时仍继续借贷则被害人法益存在法益阙如。众所周知,诈骗罪以行为人侵犯被害人财产法益为前提。但是,并不是只要有符合构成要件的结果发生,行为人就必须要对法益侵害的后果承担责任。如果某一犯罪的构造离不开被害个体的参与,更应当考虑被害人对待法益的态度,否则容易使法益侵害原理沦为单纯的社会防卫原理。[1]如果被害人对行为人的诈骗行为产生有合理根据的怀疑却仍继续向其借贷,至少说明被害人对其借贷后合法财产将面临的风险有相当认知,其对于最终损害结果的发生也应当承担相应的风险。因而,在这种情况下,仍认定行为人成立诈骗罪未遂,而不能采取结果责任的做法认定其成立诈骗既遂。

四、诈骗行为与相关行为罪数判断

按照《套路贷意见》的规定,行为人在实施"套路贷"过程中,构成诈骗、敲诈勒索、非法拘禁、虚假诉讼、寻衅滋事、强迫交易、抢劫等多种犯罪行为的,结合具体案情进行数罪并罚或择一重处。就行为人实施的诈骗行

---

[1] 缥泽昆:"诈骗罪中被害人的怀疑与错误——基于被害人解释学的研究",载《清华法学》2009年第5期。

为与相关罪名间罪数关系判断而言，《套路贷意见》仅作了一般性的宏观规定，不仅在司法实践中缺乏可操作性，而且从规定内容来看，其也还存在一些不尽合理之处。

在"套路贷"案件中，诈骗行为是基础行为，而非法占有被害人财物是行为人"套路贷"活动的最终目的。行为人在实施诈骗行为过程中另起犯意单独实施其他严重侵犯被害人人身权利的，则属于侵犯了新的法益从而构成新罪。在这种情形下，后续实施的犯罪行为与诈骗行为间的罪数关系处理不存在争议，将其作为独立的犯罪行为与诈骗行为并罚即可。因而，在司法实践中，行为人实施的诈骗行为的罪数认定争议，主要是围绕行为人的诈骗行为与为索债而实施的敲诈勒索和寻衅滋事等其他催债行为展开。

根据《刑法》第307条之一第3款的规定，行为人实施虚假诉讼行为非法占有他人财物或逃避合法债务又构成其他犯罪的，按照处罚较重的规定从重处罚。据此，行为人在之前"虚高借贷金额"等阶段保留的证据向法院提起虚假诉讼的，则应当与之前的诈骗行为权衡之后从一重罪处罚。就法定刑来看，与虚假诉讼罪相比，诈骗罪属于重罪，因此，司法实践中，司法机关一般是以诈骗罪从重处罚，以严厉惩处"套路贷"犯罪的。[1]因此，就"套路贷"诈骗行为与催债行为间的罪数认定而言，本文仅就行为人实施的诈骗行为与普通催债行为间能否成立牵连关系展开判断。

而所谓的普通催债行为是相对于采取虚假诉讼借助国家审判机关实现"债权"而言的，在"套路贷"案件中行为人采取的催债手段主要有跟踪被害人行踪、限制人身自由、公布裸照等方式。对此，有学者指出："连续采用多种手段非法占有他人钱款的，手段行为与非法占有他人财物的行为应看成是多行为，行为间具有牵连关系，应择一重处罚。"[2]尽管牵连犯是处断上的一罪，但不管是在形式上还是在实质上其都是数罪，可以划分为本罪和他罪两个以上犯罪行为。本罪和他罪间既要有主从关系，而且还需在主观上存在牵连意图、客观上存在因果关系[3]。综上，对于牵连关系的认定，我们一般采用的是"类型化说"。因而，认定手段行为与目的行为或原因行为与结果行

---

〔1〕 参见上海市静安区人民法院［2017］沪0106刑初字892号刑事判决书。
〔2〕 闵达："'套路贷'案认定分歧的审查判断"，载《中国检察官》2017年第22期。
〔3〕 参见陈细田："牵连犯研究"，武汉大学2013年博士学位论文，第2页。

为间是否存在类型化关系是判断牵连关系成立的重要依据。

但需要指出的是，并不是所有主观上有牵连意图、客观上有因果关系的行为都具备类型化的牵连关系，还需要进行通常性和伴随性判断。而在这一判断中也应做到对"所有犯行作充分而不过度、不重复评价"[1]。具体到"套路贷"中，诈骗行为应当是主行为，而后续的普通催债行为是从行为。但是，"套路贷"中行为人实施的诈骗行为与后续的催债作为间并不具有类型化的牵连关系。

以"裸贷"中行为人通过公布借款人裸照的方式来迫使被害人偿还借款为例。在这种类"裸贷"案件中，尽管行为人公布裸照的行为和最终获得被害人财物实现诈骗目的间有手段与目的关系。但是，从行为人获得财物的手段来看，公布他人裸照是通过强迫他人以获得财物，而诈骗行为则是采取平和手段让他人"自愿"交付财物，二者获取被害人财物的方式存在巨大差异，因而也就不具有成立牵连关系所要求的通常性和伴随性。

此外，从行为人主观来看，牵连犯中行为人实施牵连关系中的目的行为或结果行为是出于一种概括故意。如行为人在伪造公文证件后实施诈骗行为时，其在实施伪造公文证件行为时对后续将要实施的诈骗行为有明确认识，都在其预先计划之中。反观"套路贷"中的后续公布借款人裸照进行催债的系列行为，行为人对实施后续催债行为的原因不是基于事前计划，而是由于被害人不再处于认识错误之中而"不再配合偿债"，先前的诈骗行为未得逞而为逼迫被害人还款另外再实施的催债行为。此前实施的诈骗行为也已实施完毕，由于被害人并未基于认识错误而交付财物，行为人已经成立诈骗未遂。行为人实施后续的催债行为，不再是为平和地骗取被害人财物，而是通过公布"裸照"等方式强迫被害人交付财物。可见，在此类案件中，主行为是通过平和手段骗取财物，而从行为则是通过强迫手段敲诈财物，很明显可以看出这两个行为是出自于两个相互独立的犯罪主观，因而自然也就无法认定二者间存在主观牵连关系。

由此可见，"套路贷"中行为人实施的诈骗行为和后续的普通催债行为间并不存在牵连关系，而是两个独立的犯罪行为。在司法实践中，行为人的行为同时构成诈骗罪、敲诈勒索罪、寻衅滋事罪以及非法拘禁罪的也一般都是

〔1〕 林钰雄：《新刑法总论》，元照出版有限公司 2011 年版，第 572 页。

按并罚处理。[1]数罪并罚不仅是全面评价行为人犯罪行为的客观需要，同时也与严厉打击"套路贷"刑事政策相一致。

结　语

借助互联网技术当前"套路贷"行为类型和手段越来越多样化，客观上增大了公、检、法机关认定和规制"套路贷"案件中诈骗行为的难度。但是，"套路贷"中的诈骗行为认定并未突破诈骗罪既有的构成要件和逻辑判断，这仍然是未来我们认定和规制"套路贷"中诈骗行为的基本标准。当然，刑法仅是惩治"套路贷"行为的最后手段。为营造良好的民间金融借贷秩序，我们更应注重金融法等前置法在惩治"套路贷"行为中的规制作用。

---

[1] 参见安徽省合肥市中级人民法院［2018］皖 01 刑初字 72 号刑事判决书；云南省红河哈尼族彝族自治州中级人民法院［2019］云 25 刑终字 129 号刑事判决书。

"套路贷" 犯罪在司法实践中的几点思考

张　建[*]　俞小海[**]

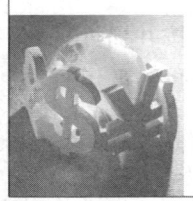

"套路贷" 犯罪在这几年的刑事司法实践中已经得到了比较有效的遏制，最高人民法院、最高人民检察院先后颁布的相关司法解释吸纳了上海、浙江、广东等地所反映的实际司法建议，进而较为全面和客观地对这种严重违法行为从立法层面上加以规制，收获了良好的政治效果、社会效果和法律效果。2019 年 4 月 9 日两高、两部出台了在从实质上对 "套路贷" 加以明确的意见，为在全国范围内精准和有力地开展扫黑除恶工作奠定了更为刚性的法律支撑。其中，《关于办理 "套路贷" 刑事案件若干问题的意见》（以下简称《套路贷意见》），是针对 "套路贷" 犯罪的专门性法律指南。当然，在刑事司法实践中，我们很难做到 "事无巨细、面面俱到"，因为从唯物主义和法律以及科学的角度来讲，"缺憾" 二字是哲理的必然表现，自然刑事司法也不例外。因此，"套路贷" 犯罪在刑事司法实践中显然存在一些需要进一步探赜、索隐的问题，以便使刑事司法对这一类犯罪的惩处更为有效和准确。为此，笔者经过深思并结合刑事司法实践中出现的困惑性问题作以敬陈管见，以供同仁赐正。

一、关于 "套路贷" 的名词问题

现在，"套路贷" 仿佛就是一种犯罪的代名词。笔者注意到，有些刑事司法的执法者甚至将 "套路贷" 等同于诈骗罪或者敲诈勒索罪，由此将 "套路贷" 变成了一个刑法意义上的词汇。上海曾经出现过一批民事债务案件，被害人认为自己上当受骗，借了 "小头" 却要还 "大头"。这种案件的本质是行为人为借钱心切的人设计了一种心理圈套，而法院居然还作出了支持加害

---

　　*　中国刑法学研究会理事，上海市法学会刑法学研究会副会长兼秘书长。
　**　上海市法学会刑法学研究会理事兼副秘书长，上海市高级人民法院研究室干部。

人的判决，引起了社会的强烈反响。由此，公、检、法提起高度重视并进行了深刻的调查研究，通过对大量有关案例的剖析，发现确实有一些不法的公司和自然人在玩弄司法，其目的就是以合法形式来掩盖非法之目的。继而，有学者提出了带有比喻性的词组——"套路贷"。所以，"套路贷"并非是刑法的用语，充其量只是犯罪学的俗语，就像"碰瓷""托儿"等词汇一样。因此，笔者认为，就目前刑事司法实践中对"套路贷"这一称谓需要提出思考性的意见，以防止在刑事司法实践中将其混淆成刑法意义上的词组。

二、关于"套路贷"的刑民交叉区分

笔者注意到，《套路贷意见》在"套路贷"刑民交叉问题上似乎较为详尽地规定了三大点（其中第三点又分为5种情形），似乎对刑民交叉的问题作出了覆盖性的规定，但笔者经过仔细推敲和探究感到实际并非如此。

众所周知，在我国的民事违法中有一个欺诈的概念，它与刑事当中的诈骗概念似乎相同，但最大的区别在于主观违法性和危害结果。民事法律将欺诈规定为"当事人故意实施某种欺骗他人行为，并使他人陷入错误而从事某种民事行为"。[1]主要的构成条件：一是欺诈一方必须出于故意；二是须有一方欺诈另一方的行为，这里既包括行为人捏造事实的积极行为，同时也包括消极行为；三是受欺诈的一方所实施的民事行为，是受欺诈的结果，即欺诈行为与错误的意思表示之间存在因果关系。"欺诈行为本身是一种违法行为，情节严重的，可以构成刑法上的诈骗罪，而受欺诈的民事行为在民法上无效。"[2]刑法对于诈骗犯罪行为的定义为：以非法占有为目的，用虚构事实或者隐瞒真相的方法，骗取数额较大的公私财物的行为。[3]且犯罪行为的判断条件主要有侵犯的客体、客观方面、犯罪主体和主观方面，并且这个严重违法行为的确定还需要从数额、造成的实际损害等诸多方面来加以评价。但是，笔者经过研究后感到，刑事和民事的构成条件尽管有各自的法律认定要求，但从实质意义上看还是具有相近性的。虽说从理论层面讲得还比较清楚，但在司法实践层面，在甄别上恐怕还是存在复杂性的。

---

〔1〕 王利明、郭明瑞、方流芳：《民法新论》（上册），中国政法大学出版社1988年版，第338页。

〔2〕 王利明、郭明瑞、方流芳：《民法新论》（上册），中国政法大学出版社1988年版，第338页。

〔3〕 肖扬主编：《中国新刑法学》，中国人民公安大学出版社1997年版，第511页。

最高人民法院在几年前就曾准备出台针对民刑交叉案件处理问题的司法解释，并且笔者有幸参与其中。然而，由于在讨论会议上刑事法律专家和司法人员与民事法律专家和司法人员在这个问题的具体界定上存在实践层面的认识差别，致使这一司法解释迟迟未能出台。对"套路贷"的处理同样涉及这个长期以来一直纷争未决的问题，进而使民事司法人员与刑事司法人员针对具体问题因为存在理解上和认识上的分歧而难以达到一致。笔者在针对上海、福建等地的调研中发现，虽说"两高两部"在《套路贷意见》对"套路贷"进行了明确，但对于"套路贷"涉及的民刑交叉难题，存在对于"套路贷"的套路设计在各地区有着不同的特征和变化的问题，尤其是"套路贷"与民间高利贷的界限不清，导致对个案的具体特征能否认定分歧甚大。有的"套路贷"实施者通过诓骗被害者签订各种虚假借款合同、制造银行流水，并利用这些对其有利的证据提起民事诉讼，而民事司法人员在审理中则需要主动发现虚假诉讼并判断是否涉及犯罪。因此，司法人员在司法实践中不光要严格遵照《套路贷意见》，而且还要对《套路贷意见》未能穷尽的问题进行准确的把握。

三、关于"套路贷"构成犯罪的数额量化问题

"高利贷"是"套路贷"犯罪的前提，换句话说就是"套路贷"是"高利贷"的更高利贷。按照1991年8月最高人民法院发布的《关于人民法院审理借贷案件的若干意见》的规定，民间借款的利率可以适当高于银行利率，但最高不得超过银行同类同期贷款利率的4倍，超过此限的利息不受法律保护。2015年9月最高人民法院施行的《关于审理民间借贷案件适用法律若干问题的规定》第26条规定："借贷双方约定的利率未超过年利率24%，出借人请求借款人按照约定的利率支付利息的，人民法院应予支持。借贷双方约定的利率超过年利率36%，超过部分的利息约定无效。借款人请求出借人返还已支付的超过年利率36%部分的利息的，人民法院应予支持。"从这两个最高人民法院的司法解释规定我们可以看到，年利率为24%属于法律允许的合法借贷行为。笔者推敲了一下，这也就是月息为2分，也就是24%实际上是认定标准。但是，从司法解释的字面意思来看，可能会产生如下情况：一是年利率不超过24%的为合法借贷；二是年利率超过24%为非合法借贷；三是年利率超过36%的属于非法借贷；四是年利率24%～36%的部分利息如果在诉

讼中要求债权人返还，法院不予支持，相当于法院认可实际支付的该部分的利息；五是如果债务人尚未支付24%~36%这部分利息，债权人在诉讼中要求债务人支付的，法院不予支持，相当于不认可尚未支付的该部分利息。

由此可见，我国在司法实践中确认的高利贷标准为36%，也就是月息3分。当然，基于司法解释的字面意思，超过24%年利率为高利贷似乎也没有错。笔者以为，这是因为司法解释的不严谨性而给人们带来了误解。而在36%年利率的规定中又产生了一个非常容易让人误会的表述，那就是当借款人请求出借人返还已支付的超过36%年利率的利息的，法院应予支持，这就意味着36的年利率是高利贷的上限。那么，年利率50%甚至70%是否就可以讲是严重违法的高利贷借贷行为而需要刑法介入？笔者研究了《套路贷意见》却遗憾地感到，该意见对于这个数额量化缺乏明确的规定，从目前司法实践反映出的问题来看，这个民刑交织的数额量化界定是阻碍司法人员执法的一个现实性问题。

四、关于"套路贷"犯罪中的罪名和形态问题

从《套路贷意见》我们可以看到，司法机关对于具体案件的不同情况将按照诈骗、敲诈勒索、非法拘禁、虚假诉讼、寻衅滋事、强迫交易、抢劫、绑架等相应的罪名进行数罪并罚或择一重罪处理。笔者认为，《套路贷意见》较以前的相关规定已经较为完善，由于"套路贷"这种犯罪具有多元性，所以按照刑法的论罪原理来作相应的对待是合乎刑法逻辑的。不过，在司法实践中，人们在谈起"套路贷"时，第一反应就是诈骗犯罪，从一定意义上讲，诈骗罪成了"套路贷"犯罪的代名词。笔者认为，或许这是由于在惩处这种犯罪中普遍适用诈骗罪而使人形成了基础观念。事实上，从目前"套路贷"犯罪的情况来讲，其已经不单单是用诈骗行为可以达成的，而需要通过建立犯罪链进行分工从而实现"套路贷"犯罪目的。在目前的司法实践中，有的司法人员为了图求司法经济化或者有利于司法的便利往往未能做到罪当其罪。

还有就是关于共犯问题，由于"套路贷"犯罪基本上是以公司名义或多人为债权人名义实施，因此，行为人应对其参与或组织、指挥的全部犯罪行为承担相应的刑事责任，应当根据行为人在行为过程中的作用来进行地位确定。但是，据笔者了解，在司法实践中，司法机关对串联性的、由各个环节组成的犯罪在处理上一般以自然人的犯罪认定为多数，或者根据各自在犯罪

中的行为来追究刑事责任，对于单位犯罪的刑事责任追究却十分罕见。为此，笔者感到无论对于共犯还是对于单位犯罪的刑事责任追究，务必要充分领会《套路贷意见》的相关处理原则，并且要严格运用刑法的罪刑法定和罪责刑相适应原则处理案件。另外，"套路贷"犯罪既遂与未遂是刑法调整中非常重要的法律定性问题，在司法实践中这个问题比较少见。笔者认为，应以被害人实际失去的数额来认定既遂，反之为未遂。对于被申请诉讼前财产保全、查封、扣押、冻结的，只要未被划转当定未遂。同时，审判中的败诉方未被执行应认为未遂，相反应为既遂。笔者感到有必要重申："套路贷"犯罪与黑社会性质犯罪有着密不可分的关系，在司法实践中，诸多的"套路贷"犯罪案件往往都与黑恶势力的犯罪有关联。例如，在逼债环节中，加害人一般都会雇佣黑恶势力组织的人员充当打手，用软硬兼施的行为来达到其不法目的，这需要引起司法机关的注意。

五、关于"反套路贷"的问题

《套路贷意见》仅仅对实施一方"套路贷"的行为作了规定，但是对于"反套路贷"的行为如何来进行把握，似乎又是一个新的课题。目前的司法实践中，出现了有些不法者利用对"套路贷"犯罪的惩处，趁机利用侦查来捞笔横财，并设计了"反套路贷"的路数，以要挟和心理攻势让实施"套路贷"犯罪的行为者因为怕遭到刑事法律追究而迫于无奈而由加害人转化成了被害人，同时，原来的受害人则摇身一变成了加害人。并且这些人还非常懂得钻法律的空子。因此，我国需要在保护被害人的合法权益和惩治犯罪之间构建起一个良性平衡的机制。目前，在司法实践中，司法机关对"反套路贷"行为人的处理不尽如人意。据笔者所知，一些司法人员感到处理这个问题缺乏应有的法律支撑，因此也应该引起有关部门的高度重视。

综合所述，对于"套路贷"犯罪的打击需要我们进一步探索和研究，以期寻找到更有力的刑法手段。"问题的核心是要探索制定刑法的原动力。"[1]我想西原春夫先生的这一论述应该是我们所要把握的用刑根本。

---

[1] ［日］西原春夫：《刑法的根基与哲学》，顾肖荣等译，法律出版社2004年版，第5页。

以区块链名义进行的非法集资犯罪及其司法认定

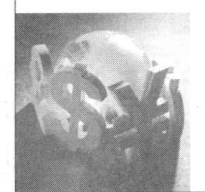

王志祥 *　　融昊 **

摘　要： 区块链技术是一种去中心化、分布记账式的新型互联网技术，比特币等数字货币基于该技术而产生。利用数字货币进行代币融资，可能属于以区块链名义非法集资的行为。就此种非法集资行为构成的犯罪的范围而言，主要涉及非法吸收公众存款罪和集资诈骗罪。针对这种代币集资式的非法集资犯罪，究竟是构成非法吸收公众存款罪还是集资诈骗罪，主要取决于非法占有目的和诈骗行为方式的有无。

关键词： 区块链；数字货币；代币集资；非法集资；集资诈骗

一、问题的提出

近年来，随着区块链技术的发展与大规模普及，其在金融投资领域的应用价值愈发受到大众的青睐。然而，自 2017 年以来，一系列打着区块链融资名义的非法集资类违法犯罪活动不断浮出水面，比如广州的"光锥 LCC 案"、深圳的"普洱币案"以及西安的"大唐币案"等，均是如此。这些涉及区块链融资的非法集资类案件均具有较大的涉案金额，对我国当前蒸蒸日上的互联网金融业务的发展造成了一定的负面影响。由此，有必要结合区块链技术及其在金融领域的衍生概念，针对当下愈演愈烈的区块链非法集资行为进行司法认定方面的深入分析。

---

* 北京师范大学刑事法律科学研究院外国刑法与比较刑法研究所所长、教授。

** 北京师范大学刑事法律科学研究院刑法专业博士研究生。

二、区块链及其相关衍生概念的界定

2008 年，中本聪[1]在《比特币：一种点对点电子现金系统》中最早提出了区块链（block chain）的概念，将其定义为按照时间顺序将数据区块以顺序相连的方式组合成的一种链式数据结构，以密码学方式保证的不可篡改和不可伪造的分布式账本。

基于区块链技术，数字货币应运而生。就数字货币而言，有的国内学者认为包含一切的数字化、电子化货币形态[2]，从而将其等同于非实物货币。国外学者早年在讨论"digital money"这一概念时，存在将电子支付形式作为其最典型特征和将其区别于法定货币这两种界定方式。笔者认为，在界定数字货币的概念时，应注意以下问题：由于数字货币的发行主体不是主权国家，不属于主权货币（主权国家发行的数字货币非本文中的数字货币的概念）；数字货币在表现形式上虽然与电子货币存在共性，但电子货币不过是主权货币的新型表现形态，与纸币相对应，所以数字货币也并非数字化货币。为避免概念上的歧义，本文所指的数字货币为数字（加密）货币，其由非官方金融机构通过网络技术制造、发行，以互联网为媒介实现交易功能，价值取决于货币支配使用者的信任。[3]由此，从规范意义上讲，以比特币为代表的数字货币并非是一种真正的货币。2013 年 12 月 3 日，中国人民银行等五部委联合发布的《关于防范比特币风险的通知》（银发［2013］289 号，以下简称《风险通知》），认定比特币是"特定的虚拟商品，不具有与货币等同的法律地位"，并严格禁止传统金融机构和支付机构开展比特币业务。这主要是基于防范比特币在洗钱等方面的风险的考虑。另外，据数字货币统计网显示：截至2018 年 5 月，数字货币数量已达到 1615 种，市值达到 2196 亿人民币，每 24小时交易量达到 112 亿。考虑到数字货币巨大的交易总值、交易监管的缺失与被不法分子利用实施犯罪的可能性，研究针对其刑事风险的司法治理就显

---

〔1〕 2016 年 5 月 2 日，来自澳大利亚的企业家克雷格·史蒂芬·赖特通过 BBC、《经济学人》杂志以及《GQ》杂志对外公开承认自己就是比特币的创始人中本聪。参见陈耕艺："中本聪和疯狂的比特币"，载《中国信息化》2016 年第 5 期。

〔2〕 参见焦瑾璞等："数字货币与普惠金融发展——理论框架、国际实践与监管体系"，载《金融监管研究》2015 年第 7 期。

〔3〕 参见王谦、戡增艳："网络货币的产生与应对策略研究"，载《经济学家》2015 年第 9 期。

得十分必要。

至于基于区块链技术而产生的数字货币在我国金融领域的应用，主要是通过 ICO 的方式得以进行的。就 ICO（Initial Coin Offering）而言，中文一般译为"首次代币发行"或"虚拟货币首次公开发售"，是一种为加密数字货币/区块链项目筹措资金的常用方式，早期参与者可以从中获得初始产生的加密数字货币作为回报。由于代币具有市场价值，能够兑换成法定货币，因此可以成为项目的开发成本。ICO 的代币可以基于不同的区块链发行，目前较为常见的是基于以太坊（ETH）和比特股（BTS）区块链的发行，由区块链提供记账服务和价值共识以实现代币的全球发行和流通。就其本质而言，ICO 也是一种公开发行，但与 IPO（股票首次公开发行）不同的是，其将发行的标的物由证券换成了数字加密代币。2017 年 9 月 4 日，中国人民银行等七部门正式发布《关于防范代币发行融资风险的公告》（以下简称《风险公告》）。《风险公告》明确指出，代币发行融资活动本质上是一种未经批准的非法公开融资行为，同时将 ICO 所涉嫌构成的犯罪归为非法集资类犯罪。[1]并且，对于发行虚拟货币募集资金，目前国内已有相关判决，同样认定其为"非法吸收公众存款"。如 2017 年 7 月北京市第二中级人民法院对虚拟货币"华强币"一案作出最终判决（［2017］京 02 刑终 349 号），判定被告人张某普等人犯非法吸收公众存款罪。

三、以区块链名义进行的非法集资犯罪的司法认定

由上可见，无论是根据规范梳理的结果，还是对于近年来司法实践的总结，以区块链名义在金融领域所从事的违法行为，大多可归结于非法集资的类型。那么，在区块链金融活动中集资的行为何时属于违法行为，又何时构成犯罪，抑或构成何种犯罪？针对这些问题，需要回到集资行为的法律属性，结合具体的规范进行深入探究。

（一）罪与非罪

所谓非法集资行为，当然是以合法集资或融资行为为参照的。而由于我国法律对于违法行为与犯罪行为的区分采取二元制的立法模式，并且，基于刑法的谦抑性，非法集资行为不一定都属于犯罪行为。那么，在分析以区块

---

〔1〕 参见吴一波、王冠："ICO 融资模式下非法集资问题研究"，载《行政与法》2018 年第 6 期。

链名义非法集资行为的法律性质时，就有必要从区块链金融活动中合法融资行为与非法集资行为的关系和民事或行政非法集资行为与非法集资犯罪的关系的辨析方面入手。

1. 区块链金融活动中合法融资行为与非法集资行为的关系辨析

集资，也称融资，即集聚资金的行为。根据方法的不同，集资具体又可以分为直接融资和间接融资。直接融资是指资金需求者直接向多个资金供给者发出要约或者要约邀请，在给定条件下请求资金供给者提供资金。直接融资的成功依赖于资金供给者对资金需求者的信任。而通过金融中介机构进行融资的方式，被称为间接融资。[1]在我国，直接融资行为主要包括符合法律规定的民间借贷行为、经过有关部门批准发行股票和债券的行为以及经法定机关批准发行证券的行为。由此，广义上的非法集资行为就是合法融资行为以外的行为。

众所周知，无论是数字货币，还是它的发行融资方式ICO，抑或是其技术基础——区块链，本质上都是属于互联网时代中互联网技术运用所带来的高科技产物。它们在金融领域的应用，亦契合了当下国家鼓励互联网金融发展的大潮流。不可否认，合法的区块链金融活动为社会生活和经济发展带来了诸多积极的影响。它对传统金融领域和金融业态提出了颠覆性的挑战，可以打破长期以来的金融垄断主义的束缚，倒逼传统金融体制改革，以适应不断发展的社会经济。就此而言，正常的、符合规范要求的区块链金融活动不仅不应成为刑事司法规制的对象，反而应得到刑法的保护。[2]

2. 区块链活动中民事或行政非法集资行为与非法集资犯罪的关系辨析

一方面，需要强调的是，非法集资行为并非都是由刑法直接予以规制的。构成民商法或行政法意义上的非法集资行为并不一定构成刑事犯罪。另一方面，我国《刑法》对非法集资行为是通过分则中4个具体的法条分别加以规定的，这4个条文具体包括第160条（欺诈发行股票、债券罪）、第176条（非法吸收公众存款罪）、第179条（擅自发行股票、公司、企业债券罪）和第192条（集资诈骗罪）。2010年2月13日最高人民法院公布的《关于审理

---

〔1〕 参见彭冰："非法集资活动规制研究"，载《中国法学》2008年第4期。

〔2〕 参见阴建峰、刘雪丹："互联网股权众筹的刑法规制问题论纲"，载《法律科学（西北政法大学学报）》2018年第1期。

非法集资刑事案件具体应用法律若干问题的解释》（以下简称《非法集资解释》）就非法吸收公众存款、集资诈骗等非法集资犯罪活动的认定问题作出了详细的规定。依据《非法集资解释》第 1 条的规定，非法集资行为是指"违反国家金融管理法律规定，向社会公众（包括单位和个人）吸收资金的行为"。并且，该行为应当具有"非法性、公开性、利诱性、社会性"四个特征。具体内容如下：①非法性：未经有关部门依法批准或者借用合法经营的形式吸收资金；②公开性：通过媒体、推介会、传单、手机短信等途径向社会公开宣传；③利诱性：承诺在一定期限内以货币、实物、股权等方式还本付息或者给付回报；④社会性：向社会公众，即社会不特定对象吸收资金。

由上述规定可知，非法集资类犯罪是典型的以空白罪状的形式在刑法中加以规定的行政犯，其犯罪构成的最终确定有赖于前置性法律规范的相关规定。正如基于法秩序统一理念而衍生出的"二次违法"理论所主张的那样，一种行为构成犯罪，其前提必须是已经超越民法或行政法，而且触碰了刑事法，"前置性法—刑法"这一递进式模式在对非法集资犯罪案件这种"行政犯"进行评价时应当是成立的。[1] 然而，在非法集资类犯罪中，就其行为之所以能够成立犯罪的定性因素而言，除了符合前置性法规范中的相关规定，还须具备《非法集资解释》中所规定的"非法性、公开性、利诱性、社会性"这四个特征。

另外，除了定性因素，前置法意义上的非法集资行为与非法集资类犯罪的行为的区别还在于社会危害性或法益侵害性程度的不同。换而言之，非法集资类犯罪的成立还需要具备一定的定量因素。具体而言，此定量因素主要表现为非法集资行为所吸收的钱款的数额。因此，非法集资类犯罪是典型的数额犯。

具体就以区块链名义非法集资的行为而言，若认定其构成非法集资类犯罪，在定量因素方面一般没有争议。而在定性因素方面，则存在着广泛的争议。而争议的焦点，就在于数字货币的法律性质。根据《风险通知》，以比特币为代表的数字货币不具有货币的属性，而只是一种虚拟商品。基于此，有人可能会认为，发行代币并交易（ICO）的行为不过是一种关于虚拟商品的民

---

〔1〕 参见王吉春："'二次违法'理论在网络集资案件中的适用——兼谈《处置非法集资条例（征求意见稿）》"，载《政法学刊》2017 年第 6 期。

事交易行为，应归属于《合同法》中的买卖合同关系，不涉及融资或集资问题，就更谈不上非法集资了。哪怕将作为交易对象的数字货币在将来可能增值或贬值的不确定性因素考虑进来，交易数字货币也充其量算是平等民商事主体间风险自负的类期货交易，其支付方式并非直接是以现金进行的，而是采取"以币易币"的方法。其在行为外观上无论如何都无法与我们日常认知中发行股票、买卖债券、吸收储蓄或银行借贷等日常融资方式相提并论。但是，事实上，司法机关在判断"吸收资金或存款"的行为时往往是根据金融活动的实质来进行的，如 2017 年 8 月最高人民法院《关于进一步加强金融审判工作的若干意见》第 2 条第 1 款规定："……对以金融创新为名掩盖金融风险、规避金融监管、进行制度套利的金融违规行为，要以其实际构成的法律关系确定其效力和各方的权利义务。对于以金融创新名义非法吸收公众存款或者集资诈骗，构成犯罪的，依法追究刑事责任。"通过代币融资项目募集到的虽然是比特币等虚拟货币，但实质上是筹集了可用法定货币表示的、可迅速兑换为法定货币的资金，因而，代币融资模式"吸收资金或存款"的本质是无可争议的。[1] 并且，从上述非法集资行为的四特征来看，以区块链名义非法集资的代币融资行为亦与其相符：①就违法性方面来说，现有代币融资项目几乎都没有得到"一行两会"（即中国人民银行、中国银行保险业监督管理委员会、中国证券监督管理委员会）等相关机构的批准，也缺乏上述有权机构的直接监管，项目发行方中有的甚至都没有注册公司，也没有履行任何行政备案程序，往往通过各种虚拟货币交易平台进行相关代币发行。②从宣传性方面来说，很多代币融资项目往往借助微信群、QQ 群、专有网站、明星站台路演等各种手段进行公开宣传推广，甚至利用各类微信公众号发布募资白皮书。这一点与《非法集资解释》中的"通过媒体、推介会、传单等途径向社会公开宣传"相吻合。③从利诱性方面来说，如果代币融资项目发行人真正能够做到向投资者不承诺任何固定收益或回报，那么非法集资类犯罪自然就不能成立。然而，现实中，很多代币融资项目的发行人即使不在招募说明书里承诺固定收益或回报，往往也会私下给投资者作出额外的"积分返现""收益保证"等承诺。"承诺回报"作为非法集资犯罪的典型特征，往往会成为定罪的重要依据。④从社会性方面来说，代币融资项目在募集比特币等虚

---

〔1〕 参见吴一波、王冠："ICO 融资模式下非法集资问题研究"，载《行政与法》2018 年第 6 期。

拟货币时，并没有限定在特定对象范围内，在公开宣传的同时其就已经表现出了向不特定对象募集资金的意图。由此可见，前述规范性文件将以区块链名义非法集资（即非法的代币融资行为）在涉及刑事处理时归属于非法集资类犯罪的处罚范围，从法律逻辑上来考虑无疑是能够成立的。

（二）此罪与彼罪

关于非法集资类犯罪涉及的罪名的范围，最高人民检察院于 2013 年在"处置非法集资部际联席会议——防范打击非法集资法律政策宣传座谈会"上作出的名为《非法集资类犯罪的罪名及其界限》的报告认为，非法集资类犯罪主要涉及非法吸收公众存款罪，擅自发行股票、公司、企业债券罪和集资诈骗罪等三个罪名。

然而，《非法集资解释》第 8 条第 2 款却有"明知他人从事欺诈发行股票、债券，非法吸收公众存款，擅自发行股票、债券，集资诈骗或者组织、领导传销活动等集资犯罪活动，为其提供广告等宣传的，以相关犯罪的共犯论处"的规定。这使得有人据此认为组织、领导传销活动罪也是可以作为非法集资犯罪的一个具体罪名而存在的。但是，从刑法教义学的应然层面进行剖析，无论是依据 2011 年 4 月 10 日最高人民法院公布的《关于情节严重的传销或者变相传销行为如何定性问题的批复》（已废止）还是《刑法》第 224 条、第 225 条，传销行为虽然存在分别以非法经营罪与组织、领导传销罪定性的区别，但其作为一种被刑法禁止的经营方式的本性未曾改变。[1]从组织、领导传销活动罪的叙明罪状来看，该罪的显著特征是"推销商品、提供服务为名+人头数目计利"，这与其他几种集资犯罪"从资金当中获利"的特征相差甚远，即使大多数集资犯罪均具有"未经批准"这一特性，集资犯罪的实质或被侵犯的主要客体从来都不是、也不应当是国家对于某一经营资格或条件的管制，而是正常的金融资金流转秩序。如果就某一集资行为采取了传销的方式，这也仅是其实现集资的手段，显然应当依据目的行为而不是手段行为定罪。并且，由于司法实践中非法集资类犯罪确实往往与传销犯罪存在着若干的联系，因此，上述《非法集资解释》中涉及传销的规定，不具有改变非法集资类犯罪核心处罚范围的功能。据此，以区块链名义非法集资的行为，

---

[1] 参见袁彬："传销犯罪独立成罪的合理性及模式——兼评《刑法修正案（七）》"，载《中国刑事法杂志》2009 年第 3 期。

基本上不属于组织、领导传销活动罪的处罚范围。

另外，在讨论以区块链名义非法集资（即非法的代币融资）是否成立擅自发行股票、公司、企业债券罪时，即使代币融资以投资者获得企业债权为承诺，融资主体约定期限与收益，仍无法认定成立擅自发行股票、公司、企业债券罪。理由在于犯罪对象存在着本质差别。股票承载的金融职能要远大于代币。股票作为一种有价证券，与代币具有本质区别，其风险多来自于风险投资而非股票自身，代币与股票的证券性能无法比拟。强行将代币的融资性能解释为发行股票与债券，有类推解释的嫌疑，且超出了当前国民预测可能性，违反了罪刑法定原则。因此，在没有相关司法解释出台的情况下，就代币融资触及非法集资类犯罪的范围而言，结合目前的司法实践和数量有限的规范性文件，择一成立非法吸收公众存款罪和集资诈骗罪较为妥当。

那么，对于构成犯罪的非法代币集资，何时应该适用非法吸收公众存款罪，何时又应该适用集资诈骗罪呢？要想搞清楚这个问题，我们需要结合两罪的界限与区别进行具体辨析。而根据学界的普遍共识，非法吸收公众存款罪和集资诈骗罪的区别主要体现在以下两个方面：

1. 非法占有目的的认定

与非法吸收公众存款罪相比，集资诈骗罪最鲜明的特点就在于它是法定的目的犯，即以非法占有为目的。刑法上的占有是指人对财物事实上支配、管理的状态。非法占有即指非法地对财物进行事实上的支配。不仅如此，其还意味着行为人有排除所有权人的意思。马克昌教授指出："将不法占有理解为不法所有，才是各种金融诈骗罪中'以不法占有为目的'的真正含义。"[1]张明楷教授也认为，非法占有目的，是指排除权利人，将他人的财物作为自己的所有物进行支配，并遵从财物的用途进行利用、处分的意思。即非法占有目的由"排除意思"与"利用意思"构成，前者重视的是法的侧面，后者重视的是经济的侧面。[2]笔者赞同上述观点，即刑法上的占有对财物的支配程度已经达到了民法上对财物的所有的程度，包括我国民法上所说的占有、使用、处分、收益四大权能。因而集资诈骗罪中的"非法占有的目的"就可以被理解为：行为人在主观上有将非法募集的资金占为己有的目的。这也就意

---

〔1〕 参见马克昌："金融诈骗罪若干问题研究"，载《人民检察》2001年第1期。

〔2〕 参见张明楷：《刑法分则的解释原理》（上），中国人民大学出版社2011年版，第437页。

味着，行为人意图通过实施诈骗行为，使集资者的财产脱离其实际控制，而为其所永久支配。[1]

至于"非法占有目的"在司法认定中所依据的具体标准，《非法集资解释》亦对此作出了相关规定。就其实质而言，涉及具有集资诈骗罪中"非法占有目的"的八种情形往往都集中在无法返还或拒不归还集资款上。因此，对行为人主观上是否具有非法占有目的，司法机关一般根据集资款后续使用的方式来加以认定。就代币发行项目能否涉及集资诈骗的问题而言，需要着重查证其项目是否真实存在、项目是否实际正常运营、资金流向等多个方面的因素。对于不能证明发行人将集资款确实用于因生产经营活动所需的正常合理支出的，则不能将该行为排除于犯罪之外；当出现用于生产经营活动与个人占有混同的情形时，应当根据其各自所占比例确定是否纳入刑法处罚的范围。当用于生产经营活动的比例明显高于个人占有情况时，可不作为集资诈骗罪处理。[2]

2. 诈骗行为的认定

根据《刑法》第 192 条的规定，集资诈骗罪是"以非法占有为目的，使用诈骗方法非法集资，数额较大的"行为。与如何认定非法占有目的相比，如何理解《刑法》第 192 条规定的"诈骗行为"，目前在学界仍是一个争议性很强的问题。而这个问题的争议性，并非在于"诈骗方法"的内涵，[3]而在于其在认定集资诈骗的过程中是否属于必要构成要件要素。换而言之，就是其是否是非法吸收公众存款罪和集资诈骗罪的主要区别。有学者认为，是否具有非法占有集资款的目的，是区分二者的唯一关键要素，诈骗行为的有无不会从实质意义上影响二者的界分。[4]笔者则认为并非如此。符合《非法集资解释》第 1 条规定的行为是非法集资行为，第 2 条、第 3 条和第 4 条又分别就非法吸收公众存款罪和集资诈骗罪的认定作出了规定。根据《非法集资解释》第 4 条第 1 款的规定："以非法占有为目的，使用诈骗方法实施本解释

---

〔1〕 参见张明楷：《刑法分则的解释原理》（上），中国人民大学出版社 2011 年版，第 439 页。

〔2〕 参见李勤："非法吸收公众存款罪与集资诈骗罪区分之问——以'二元双层次'犯罪构成理论为视角"，载《东方法学》2017 年第 2 期。

〔3〕 "诈骗方法"很容易理解，即行为人虚构集资用途、集资单位，利用信息不对称的优势骗取他人财物。

〔4〕 参见高铭暄、马克昌主编：《刑法学》（第 8 版），北京大学出版社、高等教育出版社 2017 年版，第 567 页。

第二条规定所列行为的，应当依照刑法第一百九十二条的规定，以集资诈骗罪定罪处罚。"据此，构成集资诈骗罪，不但要求行为人在集资时具有非法占有的目的，也要求行为人使用了诈骗的方法进行集资。就《非法集资解释》第 2 条规定的 10 种情形而言，其中大多数是需要通过虚构事实、隐瞒真相的方法实施的。而就第 8 项"以投资入股的方式非法吸收资金的"，第 9 项"以委托理财的方式非法吸收资金的"，第 10 项"利用民间'会''社'等组织非法吸收资金的"的情形而言，行为人不以诈骗的方式实施吸收资金的情况也有许多，所以，仅仅以是否具有非法占有目的区分非法吸收公众存款罪与集资诈骗罪显然是不合理的。因此，倘若集资人没有使用诈骗的方法而是使用胁迫等其他方法实施了《非法集资解释》第 2 条中第 8 项、第 9 项或者第 10 项的集资行为，即使集资人具有非法占有的目，并且符合其他构成要件，也不能对集资人以集资诈骗罪定罪处罚。[1]基于此，集资诈骗罪的成立不等于非法吸收公众存款罪与非法占有目的的简单叠加，其还需要使用虚构事实、隐瞒真相的诈骗方法。换而言之，非法吸收公众存款不一定必须要求使用诈骗方法，只有使用诈骗方法的非法吸收公众存款的行为才有构成集资诈骗罪的可能性。

在以区块链名义非法集资的项目中，最常见的诈骗方法莫过于通过伪造项目，欺骗广大投资者。不同于传统的融资途径，目前代币融资项目更多地依赖于融资团队发布投资招募书，说明要解决哪些问题，部分较为专业可靠的项目甚至会提供计算机程序编码。相比较于有关从业人员，很多投资者处于信息弱势地位，往往被各种"造富效应"所迷惑，在虚构的类似于"××应用生态链 ICO 白皮书"[2]的欺骗下直接导致财物损失。[3]

---

〔1〕 参见陈家林、薛丰民："非法集资犯罪若干问题研究——以《最高人民法院关于审理非法集资刑事案件具体应用法律若干问题的解释》为切入点"，载《河南财经政法大学学报》2013 年第 5 期。

〔2〕 此类白皮书往往往页数寥寥，内容简单粗糙，但是关于收益预测和奖励机制的内容却异常详尽。

〔3〕 参见吴一波、王冠："ICO 融资模式下非法集资问题研究"，载《行政与法》2018 年第 6 期。

区块链技术下个人信息刑法保护论纲

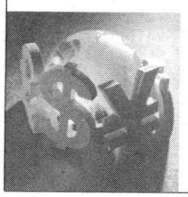

姚建龙 *　　罗建武 **

摘　要：大数据、区块链等重要信息技术的发展对于现代社会产生着深刻影响，在依靠科技创新形成了新的经济增长点的同时，科技的不当应用也带来了一些信息化社会风险。如何正确、合理运用各种法律手段来加以规制，以保障社会和个人权益是新时代需要面对的新挑战。就区块链而言，从理论技术层面固然可以对保障个人信息安全起到一定作用，但也应当看到其在实践层面所存在的问题。同时，不容忽视的是区块链的技术性特征对个人信息刑法保护所造成的认定困境：一是"去中心化"弱化了作为犯罪对象的个人信息的权利属性；二是可编程智能合约强化了个人信息犯罪的隐蔽性。面对这两大困境，在一定时期内自然无法从技术层面去解决。因此，应当从刑事立法或司法角度有针对性地予以完善：一方面，必须全面厘清侵犯个人信息罪所保护的法益；另一方面，应当借鉴《刑法》第395条的"法律推定"的规定模式。面对现代社会存在的社会风险，不仅要依靠技术，也要以完善的刑法制度来规制科技发展本身所带来的刑事风险。

关键词：社会风险；个人信息；区块链；去中心化；可编程性；刑法完善

科技本身的发展就需要法律提供良好的制度环境，同时，科技成果的应用也会带来一系列的新型法律问题。进入信息化社会后，信息安全已经上升到了国家安全的层面。对于个人而言，个人信息泄露也成了现代社会的顽疾，严重损害个人合法权益。提高信息安全防范能力，治理涉信息数据违法犯罪，已经成了国家和社会各界的普遍共识。

---

　* 上海政法学院教授，博士生导师，主要研究刑事法学、未成年人法学。

** 上海政法学院刑事司法学院，硕士研究生，主要研究刑事法学、未成年人法学。

在法律保护层面，2015 年 8 月 29 日通过的《刑法修正案（九）》对《刑法》第 253 条之一作出重大调整，将出售、非法提供公民个人信息罪和非法获取公民个人信息罪整合为统一罪名——侵犯公民个人信息罪。具体而言，一方面，将犯罪主体扩展至一般行为主体，既包括普通身份的自然人，也包括一般的单位及其工作人员，取消了原来特定单位的限制，并对利用职权或职务实施的行为从重处罚。另一方面，将行为方式中的"违反国家规定"扩大至"违反国家有关规定"，使得侵犯公民个人信息罪规制的行为方式更加广泛。为了进一步完善定罪量刑标准，最高人民法院、最高人民检察院于 2017 年 3 月 20 日通过《关于办理侵犯公民个人信息刑事案件适用法律若干问题的解释》。其中详细明确了侵犯公民个人信息罪的行为对象、国家有关规定的含义、提供个人信息的认定、情节严重及情节特别严重的认定以及宽严相济等适用问题。应当说，从刑法规范角度，当前的规范体系基本上能够满足惩治侵犯公民个人信息行为的司法适用。

随着区块链技术的出现及应用，一些研究者开始对运用区块链技术保护个人信息寄予厚望，并开始了对一些理论保护机制的构建以及具体应用场景及其系统模型的设计。然而，相关保护机制是否能够完全有效防止个人信息泄露，是否会对当前的司法运用产生影响，都值得我们去重视反思，并寻求合理、可行的解决方案。鉴于上述问题意识，笔者将从刑法介入信息社会风险的必要性、区块链技术对于保障个人信息的理论设计及其问题、区块链对于个人信息刑法保护带来的认定困境以及相应的应对路径等几个方面来探讨区块链背景下的个人信息刑法保护相关问题。

一、信息化社会背景下刑法谦抑性与犯罪化关系之反思

长期以来，刑法学界一直主张保持刑法谦抑性，刑法不宜过多介入社会生活领域的观点占据着主导地位。那么，刑法是否应当消极应对现代社会所带来的各种严重风险呢？换言之，刑法谦抑性的本质内涵究竟是消极、被动，还是适时、合理出现呢？其实现的路径又何在？只有厘清这些问题，才能够理解为何我们对区块链技术保护下的个人信息还要坚持刑法保护以及如何来构建相应的困境应对策略。

（一）刑法谦抑性的内涵及实现

针对侵犯公民个人信息的非刑法保护主要包括民事侵权责任和行政处罚，

其法律依据包括《民法总则》第 111 条、《侵权责任法》第 36 条以及《网络安全法》。此外，对于个人信息的技术保护也一直在探索之中，尤其是区块链技术的出现，更加让人们期待个人信息安全保障得到加强。那么，在非刑法法律保护或者技术保护的前提下，是否还有必要对个人信息进行刑法保护？这是本文所有论述展开的根本性前提，只有坚持对个人信息进行刑法保护，才有反思技术保护不足以及所带来的刑法保护困境的必要性。

一般而言，将刑法谦抑性解读为刑法应当具有谦逊、抑制的品格。从汉语语义上看，"谦逊"就是谦让、退让，"抑制"就是遏止、压制、谦下。[1] 概言之，刑法不能超前、频繁介入不应当由其先进行调整，其应当保持必要的克制，成为最后一道屏障。张明楷教授给刑法谦抑性下了一个定义："刑法应依据一定的规则控制处罚范围与处罚程度，即凡是适用其他法律足以抑止某种违法行为、足以保护合法权益时，就不要将其规定为犯罪；凡是适用较轻的制裁方法足以抑止某种犯罪行为、足以保护合法权益时，就不要规定较重的制裁方法。"[2] 这一定义既包括了入罪的谦抑性，也包括了处刑的谦抑性。对于刑法谦抑性内容概括得最好的应当是日本的川端博教授。他认为刑法的谦抑性有三项重要内容：补充性、片段性和宽容性。也就是"由刑法的法益保护用其他手段不充分时，才应当以补充它的形式被适用；凭借刑法的法益保护不能是完整的、全面的，必须是特别选择一部分处罚；刑法只是特别选出以违法的形态侵害值得着重保护的重要法益的行为"。[3]

违反刑法谦抑性的现象被称为刑罚早期化或者法益保护早期化。它是指"适应刑法规定所保护的法益，将该法益侵害的结果发生以前的危险行为或者着手实行以前的预备行为作为一个独立的犯罪处罚的倾向"。[4] 借鉴日本学者山中敬一"谦抑的法益保护原则"理论，即用道德规范或其他法规范保护不能带来效果时或效果不充分时，才应开始发动"最后的手段"。马克昌教授提出了谦抑的法益保护早期化原则。在危险社会里，为了有效保护法益，法益

---

〔1〕 参见夏征农、陈至立主编：《大辞海》，上海辞书出版社 2015 年版，第 2716、4224 页。

〔2〕 张明楷："论刑法的谦抑性"，载《法商研究（中南政法学院学报）》1995 年第 4 期。

〔3〕 〔韩〕金尚均：《危险社会与刑法》，成文堂 2001 年版，第 1 页，转引自马克昌："危险社会与刑法谦抑原则"，载《人民检察》2010 年第 3 期。

〔4〕 马克昌："危险社会与刑法谦抑原则"，载《人民检察》2010 年第 3 期。

保护早期化行为入罪是必要的，但应根据谦抑原则予以适当限制。[1]此种观点具有合理性。同时，笔者还认为不能笼统地将犯罪化等同于违反刑法的谦抑性原则，应当将其危险行为正犯化和危险行为正犯化的法益保护早期化与民法、行政法等手段保护不充分的重要法益尚未入罪而有必要犯罪化的现象相区分。

犯罪化与刑法谦抑性本质上乃是保护法益与保障人权两个不同侧重的价值取向，对于二者之间是否就是完全的、根本的对立关系，笔者持否定态度，二者在一定程度上具有相互促进的作用。储槐植教授指出："扩大犯罪圈无疑是我国当下进一步严密刑事法网、提升公民守法意识的必然选择。我国刑法谦抑性的着重点主要体现在总体刑罚量配置以及个罪平均刑罚量配置的减轻上；我国刑法的谦抑主要体现在刑的谦抑而不是罪的谦抑。"[2]储槐植教授的观点对于当前及今后一定时期内我国社会对刑法的实际需求状况做出了客观的评价，可谓一语中的。因此，针对当前社会转型与信息化的大潮中存在的巨大、潜在风险，有必要"坚持积极的刑法立法观，刑法的谦抑性并不反对及时增设一定数量的新罪"。[3]概言之，实现刑法谦抑性的途径要借鉴储槐植教授所提出的"严而不厉"思想，即严密刑事法网、严格刑事责任，但刑罚轻缓，以此来应对非刑法保护不力时的重大社会风险。可见，对于个人信息进行刑法保护既有正当性，也有必要性，保护法益与保障人权并非完全对立。

（二）个人信息法律保护的位阶

进入信息化社会，重大风险大幅上升，新型犯罪层出不穷。面对信息类犯罪高发态势，究竟是依靠技术保护，还是依靠法律保护（尤其是刑法保护），各种观点莫衷一是。其中，很有代表性的一类观点是：刑法需要保持克制，应当通过完善前置法来应对个人信息泄露等问题。[4]这也正是坚持刑法谦抑性学者们所赞同的主张。当前，我国对个人信息的保护主要集中于刑法保护，造成这种现状的原因主要有两个方面：一方面，针对个人信息的犯罪

---

[1] 参见马克昌："危险社会与刑法谦抑原则"，载《人民检察》2010年第3期。

[2] 储槐植、何群："刑法谦抑性实践理性辨析"，载《苏州大学学报（哲学社会科学版）》2016年第3期。

[3] 周光权："积极刑法立法观在中国的确立"，载《法学研究》2016年第4期。

[4] 参见冀洋："法益自决权与侵犯公民个人信息罪的司法边界"，载《中国法学》2019年第4期。

以及派生犯罪猖獗，比如贩卖个人信息、利用获取的个人信息所进行的网络诈骗、电信诈骗等，需要动刑。另一方面，在于我国个人信息保护立法的滞后，造成了前置性法律缺失，非刑法的法律保护措施不力，刑法不得不介入。对涉个人信息的相关行为是否需要刑法介入（值不值得动用刑罚），刑法何时介入，都必须明确一个核心问题：个人信息的本质及其法律属性。从而能够明确个人信息法律保护的位阶以及刑法介入的程度，并完善其相应的规范体系。

关于个人信息的概念，从我国当前的立法来看，并无直接的法律界定。我国《宪法》在第三章"公民的基本权利与义务"中规定了公民的人身自由不受侵犯、人格尊严不受侵犯、住宅不受侵犯、通信自由和通信秘密不受侵犯。至于将个人信息权归入何种权利，存在争议。《民法总则》第 111 条明确规定，自然人的个人信息受法律保护，任何组织和个人都必须依法运用并保证其安全性。但对于个人信息的内涵与范围依然不明。对于个人信息的概念内涵作出明确界定是在司法解释层面实现的，[1]对其定义侧重于可识别性，包括单独识别和结合识别。但依然没有对个人信息的法律属性（权利类型）作出规定，也即侵犯公民个人信息罪保护的法益是什么？权利属性不同必然导致法律保护位阶的差异。

从文理解释的角度看，个人信息是指与个人有关的所有信息似乎并无不妥。它包括："人之内心、身体、身份、地位以及其他关于个人之一切事项的事实、判断、评价等在内的所有信息。"[2]个人信息涉及的范围很广，既包括客观性的事实信息，也包括主观性的表达信息；既包括隐私类信息，也包括可公开信息。主要涉及个人基本身份信息、社会交往信息、消费信息等。它包括两大特点：一是主体性，个人信息的主体是人；二是关联性与可识别性。对于个人信息的本质，主要有三种观点：一是认为个人信息是所有权的一种载体，称之为个人信息权，我们可以对它行使所有权的一切权能。二是认为另一种是根据我国当前立法对个人信息保护的体例进行体系解释，认为个人

---

[1] 最高人民法院、最高人民检察院发布的《关于办理侵犯公民个人信息刑事案件适用法律若干问题的解释》第 1 条明确规定："刑法第二百五十三条之一规定的'公民个人信息'，是指以电子或者其他方式记录的能够单独或者与其他信息结合识别特定自然人身份或者反映特定自然人活动情况的各种信息，包括姓名、身份证件号码、通信通讯联系方式、住址、账号密码、财产状况、行踪轨迹等。"

[2] 范江真微："政府信息公开与个人隐私之保护"，载《法令月刊》2001 年第 5 期。

信息所体现的是公民的隐私权。三是认为个人信息的属性属于个人尊严与个人自由的范畴。[1]对此,赵秉志教授明确指出:"个人信息不等同于个人隐私,即便个人信息已经公开,仍有可能成为刑法第二百五十三条之一所规定犯罪的侵害对象。"[2]这种观点应当说足以为我们明确个人信息的法律属性提供有益视角。

个人信息与个人隐私应当是包含与被包含的关系,前者不仅包括不愿为人知悉的信息,还包括通过一定程序可以公开让他人知悉以及用于社会交往当然须让他人知悉的信息。将个人信息与个人隐私在同等意义上使用,不利于对公民权利的保护,也不利于在信息时代对个人信息和合法合理利用。如果将个人信息界定为个人隐私,那么,所有个人信息的利用都必须经过本人的同意,无论是私人还是公权力机构都毫无例外。因此,必须明确个人信息的范围包括但不限于个人隐私。对个人信息依据其重要性进行分类,有利于有针对性地采取不同位阶的法律保护手段。就广义的个人信息——个人隐私——而言,应当尽可能在民事责任和行政处罚的范围内解决,而极其重要的、影响生命或财产权益的个人信息则应当被纳入刑法的规制范围,以同时实现保障社会良性运转和保护公民个人合法权益的双重目的。

二、区块链技术对个人信息技术保护的理论路径与风险

区块链是计算机技术领域的一项突破性技术,从产生以来就对各个领域产生着重要影响。诸多领域已经将其加以应用(尤其是金融行业),比较常见的应用平台包括比特币、以太坊、联盟链等,并且"区块链+"正在逐渐成为其应用趋势。日本学者将区块链称为用互联网传递经济价值,构筑社会新模式的伟大技术。[3]但应当看到,不论是技术本身还是其应用都会产生一定的争议问题,区块链也不例外。就刑法学界及实务界而言,我们应当警惕区块链可能已经产生或潜在具有巨大的刑事风险,比如 ICO 行为的刑法规制、洗钱犯罪、涉税犯罪、外汇犯罪等。本文主要就区块链对个人信息进行技术保

〔1〕 参见高富平、王文祥:"出售或提供公民个人信息入罪的边界——以侵犯公民个人信息罪所保护的法益为视角",载《政治与法律》2017 年第 2 期。

〔2〕 赵秉志:"公民个人信息刑法保护问题研究",载《华东政法大学学报》2014 年第 1 期。

〔3〕 参见 [日] 野口悠纪雄:《区块链革命:分布式自律型社会出现》,韩鸽译,东方出版社 2018 年版,第 1~9 页。

护展开理性反思，并进一步分析区块链对个人信息刑法保护所产生的影响以及应对路径。

（一）区块链保护个人信息的理论机制

区块链（blockchain）在形式上是一种数据结构，分为"区块"和"链"两个基本结构。对于其具体含义，较为通俗的定义为："一种按照时间顺序将数据区块用类似链表的方式组成的数据结构，并以密码学方式保证不可篡改和不可伪造的分布式去中心化账本，能够安全存储简单的、有先后关系的、能在系统内进行验证的数据。"[1]它具有去中心化、时序数据、集体维护、可编程和安全可信等特点，核心本质是去中心化。[2]其价值与应用前景受到了各个领域的高度重视。其技术优势主要在于去中心化的分布式结构以共同维护方式来节省中介成本、不可篡改的时间戳特征可以追踪数据与实现信息防伪、非对称加密数学实现去信任但结果可信任，其最大价值在于实现互联网时代从信息互联到价值互联。[3]

上述价值是将区块链应用于金融领域的优越性，那么，在将区块链应用于金融行业之外的其他领域（如教育、医疗、公共服务等）时，这些优越性是否还依然存在，甚至是否会产生新的风险？就本文而言，我们主要就区块链应用于个人信息保护上的理论机制与框架设计展开论证，具体的应用场景设定于互联网租车软件中的个人信息保护。对此，信息技术领域的研究者认为，将区块链技术应用于互联网租车平台中后，将会达到这样的效果："互联网租车软件平台无法获取用户的行程路线隐私，从而无法将用户行程路线售卖给其他团体；其次，用户可看到所有的访问者记录，从而增强对自己数据的掌控感；再者，一旦用户决定停止使用该互联网租车软件，可以撤销其数据交互审计平台对自身数据的访问权；最后，假如撤销权限后该互联网租车软件平台遭受黑客入侵使得用户信息泄露，用户可将访问者记录作为证据状告互联网租车软件平台不及时清空用户信息的违规行为。"[4]但实际上，上述

---

〔1〕 转引自沈鑫、裴庆祺、刘雪峰："区块链技术综述"，载《网络与信息安全学报》2016年第11期。

〔2〕 参见袁勇、王飞跃："区块链技术发展现状与展望"，载《自动化学报》2016年第4期。

〔3〕 参见林小驰、胡叶倩雯："关于区块链技术的研究综述"，载《金融市场研究》2016年第2期。

〔4〕 章宁、钟珊："基于区块链的个人隐私保护机制"，载《计算机应用》2017年第10期。

场景中的隐私保护机制要借助于第三方数据库（即一种开源的数据库，只要提供一个链接便可使用，其存放的是用户隐私数据的加密形式，看不见隐私数据具体内容）与数据交互审计平台（即一种建构在区块链之上并对所有数据操作行为进行审计的系统，可保证所有相关数据操作都被记录在区块链中）来实现。

事实上，从区块链的产生与发展历程来看，其所有技术性特征在最初都是服务于经济价值的，对于将其应用于各领域以保障个人信息安全的能力其实是无法完全信任的。从宏观上而言，重要原因在于任何密码技术都存在被破解的可能，并且当前的区块链技术应用所涉及的数据体量还相对较小，还没有真正让更大范围的用户参与其中。因此，区块链技术的优势在未来也会迎来更多的挑战。接下来，笔者将会更加详细地论述为何区块链技术会在个人信息技术保护的实践中遭遇瓶颈。

（二）区块链保护个人信息的实践检视

从前述具体应用场景下的基于区块链的个人信息保护来看，当前及未来的个人信息保护问题似乎得到了解决。但从区块链的原理构成及功能发挥来看，其存在的问题也是不应当忽视的，尤其是实践上存在的困境。在个人信息保护这一重要命题上，即使有技术保护，也必须有法律保护（包括刑法保护）来加以规制，从而以刑罚的手段来震慑涉信息犯罪。

理性面对区块链技术的应用与发展，我们应当清楚：区块链技术保证价值交换高效（无信任下交易主体直接交易）、安全（每次交易使用不同的数字证书和账户地址）的优势不等于其应用于其他领域在保证信息安全上都具有程度相当高的优势。信息技术领域的研究者们也意识到了区块链优势背后的潜在风险。其中很有代表性的观点认为："大多区块链平台的数据都是公开透明地全量存储在每个节点上，仅依靠交易的签名与验证来确保资产的所有权和保证交易的不可伪造，除此之外，基本没有再提供其他的安全机制，有别于传统数据库中心化的访问控制。"[1]简言之，区块链中的安全机制是单一的、薄弱的，缺少强有力的多重保护机制。更有研究者详细地从网络层面、交易层面、应用层面分析了区块链技术面临的隐私风险，即恶意节点可以轻易接入网络、任何加入区块链网络的节点都可以获得完整的全局账本并分析所有

---

[1] 邵奇峰等："区块链技术：架构及进展"，载《计算机学报》2018 年第 5 期。

交易记录、区块链技术用户和区块链服务提供商的行为均有隐私泄露风险。[1]概括而言，区块链领域的研究者们也并不认为区块链技术是无可挑剔的完美技术，同样也是需要一体两面地看待的事物。

那么，能否通过技术手段来实现区块链技术应用中的个人信息安全呢？就将区块链应用于信息保护而言，笔者认为实际上它不是真正的"去中心化"，而是"多中心化"，因为每个节点都存储了所有信息，同样存在着信息泄露的风险。相对于金融领域点对点交易的"去中心化"优势，在个人信息保护的应用层面，实际上是"多中心"，而且这些"中心"——网络节点——实质上更多的是个人电脑，要实现区块链网络中数以万计的个人电脑采用同等的安全技术措施，实际上很难实现，即便技术能够做到，其维护运营成本将是无法估量的。进一步，泄露的交易信息及其关联性可以用来推测敏感信息，这主要是通过降低区块链地址的匿名性来实现的，甚至可以发现匿名地址对应用户的真实身份信息。[2]因此，在区块链技术大量应用的技术背景下，实践中个人信息保护依然是一个需要予以重视并保障的老问题。

三、区块链的技术特征对个人信息刑法保护的认定困境

为了满足社会发展与公民安全的需求，刑法适时介入，保护公民个人信息具有现实意义。区块链的出现及发展，在保障交易高效、安全的同时，一些技术性的尚未解决的难题会影响刑事司法对于涉信息类犯罪的认定。结合区块链的技术特征，主要会增加以下两个方面的认定难度：

（一）"去中心化"弱化个人信息的权利属性

在刑法立法上，对于侵犯公民个人信息罪犯罪对象——公民个人信息——的界定一直处于空白状态。直到 2017 年两高出台相关司法解释，以"可识别性"为根本特征对"公民个人信息"进行了规范解释。然而，除了"可识别性"之外，公民个人信息还具备其他特征，比如权利性、重要性（层次性）等特征。可见，侵犯公民个人信息的行为，不仅本身侵犯了公民个人的合法权利，还会衍生一系列的关联犯罪，严重侵犯公民的生命财产安全。鉴于文章的论证重点在"可识别性"，在此对其他问题不予赘述。

---

〔1〕 祝烈煌等："区块链隐私保护研究综述"，载《计算机研究与发展》2017 年第 10 期。
〔2〕 祝烈煌等："区块链隐私保护研究综述"，载《计算机研究与发展》2017 年第 10 期。

　　既然"可识别性"是认定侵犯公民个人信息犯罪及相关犯罪的重要标准，一些主体为了规避法律、使个人信息变得"不可识别"，会将数据去身份化或匿名化，以实现把个人标识剥离出来。因此，可不可识别的界限变得模糊。[1]由此产生的问题是，区块链技术下匿名信息能否成为犯罪对象。对此，笔者认为，应当厘清个人信息的法律属性，这关乎刑法所要保护的是什么法益。这个问题本文一开始就已经提出，在此再次重申。有学者提出了一个崭新的视角："侵犯公民个人信息罪所保护的法益，是具备实质权利内涵的集体法益，具体为信息专有权，也就是法定主体对于所占有个人信息的处分权限。通过对信息专有权的刑法保护，可以实现对作为宪法法益的信息自决权的间接保护。"[2]然而，进一步需要明确的焦点是：在区块链"去中心化"的技术特征之下，这个拥有信息专有权的法定主体（集体）由谁来充任？是企业本身，还是国家有关职能部门？笔者以为，在信息社会与大数据的双重时代背景下，信息对于国家发展与国际竞争而言，已经成为一种重要的、潜在价值巨大的战略资源。

　　因此，在承认公民个人的信息权益（主要是涉及生命和重要财产安全的才由刑法调整）的基础上，更加应当确立国家对于国民信息的专有权，以促进国家、社会与公民个体的共同发展。如此一来，我国的涉信息犯罪必将要进行一定的调整、完善，以应对大数据、区块链等革命性互联网技术发展中的风险。

　　（二）可编程性强化个人信息犯罪的隐蔽性

　　智能合约的本质就是由代码组成的数字化协议，可编程智能合约是区块链在"去中心化""去信用"的基础上实现促成交易、降低交易成本的重要构成机理。智能合约系统具有易用性和隐蔽性，智能合约不可逆转的自动性和执行性使其具有提供信任基础和消除监管的效果，容易被不法分子所利用。[3]因此，一旦智能合约被不法分子所利用，其产生的刑事风险将是巨大的，这里笔者是就涉信息犯罪的行为方式而言的，涉及的罪名主要是侵犯公民个人信息罪。

---

　　〔1〕　参见陈璐："个人信息刑法保护之界限研究"，载《河南大学学报（社会科学版）》2018年第3期。

　　〔2〕　敬力嘉："大数据环境下侵犯公民个人信息罪法益的应然转向"，载《法学评论》2018年第2期。

　　〔3〕　赵志华："区块链技术驱动下智能合约犯罪研究"，载《中国刑事法杂志》2019年第4期。

根据《刑法》第 253 条之一的条文规定，侵犯公民个人信息罪的具体行为方式包括出售、提供和非法获取。具体而言，"出售"是指将自己掌握的个人信息有偿提供给他人以从中牟利的行为；"提供"是指违反国家有关规定（广义上的违法）将自己掌握的个人信息提供给他人的行为，此行为不要求牟利，以区别于出售行为；"非法获取"是指以非法的手段获取公民个人信息的行为。在这里，不仅犯罪主体包括个人和单位，"他人"也包含个人和单位。需要强调指出的是，"出售""提供""非法获取"并未将所有的涉信息犯罪行为方式完全囊括，比如，如何认定合法获取个人信息后既不出售也不提供给他人，而是自己进行非法利用的行为该如何定性？就涉区块链中的涉信息犯罪而言，因为"时间戳"[1] 的存在，在记录的真实和完整性方面具有不可更改性，无法被犯罪行为所利用。因此，产生犯罪的环节主要在智能合约层面，即可编程智能合约实际上是强化了出售、提供、非法获取公民个人信息行为的隐蔽性。

至于智能合约可编程特征强化涉信息犯罪行为方式隐蔽性给个人信息刑法保护带来的认定困境从何而来，笔者认为主要是造成犯罪行为人所掌握的个人信息来源非法的认定问题。从刑事司法实践来说，公诉机关承担着对行为人定罪量刑的证明责任，如果没有证据证明行为人所掌握信息来源非法，那么，就无法对相关的犯罪行为进行有效惩治。当然，在证明个人信息来源非法的过程当中，"违反国家有关规定"的内涵也需要予以明确。根据 2017 年两高的司法解释，"违反国家有关规定"的范围包括法律、行政法规和部门规章。尽管如此，区块链智能合约技术原理带来的涉个人信息犯罪行为方式隐蔽性问题依然存在，这需要我们从刑事立法与司法角度去予以解决。

四、区块链时代个人信息刑法保护认定困境的应对建议

技术和制度本身发展不完善所带来的风险在短期内无法依靠其自身解决，也就是说，区块链技术特征给个人信息刑法保护带来的司法认定困境，应当从刑法规范立法与解释上予以针对性完善。

（一）厘正侵犯公民个人信息罪的保护法益

本文于前文中已经探讨了个人信息的法律属性以及法律保护位阶，就刑

---

[1] 时间戳，是指一个能表示一份数据在某个特定时间之前已经存在的、完整的、可验证的数据，通常是一个字符序列，唯一地标识某一刻的时间。

法保护而言，必须要明晰其保护的法益，同时，该法益是否值得刑法介入。因此，应当厘清侵犯公民个人信息罪所保护的法律及其重要性程度，以应对区块链"去中心化"特征下合理地对涉信息犯罪进行有效预防与惩治。

首先，要厘清侵犯公民个人信息罪所保护的法益，需要在前述区别于个人隐私的基础上进一步与相关概念区分开来。这里主要是与个人资料做区分。世界各国对于个人信息、个人资料、个人隐私的理解尚未有一致看法。[1]"资料"和"信息"是一对既相互联系，又相互区别的概念。资料（Data）是指代表人、事、时、地的一种符号序列（不以文字为限）；信息（Information）是指资料经过处理后可以提供为人所用的信息。[2]由此可见，个人资料是个人信息的具体表现形式，二者是内容与形式的关系。同时，个人信息的表现形式具有多样性，并不一定都表现为个人资料，没有物化为个人信息的个人资料客观存在，比如一个人自然表现出来的个人属性。[3]并且，个人资料相对而言具有更强的客观性，资料收集者基于不同的目的对所收集到的个人资料进行不同的处理、形成不同的个人信息，甚至他们收集的个人信息是同一的，而得到的个人信息也不尽相同。[4]因此，个人信息，是指与个人有关的、由个人资料提炼的（并非唯一途径）、具有价值的内容。所以，刑法要保护的法益也只能是载体所承载的价值，而非载体本身。

其次，对于个人信息的权利类型也有必要赋予适当的体系性地位。就目前来说，主要有三种学说，分别是隐私权说、生活安宁权说以及信息价值说。有学者认为这三种观点各有侧重但也各存偏颇，因而在上述三种学说基础之上，形成了融合三种学说优点弥补其不足的"折中说"——公民个人信息应为"违背公民本人真实意思表示且在客观上公开会造成公民个人人身、财产安全隐患的一切信息"。[5]此学说突出了主观真实意思表示：同意和客观危害性：人身、财产安全隐患两大主客观特征。此外，也有学者明确将个人信息

〔1〕 如1973年瑞典制定《资料法》，1974年美国制定《隐私权法》，1978年奥地利制定《信息保护法》等。

〔2〕 转引自齐爱民："论个人资料"，载《法学》2003年第8期。

〔3〕 参见齐爱民："论个人资料"，载《法学》2003年第8期。

〔4〕 参见陈波、周小莉："个人资料与个人信息、隐私权的关系分析——基于行政公开的视角"，载《江汉论坛》2011年第4期。

〔5〕 庄绪龙："侵犯公民个人信息罪的基本问题——以'两高'最新颁布的司法解释为视角展开"，载《法律适用》2018年第7期。

的权利类型界定为个人信息权，并进一步提出应当转变个人信息刑法保护的思路，即"从隐私权保护模式转向以个人信息权为基础的保护模式"。〔1〕应当说，这些学说都有助于说明刑法规制涉个人信息犯罪的正当性与合理性。

最后，笔者依然要重申，在信息化时代，随着大数据等信息应用技术的发展，个人信息不再仅仅体现公民个人的权利属性与自我价值，而是更多地体现出国家战略价值。因此，对于涉个人信息犯罪，刑法不仅不应当退步、萎缩，相反，应当以更加积极的姿态应对社会经济发展过程中危害性严重的数据信息类犯罪。这样才能够既维护公民的重要权益，进而维护国家信息安全。

（二）完善刑事司法认定中的责任推定规则

在区块链技术对刑法所带来的认定困境中，可编程性导致个人信息犯罪的隐蔽性增加是不可回避的问题。具体而言就是，具有可编程特征的智能合约被不法分子利用之后，因其点对点传输、数字验证加密，在认定行为中个人信息来源的非法性时，司法机关难以应付。

针对这一问题，笔者尝试性提出责任的法律推定规则。对于该规则，是受启发于《刑法》第395条的巨额财产来源不明罪。该条规定：国家工作人员的财产、支出明显超过合法收入，差额巨大的举证责任由司法机关承担，不能说明来源合法的差额部分以非法所得论。需要强调指出的是，有学者认为我国刑法中的巨额财产来源不明罪、非法持有型犯罪（如非法持有、私藏枪支、弹药罪，非法携带枪支、弹药、管制刀具、危险物品危及公共安全罪，持有、使用假币罪，非法持有属于国家绝密、机密的文件、资料罪等）都属于刑事诉讼中的举证责任倒置。〔2〕笔者认为，这一规定并非是举证责任倒置，〔3〕而是基于法律规定的推定。原因在于《刑法》第395条规定的"不能说明合法来源"，其本质上是一种说明义务，也即如实交代的义务，并非强制性要求犯罪嫌疑人或被告人及辩护方承担具体的举证责任。事实上，犯罪嫌

---

〔1〕 于志刚："'公民个人信息'的权利属性与刑法保护思路"，载《浙江社会科学》2017年第10期。

〔2〕 彭荣、李一珊："论刑事诉讼中的证明责任"，载《云南大学学报（法学版）》2015年第2期。

〔3〕 举证责任倒置一般在民事诉讼中涉及，它指基于法律规定，将提出主张的一方当事人（一般是原告）就某种事由不负担举证责任，而由他方当事人（一般是被告）就某种事实存在或不存在承担举证责任，如果该方当事人不能就此举证证明，则推定原告的事实主张成立的一种举证责任分配制度。在一般证据规则中，"谁主张谁举证'是举证责任分配的一般原则，而举证责任的倒置则是这一原则的例外。

疑人或被告人对"来源"提供线索之后，承担查证及举证责任的机关还是司法机关。当无法提供线索时，则推定超出合法来源的部分"不合法"。

就本文而言，将这一规则具体应用到区块链技术下的个人信息犯罪的侵害对象来源非法性，可以解释为：涉个人信息犯罪的行为人应当说明其所掌握的数据来源合法的线索，由公安司法机关来查证，并在法庭上举证、质证，最终审判机关作出公正的裁判。之所以将上述"法律推定"引入个人信息刑法保护的司法认定当中，主要是基于在区块链技术下，个人信息犯罪的隐蔽性更加增强，如果仅仅依靠公安司法机关，将出现司法认定的困局。最终，这些都要依靠刑法立法或司法解释来予以法定化、规范化。

结 语

随着信息领域技术的发展和社会活动与社会交往的频繁，当今世界信息交换速度极快、容量巨大、潜在价值巨大。随着云计算等技术手段的应用，大数据的潜在价值将很快显现，很多国家已经将信息大数据视为重要的战略资源。另一方面，它就像悬在人们头上一把利剑，随时可能因为不当利用造成快速爆发且无法估量的危机。因此，应当坚持积极的刑法规制理念，防范信息社会可能存在的巨大刑事风险。此外，我国个人信息保护的法律规范相对分散，且位阶相对较低。[1]可见，针对我国个人信息被侵犯的严重性和法律规范的不协调性，从社会管理角度来看，我国个人信息保护缺少一个总的法律衔接来协调各种关系。因此，制定一部高位阶、系统化的《个人信息保护法》来作为一般性保护手段，将刑法作为最后的屏障，也是需要引起重视的一个方面。

---

〔1〕 目前，我国与个人信息保护相关的法律规范有24部，其中国家法律3部，行政法规1部，司法解释2部，行政规章18部。

互联网金融企业建立刑事合规制度的探讨 *

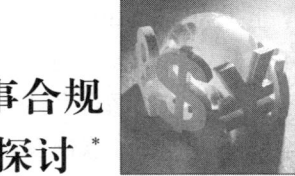

欧阳本祺 **　　史雯 ***

摘　要：刑事合规是以企业自我管理为中心建立的刑事风险预防制度，可以发挥比其他方式更显著的企业犯罪预防效果。对于互联网金融企业而言，刑事合规可以从源头降低企业的刑事风险，增强企业抵抗刑事风险的能力，有利于互联网金融企业的安全、良性发展。互联网金融企业可以通过确立刑事化的预防标准、划定全面化的预防范围、构建完整化的预防体系等路径实现企业刑事合规。

关键词：互联网金融企业；刑事合规；必要性；路径

近十年来，随着我国互联网信息技术的飞速发展，各种互联网经济潮起潮落，大浪淘沙，盛衰有凭。有的企业在经过痛苦的"烧钱圈地"以后，慢慢进入规范发展阶段，如各种网约车、外卖等；也有的企业曾经红极一时，但也只是昙花一现，如曾经被誉为我国"新四大发明"之一的共享单车，成了很多人心中的痛，给许多城市留下了一座座"单车坟墓"。被称为互联网金融创新的网贷平台，确实也曾经为我国的经济发展做出过积极贡献。但自2015年以来，各种"问题平台"层出不穷，这些问题体现为提现困难、经侦介入、跑路、延期兑付、网站关闭。据网贷之家官网统计：2015年1月时各种问题平台为422家，到2015年12月时这一数据增至1214家，2016年12月

---

* 本文系江苏省高校哲学社会科学重大项目（2015ZDAXM003）、江苏省哲学社会科学重点项目（15FXA002）、国家社科基金项目（16BFX031）的阶段性成果；同时受江苏高校"青蓝工程"以及江苏高校哲学社会科学重点研究基地（2015ZSJD002）资助。

** 东南大学法学院教授、博士生导师。

*** 东南大学法学院博士研究生。

增至 1780 家，2017 年 12 月增至 2005 家，2018 年 12 增至 2696 家。截至 2019 年 7 月，我国各种网贷平台累计达 6617 家，其中正常运营的平台只剩下 772 家，停业转型平台累计 3018 家，问题平台数累计 2827 家。[1]问题平台的激增反映了我国互联网金融企业的生态脆弱性和经营不规范性，导致很多投资者血本无归，也给国家和社会带来了极大的不稳定性，严重影响了我国经济的健康发展。因此，我们有必要从源头上预防互联网金融企业的刑事风险。刑事合规制度的独特功能和互联网金融企业的特性，使得建立刑事合规制度成了互联网金融企业在预防刑事风险方面的最佳选择。本文旨在探讨互联网金融企业建立刑事合规制度的必要性和路径。

一、刑事合规的主要功能

目前，我国尚未建立真正意义上的刑事合规制度，相比之下，欧美各国于 20 世纪初就着手建立并逐渐完善了刑事合规制度，现在已"达到了可期待其充分发挥效果的水平"。[2]因此，本文将从刑事合规制度介绍入手，分析这一制度的主要功能，深入了解刑事合规与犯罪预防的关联，以期对解决我国互联网金融企业刑事风险预防的相关问题有所裨益。

（一）刑事合规的基本类型

我们通常所说的刑事合规，实际上可以被分为三种不同类型：一是企业管理制度中的刑事合规；二是国家刑法制度中的刑事合规；三是其他法律业务中的刑事合规。

（1）企业管理制度中的刑事合规。刑事合规以"企业合规管理制度"的原始面貌诞生于美国，是现代企业对法律法规自觉遵守的表现。从 20 世纪 30 年代到 70 年代，在《国家工业复兴法》《反托拉斯法》《反海外腐败法》等法律的"督导"下，以及水门事件、五角大楼舞弊案等企业丑闻的推动下，美国企业愈发重视在企业管理制度中引入合规管理机制，自行采取防止企业

---

〔1〕 参见网贷之家："网贷数据"，载 https://shuju.wdzj.com/industry-list.html，访问日期：2019 年 8 月 15 日。

〔2〕 ［日］川崎友巳："合规计划的现状"，曾文科译，载李本灿等编译：《合规与刑法：全球视野的考察》，中国政法大学出版社 2018 年版，第 21 页。

违法犯罪的相关措施，遵守商业道德。[1]通过合规管理，企业可以在一定程度上按照事先规划避免违法犯罪行为的发生。正因如此，这种有效的企业自主纠偏的手段不仅引发了企业管理制度的变革，也让合规管理"与业务管理和财务管理一起，被并称为企业管理的三大支柱"[2]。时至今日，企业合规管理制度越来越被其他国家认可和接受，成了世界性的企业发展趋势。

（2）国家刑法制度中的刑事合规。美国于 1991 年颁布的《联邦量刑指南》将"企业正确实施了合规管理制度"这一情节规定为法定的罚金减轻事由，自此，刑事合规便走进了国家刑法制度的领域。《联邦量刑指南》规定，根据企业是否具有有效的合规管理，决定对其施以何种程度的刑罚。这份文件明确规定，能够获得罚金减免的合规管理必须是"能够合理进行规划、实施并执行完成，并对一般犯罪行为能起到预防与发现作用的机制"。[3]同时，美国还相继确立了暂缓起诉协议制度（DPA）和不起诉协议制度（NPA），对于涉嫌犯罪的企业，可以根据其合规管理的情况决定是否达成协议，若达成协议，则会在法定考验期内考察该企业是否建立有效的、足以弥补公司管理制度漏洞的合规管理体系，以此决定是否提起公诉、是否免予刑罚。美国在国家刑法制度中对企业刑事合规的确认，在很大程度上激励了企业加强自我管理，并取得了瞩目的成效。英国、意大利、日本等国家也因此纷纷在本国立法中确认刑事合规制度，将企业刑事责任与刑事合规建立连接。例如，意大利在其刑法中规定"如果公司已经接受并实施了适合与防止犯罪的组织模式，制裁程度将被降低"。[4]

（3）其他法律业务中的刑事合规。刑事合规不仅被视为公司管理制度，也不仅仅在国家刑法制度中发挥作用，还在一些行业管理部门、律师事务所等机构的法律业务中获得了长足发展。一方面，刑事合规的迅速发展正是得益于行业管理部门的"鼎力相助"，行业管理部门在督促或协助企业实现刑事

〔1〕 参见［日］川崎友巳："合规管理制度的产生与发展"，李世阳译，载李本灿等编译：《合规与刑法：全球视野的考察》，中国政法大学出版社 2018 年版，第 5 页以下。

〔2〕 陈瑞华："企业合规制度的三个维度——比较法视野下的分析"，载《比较法研究》2019 年第 3 期。

〔3〕 参见［日］川崎友巳："合规管理制度的产生与发展"，李世阳译，载李本灿等编译：《合规与刑法：全球视野的考察》，中国政法大学出版社 2018 年版，第 16 页。

〔4〕 ［德］乌尔里希·齐白：《全球风险社会与信息社会中的刑法》，周遵友等译，中国法制出版社 2012 年版，第 270 页。

合规管理过程中开展的相关法律业务，在某种程度上也是刑事合规的一种表现。另一方面，伴随着经济全球化发展，刑事合规也逐渐成了一种重要的律师业务。律师服务业务中的刑事合规，主要包括两个方面：一方面，律师通过提供法律咨询和法律建议，协助企业构建完善的规章制度，防止企业或单位工作人员的工作行为触犯刑事法律；另一方面，律师要承担的刑事合规衍生出来的刑事辩护和刑事控告义务，为企业面临刑事指控提供有效的辩护或控告。

（二）刑事合规的功能体现

虽然刑事合规在现实中呈现出了三种迥异面貌，但他们的功能都在于预防企业犯罪。具体来说，第一类刑事合规即企业管理制度中的刑事合规，是企业作为主要行动者通过积极的自我管理实现刑事风险预防，企业的行为是为了预防自身可能面临的刑事风险。在预防刑事风险方面，企业既是直接行动方也是直接受益方。第二类刑事合规即其他法律业务中的刑事合规，是由行业管理者或者刑事合规律师作为企业外部的协助方，督促或者帮助企业建立完善的刑事合规制度。在预防刑事风险方面，他们只是外部的间接帮助者和非直接受益方。故而也可以说：第一类刑事合规属于内部的刑事合规，第二类属于外部的刑事合规，两者的主要功能都是有效预防企业刑事犯罪。需要说明的一点是，有效的刑事合规也会为企业带来其他利益，例如增加商业信誉、提高经济利益等，但"他们表明的是刑事合规的独立附属效果，因而可以被视为辅助功能"[1]。第三类刑事合规即国家刑法制度中的刑事合规，是一种量刑激励机制。国家以减轻或免除企业的刑事责任为"诱惑"，激励企业在生产经营过程中以刑事法律的标准来识别、评估、预防和控制企业的刑事风险，规范企业的经营活动，督促企业实行自我管理，防范企业刑事犯罪。这类刑事合规并不是为了"教育"企业在犯罪后如何规避刑事责任，而是为了督促企业在犯罪发生之前有效地预防犯罪。可见，三类刑事合规的功能都在于预防犯罪，体现的是积极的一般预防效果。实证研究也表明，在设立了合规制度的全球公司中，涉及刑事犯罪的公司有 38%，而在没有设立刑事合

---

[1] [德] 弗兰克·萨力格尔："刑事合规的基本问题"，马寅翔译，载李本灿等编译：《合规与刑法：全球视野的考察》，中国政法大学出版社 2018 年版，第 56 页。

规制度的公司中，这个比例达到了 54%。[1]

二、互联网金融企业建立刑事合规的必要性

通过前述可知，刑事合规是一种以企业自主管理为中心构建起来的企业刑事风险预防制度，并且可以发挥比其他方式更显著的犯罪预防效果。建立刑事合规制度，对囿于各种不确定刑事风险中的互联网金融企业而言，无疑具有重大的必要性。

（一）从源头上降低互联网金融企业的刑事风险

目前，我国的互联网金融企业正面临着比传统金融企业和实体经济企业更高、更复杂的刑事风险。互联网金融是传统金融机构与互联网企业利用互联网技术和信息通信技术实现资金融通、支付、投资和信息中介服务的新型金融业务模式。其无法割除金融行业本身固有的高收益必然伴随高风险的属性，这些风险会在互联网技术的"加持"下进一步扩大。互联网金融具有方便、快捷、广泛参与等特点，资本流动较少受到时间和空间的限制，整个互联网金融市场的资金流动性和不确定性都有所提升。以"余额宝"这类互联网理财产品为例：这类理财产品的招牌之一就是用户可以"随存随取"，当投资者想要将理财产品变现时，企业必须有充足的资金满足用户的兑付需求。这就要求企业必须保持高效的资金流动性，建立安全稳定的内部资金链。一旦资金链发生断裂，用户利益受损或引发群体性事件，互联网金融企业就可能面临刑事追责的法律风险。此外，互联网金融行业本身还具有传统金融行业所没有的一种刑事风险：金融创新带来的刑事风险。金融创新本身就是一把"双刃剑"，它在发现新型金融模式、提高资金融通效率的同时，也会给金融市场带来不确定性挑战。面对互联网金融模式的创新迭代，国家政策、监管和法律法规制度没有及时跟进，且尚未设立完整、明确的互联网金融犯罪刑事定罪标准。互联网金融企业做出的某种行为，究竟属于国家支持的金融创新还是金融犯罪，在现有的法律法规制度下难以准确划分，导致互联网金融企业面临着不确定和多样化的刑事风险。

刑事合规具有积极的一般预防功能，能够在互联网金融企业遭受的刑事风

---

[1] 参见［德］乌尔里希·齐白：《全球风险社会与信息社会中的刑法》，周遵友等译，中国法制出版社 2012 年版，第 262 页。

险发展壮大之前，降低其规模，减少其危害。有效的刑事合规制度包括一套完整的风险管理体系，涵盖风险识别、风险评估、风险消除等基本要素。[1]企业通过风险管理体系，可以定期或不定期地对公司经营中可能遇到的合规风险进行识别和评估，再由相关部门针对企业风险进行调查，及时研究制定和实施降低风险的措施。[2]正是通过这样的自我规制和约束，企业才可以走在国家立法之前，准确避免刑事风险。互联网金融企业目前面临着大量的担责危险，以及洪流式的相关金融法律规范。相较于其他企业来说，互联网金融企业遵守法律并非轻而易举之事，如果缺乏刑事合规这种组织上的风险预防措施，互联网金融企业只能任由各种不确定法律风险不断壮大，手足无措。因此，对于我国众多的互联网金融企业而言，刑事合规无疑是从源头上降低企业刑事风险的重要手段。

（二）增强互联网金融企业抵抗刑事风险的能力

现阶段，我国的互联网金融企业抵御刑事风险的能力普遍较弱。虽然近年来我国的互联网金融企业数量陡增，但是互联网金融业务大多为同质化的简单业务。这是因为，无论是互联网系统还是金融创新业务都能被轻易掌握。互联网金融行业准入门槛较低，附加条件较少，利润空间大，吸引了大量追求高额利益的企业跟风进入。互联网金融企业急于追求高额的经济利益、抢占市场，大多都没有花心思完善企业内部的管理制度。一些互联网金融企业的管理者本身并不具备金融业务管理的相关知识，没有经过系统、全面的风险管理训练，在管理过程中跟风决策、模仿经营；还有一些由传统金融行业转型而来的互联网金融企业，没有及时学习互联网金融的专门知识，对金融创新缺乏全面、深入的理解，完全凭借传统金融行业中的经验管理互联网金融业务。这些互联网金融企业片面追求金融业务的高利润，忽视金融风险，特别是在信用核查和资金监管等方面一直缺少有效管理措施。一旦遭遇信用风险集中爆发或者高管"卷款跑路"，互联网金融企业就会面临资金链断裂带来的风险，轻者造成企业经营停滞或破产，重者面临刑事追责。根据网贷之家统计的数据：2019 年 1 月至 7 月，每个月都有 25 家以上的网贷平台因为管

---

〔1〕 参见［日］川崎友巳："合规讨论的刑法视角"，曾文科译，载李本灿等编译：《合规与刑法：全球视野的考察》，中国政法大学出版社 2018 年版，第 322~324 页。

〔2〕 参见［日］川崎友巳："合规讨论的刑法视角"，曾文科译，载李本灿等编译：《合规与刑法：全球视野的考察》，中国政法大学出版社 2018 年版，第 322~324 页。

理不善成为问题平台或者被刑事立案。众筹之家近几个月公布的月报也显示：每月至少有四五家互联网众筹平台因管理问题进入"无法打开网页"的状态。这些数据也证实，大多数互联网金融企业在追求经济利益的同时，并没有采取有效的管理制度去提升自身的风险抵抗力。

作为预防、发现和制止企业内部违法犯罪行为机制的刑事合规，其基本要求就是实现全方位、整体化的刑事风险预防，这一点刚好能够弥补互联网金融企业刑事风险抵抗力不足的现状。并且，前文已论及，刑事合规是比普通的行政监管和刑事规制更有效的风险预防手段，在互联网金融企业应当选择何种方式提高自身的风险抵抗力这一问题上，企业刑事合规肯定是要优先选择。对于现下那些风险管理机制不健全的互联网金融企业，无论是忍痛放弃追逐高额利润而从互联网金融行业退出，还是改善经营模式，建立系统化的风险管理机制，都需要通过以刑事合规为代表的有效规避企业刑事风险的方式，才可以做到良性退出或者管理转型。

（三）有利于互联网金融企业安全良性发展

晚近几年，"安全"一词在我国互联网金融行业中的地位也愈发重要。2015 年，中共中央在十八届五中全会就提出了"规范发展互联网金融"的目标，互联网金融行业的规范化发展成为深化金融体制改革的重要任务，也是互联网金融企业未来发展的主要基调。2017 年，党中央也围绕"维护国家金融安全"的问题展开了集中讨论，把维护好金融安全作为国家发展中的大事。我国的互联网金融行业发展迅猛，互联网金融行业在我国国内生产总值（GDP）中所占比重逐年攀升，互联网金融安全与国家安全发展关系紧密。[1]金融安全已经成为国家安全的重要组成部分，健全现代互联网金融企业管理制度以及风险预防体系，保障并促进互联网金融的良性发展，是未来我国互联网金融企业发展过程中必须重视的关键问题。与之相适应的是，刑事合规能够为企业提供最为严格的风险标准，划定安全经营范围，这一优点在全球化和复杂的风险社会中表现得尤为突出。[2]有效的刑事合规不仅能够避免企业因其不当行为而陷入危险境地，还可以保证企业业务顺利进行，提升企业

---

〔1〕 严海波："金融开放与发展中国家的金融安全"，载《现代国际关系》2018 年第 9 期。

〔2〕 参见［德］乌尔里希·齐白：《全球风险社会与信息社会中的刑法》，周遵友等译，中国法制出版社 2012 年版，第 266 页。

形象。〔1〕对于互联网金融企业来说，建立刑事合规制度是互联网金融安全发展的基础，也是完善金融业务的促进手段。

此外，刑事合规还可以满足我国互联网金融行业全球化发展趋势的需要。目前，我国互联网金融业务正逐步向海外扩张，包括蚂蚁金服、腾讯金融、平安金融等互联网金融巨头都在积极拓展自己的海外业务。与此同时，企业刑事合规制度也呈现出全球化的发展趋势，欧美等国家已经对互联网金融企业提出了明确的合规规定。美国财政部海外资产办公室、证券交易监督委员会等机构把合规作为计算罚款数额的主要参考因素；《英国反贿赂法》规定，要对在应该开展业务却未能防止相关人员贿赂行为的公司施以惩罚；欧盟的《金融工具市场指令Ⅱ》第31条要求交易市场中的运营商必须实现有效的规制并建立预防和发现市场滥用的程序；《欧盟可转让证券集合投资指令》对投资公司进行了一般性地规定，要求他们防止利益的冲突并以维护投资者最大利益和市场诚信为出发点来遵守已有的法律规定，也对建立一个持久的合规职能进行了规定。在这样的国际形势下，互联网金融企业如果缺乏有效的刑事合规制度，就难以顺利扩张海外业务，发展海外市场。2018年的中兴事件就已经提供了一个典型的反面教材。〔2〕因此，互联网金融企业更需要积极建立刑事合规制度，才能够顺利地实现业务全球化的目标，实现企业自身的良性发展。

三、互联网金融企业建立刑事合规的路径

刑事合规对于互联网金融企业刑事风险预防具有积极意义，互联网金融企业可以通过建立刑事合规部门或者完善刑事律师顾问等方式构建刑事合规制度。但是，形式上的合规制度并不是刑事合规的最终追求，能够有效预防犯罪才是互联网金融企业建立刑事合规的终极目标。互联网金融企业只有通

---

〔1〕　[德]弗兰克·萨力格尔："刑事合规的基本问题"，马寅翔译，载李本灿等编译：《合规与刑法：全球视野的考察》，中国政法大学出版社2018年版，第63页。

〔2〕　2017年3月6日，中兴通讯因违反美国政府出口管制规定，受到刑事追诉，最终与美国司法部签署了修订了的认罪协议，同意支付约8.9亿美元的罚金。此后，其仍继续实施相关违规行为，严重背离了认罪协议中的相关义务。2018年4月16日，美国商务部发布公告，7年内禁止美国企业与中兴通讯展开任何业务往来。后历经近2个月的紧张谈判，6月7日，中兴与美国商务部工业安全局（BIS）达成和解协议。协议内容为，中兴通讯向美国政府支付10亿美元罚款，另行支付4亿美元的代管资金，如果再次违规，则予以没收；必须在30天之内更换董事会，施行最为严格的合规管理制度。

过以"有效性"为核心准则的方法才可能实现真正的刑事合规，具体路径如下：

（一）确立刑事化的预防标准

实现有效性刑事合规的标准前提是，互联网金融企业设立刑事合规要坚持以刑法为主要参照对象，借鉴刑事法律的规则与理念。这一点不同于一些企业现有的公司法务、风控、民事合规制度。一般来说，公司法务制度主要负责公司参加的经营合同的起草、审批，预测公司业务的法律风险或者代表公司参加民事诉讼等活动。风控则大多是对企业项目中涉及的民事、行政法律风险进行综合评估，保障企业经营活动顺利进行。民事合规大多是与行政监管部门的交涉活动，对于企业内部的规章制度、项目流程、企业资质等是否符合行政监管部门的要求进行审核或修改完善。以上这三种公司管理制度都不涉及刑事法律规则，因此也无法有效预防企业的刑事风险。以刑事化的标准的刑事合规正好可以对这一缺陷作出弥补，这也是构建刑事合规制度的基本要求。为了实现有效预防互联网金融企业犯罪的目标，企业在构建刑事合规制度过程中，要以刑法为蓝本，吸收刑法基本理念和原则，采取刑事犯罪构成要件标准规范企业的运行。

需要强调的是，刑事化的标准并不限于刑法，还包括经济法、行政法等前置法律法规。例如，根据我国《刑法》第 176 条和相关司法解释，非法吸收公众存款罪得具有"非法性""公开性""利诱性""社会性"四个条件，这四个要件的认定就需要依照相关的金融管理法规。再如，根据《刑法》第 179 条的规定，擅自发行股票、公司、企业债券罪是指未经国家有关主管部门批准，擅自发行股票或者公司、企业债券，数额巨大、后果严重或者有其他严重情节的行为。其中，是否属于"经国家有关主管部门批准"要根据与股票、证券发行相关的前置法律法规进行确定。此外，"合规不但要符合本国的刑事法律，而且在全球化的背景下，尤其是日益密切的国际经济交往中，合规也需要考虑企业运营所涉及的相关国家法律的遵守问题。因为一个国家的合规法律，在国际交往中实际上也是有域外效力的"。[1]

总之，互联网金融企业要以刑法规则为基础，建立刑事化的预防标准。在各种互联网金融监管法规层出不穷的当下，企业可以通过倒推方式及时发

---

〔1〕 孙国祥："刑事合规的理念、机能和中国的构建"，载《中国刑事法杂志》2019 年第 2 期。

现与定罪量刑相关的法律法规，并将法律规定的义务具体化，进而完善企业的刑事合规预防标准。

（二）划定全面化的预防范围

互联网金融企业落实刑事合规制度，必须要保证预防措施落实到企业运行各个环节和各个参与者。

首先，互联网金融企业在引入刑事合规的过程中，必须要将这一风险预防体系渗透到企业管理、运行的各个环节。互联网金融是互联网和金融的创新融合，互联网金融企业既具有互联网行业的特点，也具有金融行业的特点。这使得互联网金融的运行环节更加复杂，面临的刑事风险也更高。以网络借贷平台为例，其运行过程可以大致分为：贷款申请—贷款审核—客户授信—发放贷款—贷后管理，这些环节环环相扣，任一环节出现问题都会给平台带来刑事犯罪风险。在贷款审核过程中，没有保护好客户信息则可能构成侵犯公民个人信息的犯罪；在客户授信过程中如果缺乏审慎的检查核实，会导致企业坏账甚至资金链断裂，进而面临刑事追诉的风险。此外，这些环节的正常运行也离不开企业内部各种管理体系的支持，例如，会计财务管理、人事管理等。对于互联网金融企业来说，还要特别注意企业设立阶段、业务创新过程中的合规审查，避免企业因这些环节的"瑕疵"从合法企业沦为非法企业、从合法业务变成非法业务。

其次，企业的良性发展离不开各个环节的参与者，刑事合规措施也必然要落实到互联网金融企业的每一个员工和管理者身上。不能仅仅对管理层作出刑事合规的要求，而不以同样的标准要求其他员工，这样会造成企业因员工过错而承担刑事法律责任。例如，互联网金融企业对企业员工虚假宣传金融产品的行为不加制止与规范，造成投资者利益受损，就可能构成诈骗类犯罪。同样，也不能仅加强对员工的管理规范，而忽视对企业管理人员的制约。如此会导致"公司以合规计划为实行障眼法，企图通过牺牲部分员工的利益解脱公司对于已暴露的犯罪的责任"[1]。我国互联网金融行业现下还有这样一种多发现象：互联网金融企业高管人员携款潜逃，造成企业陷入兑付不能，最终被投资者举报而认定为集资诈骗犯罪。因此，互联网金融企业需要"强

---

[1] 参见［德］乌尔里希·齐白：《全球风险社会与信息社会中的刑法》，周遵友等译，中国法制出版社 2012 年版，第 265 页。

化合规计划的各个要素，对其进行适当的设置，这样即使领导成员不愿意执行，合规要素仍然能够发挥作用"。[1]

（三）构建完整化的预防体系

互联网金融企业实现有效的刑事合规要依赖完整化的预防体系。从其他各国已有的刑事合规经验来看，刑事合规并不是一种简单的制度规范，而是从制度层面到运行程序，从预防、监督到惩罚、教育培训都包含在内的完整的企业自我管理体系。例如，《美国联邦量刑指南》就明确要求，有效的企业合规计划要符合以下几项最低标准：①企业应建立合规政策和标准；②企业应指定高层人员监督企业的合规政策与标准；③企业不得聘用在尽职调查期间了解到具有犯罪前科记录的高管；④向所有员工有效普及企业的合规政策和标准，如进行培训；⑤采取合理措施，以实现企业标准下的合规，例如利用监测、审计系统来监测员工的犯罪行为，建立违规举报制度，让员工举报可能的违规行为；⑥通过适当的惩戒机制，严格贯彻执行合规标准；⑦发现犯罪后，采取必要的合理措施来应对犯罪行为，并预防类似行为发生，如修改完善合规计划。[2]英国的刑事合规相关立法也设定了组织建立合规计划的六条原则：适当程序、高层践行、风险评估、尽职审查、沟通、监控和检查。[3]这一点对我国互联网金融企业引入刑事合规无疑具有一定的参考价值。我国互联网金融企业缺乏刑事风险预防能力，只有小部分企业会主动通过律师顾问对刑事风险进行防控，但是律师提供的刑事风险防控大多都过于重视事后预防，缺乏对刑事风险事先的整体防控。并且，大多数企业是直接让公司金融风险防控方面的律师为自己提供刑事风险防控，然而术业有专攻，非刑事法律专业的律师大多也很难提供有效的刑事风险预防。

互联网金融企业在引入刑事合规制度时，仅仅建立空洞或笼统的合规制度是不足够的，应当结合企业的规章制度、监督制度、过错惩罚制度以及教育培训制度等设立完整化的刑事风险预防体系。如若企业只建立了监督报告程序，缺少内部惩罚机制，那么就会产生所谓的顺境合规，即"当违反这些

〔1〕 参见［德］乌尔里希·齐白：《全球风险社会与信息社会中的刑法》，周遵友等译，中国法制出版社 2012 年版，第 265 页。

〔2〕 参见万方："企业合规刑事化的发展及启示"，载《中国刑事法杂志》2019 第 2 期。

〔3〕 参见李本灿："刑事合规理念的国内法表达——以'中兴通讯事件'为切入点"，载《法律科学（西北政法大学学报）》2018 年第 6 期。

预防性的刑事合规规则既不会招致企业内部调查也不会招致某种制裁时，在企业中制定和实施这些规则就无法产生什么有效的合规性"。[1]如若互联网金融企业只有惩罚制度，没有及时对员工进行互联网金融法律风险预防的教育培训制度，就等于是把互联网金融的风险强行转移给普通员工，而不是实现有效的风险预防。根据刑事合规"有效性"准则要求，企业的合规管理制度不能仅仅是书面上的制度陈述或者表面工程，实现刑事合规的关键在于其有效性，构建完整化的预防体系以保障充分合规是实现刑事合规的重要因素。[2]

余 论

刑事合规作为一种以企业自我管理为中心建立的刑事风险预防制度，能够帮助互联网金融企业实现有效的刑事风险预防。而当下中国，互联网金融企业管理秩序甚为混乱，单靠企业自身主动性和管理能力，还难以迅速、普遍地建立有效的刑事合规制度。从国外刑事合规制度经验来看，刑事合规制度的快速广泛推行，离不开国家刑法和行政监管等外部因素的激励协作。企业合规的推行需要刑法的担当，而我国刑法制度尚未建立与企业刑事合规激励机制。我国法学理论界、实务界与企业界对于建立具有刑事激励机制的刑事合规制度给予了高度关注，但如何在我国刑法制度框架内建立中国式刑事合规，还需要进一步论证。同时，频频发生的互联网金融犯罪给我国金融安全、人民利益和社会稳定造成了巨大困扰，全面预防互联网金融犯罪必须依靠企业、社会和国家的共同努力。要怎样才能在国家刑法制度中建立适合互联网金融行业的刑事合规，实现国家与互联网金融企业在预防互联网金融犯罪领域中有效的合作治理，把互联网金融犯罪预防变成国家和互联网金融企业的共同责任？这些问题需要更加审慎的体系性思考。但无论如何，刑事合规仍然不失为现阶段我国互联网金融企业主动进行刑事风险预防的一个有效手段。

---

〔1〕 〔德〕弗兰克·萨力格尔："刑事合规的基本问题"，马寅翔译，载李本灿等编译：《合规与刑法：全球视野的考察》，中国政法大学出版社2018年版，第54页。

〔2〕 参见李本灿："企业犯罪预防中国家规制向国家与企业共治转型之提倡"，载《政治与法律》2016年第2期。

互联网金融案件：民事纠纷与刑事犯罪的边界

胡春健 *

互联网金融是金融和互联网相融合形成的一种新的金融业务模式，其对于加快实施创新驱动发展、促进经济结构转型升级有着积极的作用。但是由于金融创新与法律滞后、监管缺位之间未能有效调和，导致近年来危害金融秩序和投资者财产安全的事件频频发生。由于互联网金融发展迅速、涉及领域广、所涉法律关系复杂，如何准确界定金融创新与违法犯罪的界限，解决互联网金融领域刑民分界模糊的问题，已然成为当前处理互联网金融案件难以回避的争议焦点。

一、互联网金融案件刑民交织的领域

（一）互联网金融案件的特点及可能涉及的法律风险

互联网金融本质上仍属于金融活动，但因为加入了互联网因素，其体现出了如下特征：一是信息交换可能不全面、不真实。互联网金融无需像传统金融业务那样面对面办理，平台、用户之间物理联系薄弱，身份审查更为宽松，容易存在伪装身份或提供虚假信息等情况。二是违法犯罪行为迷惑性强、隐蔽程度高。互联网金融突破了传统金融活动面临的地理、物理、时间等方面的限制，并且在传统金融知识的基础上加入了互联网知识，专业性更强，导致违法犯罪自由度更高、隐蔽性更强，不容易被发现。三是波及面广、社会影响大。互联网金融本身即存在传统金融所面临的潜在风险，在介入互联网因素后，这种风险的传播与扩散较传统金融活动更为迅速、更为广泛，且更难管控。

---

* 作者单位：上海市人民检察院。

如同一把双刃剑，传统金融业务在互联网的支持下迅速发展的同时也面临更大的风险。根据互联网金融平台及其使用者承担责任的不同，可将互联网金融面临的法律风险分为民事法律风险、行政法律风险和刑事法律风险。一是民事法律风险，互联网金融涉及的民事法律关系涉及投资者与资金需求者之间的借贷关系、借贷双方与金融平台之间的居间服务关系等，各方主体在互联网金融业务中未能履行合同发生纠纷时，就容易产生民事法律风险。二是行政法律风险，出于对金融安全和经济、社会稳定的考量，近年来，政府部门加强了对互联网金融的政策引导和行政监管，互联网金融业务的开展需要遵守有关金融领域和互联网领域的行政管理法律法规，否则可能存在违反行政法律的风险。三是刑事法律风险，在互联网金融快速发展的过程中，一些机构和业态偏离了正确的方向，有的甚至假借金融创新之名实施非法吸收公众存款、集资诈骗、非法经营等违法犯罪行为，一旦超越了民事和行政法律的界限，触犯刑法规定，便将面临刑事处理。

（二）互联网金融刑民交织的案件类型

互联网金融涉及 P2P 网贷、第三方支付、网络众筹、网络保险、通过互联网开展资产管理和跨界金融业务等诸多领域，可能涉及的刑事案件罪名主要包括非法吸收公众存款、集资诈骗、非法经营、擅自设立金融机构、信用卡诈骗、贷款诈骗、盗窃等。由于互联网金融行为方式具有多样性和法律关系复杂性，导致其合法与非法的界限有时候并不是那么清晰，罪与非罪的分野也因立法和判例的缺失而显得模糊。这其中既包含刑事犯罪与行政违法界限模糊的情形，也包含刑事犯罪与民事纠纷界限模糊的情形，有必要对行为实质进行深入剖析并以此判断其具体性质。其中，罪与非罪存在争议且主要涉及刑民分界问题的，集中于涉互联网非法集资类案件，典型的例子就是P2P 网络借贷。

通过中国裁判文书网、北大法宝案例库等渠道搜索，P2P 网络借贷案件主要涉及非法吸收公众存款、集资诈骗、非法经营等罪名。在司法实践中，这类互联网金融案件通常涉案人数众多、刑事追诉的范围和边界较难以把握，可能会出现将本属于民事纠纷的案件作为刑事犯罪处理的情形。如在"林某某非法经营案"中，一审法院判决认定林某某构成非法经营罪，但二审法院认为"整个借款和还款流程中'宜信普惠公司'只收取了中介咨询费，并没有收取利息或赚取利差，也没有参与资金流转。唐某作为个人与借款人之间属'民间借贷'关系，应通过民事法律关系进行调整。而上诉人林某某负责管理的分公司只是为唐某和借款人牵线搭桥，提供中介服务。原判将这种经营行为和模式作为刑法打击的对象，没有法律依据"。[1]

（三）互联网金融案件刑民界分模糊的原因

（1）法律缺陷。互联网金融属于金融活动的新兴领域，本身存在许多创新行为，专业性较高，且随着经济发展和市场需求快速变化，金融领域相关行政法律法规有时候未必能够跟上互联网金融创新的步伐，刑法作为维护互联网金融秩序的最后一道防线则更显得滞后。金融法规的专业性、多变性和立法的滞后性，导致互联网金融创新与违法犯罪的界限变得模糊，刑民分界的标准难以准确把握。

（2）监管缺乏。作为新兴金融业务模式，互联网金融目前还存在监管机制尚未完善、监管机构不明确、准入监管欠缺、信用基础薄弱等缺陷，这就导致大量出现的互联网金融创新模式无法得到有效、规范的引导，部分机构不了解合法与非法的界限，踩着法律的红线从事经营或违法活动。

（3）现实诱因。互联网金融创新领域法律滞后和监管缺乏，导致这一领域的限制或规范明显弱于传统金融。作为新兴业态，部分互联网金融业务存在巨大的市场需求和客观的利润回报，现实的诱因加上规范的缺位导致互联网金融领域时常出现以结果为导向的实用主义倾向，对行为的法律性质并不那么关注，认为只要不造成经济损失就不会有司法机关或监管部门介入。

二、互联网金融刑民分界的法律规范和基本原则

（一）互联网金融刑民分界的法律规范

（1）刑事法律、规定。从司法实践角度来看，目前的互联网金融刑民争议问题主要是互联网非法集资案件与民间融资借贷界限模糊问题。互联网非法集资类案件除了刑法规定之外，有关司法解释和座谈会纪要均可作为实践中刑民分界的指引。例如，2010年最高人民法院《关于审理非法集资刑事案件具体应用法律若干问题的解释》（以下简称《非法集资解释》）明确了非法集资类犯罪"非法性、公开性、不特定性、利诱性"四个基本特征并列举了若干具体行为；2014年最高人民法院、最高人民检察院、公安部《关于办

---

[1]　[2014] 榕刑终字第 741 号。

理非法集资刑事案件适用法律若干问题的意见》（以下简称《非法集资意见》）对公开性、不特定性、刑民交叉案件的处理等问题作了进一步明确；2017 年最高人民检察院《关于办理涉互联网金融犯罪案件有关问题座谈会纪要》（以下简称《互联网金融座谈纪要》）对涉互联网金融案件的有关行为性质界定、法律适用、证据审查、追诉范围等问题明确了指导意见。

（2）民事法律、规定。除民法通则、合同法之外，2015 年最高人民法院《关于审理民间借贷案件适用法律若干问题的规定》（以下简称《民间借贷规定》）对民间借贷行为作了清晰的界定，即"自然人、法人和其他组织之间及其相互间进行资金融通之行为"，该规定突破了我国禁止非金融机构企业之间资金拆借的传统壁垒。《民间借贷规定》还对刑民交叉案件的程序处理、基本事实认定，以及刑民交叉案件中民事合同的效力等问题作出了具体的规定。但由于该规定在一定程度上承认了民间融资的合法化，导致民间融资借贷与互联网非法集资刑民界分问题更加凸显。

（二）互联网金融刑民分界的原则和标准

（1）分界的原则。一是刑法保障和补充性原则。互联网金融的迅猛发展有其现实的需求。中小企业面临现实的融资难问题，资金方和融资方存在信息不对称的现实窘境，进而催生并加速了互联网金融的发展。在互联网金融的发展过程中，我国在一定程度上的确缓解了上述难题。但互联网金融企业良莠不齐的现象不可忽视，披着"互联网金融"的外衣，行诈骗等犯罪之实的情况不断涌现。此时，即需要对具有严重社会危害性的犯罪分子采用刑法手段予以打击，保障和规制互联网金融的良性发展。二是刑法的谦抑性原则。刑法的保障性和补充性要求其在面对任何犯罪乱象时都要始终保持克制和谦抑的态度。[1]由于互联网金融专业知识较多、创新性强，相关法律关系的厘清较难，在刑民界限难以区分的情况下，应当遵循刑法的谦抑性原则，对案件的刑事处理持审慎态度。在充分权衡金融创新和社会危害性的基础上，从有利于风险防控、追赃挽损、维护稳定的角度选择有效的调整手段，真正实现案结事了。最高人民法院亦有类似观点认为：对于未造成投资人损失的"踩线案""边缘案"、罪与非罪界限难以划清的非法集资类案件，实践中从有利

---

〔1〕 肖凯："互联网金融领域行刑衔接法律适用问题研究"，载最高人民检察院法律政策研究室组织编写：《金融犯罪指导性案例实务指引》，中国检察出版社 2018 年版，第 59 页。

于金融创新、企业生存发展、保障职工生计、维护社会稳定等角度出发，依法妥善处理，可定可不定的，原则上不按犯罪处理。[1]三是刑事优先原则。刑法保障和补充并不意味着在互联网金融刑民交织案件中刑法要一味退让，一旦某行为符合刑法上规定的构成要件，说明立法层面的最后一道防线已经被突破，相关行为应当被作为犯罪处理，除非有出罪的明文规定，这也是实体法上刑事优先原则的体现。[2]如《民间借贷规定》第 5 条规定："人民法院立案后，发现民间借贷本身涉嫌非法集资犯罪的，应裁定驳回起诉，并将涉嫌非法集资犯罪的线索材料移送公安或检察机关。"第 7 条规定："民间借贷的基本案件事实必须以刑事案件审理结果为依据。……"上述规定均体现了刑民交叉案件中的刑事优先原则。

（2）分界的标准。一是是否承担风险。互联网金融的创新性决定了其业务模式的多样化。以互联网非法集资案件为例，其非法性、公开性、不特定性一般都比较明显，实践中行为种类变化最多的是"利诱性"，即是否属于承诺还本付息容易产生争议。此类案件最初都是明确宣传有固定回报率的；后来演变为合同中约定投资有风险，但私下约定还本付息；现在又出现投资成立合作公司，以项目公司、股权投资等形式进行。无论行为模式如何变化，只要存在"实质不承担风险，只收益"，本质上便仍属于借贷行为，若同时符合"非法性、公开性、不特定性"三个特征，则构成非法吸收公众存款罪。二是主观上是否具有非法占有目的。特别是经营性非法集资案件，这类案件一旦出现吸收资金不能清退的情况，也容易产生刑民分界模糊的问题，而区分的标准主要就是看行为人主观上是否具有非法占有的目的：只有同时符合无偿还能力、无营利手段、采取欺骗手段并造成损失的，才可认定非法占有目的。否则，只能认定非法吸收公众存款，能够及时清退资金的还可能不作为犯罪处理。三是是否超越了中介机构定位。绝大部分互联网金融平台本身的经营范围并没有融资业务，其主要是通过提供平台，撮合借贷双方交易，平台只是收取中介费维持运营，属于信息中介机构，不得产生资金池。一旦平台实质介入融资业务，为自己吸收资金形成资金池，或者是与借款人合谋，

〔1〕 最高人民法院刑二庭："宽严相济在经济犯罪和职务犯罪案件审判中的具体贯彻"，载《人民法院报》2010 年 4 月 7 日。
〔2〕 刘宪权、陈罗兰："我国 P2P 网贷平台法律规制中的刑民分界问题"，载《法学杂志》2017 年第 6 期。

或明知借款人违规仍为其非吸提供服务，可以追究刑事责任。如在"康某、韩某非法吸收公众存款案"中，二人未经批准设立"乐网贷"平台，向社会公众发布虚假借款标，非法吸收大量资金用于自己的生产经营，并设立资金池，将部分募集资金用于放贷，其行为已不具备 P2P 中介平台性质，最终被法院认定为非法吸收公众存款罪。[1]

三、互联网金融案件刑民边界的具体划分

（一）网络放贷模式的刑民界分

（1）个人放贷。个人放贷的典型模式是宜信公司模式。由于在《民间借贷规定》之前，非金融机构之间的借贷是被明令禁止的，因此宜信公司采取了由其 CEO 唐某个人与借款人签约的个人放贷模式，[2]相关法律关系也主要是唐某与借款人之间的民事借贷关系。但这种模式容易产生两种刑事风险：一是放贷人与平台之间关系不能厘清，放贷人资金与平台资金存在混淆或交织，名为个人放贷实为平台（或公司）放贷；二是这种模式每天会形成较多的借贷关系，有大量资金往来，容易形成资金池。如果平台未经有关部门依法批准，超越了中介机构的定位，实际从事直接或间接归集资金，甚至自融、变相自融，应依法追究其刑事责任。如果平台仅提供中介服务，没有参与资金流转，没有收取利息或赚取利差，则应当通过民事法律关系进行调整。

（2）债权转让。由于借贷双方对资金的标的与期限存在不同需求，单纯的个人放贷模式很难起到优化资源配置的作用，因此网络放贷衍生出了债权转让模式，即通过网络平台将出借款项后取得的债券进行金额或期限层面的拆分，并由平台吸引和匹配投资人购买债权。[3]在这种模式下，平台行为的真实与否直接影响到行为是否违法。如果平台未虚构债权相关事项，债权转让得到合法授权且转让总额不超过借款总额，则属于民事规范调整的范畴；如果平台虚设债权关系，为自身融资或变相自融，或先融资形成资金池再放贷，则有可能构成非法集资类犯罪；如果平台自主买断债权后再转让给其他

---

〔1〕 最高人民检察院法律政策研究室组织编写：《金融犯罪指导性案例实务指引》，人民检察出版社 2018 年版，第 225 页。

〔2〕 蒋莎莎："网络贷款'宜信模式'的风险特点及监管回应"，载《武汉金融》2014 年第 5 期。

〔3〕 李冰："宜信模式存在资金池风险 打擦边球屡遭质疑"，载《证券日报》2014 年 4 月 20 日。

投资人，则有可能构成非法经营罪等罪名。如，在"'E租宝'案"中，平台宣称，由融资租赁公司与项目公司签协议后，在平台上通过债权转让的形式发标融资，融到资金后，项目公司向租赁公司付租金，租赁公司向投资者支付本金和收益。但经审理查明，该公司实际上是以高利息为诱饵，虚构融资项目（债权），并持续采取"借新还旧"的方式大量非法吸收公众存款，属于典型的庞氏骗局。该案最终以集资诈骗、非法吸收公众存款等罪名判决。[1]

（二）平台担保模式的刑民界分

（1）平台自身担保。由于互联网金融业务双方信息不对称，加上我国现有的征信机制不够完善，为提高投资者的信心，互联网金融平台往往会推出担保业务，除了引入第三方担保公司外，有些平台自身也进行担保。这种担保的典型模式是早期的"红岭创投"，即投资人在平台的债权到期得不到偿还，将由红岭平台全额垫付。这种模式下，平台实际上是充当了每笔借贷合同的担保人。根据原银监会等七部门颁布的《融资性担保公司管理暂行办法》，进行融资担保必须取得前置行政许可。如果互联网金融平台突破自身经营范围，未经行政许可以自有资金为借贷提供担保，则有可能构成非法集资类犯罪。如果平台是采取"债权转让"的方式，在借款人无力偿还借款时代为偿还并取得对借款人的债权，实质上也是一种"变相"的担保，若无相应的资质，同样也可能构成非法经营罪。

（2）风险准备金。为规避平台自身担保的违规风险，部分互联网金融平台推出了风险准备金制度，即平台通过提取一定比例的资金设立安全账户，在出现逾期或违约时由该账户的资金先行垫付，若该账户的资金不足以垫付，平台本身也没有连带担保责任。风险准备金的来源主要有平台自身、借款人提供的担保金等。如果平台仅以自身营业收入或收取的服务费等自有资金设立风险准备金，本质上仍属于对部分主债权提供担保，可能涉嫌非法经营。但如果平台仅在借款人的借款中提取一定比例金额放入风险准备金账户，实质上相当于借款人自身提供保证金担保，平台以准备金的现有金额向出借人进行赔偿，并非对全部借款承担赔偿责任，这种情况一般不构成非法经营罪，

---

[1] "京法网事"微信公众号："北京市第一中级人民法院依法公开宣告钰成国际控股集团有限公司等单位，丁宁等26人集资诈骗、非法吸收公众存款案"，2017年9月12日。

出现纠纷时应由民事或行政法律关系调整。

（三）企业融资模式的刑民界分

（1）非经营性集资。互联网金融为中小企业融资提供了极大的便利，但也埋下了违法犯罪的隐患。由于司法解释规定对融资主要用于正常经营活动并能够及时清退所吸收资金的，可以作出罪处理。因此，在实践中有必要区分经营性集资与非经营性集资行为。对于非经营性集资，由于互联网金融平台一般带有天然的公开性、不特定性，在实践中主要通过资质及行为方式的审查，判断其是否经过批准、是否属于"承诺还本付息"或变相"承诺还本付息"。如果融资系经过批准，或者融资实质承担风险、未承诺保本保收益，则可以由民事法律关系调整。如果融资未经过批准，并且对还本付息进行实质承诺的，则可能涉嫌非法吸收公众存款罪；如果行为人肆意挥霍吸收的资金或主要采取借新还旧的庞氏骗局的，则还可以认定其具有非法占有的目的，相关行为可能涉嫌集资诈骗罪。如在"周某集资诈骗案"中，周某利用"中宝投资"网络平台发布虚假借款人或借款标，以承诺年化收益率20%等为诱饵募集资金，所融资金并未投入生产经营而是用于个人肆意挥霍，并主要采取"拆东墙补西墙"的方式偿还债务，最终法院判决认为周某构成集资诈骗罪。[1]

（2）经营性集资。经营性集资案件是互联网金融领域刑民分界模糊的集中地带。若行为人将集资款用于非法经营，无论其是否具有盈利的可能，都存在认定非法集资类犯罪的可能性。若行为人虽将集资款用于合法经营，但不具有盈利可能，仍然将集资款不断投入到亏损的经营中，则与肆意挥霍没有本质区别，存在认定非法集资类犯罪的可能性。[2]若行为人将集资款用于合法经营，又有盈利可能，虽然可以排除主观上的非法占有目的，但如果造成危害后果后不能及时清退，还是存在认定非法吸收公众存款罪的可能。具体而言，为厘清此类案件的刑民分界，在司法实践中，除了对"非法性、公开性、利诱性、不特定性"四个基本特征进行审查之外，还应重点把握以下几个方面的内容：一是行为人吸收资金时是否具有偿还能力。若明显没有偿

---

〔1〕 最高人民检察院第十批指导案例："周某集资诈骗案"（检例第40号）。

〔2〕 程兰兰、胡春健："刑法中经营性非法集资行为的认定研究"，载《云南大学学报（法学版）》2013年第3期。

还能力或吸收资金后又想方设法抽逃转移资金的，可以将其作为判断罪与非罪的一个重要标准。如"甘某某等非法集资、非法吸收公众存款案"，该案系通过"中大财富 P2P 网络理财平台"进行非法集资，法院认为甘某某在资金非常困难的情况下以高额利息吸引被害人投资，虚构借款主体、理由、合同骗取被害人款项，取得款项后用于偿还个人债务，对于极有可能出现的将来无法向被害人归还款项持一种放任的态度，故认为其具有非法占有目的。[1]
二是行为人的投资或经营回报明显低于承诺的回报，而且该"低于"是确定的而不是或然性的。强调明显低于承诺回报，也就意味着资金使用成本过高，生产经营的盈利能力不具备支付全部本金和利息的现实可能性。如在"董某某、白某某等集资诈骗案"中，法院认为："董某某将非法集资款中的 6044.99万元用于偿还前期投资者的本金、利息，支付 228.9 万元经营成本，用于放贷 590 万元。其用于生产经营的资金与筹集的资金规模很明显不成比例。"[2]
上述集资款的配置比例明显不可能实现集资规模的回报率，这种是"低于"确定的，故法院认为董某某具有非法占有目的，认定其构成集资诈骗罪。三是行为人具有虚构投资盈利、隐瞒亏损的情形。典型的虚构投资经营项目实为个人使用，认定犯罪通常不存在太大的障碍。有一定争议的是行为人确实将资金投入经营，但虚构的是盈利较好的投资经营渠道，隐瞒的是将资金投入其他盈利不好或亏损的事实，此类案件应重点审查真实项目的实际经营情况、盈利能力、归还本息资金的主要来源等，对于实际盈利能力明显不具有支付本金和利息可能性的，可以认定非法占有目的；对于有支付本金和利息可能性，行为人致力于资本增值，却因特殊原因导致资金链断裂且没有逃避返还的，如果没有其他证明非法占有目的的证据，可以认定非法吸收公众存款罪。如在"康某非法吸收公众存款案"中，康某通过"乐网贷"平台，虚构借款标的，隐瞒了用于自己生产经营和放贷的事实，后因资金链断裂案发，最终被判定构成非法吸收公众存款罪。[3]四是行为人的行为造成投资人实际损失。是否造成投资人实际损失是衡量非法集资社会危害性的重要标准之一。对于经营性集资，虽然实际项目发生亏损但行为人具有还本付息能力且能实

---

〔1〕 〔2015〕穗中法刑二初字第 188 号。
〔2〕 〔2018〕晋 01 刑终 307 号。
〔3〕 〔2015〕莱中刑二终字第 30 号。

际履行，可以不按犯罪处理。当前，司法机关在司法实践中还遇到了一类新型案件，行为人通过互联网金融平台融资的项目是真实的，但是融资款项并没有完全进入投资项目，而是部分进入行为人的个人账户，行为人故意将项目做成亏损，并向投资者提供财务报表来证明亏损的事实。对于此类案件，相关证据如果能够证明行为人是故意造成项目亏损的，可以认定为集资诈骗罪；如果相关证据无法证明行为人是故意造成项目亏损的，但符合"非法性、公开性、不特定性、利诱性"四个特征，可以认定非法吸收公众存款罪；如果相关证据不能证明行为人是故意造成亏损或具有非吸行为，但符合挪用资金罪或职务侵占罪构成要件的，可以认定相应罪名，流入实际亏损该项目的部分资金，只能通过民事途径处理。

比特币的犯罪风险及刑法规制[*]

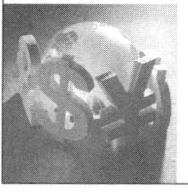

李婕^{**}

摘　要： 比特币能够使用点对点技术进行直接支付，具有去中心化、匿名性和避免双重支付的特点。从经济学观点看，比特币属于虚拟货币，刑法对比特币相关犯罪的归责存在责任主体缺失、法益损害评价不充分、犯罪行为难以认定等困难。比特币刑法规制应明确犯罪主体、厘清法益侵害，确认犯罪行为与因果关系，针对开发者/维护者的刑事责任、使用者的刑事责任和第三者的刑事责任进行明确区分。

关键词： 比特币；虚拟货币；犯罪风险；责任归属

一、比特币风险及其对刑法的挑战

比特币本质上是一种互联网技术，带有与生俱来的技术风险以及难以避免的危害后果。关于洗钱、毒品交易、逃税、诈骗等问题仅是比特币运行风险的冰山一角，在比特币的生成、流通环节中，技术风险可能表现为不同的形式。

（一）技术风险

1. 私钥开启风险

比特币是通过复杂的计算机运算产生的、储存于计算机、网络系统中的程序，比特币用户面临的网络安全风险主要是开启比特币的私钥安全问题。由于私钥是开启、流转比特币的唯一口令，一旦私钥遗失或流入他人手中，其原电子货币包中的比特币将面临永久遗失。

---

* 本文是国家社科基金青年项目"治安违法行为犯罪化问题研究（16CFX029）"的阶段性成果；安徽法治与社会安全研究中心课题"基于互联网、大数据的人工智能刑法规制研究"的研究成果。

** 女，法学博士，安徽大学法学院副教授，硕士生导师。

2. 易受攻击风险

比特币生态系统包括交易所、钱包公司和支付处理器等中介机构，比特币软件本身的漏洞和服务于比特币流通的网络的公司的漏洞，导致比特币极易受到黑客攻击。一方面，中介机构中的人员可能图窃取他们持有的比特币；另一方面，中介机构也会遭到黑客攻击。虽然黑客对中介机构（如单个交易所）的攻击只会影响该交易所正在处理或持有的特定比特币，但对比特币软件或网络的攻击可能会造成更严重的后果——同时停止所有比特币的交易。例如，2014 年，比特币交易平台 Mt. Gox 网站遭到黑客攻击，黑客窃取了大约 85 万枚比特币，其中只有 20 万枚被找回。自媒体时代，黑客的攻击目标从交易所等持有大量比特币的实体转向了个人手机。[1]黑客只要窃取比特币持有者的手机号码，打电话给电话公司负责"安全松懈的客服代表"，向这个电话号码发送"双重认证"，即可将短信从原始电话号码转移到自己的手机上，进而访问、使用短信验证账户的比特币账户。因此，电子邮件、银行账户、加密货币、Facebook 和 Twitter 账户等是最易受黑客攻击的对象。

3. 双重支付风险（double spend attack）

重复支付攻击，是指攻击者会先发出一笔比特币支出交易，再立刻发出下一笔同样金额的支出交易给另一个自己拥有的电子货币包地址，根据交易需要经过区块链确认的空档，利用优异的运算能力创造大量的连续区块，形成区块链，将前述第二笔交易迅速纳入区块，并使得前笔交易因无法被纳入区块链确认而无效，完成"重复支付"的攻击。虽然区块链技术就是通过将交易讯息公布到整个 P2P 网络中以防止重复支付攻击，但随着计算机运算能力愈来愈强大，解开新区块的能力、速度也随之提升，比特币的支付风险也随之拉响警报。

（二）比特币运行风险

1. 匿名性导致侦查困难

比特币由私人发行，具有"去中心化"特征，故无政府或第三方机构介入交易活动，交易成本较低，这是其优势。创造一个比特币钱包地址并不需要输入个人的真实身份信息，因此比特币交易双方是匿名交易，极易产生犯罪风

---

〔1〕 Laura Shin, "Hackers Have Stolen Billions of Dollars in Bitcoin-Using Only Phone Numbers", FORBES（Dec. 20, 2018, 01：59 PM）, http://www. forbes. com/sites/laurashin/2016/12/20/hackers-have-stolen-millions-of-dollarsin-bitcoin-using-only-phone-numbers/#1c8ee5c922db.

险——如遭到黑客窃取电子货币包内比特币的情况。特币系统运作的匿名性导致难以追查虚拟货币被移转至何处，也难以得知移转及接受方的个人身份信息。

（1）支付功能不稳定。虚拟货币无法偿性，商家可随时改变决定是否接受虚拟货币作为支付方式——随着虚拟货币的价值暴跌，商家可能认为接受虚拟货币作为交易对价的风险及成本过高而拒绝接受，因此虚拟货币的持有者可能会面临无法使用的风险。

（2）付款人损失难以追回。比特币一旦支付，该交易便无法取消且具有不可逆的特性。对于卖家而言，除了可降低买卖成本外，还可减少因买家诈欺退单的风险。然而对于买家而言，因交易双方均因匿名性难以得知交易对象的真实身份或其他信息，因此当买家遭遇诈骗时几乎难有救济的可能。由于支付出去的比特币是不可逆的，即使无人验证付款方的加密讯息，已支付的比特币仍不会回到付款人的比特币账户内，付款人易受损失。综上所述，比特币的匿名性、无法偿性及交易不可逆性等，难以周全地符合交易双方的需求，极易滋生犯罪风险。

2. 比特币投资的风险-价格不稳定

很多人购买比特币都是以投资获利为目的，然而由于比特币的市场发展尚不成熟，导致用户对于比特币的信任与接受度经常发生波动，从而使比特币价格处于剧变中。如 2008 年比特币诞生之初每枚比特币约可兑换美元 5 分，至 2017 年 12 月 8 日美国交易平台 GDAX 数据显示，比特币单枚价格一度高达近 2 万美元，然于 2018 年 2 月，比特币之价格一路狂跌，从 10 000 美元跌至 6000 美元，但随后又回至 11 720 美元，[1]比特币价格波动与经济或政治似无关联，已经超过了法定货币的正常价格波动，机构或个人难以通过技术分析其价格走向而作出合理判断。与传统投资方式（如基金、股票）相比，比特币的流动性不够充分，比特币的发行人可能因一些突发因素（如市场不利传闻、安全缺失、消费者拒绝使用等）而无法满足使用者赎回的需求，此种流动风险也造成比特币投资者可能面临无法回赎的风险。

3. 虚拟货币交易平台风险

比特币的取得除了少数可通过挖矿方式原始取得外，大多数的用户可利

---

〔1〕 David Lee Kuo Chuen, *Handbook of Digital Currency：Bitcoin, Innovation, Financial Instruments, and Big Data*, 16 (2015).

用交易平台进行比特币买卖。目前尚未有相关法律对虚拟货币交易平台的设立、经营进行管制，因此，交易平台中用户权益的保障将如何落实便成了问题。如果比特币服务商所运用的网络科技系统不具有足够的安全防范技术，其可能面临系统被攻击、比特币被窃取等风险。如 Mt. Gox 比特币交易平台于 2014 年 2 月遭网络黑客入侵系统，该平台因此损失 85 万枚比特币，导致其面临破产。在我国台湾地区，"ETHVINEX 套利终端交易"平台网站声称只需投资最低 2000 元新台币就能每周获利 20%，即一个半月就可回本，创办人利用庞式骗局手法吸引投资者购买比特币，最终因犯诈骗罪被起诉。[1]比特币交易平台上买家与卖家的交易取决于比特币交易平台（服务商）网站的安全性及平台营运的信誉，在无法保障交易平台信用的情况下，平台使用者难以寻求救济途径，其权益保护难以落实，这是比特币法律治理无法回避的问题。

二、正本清源：比特币的构造特征及其治理难点

比特币自 2008 年横空出世后即风靡全球，成了金融投资者追逐的焦点。但从上面的案件我们不难发现，购买、出售比特币伴随犯罪风险，这些犯罪风险为何出现、如何规避、如何规制，是当前法律面临的重大挑战。在科学技术日新月异的大数据时代，从多元角度审视比特币的本质属性，进而洞悉其监管难点是对比特币进行刑法治理的重要基础。

（一）比特币的构造与特征

国外关于比特币的属性有投资证券说、商品说、货币说等观点。马克思主义理论认为，商品是价值和交换价值的统一体，比特币完全符合这个特征。[2]我国相关法规开始也将比特币定位为虚拟商品，但随着比特币深入参与经济运行，其货币属性日益明显，官方最终确认比特币属于虚拟货币。

比特币（Bitcoin）是由一组组关联地址的数字组成的虚拟货币，有论者将比特币定义为"规定了如何交换和验证有价值的电子讯息的基本规则"。[3]在英文中，第一个字母大写 Bitcoin 用来表示比特币本身或是整个比特币网

---

〔1〕 Paul H. Farmer, Jr. , "Note & Comment, Speculative Tech: The Bitcoin Legal Quagmire & the Need for Legal Innovation", 9 J. Bus. & TECH. L. 85, 88~89 (2014).

〔2〕 田颖鹏、姜耀东："论马克思政治经济学批判逻辑的整体性"，载《理论视野》2019 年第 2 期。

〔3〕 李婕："垄断抑或公开：算法规制的法经济学分析"，载《理论视野》2019 年第 1 期。

络——而比特币网络是由所有运行比特币用户软件的互联网计算机组成，每一个用户都是一个节点。第一个字母小写的 bitcoin 则是比特币网络中的记账单位。比特币的产生是在计算机网络节点上完成一种特定的数学问题计算后取得一连串数字密码，是一串具有金钱价值的密码，一般将这个运算的过程称作"挖矿"（mining），运算的人则被称为"矿工"（miners）。矿工在计算机中下载、安装客户端程序取得一个比特币的数字地址，再下载、安装专用的比特币运算工具，通过该运算程序不断地用计算数学公式完成数学题目，矿工即取得一定数量的比特币作为奖励。从我国近年来对比特币规制的行政法律法规来看，官方也认为比特币属于虚拟货币。

时 间	发布单位	法规名称	内 容
2013-12-03	中国人民银行、工业和信息化部、中国银行业监督管理委员会、中国证券管理委员会、中国保险监督管理委员会	《关于防范比特币风险的通知》（银发［2013］289号）	一、正确认识比特币的属性 比特币具有没有集中发行方、总量有限、使用不受地域限制和匿名性等四个主要特点。虽然比特币被称为"货币"，但由于其不是由货币当局发行，不具有法偿性与强制性等货币属性，并不是真正意义的货币。从性质上看，比特币应当是一种特定的虚拟商品，不具有与货币等同的法律地位，不能且不应作为货币在市场上流通使用
2017-09-04	中国人民银行、中共中央网络安全和信息化委员会办公室、工业和信息化部、工商总局、中国银行业监督管理委员会、中国证券管理委员会、中国保险监督管理委员会	《关于防范代币发行融资风险的公告》	一、准确认识代币发行融资活动的本质属性 代币发行融资是指融资主体通过代币的违规发售、流通，向投资者筹集比特币、以太币等所谓"虚拟货币"，本质上是一种未经批准非法公开融资的行为，涉嫌非法发售代币票券、非法发行证券以及非法集资、金融诈骗、传销等违法犯罪活动。有关部门将密切监测有关动态，加强与司法部门和地方政府的工作协同，按照现行工作机制，严格执法，坚决治理市场乱象。发现涉嫌犯罪问题，将移送司法机关。 代币发行融资中使用的代币或"虚拟货币"不由货币当局发行，不具有法偿性与强制性等货币属性，不具有与货币等同的法律地位，不能也不应作为货币在市场上流通使用

续表

时 间	发布单位	法规名称	内　容
2018-01-02	互联网金融专项整治工作领导小组办公室	通知（整治办函［2018］2号）	具有关部门反应，目前存在一些所谓生产虚拟货币的挖矿企业，在消耗大量资源的同时也主张了虚拟货币的炒作之风，要积极引导辖内企业有序退出挖矿业务
2018-01-12	中国互联网金融协会	《关于防范变相ICO活动的风险提示》	称随着各地ICO项目逐步完成清退，以发行迅雷"链克"（原名"玩客币"）为代表，一种名为"以矿机为核心发行虚拟数字资产"（IMO）的模式值得警惕，存在风险隐患
2018-04-24	全国人民代表大会	《中国人民银行法》（修正）	第20条 任何个人、单位不得印制发行代币票券，以代替人民币在市场上流通
2019-01-10	国家互联网信息办公室	《区块链信息服务管理规定》	第8条 区块链信息服务提供者应当按照《中华人民共和国网络安全法》的规定，对区块链信息服务使用者进行基于组织机构代码、身份证件号码或者移动电话号码等方式的真实身份信息认证。用户不进行真实身份信息认证的，区块链信息服务提供者不得为其提供相关服务

　　比特币网络记录比特币的产生、交易、流通等环节，完全依赖每一个生产者或使用者，无需中央政府部门控制——这是比特币"去中心化"（decentralized）的特征。总之，比特币是一种总量固定、点对点（peer to peer）、去中心化、匿名的支付系统和电子记账单位，采用密码学和数字算法作为运行基础，是一种加密货币（cyptocurrency）。区块链（block chain）是整个比特币网络的"账本"，记录着每一笔比特币交易，所有经确认的交易都会存放在区块链（block chain）中，借此确认新的交易确实是由比特币原所有权人所发出的。区块链（block chain）的完整性及时间顺序是由时间戳服务器（timestamp server）技术，依密码学来执行的。区块链（block chain）没有完结的一天，一发生新的交易，就会添加到链尾，不断地延续下去，同时会将交易讯息公布到整个比特币网络中。比特币系统自从于2008年出现便不断更新发展，主要有以下发展阶段：

发展阶段	发展起点	发展重点	举　例
Block chain 1.0	2008 年	虚拟货币与支付系统去中心化	比特币（Bitcoin）
Block chain 2.0	2012 年	智慧契约等货币以外的数字资产转移	彩色币（colored Coin）
Block chain 2.5	2014 年后	法定货币数字化	遵循 1∶1 的美元、日元、欧元等法币数字化
Block chain 3.0		更复杂的智慧契约，将区块链应用到各方面	将交易的商业条款写入区块链系统中，系统就会按照双方合意、授权的合约内容自动进行交易，不用担心交易作业与合约不同

（二）比特币犯罪治理的难点

对于横空出世并蓬勃发展的比特币交易，我国法律并未制定专门的条款进行规制。随着比特币运行引发的洗钱、诈骗、逃税等犯罪风险不断加剧，刑法需要正视比特币的犯罪风险并反思其规制路径。目前来看，刑法治理比特币相关犯罪主要存在以下困难。

1. 责任主体缺失

比特币在技术构成上具有"去中心化"特征，这意味着比特币不是在一台服务器或中央计算机上运行的，而是"整个系统是由终端用户下载并在个人电脑上运行的软件版本组成的"。比特币基金会（Bitcoin Foundation）将这种分散化结构描述为"比特币的一个关键特征，也是其力量的源泉"。但是，比特币的分散化结构意味着，没有人对比特币负责。比特币没有官方的发行机构或运营机构，而是由一些"非正式的"核心软件开发团队负责维护代码，修复缺陷和更新系统。这些开发人员没有官方的或法定的义务来确定他们工作的标准要求，比特币的开发者、管理层也没有固定的群体——只是一群来去自由、变幻莫测的人群。

在比特币开发人员的自由意志下，如果核心开发者觉得改变比特币协议或软件有利于社会的最大利益（例如，如果他们决定所需的总比特币的数量上限被改变），便会推出新的程序系统对比特币软件进行修改。但并非所有的比特币用户都同意这种更新——因为许多用户正是看中了比特币的分散化特征才购买的，他们很可能不愿意同意对比特币进行与原程序相差巨大的革新，如果用户拒绝更新系统，他们的比特币将难以继续使用。如果比特币的核心开发者出现了意见分歧，可能导致比特币系统暂停甚至关闭，没有法律规定追究他们的责任。

2. 法律评价困难

（1）侦查取证困难。虽然我国已经设立互联网法院来解决财产、侵权纠纷，但这些纠纷往往是关于可计算和可预见损害的纠纷。然而，互联网的多功能性和开放性，使犯罪分子能够在世界的另一端进行非法金融交易。比特币极大地吸引了恐怖主义金融家的注意，他们可以以一种安全、廉价和高度保密的方式将资金迅速转移到其他国家，匿名性能够掩盖他们的行踪。美国FinCEN发布监管指引不到2个月后，美国国土安全部"从Mt Gox的美国分部总共缴获了500万美元"。原因是Mt Gox未能在FinCEN注册，怀疑其交易机构的业务与非法活动有关。2013年12月，FinCEN致信各比特币相关企业"警告它们在该机构注册为货币发送者"〔1〕。因此，比特币交易实名化是破解侦查难题的关键。

（2）欠缺监管机构，消费者利益难以兼顾。欧盟法律对比特币交易平台规定，区分发行者/设计者（issuer/inventor）、交易平台（trading platform）、变价服务提供商（exchanges）、电子货币包提供者（wallet providers）、交易程序进行者（processing service providers）等参与者角色（key actors）。〔2〕我国法律并未关注比特币交易平台的法律地位，也未明确其监管机构，以及损失补救措施，如果比特币交易平台崩溃，那么投资者的利益将难以得到保障。2014年，全球最大的比特币交易平台Mt. Gox因内部人的不当操作进而破产、关闭，造成数千单位的比特币遗失，全球约12万债权人受害；〔3〕2015年2月，位于香港的比特币交易所MyCoin突然停止营业，给持有人造成了将近

---

〔1〕 Peter Luce & Jerry Wang, "Virtual Currency Year-In-Review: Bitcoin and Beyond", *Payment Law Advisor* (Dec. 31, 2013).

〔2〕 Larissa Lee, "New Kids on the Blockchain: How Bitcoin's Technology Could Reinvent the Stock Market", 12 Hastings Bus. L. J. 81, 98 (2016).

〔3〕 Nathaniel Popper, *Digital Gold: Bitcoin and the Inside Story of the Misfits and Millionaires Trying to Reinvent Money*, 23 (2016).

3.8 亿美元的损失。[1]这两个案件均显示：在欠缺监管的情况下，比特币交易系统中的参与者极易实施欺诈或盗窃。刑法在打击相关犯罪方面的效果十分有限。

三、实名登记制下比特币犯罪的刑事责任模式

2019 年我国颁布《区块链信息服务管理规定》，明确要求"对区块链信息服务使用者进行基于组织机构代码、身份证件号码或者移动电话号码等方式的真实身份信息认证"。中国人民银行禁止代币流通后，国家逐步放开、规制区块链运行服务。根据司法实践的情况，比特币犯罪涉及逃税罪、诈骗罪、盗窃罪、洗钱罪等类型，应区分不同责任类型确定不同行为人的刑事责任。

（一）比特币犯罪归责体系之构建

1. 明确责任主体

比特币的匿名性导致很难对其进行监管，如缺乏一种机制来阻止洗钱或识别可疑的货币模式、很难识别账户所有者、难以识别最初的资金来源等。实际运作中，监管比特币的开采或交易极其昂贵和困难。比特币监管的主要目标是比特币交易所，美国 1996 年曾发生类似的 E-Gold 案件，电子黄金系统完全匿名，用户无需提供个人信息即可在系统上免费注册，进而在交易所自由买卖电子黄金。然而 E-Gold 公司于 2008 年被指控"阴谋操作货币工具、阴谋无照经营资金传输业务、无照金钱传输"[2]。E-Gold 抗辩称"转账业务"一词并不局限于处理现金业务，而 E-Gold 实际上经营的是"转账业务"。法院命令 E-Gold 必须在其经营的州取得营业执照，并在 FinCEN（美国财政部金融犯罪执法局）注册，实施反洗钱计划，最终导致 E-Gold 关闭。2019 年，我国颁布《区块链信息服务管理规定》，要求区块链的使用者必须实名登记，意在加强对比特币交易者的监管，避免比特币洗钱、逃税等犯罪风险。

比特币是一种没有管理机构的货币。与美元和欧元等典型货币以及最近被取消的 Facebook Credits 等其他在线货币不同，比特币缺乏统一的控制中心，

---

〔1〕 Joshua A. T. Fairfield, "Smart Contracts, Bitcoin Bots, and Consumer Protection", 71 WASH. & Lee L. Rev. Online 36, 38 (2014).

〔2〕 US v E-GOLD, LTD 550 F Supp 2d 82, (2008).

即对刑事诉讼负责的法律实体。目前，比特币用户之间的交易几乎完全是匿名的。比特币用户无需输入他们的姓名、地址或任何其他可能用于识别的身份信息。这使得比特币成了不法之徒手中的强大武器。Mt Gox 是世界上最大的比特币交易平台，每次成功的比特币交易要收取 6% 的手续费。Mt Gox 交易所没有注册程序，用户不需要提供电子邮件地址或任何形式的联系方式即可进行交易——用户将钱电汇到 Mt. Gox，比特币就会被发送到用户电脑上的比特币"钱包"，用户下载 P2P 比特币软件后，可以创建和使用任意数量的公钥，并为每笔交易使用不同的公钥，可以随时使用比特币进行在线交易。从整体来看，每笔交易都被传输到整个比特币网络，最终整合进"区块链"。区块链使用者进行实名登记后，比特币交易者的身份将清晰起来，便于司法机关查处责任主体。

2. 厘清比特币的法益侵害

比特币开发、流通固然会对货币造成一定的影响，也会引发洗钱、逃税、诈骗等金融犯罪，但是其究竟侵犯了什么法益，在刑法上并不明确。通说认为，法益是指刑法保护的为犯罪行为所侵犯的社会关系，但由于虚拟货币在刑法上的定位不明确，比特币交易侵犯何种社会关系暧昧不清。假如将比特币定性为货币，那么开发比特币的行为可能构成伪造货币罪，因为任何国家都是垄断货币发行权的；假如将比特币定性为商品，那么攻击比特币交易网站、窃取比特币的行为可能构成盗窃罪，或者故意毁坏财物罪；假如将比特币定性为支付手段，那么私人开发、交易比特币的行为可能涉嫌非法经营罪，乃至金融诈骗犯罪……我国司法判决已有将比特币认定为财产的先例，随着法学研究的深入，虚拟货币可能被认定为"货币""支付手段"，刑法治理比特币犯罪将更加精准、有效。

3. 认定犯罪行为与确认因果关系

比特币作为一种新兴事物，其开发、交易并不需要办理行政许可。但在经济活动中，开发比特币、利用比特币进行毒品交易、对比特币低买高卖等现象不可避免地涉及伪造货币罪、洗钱罪、贩卖毒品罪、逃税罪等罪名，然而实施上述行为的相关人员却声称自己实施的是正当的业务行为——开发比特币是程序员的职业行为、买卖比特币是个人的投资交易行为——进而排除犯罪成立。2019 年《区块链信息服务管理规定》要求，比特币开发者、交易者、运营者都必须实名登记，如果行为人在不知他人真实身份的情况下进行比特币交易，可能构成非法经营罪和逃税罪，因为此时的交易行为已经偏离了正常业务行为的要求。

在确认了比特币属于虚拟货币，比特币相关犯罪可能侵犯财产法益、国家金融管理秩序后，比特币交易行为与法益受到侵害之间的因果关系应逐步确定。《区块链信息服务管理规定》颁布后，危害行为会更加容易追溯，比特币犯罪因果关系的认定更加清晰。

（二）比特币犯罪刑事责任类型

1. 开发者/维护者的刑事责任

开发者、维护者负有保证比特币顺利运行的责任，但由于不同挖矿者、维护者的技术水平参差不齐，比特币自从诞生到运行，可能出现各种错误，导致权利人难以行使自己的权利，甚至遭受财产损失。此时，责任人员应根据自己的角色和地位承担刑事责任。

比特币软件中的错误可能以许多不同的方式出现，包括程序员对编程语言、软件结构或目标缺乏理解，不同版本软件的不兼容性；程序员的马虎、粗心或匆忙导致的程序瑕疵；比特币开发缺乏宏观监管；程序员之间的误解……[1]2014年，由一个比特币倡导组织进行的"移除比特币障碍"的研究表明：比特币协议或代码存在错误的"概率较低"，但其导致的后果是"高威胁的"[2]，危害后果是否归责于原本的技术人员，需要从专业化角度判断。

比特币开发中主要使用软件编码器进行编程，这使得其编写的代码质量、执行的基本功能，对于不是相关软件语言专家的人来说都是不透明的。比特币技术的复杂性，导致只有少数该领域的尖端专家才能理解比特币的开发、运行过程。要想对比特币有深入的了解，就需要具备多个领域的广泛知识，可能包括软件编码、网络、网络安全、经济学、支付系统、货币、金融和经济史、金融等领域。这就会引发系统性的操作风险，因为它要求人们对那些决定比特币代码和网络的人的技能和诚信给予极大的信任。系统越大，使用比特币网络完成任务的"区块链"公司就越多，上述少数专家面临的压力就越大，他们需要作出"令人满意的政策选择"，即"准确、安全地在代码中实

---

〔1〕 李婕："智能风险与人工智能刑事责任之构建"，载《当代法学》2019年第3期。

〔2〕 Jacob H. Gutwillg, "Note, Glass Versus Steagall: The Fight Over Federalism and American Banking", 100 Va. L. Rev. 771, 775 (2014).

现这些选择",使其在建设复杂、不透明、执行系统重大任务的制度时,必须谨慎从事。如果挖矿者没有尽职履行这些工作义务,其至少有过失,需要为程序问题导致的危害后果负刑事责任。

例如,比特币的开源软件[1]通过许可协议(该许可协议允许用户修改源代码)向用户提供,使其"源代码"免费公开。此时,比特币开发人员会主动对软件进行改进,比如添加新特性或修复问题。由于开源软件开发者的工作通常得不到报酬,而是被视为一种利他主义或提高声誉的活动。因此,如果开发人员怠于履行自己的义务而放任系统出现错误,或基于其他目的将某些人的利益置于比特币社区之上,便可能构成拒不履行信息网络安全管理义务罪。

2. 使用者的刑事责任

根据《区块链信息服务管理规定》第 8 条的规定,国家对区块链信息服务使用者进行基于组织机构代码、身份证件号码或者移动电话号码等方式的真实身份信息认证。这一规定为比特币使用者设定了法定义务,确保了比特币交易者之间的信任和安全,在很大程度避免了比特币受黑客攻击风险和洗钱罪的犯罪风险。如果比特币使用者不履行真实身份认证信息,那么比特币交易所将为自己的不作为行为承担刑事责任(拒不履行信息网络安全管理义务罪);比特币所有者利用比特币进行毒品、枪支等非法交易的行为可能构成非法利用信息网络罪。

3. 第三人的刑事责任

在比特币交易所、比特币所有者进行身份实名登记后,比特币能够较为平稳地运行。但是,网络黑客恶意攻击比特币交易所或非法窃取他人比特币账户的情况时有发生,此时第三人的行为可能构成什么罪名?

这一问题的焦点在于,虚拟货币在刑法上如何定性,属于物、货币,抑或其他内容?上文已经论证,货币由国家垄断发行,比特币不具有货币的法律地位。那么,比特币是否属于民法上的物呢?有观点认为,计算机文件、信息空间、网络集合物等虚拟财产属于担保物权而成为民法上的物。[2]但比

---

[1] 李婕:"技术风险与 P2P 服务刑法归责之限制——以 P2P 传播未经他人授权的作品为视角",载《江汉论坛》2018 年第 5 期。

[2] 王竹:"《物权法》视野下的虚拟财产二分法及其法律规则",载《福建师范大学学报(哲学社会科学版)》2008 年第 5 期。

特币不符合物权法定基本原则的要求。无论是用户的比特币账号密码，还是其所有的比特币本身，都是用户与比特币服务者通过合同方式有偿或无偿获得的服务，属于债权范畴。例如，在使用比特币的过程中必须下载客户端，通过用户名和密码登录，权利人通过客户端向比特币系统发送指令信息，并不包括对任何物的排他性支配。

第三人通过黑客技术非法窃取他人比特币的行为，可能构成非法侵入计算机信息系统数据罪。例如，网络黑客修改比特币用户的账号、密码，甚至恶意植入病毒代码等行为既是对他人具有财产性质的系统的侵入，也是对他人网络空间的侵入。对于他人虚拟物的非法侵入，可能是技术性质的，也可能是非技术性质的，此时，第三人的行为构成非法侵入计算机信息系统数据罪。

"去中心化"互联网金融时代经济刑法的制度困境与超越

谢　杰 *

摘　要：比特币等"去中心化"互联网金融工具兴起，行政法律体系对比特币虚拟商品、非货币的属性定位及规范上比特币市场与实体经济、金融体系的风险切割，导致货币、外汇、证券、期货、税务、财产、融资等领域经济刑法规范面临结构性失灵与适用性紊乱风险。比特币法律与经济分析从发行与交易机制"去中心化"与治理结构、资源分配、利益实现中心化等实质特征出发，解构比特币经济机理及固有缺陷，能够揭示比特币货币与金融投资、投机功能，确立比特币的货币、金融商品法律属性实质解释原理，从而引入经济刑法制度微调、司法规则与执法机制优化、货币体系反思等解决经济刑法困局、控制互联网金融市场风险的现实路径。

关键词：比特币；经济刑法；货币；"去中心化"；互联网金融；法律与经济分析

一、比特币的兴起与经济刑法的制度危机及其化解思路

比特币（Bitcoin）是一种点对点全球通用加密互联网金融系统。与传统货币不同，比特币的发行与交易不依赖中央银行、政府、企业的支持或者信用担保以及传统金融机构的服务，也不与特定商品或者实物挂钩，而是依赖对等式网络中种子文件达成的网络协议，实现单个节点与其他节点的直接交互，比特币地址之间的价值交换，具有"去中心化"特质与相对匿名性。比特币系统使用整个网络的分布式数据库来进行交易确认，其发行总量固定，

---

* 上海交通大学凯原法学院副教授，法学博士、博士后。

并自适应地按照设计预定的速率逐步增加且增速逐步放缓，最终在 2014 年达到略小于 2100 万个的极限值。点对点分布式的时间戳服务器生成，依照时间前后排列并加以记录的电子交易证明使得比特币系统能够实现无须第三方支持的数字签名加密、杜绝双重支付（伪造支付工具）。发行的比特币由完成网络运算工作量证明（"挖矿"）的比特币"旷工"获取，借此激励其通过利用计算机硬件为比特币网络进行数学计算从而完成交易验证、提高比特币系统安全性。[1]比特币"挖矿"芯片设计与开发[2]、比特币"矿机"组装与销售[3]、各类比特币现货、期货、衍生工具等交易平台运营与比特币市场参与者的投机热潮[4]等一系列以比特币为中心的经济行为将比特币生态与利益链条进一步延伸。从实体经济发展趋势、集中交易市值、市场参与者认可度等各方面来看，比特币已经度过了初创与萌芽阶段，世界经济与金融历史正在见证"去中心化"互联网金融时代的兴起。

全球各国和地区法律对比特币表现出视为合法货币、直接规定为非法货币或者宣布为自由市场行为而不进行政府介入等不同的制度反映。2013 年 12 月 3 日中国人民银行等五部委《关于防范比特币风险的通知》（以下简称《风险通知》）明确强调比特币虚拟商品属性及其投资风险，禁止金融机构与支付机构从事与比特币有关的业务，并要求作为比特币交易平台的比特币网站履行非金融机构反洗钱义务。《风险通知》对于控制比特币市场风险、遏制网络经济风险向金融体系与实体经济传导等具有非常积极的价值。但是，由于比特币具有"去中心化"、高度匿名性、全球性、主要法定货币可兑换性、交易成本低廉性等特点，比特币或比特币支付系统不仅可能成为洗钱犯罪、外汇犯罪、货币犯罪、走私犯罪等各类经济犯罪的工具或者渠道，[5]而且比特币资产持有者具有成为侵财犯罪（盗窃、普通诈骗等）、金融犯罪（非法集资、金融诈骗、市场操纵等）、网络犯罪被害人的高度风险，甚至比特币及其

---

〔1〕 比特币基础性技术原理参见 Satoshi Nakamoto，"Bitcoin：A Peer-to-Peer Electronic Cash System，2008"，http://bitcoin. org/bitcoin. pdf（访问日期：2016 年 12 月 1 日）. 有关比特币的详细信息汇总参见比特币百科网站 en. bitcoin. it。

〔2〕 程振伟："谁是比特币利益链上的'真正赢家'"，载《深圳特区报》2013 年 12 月 3 日。

〔3〕 梁敏："比特币掘金'挖矿机'商机无限"，载《电脑报》2013 年 12 月 16 日。

〔4〕 张俊杰："比特币投资险象环生"，载《南方都市报》2013 年 12 月 6 日。

〔5〕 Lars Hilse，"Threat-Assessment：Bitcoin：Danger to The United States?"，*National Security and Her Economic & Commercial Interests*，24~40（2013）.

经济生态本身都长期受困于是否构成庞氏骗局、金字塔骗局等集资诈骗犯罪或者传销犯罪的巨大争议。[1]

《风险通知》所确立的比特币虚拟商品性与非货币性的属性判断会导致我国刑法中的一系列经济与金融犯罪对象与行为的解释与认定陷入困惑与论争，加之当前理论与实务界对利用或者针对比特币的犯罪行为的机理尚且缺乏深入把握，这些因素共同导致比特币的兴起对我国的整个经济刑法体系产生了重大而潜藏未现的影响。从经济刑法制度的全球关联性来看，我国经济刑法规范与德国、日本等国刑法典中的经济犯罪条款同属大陆刑法体系，我国经济刑法制度问题在一定程度上能够折射大陆法系经济刑法制度的全局性问题。从实体经济与金融市场的全球关联性来看，我国经济与金融在世界经济中的体量决定了与我国经济有关的制度风险客观上会对全球经济与金融市场产生重要影响。所以，揭示与剖析"去中心化"数字支付系统对我国经济刑法制度的系统性冲击不仅有助于我国实体经济与金融市场法律制度安排的优化，而且有益于深入推进全球经济与金融法律制度，尤其是全球经济刑法体系的完善、反思与启示。

在商品与服务贸易中承担交易中介角色的比特币客观上为整个实体经济注入了货币供应量，比特币与各国法定货币之间的低成本兑换亦使得外汇与资本管制效果明显弱化，比特币支付系统的"去中心化"导致现行货币犯罪与外汇犯罪刑法规范完全不具有适用可能。比特币与法定货币在全球集中交易平台供市场参与者在承担风险的同时博取交易利润，市场价格剧烈波动意味着存在诱人的价差利益，比特币现货、期货、衍生交易等实质上具有与证券、期货、衍生品交易市场等同的特征、原理、机制与风险，但特定虚拟商品的属性定位造成比特币不能构成我国经济刑法中证券期货犯罪的行为对象，非法经营、内线交易、市场操纵等刑法条款无法对未经许可运营比特币金融交易平台、侵害市场参与者合法权益等行为进行有效规制。比特币与法定货币之间的可兑换关系意味着前者事实上能够成为后者的价值存储载体，盗窃、诈骗、利用职务便利

---

〔1〕 张薇："比特币淘金热：疯狂过后何去何从"，载《光明日报》2013年5月11日；王彦彬："比特币：电子黄金还是旁氏骗局？"，载《通信产业报》2013年11月25日；贺颖彦："比特币是个骗局吗？"，载《中华合作时报》2013年12月6日；Nathaniel Popper (07/24/2013)，Currency Scheme，New York Times, B4；Derek A. Dion, "I'll Gladly Trade You Two Bits on Tuesday for A Byte Today：Bitcoin, Regulating Fraud in the Economy of Hacker-Cash", 2013 ILL. J. L. TECH. & POL'Y 165, 178 (2013)；Nicholas A. Plassaras, "Regulating Digital Currencies：Bringing Bitcoin within the Reach of the IMF", 14 CHI. J. INT'L L. 377, 390 (2013).

收受、获取比特币经济收益不申报纳税、非法向社会公众吸收比特币等行为与相应的财产犯罪、职务犯罪、税务犯罪、融资犯罪等具有同等强度的社会危害性。比特币的非货币属性定位则意味着现行我国相关经济与金融犯罪刑法条款无法对此类比特币侵害行为做出实质性反应。"去中心化"互联网金融工具兴起给经济刑法造成的现实风险，从法律与经济行为的实质、比特币实质属性等层面揭示了重在调整经济与金融关系的行政法律制度意图从规范形式上进行切割，但事实上很难有效地控制的比特币市场风险及其对整个法律制度构成的冲击。

本文以发行与交易系统上的"去中心化"与治理结构、资源分配及经济利益实现平台上的中心化特征为基础深度解构比特币的经济机理，不仅有助于把握比特币系统固有的机制性缺陷与市场风险来源，而且能够揭示比特币所具备的实质性货币与金融投资（投机）功能，从而在法律属性上确立比特币在特定情形下的货币与金融商品定位。比特币经济机理解构与法律实质阐释为经济刑法通过制度微调、司法规则与执法机制完善奠定了坚实的理论与实践基础，比特币兴起之后凸显出的绝大部分我国经济刑法制度适用性紊乱问题将得以解决。经济刑法证券期货犯罪条款适度拓展"证券"范围可以将比特币金融市场管理秩序与投资者合法权益纳入刑事保障体系，同时以能够量化的经济与金融犯罪数额标准盘活财产犯罪、职务犯罪、税务犯罪、融资犯罪等刑法规范对相关比特币犯罪行为的可适用性。同时，新型互联网金融系统的"去中心化"机制导致传统货币犯罪、外汇犯罪等货币与资本管制体系在事实上无法继续保护既有的非竞争性货币体系。货币、外汇、资本管制刑事保障机制的失灵促使既有货币制度直面货币竞争、反思维护法定货币购买力稳定性的政策优化方向。

二、比特币对我国经济刑法制度系统性挑战的风险评估

《风险通知》以"正面定性与反面否定"相结合的方式对比特币属性提出了明确意见，即比特币"应当是一种特定的虚拟商品"，"不是真正意义的货币"，"不具有与货币等同的法律地位"，"不能且不应作为货币在市场上流通使用"。[1]可见，在中国金融市场法律制度及其监管框架下，"真正意义的

---

〔1〕《风险通知》第1条"正确认识比特币的属性"：比特币具有没有集中发行方、总量有限、使用不受地域限制和匿名性等四个主要特点。虽然比特币被称为"货币"，但由于其不是由货币当局发行，不具有法偿性与强制性等货币属性，并不是真正意义的货币。从性质上看，比特币应当是一种特定的虚拟商品，不具有与货币等同的法律地位，不能且不应作为货币在市场上流通使用。

货币"等同于法定货币，即人民币、美元、欧元、日元等以本国或者其他国家或者地区中央权力信用为基础的、法偿性、强制性货币。比特币不仅不具有货币属性，而且与银行、资本市场、保险市场等金融体系中的金融产品无关，只是一种商品，且必须强调其具有虚拟性。

然而，作为非货币性、虚拟性"商品"的比特币能够以极低的交易成本在"商品"与人民币、美元、欧元、日元等各国"货币"之间进行快捷转换，并以集中竞价交易的方式在全球各大比特币交易平台供市场参与者进行投资或者投机，甚至可以附加杠杆、做空、融资、融币等交易机制进行各类远期、期货、期权等衍生性交易。同时，基于对金融市场及其监管秩序全面且有效保护的价值追求，我国经济刑法规范体系设置了货币、外汇、证券、期货等众多具有金融工具属性的行为对象要素。金融监管机构对比特币货币、金融属性的制度性剥离以及对其虚拟商品属性的强调会产生一个不容忽视的经济刑法制度风险：大量利用比特币的货币性或者金融工具性特征的经济犯罪行为将因为比特币的虚拟商品属性限定而脱离经济刑法的规范控制范围，我国经济刑法制度会随着比特币市场以及比特币经济行为的逐步繁荣而面临前所未有的系统性冲击。

（一）货币、外汇市场及其监管秩序刑事保护失控风险

比特币不是法定货币、不具有货币法律地位、不能且不应作为货币在市场流通的反面否定型属性判断明确指向一个结论：比特币显然不是外币，与人民币更是毫无关联。这一属性判断在经济刑法上的意义表现为比特币不能构成作为外汇犯罪或者货币犯罪行为对象的外汇、人民币或者其他国家和地区的法定货币。但事实上，不仅比特币支付、交易系统可以直接跨越既有的外汇监管制度从事逃汇或购汇行为、经营外汇业务、持有境外资产等，比特币"去中心化"发行机制更是能够在中国市场直接投放"货币"，在脱离央行货币政策的前提下影响中国经济体系中的实际货币供应量。[1]经济刑法中

---

〔1〕 从我国市场中比特币持有量及其对应的浮动性市值规模来看，比特币进入我国市场影响国内货币供应量的观点显然只局限于定性判断层面。将目前我国比特币的经济规模与人民币经济总量进行对比，完全可以对前者忽略不计。但比特币经济中长期的通缩发展趋势（下文比特币经济机理分析部分予以详细论述）意味着每单位比特币的购买力都具有显著的增长空间，同时，现阶段并不能预期未来商品与服务提供者对比特币支付的接受程度以及比特币的周转率，所以至少不能忽视或者无视比特币对国内货币供应量的中长期影响。

的外汇犯罪条款〔1〕直接面临失灵或者失控的风险，货币犯罪条款〔2〕规制效力可能在中长期面临潜在的折损风险。

骗购外汇罪禁止通过使用伪造、编造的海关、外汇管理机关证明文件或者重复使用海关、外汇管理机关证明文件等欺骗方式购买外汇的行为。〔3〕而任何持有人民币的行为主体可以在中国境内的各大比特币交易平台开设资金与交易账户以市场价格购入相应数量的比特币，将比特币提现之后通过比特币客户端转入境外各种以美元、欧元、日元等法定货币为交易币种的比特币交易平台，再以市场价格卖出比特币兑换成需要的法定货币。由于比特币只是特定虚拟商品而非作为一般等价物的货币，利用比特币支付与交易系统能够彻底脱离外汇管理制度以及该制度最具强制力的经济刑法保护机制——骗购外汇罪——的震慑，将人民币对兑换成世界上主要国家和地区法定货币〔4〕，且完全不需要实施任何欺骗性使用海关、外汇证明文件的行为。因此，比特

---

〔1〕 根据1998年全国人大常委会《关于惩治骗购外汇、逃汇和非法买卖外汇犯罪的决定》（以下简称《外汇犯罪决定》）第1条、第3条、第4条的规定，我国外汇犯罪条款主要包括：骗购外汇罪、逃汇罪、非法经营罪（非法买卖外汇）。

〔2〕 我国现行《刑法》规定的危害货币管理制度犯罪的条款主要包括：伪造货币罪（《刑法》第170条），出售、购买、运输假币罪（《刑法》第171条第1款），金融工作人员购买假币、以假币换取货币罪（《刑法》第171条第2款），持有、使用假币罪（《刑法》第172条），变造货币罪（《刑法》第173条）。此外，走私犯罪中还专门规定有走私假币罪（《刑法》第151条）。

〔3〕 《外汇犯罪决定》第1条规定："有下列情形之一，骗购外汇，数额较大的，处五年以下有期徒刑或者拘役，并处骗购外汇数额百分之五以上百分之三十以下罚金；数额巨大或者有其他严重情节的，处五年以上十年以下有期徒刑，并处骗购外汇数额百分之五以上百分之三十以下罚金；数额特别巨大或者有其他特别严重情节的，处十年以上有期徒刑或者无期徒刑，并处骗购外汇数额百分之五以上百分之三十以下罚金或者没收财产：（一）使用伪造、变造的海关签发的报关单、进口证明、外汇管理部门核准件等凭证和单据的；（二）重复使用海关签发的报关单、进口证明、外汇管理部门核准件等凭证和单据的；（三）以其他方式骗购外汇的。伪造、变造海关签发的报关单、进口证明、外汇管理部门核准件等凭证和单据，并用于骗购外汇的，依照前款的规定从重处罚。明知用于骗购外汇而提供人民币资金的，以共犯论处。单位犯前三款罪的，对单位依照第一款的规定判处罚金，并对其直接负责的主管人员和其他直接责任人员，处五年以下有期徒刑或者拘役；数额巨大或者有其他严重情节的，处五年以上十年以下有期徒刑；数额特别巨大或者有其他特别严重情节的，处十年以上有期徒刑或者无期徒刑。"

〔4〕 目前，比特币能够在全球各个国家和地区的交易平台兑换为以下币种：阿根廷比索、澳元、巴西雷亚尔、加拿大元、瑞士法郎、人民币、捷克克朗、丹麦克朗、欧元、英镑、港币、以色列新谢克尔、印度卢比、日元、墨西哥比索、挪威克朗、新西兰元、波兰兹罗提、卢布、瑞典克朗、新加坡元、泰铢、美元、南非兰特等。参见比特币数据网站Bitcoin Chart的货币统计信息：http://bitcoincharts.com/markets/currencies，访问日期：2016年12月1日。

币支付与交易系统的存在与发展使得传统骗购外汇行为模式、骗购外汇罪对购汇管理制度的保护在相当程度上失去了意义。〔1〕逃汇罪禁止单位违反外汇管理法律法规将应当调回境内的外汇存放境外或者将境内外汇非法转移境外。〔2〕基于相同的原理，利用比特币支付系统以及全球比特币交易平台能够高效地实现人民币与其他国家和地区法定货币之间的无监管性兑换与转移，但比特币目前只具有特定虚拟商品属性，经济刑法对境内外汇限制转出与境外外汇限制存放的刑事控制力度受到了实质性撼动。〔3〕此外，非法经营罪禁止违反外汇交易管理规定在国家许可的交易市场之外从事买卖外汇业务。〔4〕中国各大比特币网站推出的比特币网络集中竞价交易平台，其业务内容表现为以市场决定的"兑换率"提供人民币与作为特定虚拟商品的比特币之间的交易，形式上显然无须受制于监管机构外汇交易场所的业务许可。而在实践中，比特币交易参与者以及财经媒体一般将这种"兑换率"直接称为"汇率"，〔5〕并且比特币事实上可以在全球主要国家和地区兑换成当地的法定货币、支付当地部分商品与服务。这些比特币交易平台业务现象背后的实质内涵说明人民币

〔1〕 利用比特币系统免受骗购外汇罪法律风险、逃避外汇监管的购汇行为需要承担的行为成本与经济风险是比特币交易手续费、跨国比特币交易平台价差风险以及比特币市场交易价格风险。其中，手续费成本是有限与可控的，价差风险与价格风险则较难控制。交易成本与经济风险的客观存在决定了骗购外汇罪在相当程度上的失灵风险而非彻底的、现实的失灵。

〔2〕《外汇犯罪决定》第3条规定："将刑法第一百九十条修改为：公司、企业或者其他单位，违反国家规定，擅自将外汇存放境外，或者将境内的外汇非法转移到境外，数额较大的，对单位判处逃汇数额百分之五以上百分之三十以下罚金，并对其直接负责的主管人员和其他直接责任人员处五年以下有期徒刑或者拘役；数额巨大或者有其他严重情节的，对单位判处逃汇数额百分之五以上百分之三十以下罚金，并对其直接负责的主管人员和其他直接责任人员处五年以上有期徒刑。"

〔3〕 事实上，经济刑法中其他与外汇犯罪具有相类似规制功能与规制原理的法律规范同样存在刑事保护效力稳定性降低的风险。例如，我国《刑法》第395条第2款"隐瞒境外存款罪"规定："国家工作人员在境外的存款，应当依照国家规定申报。数额较大、隐瞒不报的，处二年以下有期徒刑或者拘役；情节较轻的，由其所在单位或者上级主管机关酌情给予行政处分。"刑法设置隐瞒境外存款罪具有保持国家工作人员职务廉洁性、维护公职人员境外财产申报制度、控制具有腐败嫌疑的资产流失境外等制度价值。但是，比特币作为一种资产类型在全球范围内逐步兴起与繁荣，使得愿意支付比特币交易成本、货币兑换价格风险与市场价差风险的国家工作人员，可以选择彻底放弃持有境外存款所产生的构成隐瞒境外存款罪的刑事风险，转而持有比特币资产并在需要时随时转化为相应国家和地区的法定货币资产。

〔4〕《外汇犯罪决定》第4条规定："在国家规定的交易场所以外非法买卖外汇，扰乱市场秩序，情节严重的，依照刑法第二百二十五条的规定定罪处罚。单位犯前款罪的，依照刑法第二百三十一条的规定处罚。"

〔5〕 陈听雨："比特币汇率大跌"，载《中国证券报》2013年5月17日。

兑比特币现货交易至少具有变相外汇即期交易[1]的疑问，但非法经营罪关于禁止非法从事外汇交易业务的规定对此并无有效的反应能力。

相对于外汇市场显性的刑法保护失控风险而言，比特币对货币市场经济刑法制度的冲击表现得更具隐蔽性与长期性。但货币、货币市场、货币政策与相关法律制度对于实体经济与金融体系的全局性影响决定了比特币对人民币及其法律政策构成的任何潜在风险都不应被低估。经济刑法设置货币犯罪规范功能在于保护货币市场以及央行对货币市场秩序的监管。实现该功能最为基本的要求便是人民币供给只能源于我国央行的货币政策与货币监管行为，我国《刑法》禁止并处罚我国央行之外的任何行为主体影响中国经济体系内货币供应的行为。例如，在我国法域内实施的伪造货币、出售、购买、运输、持有、使用假币行为最根本的危害在于脱离央行货币政策与监管增加了货币供应及其周转，刑法设置伪造货币、出售、购买、运输、持有、使用假币等所有货币犯罪的基础性价值就是要保护央行发行货币与管理货币供应量的权力。然而，传统经济刑法货币犯罪条款以遏制假币为核心震慑各种非法增加货币供应的震慑模式，完全无法规制比特币系统影响特定经济体系内货币总量的发行行为与结果。比特币玩家通过"挖矿"（即承担比特币系统计算与密码验证工作量）获取比特币，其在中国市场使用比特币购买任何商品或者服务的同时就意味着原本人民币垄断下的货币总量中增加了另一种不受央行监管的支付工具或者交易中介。在既定的商品与服务生产效率下，比特币在经济体系中使用规模的增长形式上表现为货币总量的增长，实质上会造成传统法定货币使用规模减小以及单位人民币购买力的下降。从长远的观点来看，如果比特币在国内商品与服务贸易出现规模化增长，则会出现比特币对法定货币的规模化替代，继而显著缩减央行资产负债表以及央行行为对短期利率的影响。随着比特币支付用户人数的不断上升，如果基于比特币支付的经济

---

[1] 提出比特币与法定货币现货兑换是否涉及"变相"外汇即期交易的疑问而非直接质疑其是否属于外汇即期交易的原因主要在于：其一，全球货币监管机构对于比特币是否构成货币尚未形成共识，并且我国货币监管机构目前的政策定位明确是将比特币视为特定虚拟商品，所以比特币与相应法定货币之间的交换比率严格意义上只能是"兑换率"而非"汇率"。其二，仅就比特币与相应法定货币的单一交易层次来看，比特币经济生态中并没有实际的商品与服务，接受比特币的商户或者个人所提供的商品与服务本质上仍然是各国和地区法定货币体系下的产物，加之比特币供给量既定，因而比特币与相关法定货币之间的兑换关系是由该法定货币体系下的比特币需求这一单一因素决定的。这与汇率受全球实体经济与货币市场各类复杂影响的事实相去甚远。

总量发展到大于法定货币规模的水平，这不仅是对既有货币秩序的冲击，其理论上的结果更是对传统法定货币体系的取代。[1]而在此过程中，由于比特币系统并不存在中心化的发行主体，外部法律评价体系亦不认可其货币地位，现行货币制度从比特币影响货币总量的伊始便无法使用经济刑法货币犯罪条款对这种与假币投放、使用一样具有货币制度干扰性与对抗性的行为进行制裁。

（二）金融监管与金融消费者权益刑事保护缺失风险

比特币应当是一种特定虚拟商品的正面定性判断，在确立比特币虚拟性与商品性基础定位的同时亦否定了比特币的现实性（真实性）与金融性内涵。比特币交易只是一种普通民众风险自担的、具有参与自由的网络商品买卖行为。[2]但现实情况是，比特币支付与交易系统在实践运作中不仅能够兑换真实的法定货币、购买真实的商品与服务，而且正以类似于证券、期货、金融衍生工具等投资、投机工具的形式，在类似于证券、期货交易所的比特币交易平台上进行日成交量达到亿元人民币数量级的集中交易。金融监管部门将比特币属性限定于特定虚拟商品并采取严格措施禁止金融机构与支付机构介入比特币关联业务，[3]有利于有效切割比特币市场向传统金融市场与实体经

---

〔1〕 再次强调，当前比特币的市值以及真正使用比特币支付的商品与服务贸易规模非常有限，短期内不可能对货币总量产生实质性影响。中长期来看，比特币定价（与主要法定货币之间的兑换率）波动性与在经济体系中的接受度均具有高度不确定性，比特币对传统货币市场以及货币制度冲击的相关判断局限于理论层面。

〔2〕 中国人民银行等五部委在印发《风险通知》时指出："比特币交易作为一种互联网上的商品买卖行为，普通民众在自担风险的前提下拥有参与的自由。"贾壮："五部委监管比特币：不能作货币流通用"，载《证券时报》2013 年 12 月 6 日。

〔3〕《风险通知》第 2 条"各金融机构和支付机构不得开展与比特币相关的业务"规定："现阶段，各金融机构和支付机构不得以比特币为产品或服务定价，不得买卖或作为中央对手买卖比特币，不得承保与比特币相关的保险业务或将比特币纳入保险责任范围，不得直接或间接为客户提供其他与比特币相关的服务，包括：为客户提供比特币登记、交易、清算、结算等服务；接受比特币或以比特币作为支付结算工具；开展比特币与人民币及外币的兑换服务；开展比特币的储存、托管、抵押等业务；发行与比特币相关的金融产品；将比特币作为信托、基金等投资的投资标的等。"此外，2013 年12 月中旬主要财经媒体陆续披露，我国央行约谈银行、支付宝、财付通等银行、支付机构负责人，除了强调严格执行《风险通知》的上述规定之外，进一步提出两大要求：其一，第三方支付公司不得给比特币、莱特币等交易网站提供支付和清算服务；其二，对于已经发生业务的支付机构应解除合作，存量款最迟在春节前完成提现，不得发生新的支付业务。这一举措可能造成人民币以充值方式进入比特币交易平台的资金流动模式受到实质性限制，进而遏制比特币在集中交易平台进行买卖的市场规模。岳品瑜："渠道告急 比特币还能扛多久"，载《北京商报》2013 12 月 18 日；严湘君："防范比特币风险连出招 央行约谈第三方支付'釜底抽薪'？"，载《第一财经日报》2013 年 12 月 17 日。

济传导风险的管道，有助于控制比特币经济过热及比特币市场过度投机的风险。但否定比特币真实存在且市场参与者正在实际使用的金融工具价值也必须承受附带性结果：无法在金融监管法律框架下对比特币市场进行特殊且严格的管制；无法以金融消费者的标准对从事比特币投资与投机的市场参与者予以针对性与强化性保护。具体到金融监管与金融消费者权益刑事保护层面，现有的经济刑法对证券、期货市场管理秩序与投资者权益等法益的保护条款均面临严重的缺位风险。

在证券、期货市场管制措施的刑法保护方面，非法经营罪禁止未经我国国务院期货监督管理部门批准组织他人参与期货交易的行为。[1]而我国市场中的交易者在比特币及其交易平台发展过程中的早期阶段就已经大规模地参与比特币期货交易：比特币交易平台采用一定倍数的杠杆交易模式，由用户向比特币交易平台提供的第三方资金账户汇入人民币或者向比特币账户存入比特币，既能以一定倍数的杠杆买入比特币做多，也能以杠杆卖出比特币做空。比特币多空合约根据全球最成熟的比特币交易平台之一 Mt. Gox 即时行情价格进行结算，现金账户金额或者比特币账户市值不足则强制平仓。[2]标准化交易、现金交割、客户能够从事双向交易、对冲操作、预付资金或者比特币具有杠杆效应、预付款处于警戒线下交易平台有权强制平仓等一系列比特币交易机制完全符合标准化合约、保证金制度、当日无负债结算制度、强制平仓制度等期货交易特征且未经国务院期货管理机构批准，应当构成非法组

---

〔1〕 根据我国《刑法》第225条第3项的规定，违反国家规定，未经国家有关主管部门批准，非法经营证券、期货或者保险业务，扰乱市场秩序，情节严重的，处五年以下有期徒刑或者拘役，并处或者单处违法所得一倍以上五倍以下罚金；情节特别严重的，处五年以上有期徒刑，并处违法所得一倍以上五倍以下罚金或者没收财产。同时，2012年我国国务院修改后的《期货交易管理条例》第2条规定："任何单位和个人从事期货交易及其相关活动，应当遵守本条例。本条例所称期货交易，是指采用公开的集中交易方式或者国务院期货监督管理机构批准的其他方式进行的以期货合约或者期权合约为交易标的的交易活动。本条例所称期货合约，是指期货交易场所统一制定的、规定在将来某一特定的时间和地点交割一定数量标的物的标准化合约。"期货合约包括商品期货合约和金融期货合约及其他期货合约。本条例所称期权合约，是指期货交易场所统一制定的、规定买方有权在将来某一时间以特定价格买入或者卖出约定标的物（包括期货合约）的标准化合约。第4条规定："期货交易应当在依照本条例第六条第一款规定设立的期货交易所、国务院批准的或者国务院期货监督管理机构批准的其他期货交易场所进行。禁止在前款规定的期货交易场所之外进行期货交易。"第6条规定："设立期货交易所，由国务院期货监督管理机构审批。未经国务院批准或者国务院期货监督管理机构批准，任何单位或者个人不得设立期货交易场所或者以任何形式组织期货交易及其相关活动。"
〔2〕 简工博："监管尚为空白比特币交易风险大"，载《解放日报》2013年12月4日。

织期货交易行为。但非法经营罪关于禁止非法从事期货交易业务的规定对经营比特币期货交易平台的行为没有任何实质性应对。[1]

　　在金融消费者刑事保护方面，由操纵证券、期货市场罪、内幕交易罪、利用未公开信息交易罪等一系列我国《刑法》中的证券期货犯罪构成的资本市场投资者合法权益保护条款，[2]完全无法适用于比特币集中交易市场中客观存在的市场操纵以及基于未公开信息优势而实施的抢先交易等市场侵害行

---

〔1〕 与比特币现货交易不受非法经营罪关于禁止非法从事外汇交易条款规制的现实情况有所不同的是，非法经营罪的构成要件实际上是完全适用于未经许可开展比特币期货交易业务行为的。期货合约包括商品期货、金融期货以及其他期货合约。尽管根据《风险通知》比特币不具有货币性、金融性且具有虚拟性，但比特币仍然被认定构成"商品"，所以非法从事比特币期货合约交易业务构成非法经营罪中的非法从事商品期货交易行为。目前，司法机关没有根据非法经营罪打击非法经营比特币期货交易的行为，更大程度上是因为坚持经济刑法二次违法性判断的基本原理，在行政监管机构尚未确认经营比特币期货交易业务构成违法的前提下，不应直接启动经济刑法的刑事责任追究机制。资本市场行政监管机构目前尚未关注经营比特币期货交易行为违法性判断问题，则主要源于金融监管否定比特币金融属性的关联性政策——《风险通知》第 3 条 "加强对比特币互联网站的管理"的规定："依据《电信条例》和《互联网信息服务管理办法》，提供比特币登记、交易等服务的互联网站应当在电信管理机构备案。电信管理机构根据相关管理部门的认定和处罚意见，依法对违法比特币互联网站予以关闭。"可见，金融监管政策坚决否定比特币的金融属性，强调将其整体纳入网络法与网络商品的监管框架。

〔2〕 我国《刑法》第 180 条 "内幕交易、泄露内幕信息罪" "利用未公开信息交易罪" 规定："证券、期货交易内幕信息的知情人员或者非法获取证券、期货交易内幕信息的人员，在涉及证券的发行，证券、期货交易或者其他对证券、期货交易价格有重大影响的信息尚未公开前，买入或者卖出该证券，或者从事与该内幕信息有关的期货交易，或者泄露该信息，或者明示、暗示他人从事上述交易活动，情节严重的，处五年以下有期徒刑或者拘役，并处或者单处违法所得一倍以上五倍以下罚金；情节特别严重的，处五年以上十年以下有期徒刑，并处违法所得一倍以上五倍以下罚金。单位犯前款罪的，对单位判处罚金，并对其直接负责的主管人员和其他直接责任人员，处五年以下有期徒刑或者拘役。内幕信息、知情人员的范围，依照法律、行政法规的规定确定。证券交易所、期货交易所、证券公司、期货经纪公司、基金管理公司、商业银行、保险公司等金融机构的从业人员以及有关监管部门或者行业协会的工作人员，利用因职务便利获取的内幕信息以外的其他未公开的信息，违反规定，从事与该信息相关的证券、期货交易活动，或者明示、暗示他人从事相关交易活动，情节严重的，依照第一款的规定处罚。"第 182 条 "操纵证券、期货市场罪" 规定："有下列情形之一，操纵证券、期货市场，情节严重的，处五年以下有期徒刑或者拘役，并处或者单处罚金；情节特别严重的，处五年以上十年以下有期徒刑，并处罚金：（一）单独或者合谋，集中资金优势、持股或者持仓优势或者利用信息优势联合或者连续买卖，操纵证券、期货交易价格或者证券、期货交易量的；（二）与他人串通，以事先约定的时间、价格和方式相互进行证券、期货交易，影响证券、期货交易价格或者证券、期货交易量的；（三）在自己实际控制的账户之间进行证券交易，或者以自己为交易对象，自买自卖期货合约，影响证券、期货交易价格或者证券、期货交易量的；（四）以其他方法操纵证券、期货市场的。单位犯前款罪的，对单位判处罚金，并对其直接负责的主管人员和其他直接责任人员，依照前款的规定处罚。"

为。比特币市场核心交易机制、流程、环节与证券、期货市场非常接近：市场参与者选择比特币交易所（比特币交易平台）开设账户，通过银行、第三方支付[1]或者现金支付方式向账户进行人民币充值，或者通过比特币支付系统向交易平台下设的个人比特币交易账户进行比特币充值；单位比特币（1BTC）以人民币计价，交易者根据其对市场价格的判断提交买入或者卖出申报，按照"时间优先、价格优先"的集中竞价规则由交易系统匹配价格、撮合成交；买入交易生效之后相应数量的比特币计入比特币账户，交易者可提取比特币，卖出交易生效之后相应资金计入资金账户，交易者可提现。[2]但由于目前比特币流通量有限且市值规模尚未达到百亿人民币级别的较大规模，市场操纵者使用一定规模的比特币现货或者资金数量就可以通过连续交易、相对委托、洗售等操纵性交易模式打压或者拉抬比特币市场交易价格并从中获取巨额价差收益。[3]同时，比特币交易平台及其工作人员不存在证券、期货交易所、证券公司、期货公司等金融机构及其从业人员受到金融法律法规规章监管的制度约束，且比特币网站内部运作技术与规则尚缺乏透明度，比特币市场参与者完全可能面对交易平台及其员工等内部人员利用尚未公开的资金、比特币流动数据等交易信息在普通投资者（投机者）之前抢先完成交易的内线交易风险。比特币市场参与者固然应当根据风险自担原则自行判断市场风险、自行承担因市场价格波动所产生的交易损失，但自担市场风险并不应当包括自担市场操纵、内线交易等市场侵害行为的风险。在交易机制与证券、期货市场基本相同但受到市场滥用行为侵害风险明显超过传统资本市场的情况下，在比特币业已成为一种金融投机工具的现实下，比特币只是特定虚拟商品的基本定位，导致比特币市场参与者无法作为金融市场参与者

---

〔1〕 受央行、银监会等金融监管机构管理的银行、支付机构等已经被禁止向比特币交易平台提供支付、结算服务。

〔2〕 与我国资本市场不同的是，比特币交易所存在激烈的市场竞争，而证券、期货交易所的开设依法受到行政权力的监管。比特币市场参与者直接在交易所开设账户，而证券、期货交易所实行会员制，普通投资者参与证券、期货市场必须通过证券公司、期货公司等经纪环节进行申报与交易。相应的，在交易费用方面，比特币交易平台存在交易手续费（由于市场竞争与市场过热等原因持续处于变动状态，出现过暂停收费、交易额 0.3% 左右等不同的收费标准）与提现手续费（提现额 0.5% 至 1% 左右），证券、期货市场存在税务机关、证监会、交易所分别收取的印花税、证管费、经手费等。

〔3〕 比特币交易所并未实施证券、期货市场的涨跌停限制且交易 24 小时开放，日内价格波动超过 50% 的风险颇为常见，市场操纵行为的收益及其对比特币市场参与者带来的经济损失非常可观。

或者金融产品消费者得到证券期货犯罪刑法条款保护，在一定程度上存在产权非平等性保护的疑问。

(三) 金融市场与实体经济刑事保护机制失调风险

比特币金融性或者货币性的真实性能、商品性与虚拟性的制度性状态以及比特币经济在发展过程中的市场价格的极度不稳定性，导致由非法集资犯罪、涉税犯罪、财产犯罪、职务犯罪等一系列重要经济犯罪法律条款[1]所构成的刑法保护机制存在失去调整能力的风险。

我国经济刑法通过设置非法集资犯罪维护特定金融机构吸收存款等业务秩序[2]、投资者与金融机构财产权以及金融安全，保障以银行等金融中介机构为核心的间接融资体系。[3]违法从事吸收公众存款业务，或者基于非法占有目的，以炒作非上市公司股票、吸收投资款等形式使用诈骗方法获取投资者资金的，分别构成非法吸收公众存款罪与集资诈骗罪。比特币经济体系中同样存在以中介机构为纽带、能够实现比特币存储与借贷信用机制的间接融资体系。中介服务机构支付一定比特币占用成本（存"币"利息）吸收不特定比特币持有者分散的比特币资源，以相对集中的规模对外放贷并收取更高的比特币使用费用（贷"币"利息）。[4]在投资者愿意承担比特币市场价格波动风险的前提下，只要比特币中介机构提供的存"币"利息显著高于存款利率，民间资金市场完全可能出现将人民币资产兑换成比特币并流入比特币

---

〔1〕 本文采纳广义的经济刑法与经济犯罪概念，将财产犯罪、职务犯罪等以刑法禁止的行为方式获取经济收益的犯罪类型均纳入经济刑法与经济犯罪的分析框架之中。参见宋远升、谢杰：《经济犯罪对策论》，法律出版社 2012 年版，第 1~7 页。即使理论上有部分观点不认可广义的经济刑法概念，分析比特币的兴起所造成的财产犯罪、职务犯罪等传统刑法规范解释机制的紊乱，对于理解比特币对货币、外汇、证券、期货、融资、税收等经济与金融领域犯罪的冲击依然非常具有价值，因为狭义的经济与金融犯罪在立法机制、规范解释等方面（尤其是行为对象与犯罪数额计算）不可避免地受到财产犯罪等传统刑法的基础性影响。

〔2〕 根据《商业银行法》等金融法律的规定，商业银行以及城乡信用合作社等非银行金融机构可以经营吸收公众存款业务，证券公司、证券交易所、保险公司等金融机构以及任何非金融机构和个人则不得从事吸收公众存款业务。

〔3〕 融资本质上是支付超过现金的资金成本取得相关资产的金融行为。See Bradford Cornell & R. Gregory Morgan，"Using Finance Theory to Measure Damages in Fraud on The Market Cases"，37 UCLA L. REV. 833，835（1990）. 其中，直接融资是不经由银行等金融中介而通过出售股票、债券等形式直接获得投资者资金；间接融资则是通过银行等金融中介机构间接地从金融市场中吸收的投资者资金。

〔4〕 当然，目前比特币间接融资规模非常有限，全球只有"涟漪支付"（Ripplepay）等少数提供开源服务的社区信用网站推出基于比特币的小额信用交易服务。

间接融资市场的现象。未经许可的比特币存储业务实质上就是非法吸收以比特币为形式载体的人民币存款，如果相关中介机构（人）被证明具有非法占有比特币的行为故意，实质上就发展为了诈骗以比特币为载体的人民币资金。但由于比特币不具有货币属性而是虚拟商品，接受社会公众比特币存储的行为充其量只是吸收或者集合商品，不能被认定为具有显著金融行为特征的非法吸收公众"存款"、非法集"资"或者集"资"诈骗行为。因此，我国现行经济刑法规范难以规制利用比特币实施的非法集"币"行为，这不仅会影响到投资者资产安全，而且会对传统间接融资市场秩序与既有金融垄断利益构成威胁。

纳税人采取欺骗、隐瞒手段进行虚假纳税申报或者不申报，达到刑法规定的数额标准且不适用初犯免责的，构成逃税罪。[1]经济刑法打击逃税犯罪的主要目的是维护税收征管秩序、保证国家税收收入、促使纳税义务人依法积极履行纳税义务。[2]而比特币支付系统在经济领域内的深入应用及其天然的免受税务监控的技术机制将会使得以逃税犯罪为核心的整个经济刑法涉税犯罪体系受到严重影响。[3]比特币在目前的监管框架下属于虚拟商品，接受比特币作为商品、服务的经营性收入，实质上构成"以物易物"。尽管税务实践中认定传统"以物易物"纳税数额具有一定困难，但传统商品与服务具有现实性以及定价上的可固定性，"以物易物"构成特殊购销行为，交易双方应当以各自支付的"物"计算销项税额，以各自接受的"物"核算进项税额。而作为商品的比特币具有虚拟性且与人民币之间不存在一个固定的兑换比例，导致以比特币支付的商品与服务贸易客观上难以计算应纳税额。再以个人所得税为例，以比特币作为劳动、劳务等收入，由于虚拟商品显然不属于具有确定性的货币"所得"，难以计算应纳税数额。所以，在逃税犯罪法律适用上，比特币纳税标准的缺失意味着很多原有的涉税行为根本不涉及是否构成

---

〔1〕 我国《刑法》第201条规定：'纳税人采取欺骗、隐瞒手段进行虚假纳税申报或者不申报，逃避缴纳税款数额较大并且占应纳税额百分之十以上的，处三年以下有期徒刑或者拘役，并处罚金；数额巨大并且占应纳税额百分之三十以上的，处三年以上七年以下有期徒刑，并处罚金。扣缴义务人采取前款所列手段，不缴或者少缴已扣、已收税款，数额较大的，依照前款的规定处罚。对多次实施前两款行为，未经处理的，按照累计数额计算。有第一款行为，经税务机关依法下达追缴通知后，补缴应纳税款，缴纳滞纳金，已受行政处罚的，不予追究刑事责任；但是，五年内因逃避缴纳税款受过刑事处罚或者被税务机关给予二次以上行政处罚的除外。'

〔2〕 黄太云："《刑法修正案（七）》内容解读（二）"，载《人民法院报》2009年4月15日。

〔3〕 Omri Marian, "Are Cryptocurrencies Super Tax Havens?", 112 MICH. L. REV. 38 (2013).

"虚假纳税申报或者不申报"逃税行为刑法评价问题,相当数量的比特币资产存在脱离国家税收与纳税义务控制的风险。[1]

如果说比特币在现有监管框架下的非货币性、非金融性、虚拟商品性的基础定位是导致经济刑法难以将其纳入融资市场、税收管理秩序刑事法律保护体系的重要原因,那么盗窃、诈骗、贿赂等犯罪的行为对象都是"财物",显然均可覆盖"商品",盗窃、诈骗比特币等均可被认定为相应犯罪,[2]作为全新犯罪行为对象表现形式的比特币理论上似乎不会严重冲击财产权、职务行为廉洁性等传统领域的经济刑法保障机制。但是,盗窃、诈骗、利用职务便利收受传统商品(包括"Q币"[3]等传统虚拟商品)的行为之所以能够被定性与定量,根本原因在于刑事司法实践中的传统商品估价机制相对稳定地支撑了犯罪性质的解释与犯罪数额的认定。而比特币固然可以被制度性、人为化地评价为特定虚拟商品进而符合盗窃、诈骗、贿赂等犯罪类型的行为对象法律特征,但确保传统经济犯罪刑事司法系统得以顺畅运转的商品估价机制与比特币并不兼容——比特币市场价格巨幅波动导致在客观上难以确认一个公允的市场价格;"去中心化"的比特币市场事实上也不存在一个权威的、类似于价格事务所或者物价局的价格评估机构。因此,比特币资产很难在传统财产犯罪刑法规范框架下受到刑事保护,基于职务行为的给付或者收受比特币行为,因难以确认数额而很难被作为腐败犯罪处理。

三、比特币的经济机理解释与法律属性辨证

信息网络、密码技术、金融创新的不断发展推动比特币成为一种全新的

---

〔1〕 当然,作为财产转让的比特币交易所得仍然受到目前税务体系的监管,在比特币交易平台买卖比特币的所得应当以比特币转让收入减除获取比特币的成本及其交易费用的余额作为应纳税额进行缴税。对于通过"挖矿"获取初始比特币并获取转让比特币收入的情形,尽管核定财产原值和合理费用具有一定困难,但至少可以将计算机、芯片、电费等主要"挖矿"成本作为财产转让所得的减除项目从而实现税收公平合理。

〔2〕 我国已经出现了诈骗比特币的刑事案例:犯罪嫌疑人刘某、金某、黄某等运营国内第四大比特币交易平台 GBL,在吸收客户为参与投机性交易而充值的大量资金与比特币之后潜逃,目前公安机关已将刘某等逮捕。参见刘珍华:"国内首起比特币交易平台诈骗案近日被侦破",载《新民晚报》2013 年 12 月 4 日。

〔3〕 "Q 币"是由我国互联网巨头腾讯公司推出的一种虚拟货币,市面上 Q 币充值卡的零售价是1Q 币对应 1 元人民币,但通过第三方支付公司财付通充值是九三折,通过第三方支付公司支付宝充值是九二折,通过其他代理商购买则更低。"Q 币"可以购买腾讯公司提供的网络虚拟商品或者增值服务。

经济与社会现象。面对比特币支付系统以及比特币集中交易市场对实体经济与金融体系造成的客观影响，刑法规范体系中与货币、外汇、证券、期货、融资、税务、财产等经济、金融秩序有关的经济犯罪条款出现刑事保障机制不再稳定与周延的风险。经济刑法在公私产权、实体经济、金融市场刑事保障方面陷入不同程度的困局、被动与迟钝，其根源在于既有的监管框架针对比特币所设定的制度性限制极强的短期风控政策与比特币复杂的经济与金融内涵赋予其的机理性去监管化能力之间的冲突。

由于监管政策最直接的调整效果体现在经济、金融等行政性法律法规层面，并且此类法律制度重在调整经济与金融关系，制度性地将比特币的属性限定于网络社会中的虚拟性商品确实能够达到在法律关系上切割比特币与人们社会行为之间的货币关系或者金融关系、控制比特币市场风险传递至实体经济与金融市场的效果。但是，经济刑法重点在于对经济与金融行为在刑法上的实质属性及其刑事责任做出实质判断。与比特币有关的各种经济与金融行为的实质是由比特币的内部性特征（比特币自身的实质功能）与外部性特征（使用比特币或者针对比特币实施一定作为与不作为的人的主体性认知与客观行为）所决定的，不受脱离比特币实质经济机理的比特币属性制度性限制的影响。所以，制度性限制在实现切割比特币的货币与金融属性同时，会因为其与比特币事实上所具备的金融功能之间的冲突而造成经济刑法的规范解释紧张与制度保护不力。

解决经济刑法制度困境的现实出路在于完成两个层进式的制度安排：步骤一，运用法律与经济分析方法对比特币进行实质解构，以功能性内涵发现为核心对比特币在网络、货币、金融、商品等不同层面的经济机理做出全面阐释，确立比特币在现有法律制度与监管框架下符合其经济实质的真实归属。步骤二，以公民产权、实体经济以及金融市场的保障效率为导向对与比特币经济实质匹配的法律属性界定及其配套经济刑法运作进行评估，根据比特币市场风险控制现实需求的动态变化完善监管框架及其经济刑法保障机制，并且进一步反思传统货币与金融监管制度的改革方向。比特币经济机理解释与法律属性界定的价值在于完成步骤一，即通过对比特币"去中心化"、货币性功能、投机工具现状等核心经济机理的揭示与剖析，回答与比特币法律属性界定有关的三个基本性、纵深性问题：其一，比特币的法律状态是什么（合法、非法抑或其他）？其二，比特币的货币属性判断结论是什么（货币、非货币抑或其他)？其三，比特币在实体经济与金融实务中真正的法律性质是什么？

（一）比特币法律地位评估

比特币在法律上是否具有合法地位，如果其属于非法又究竟构成何种违法类型，是一个存在极大争议的问题。尽管目前比特币在很多国家和地区能够作为商品与服务的支付工具、在比特币交易所进行集中买卖，但亦有部分司法区直接否认比特币的合法地位，并且，法律与经济理论、实践中一直有观点指责比特币是庞氏骗局、金字塔骗局且是构成洗钱犯罪的核心渠道。

2013年泰国央行先是以比特币不是货币为由回避了泰国比特币有限公司向其提出的比特币交易许可申请指导。2013年7月29日，泰国央行外汇管理与政策部认为，基于现行可适用法律缺失、资本项目管制、比特币跨越多重金融领域的事实等因素，下列比特币行为在泰国司法权内构成违法：买卖比特币；以比特币为支付工具的商品或服务贸易；向泰国境外给付比特币；接受来自泰国境外的比特币。[1]如此宽泛的行为禁止实际上意味着比特币在泰国不具有合法地位。财经与法治媒体普遍将泰国央行规定使用与交易比特币行为系非法等同于禁止比特币，因而泰国也就成了全球首个禁止比特币的国家。[2]同时，比特币系统发展初期，验证比特币交易的计算工作量证明的竞争强度极低，参与早期"挖矿"的极少数比特币玩家积累了大量比特币。[3]比特币经过大量推广、炒作并受到网民高度追捧之后，与法定货币之间的兑换率较早期出现巨量飙升，早期"矿工"基于续投资者的高位接盘而获得高额经济收益。这种利益链条顶端操控者利用后续参与者资金供给而获取过度经济激励的现象被评论者认定为构成庞氏骗局或者金字塔骗局。

---

〔1〕 Bitcoin Co. Ltd., "Trading Suspended Due to Bank of Thail and Advisement", July 29, 2013, https://bitcoin. co. th/trading-suspended-due-to-bank-of-thailand-advisement，访问日期：2016年12月1日。

〔2〕 吴家明："泰国封杀比特币开全球先河"，载《证券时报》2013年8月1日；蓝洋金融研究中心："疯狂比特币全球围剿"，载《重庆晨报》2013年11月28日；Andrew Trotman，"Bitcoins banned in Thailand, The Telegraph"，July 29th, 2013, http://www. telegraph. co. uk/finance/currency/10210022/Bitcoins-banned-in-Thailand. html，访问日期：2016年12月1日。

〔3〕 在比特币网络运行初期，任何人都可以通过普通CPU找到新交易链块。随着越来越多的人加入到采矿队伍，寻找新交易链块的难度系数随之大幅提高。因为创建新比特币的难度系数是随着参与尝试产生新比特币的人数与运算力而变化的。产生链块的可能性是所用计算资源和所有同时在网络上生成链块计算资源的比值。目前，用普通CPU平均需要几年才能找到一个有效的交易链块。有效采矿方法逐步发展为使用高端显卡、芯片、特殊软件等，并且获取比特币难度持续增大。See Bitcoin.org, "Frequently Asked Questions", http://bitcoin. org/en/faq，访问日期：2016年12月1日。

　　比特币法律地位评估的关键在于准确把握其基于网络密码技术实现的系统"去中心化"在经济上的实质内涵。

　　比特币的经济生态建筑在点对点网络与密码验证技术的基础之上。[1]信息、网络、密码技术创新带来的全球性交易便捷、成本降低、隐私保护、抵御通胀等是比特币"去中心化"支付、结算及存储机制在理论上区别于中心化的国家信用与法律制度下法定货币体系的重要特点。"去中心化"意味着比特币的制造与发行不需要依赖于央行等金融权力机构,而是由所有使用比特币软件的用户构成点对点网络,并由该网络运算系统创建、交易比特币。"去中心化"是互联网发展过程中形成的数字化支付系统特有的内容与结构形态,是相对于中心化的央行货币发行与流通体系而言的全新网络支付工具的生产与交易系统。支付体系不再是由权力化的监管机构排他性地掌控,而是由全体互联网用户共同参与、权利对等、平等竞争、完全开放的创制、流通与支付过程。[2]

---

　　[1] 1980年至1990年代初期,大卫·乔姆发表的一系列密码技术论文创造性地提出了互联网金融机制的概念并勾勒了完全匿名性互联网金融体系的基本原理。See David Chaum, "Blind Signatures for Untraceable Payments", 82 *Advances in Cryptology: Proceedings of Crypto* 199 (1983). 1998年,解密高手邮件列表(Cypherpunks Mailing List)成员提出了数字化分布式匿名货币的构想,尝试通过这种被称为"比钱"(B-money)的基于网络密码技术的支付机制为无迹可寻的匿名实体相互之间的合作提供一种更具效率的交易中介。See Wei Dai, "b-money", 1998, http://www.weidai.com/bmoney.txt,访问日期:2016年12月1日。2008年,化名中本聪(Satoshi Nakamoto)的程序设计员(组)完成了执行这种支付机制的程序以及软件设计,并以信息的最小单位二进制数位(Binary Digit)的缩写比特(Bit)将这种点对现金支付系统命名为比特币(Bitcoin)。See Satoshi Nakamoto, "Bitcoin: A Peer-to-Peer Electronic Cash System", 2008, p. 1, http://bitcoin.org/bitcoin.pdf,访问日期:2016年12月1日。应当看到,数字金融工具运作技术非常复杂,脱离信息、网络、密码等学科基础与知识背景很难进行全面与准确的理解。尽管不可能在法律与经济分析范畴与知识边界内系统性地阐释比特币等数字金融工具的技术机制,但对比特币如何通过技术性安排履行其核心经济功能这一问题进行简洁且有效的解释仍然是可以实现的。

　　[2] 新发行的比特币是通过"采矿"这一网络运算与交易验证过程在系统中创建的。新比特币在每个网络节点解决了一定数量且难以复制的数学计算问题与工作量证明(创建新链块)后生成。因此,比特币的发行不受中央系统的控制,而是由分布在网络系统中的每一个"矿工"、每秒钟重复百万次的交易链块计算决定的。每一个有效参与比特币发行的用户通过消耗计算能力去寻找有效的链块并创造新的比特币。当比特币发行量达到极值而导致比特币创建终止时,比特币系统的使用与维持仍然依赖于分布于各个网络节点的运算。在对应最后一个比特币的链块之后仍然会有新的链块产生,比特币系统通过提供验证交易手续费的方式激励用户投入运算资源确认比特币交易的有效性。创建新的交易链块所带来的交易费的实际效果类似于创建新比特币。See Bitcoin.org, "Frequently Asked Questions", http://bitcoin.org/en/faq,访问日期:2016年12月1日。

但是，比特币系统是相对于传统中心化货币机制与反传统制度束缚的"去中心化"，并不具有彻底性。从外部竞争的角度分析，"去中心化"的发行与交易机制能够确保比特币系统在与既有制度的竞争关系中不因中心化机制的可锁定性与可消灭性而被竞争对手直接清除。从内部竞争的实际情况来看，比特币经济生态在治理结构上受控于一个真实存在的中心化管理机构或者利益代理，在经济资源分配上存在明显的非均衡性。比特币发行与流通纵然并不受制于中心化的货币权力机构，但除此之外所有的比特币运作都是由以比特币基金会[1]为核心架构的治理机制予以主导、维护与发展的。新比特币以及比特币交易验证手续费的获取固然实行全网络开放性竞争，但以比特币系统开发者为核心的早期比特币玩家掌握的先发优势与网络密码技术垄断，客观上造成原本已经存在数量稀缺性问题的有限比特币中的绝大多数被少数人持有。[2]

比特币发行与交易机制"去中心化"决定了传统法律制度没有能力对比特币这一开放的网络支付系统本身的法律地位做出是非判断。即使没有法律制度对比特币合法地位的确认，比特币依然在全球网络用户的计算资源支持下存在与发展，因为政府不可能切断网络。即使法律制度可以在形式上规定比特币为非法或者禁止一切与比特币有关的交易，但这种纸面上的禁止在实

---

　　[1]　比特币基金会是致力于标准化、保护和推广比特币的最大的组织。它资助比特币软件维护人员的薪水、组织会议并提供重要资源。比特币基金会将会员席位划分为铂金、黄金、银等机构层级以及终身与年度等个人层级。目前，仅有比特币在线商品与服务提供商 Bitcoin Store 这一家机构具有铂金席位，比特币交易平台 Mt. Gox 以及由风投公司提供资本支持的比特币在线交易、存储、支付平台 Circle 两家机构持有黄金席位。每个会员层次均有选举相应董事会成员的权利。比特币基金会董事会目前有 5 个席位，其中 2 名董事由个人会员阶层选举，2 名董事由机构会员阶层选举，1 名董事由比特币创始人阶层选举。比特币基金会通过资助一个稳定的比特币软件架构与核心开发团队，提高比特币的使用度与信用度。网络密码技术是比特币赖以生存与发展的基石，是防止多重支付、反伪造、反盗窃的核心力量。比特币基金会通过维护、促进、法律保护等多重保护措施确保比特币协议的完整性。同时，比特币基金会认为，比特币在发展过程中受到了大众以及现有社会人士的错误理解、错误阐释、错误陈述，为了使比特币具有持续稳定的发展目的与技术支持，其有必要以比特币社区的单一化渠道推广比特币技术并优化其声誉。See Bitcoin Foundation, "Developing a More Open Economy", https://bitcoinfoundation. org/about，访问日期：2016 年 12 月 1 日。

　　[2]　据测算，世界上大约 28.9% 的比特币集中于不到 50 人控制，21.5% 比特币份额由不到 900 人持有，这个极少数人构成的利益群体控制了现有比特币资源的一半。另外 25% 的份额由 1 万人控制。只有 25% 的比特币由大约 100 万散户持有。Dorit Ron & Adi Shamir, "Quantitative Analysis of the Full Bitcoin Transaction Graph", in *Financial Cryptography and Data Security*, 6 ~ 24 (Ahmad–Reza Sadeghi ed., 2013).

践中不具有执行效力。因为全面禁止比特币无法有效地解决根植于传统中心化货币、政府信用危机、通货膨胀等经济基础与政治建制下的制度有限性而生成的私有金融工具的竞争，而且在操作层面存在诸多障碍。特定国家或者地区的政治权力显然可以轻而易举地关闭比特币集中交易市场。相应的，潜在的比特币使用者亦会逐渐放弃对其交换价值与投资（投机）价值的认可与追求。但依靠校验和密码技术而创建、发行和流通的数字货币具备强大的独立性生态与创造性理念，这种技术创新本身足以保证比特币作为挑战传统法定货币的反思性概念与批判性实践得以在特定的信息网络技术生态圈中持续运作。同时，全球各国和地区禁止比特币的制度建构势必存在判断上的肯定与否定、时间进程上的先与后以及禁止程度上的强与弱。[1]世界上主要金融市场的比特币监管措施如果存在明显的不平衡，比特币创制与交易的无国界性意味着数字货币使用行为会自然地转向规制范围不周延、制裁措施不严厉的国家或者地区，并利用货币市场关联性将风险传递至所有法定货币。

但是，比特币经济生态中客观上无法规避的中心化治理架构与经济力量意味着比特币不彻底的"去中心化"只是与传统的经济与法律制度存在结构性差异，比特币经济本质上仍然受制于既有的经济制度与法律监管框架。无论是比特币治理架构还是掌控比特币资源的中心化经济力量，比特币经济生态中的利益实现归根到底还是依托于传统法定货币体系。全球比特币交易平台24小时不间断的比特币集中交易的经济追求是为了通过比特币与相应法定货币的兑换直接获取法定货币体系下的利益；全球接受比特币支付的商品与服务提供者在收取比特币之后仍然需要通过场外直接交易或者交易平台集中交易兑换为法定货币才能在一定主权国家范围内实现不受比特币经济发展规

---

〔1〕 例外情况是，国际条约对各个成员国关于比特币的监管设定统一的禁止性规则要求。但从目前的发展趋势分析，基于法律监管框架差异与经济利益分化等诸多原因，各国和地区达成禁止比特币国际条约完全没有形成时间表的可预期依据或者迹象。全球重要经济体表现出认可比特币的倾向。例如，德国金融监管局、央行、财政部早在2011年8月就已经将比特币认定为价值单元，同时明确了创制（发行）这种价值单元或者将其作为支付工具进行使用不需要获得法律许可。但是，当这种价值单元自身成为商业或者交易的对象时，经济意义上的价值单元便成了法律意义上的记账单元与金融工具，相关服务或者商业行为就应当接受德国银行法审查与授权。BaFin, Merkblatt-Hinweise zum Zahlungsdiensteaufsichtsgesetz（ZAG）（Stand：Dezember 2011），Hinweise zum Gesetz über die Beaufsichtigung von Zahlungsdiensten, http://www.bafin.de/SharedDocs/Veroeffentlichungen/DE/Merkblatt/mb_111222_zag.html，访问日期：2016年12月1日。

模限制的利益。可见，全球各大比特币交易平台实际上构成了比特币经济生态中利益交换与实现的中心。[1]与比特币生态系统中发行与交易环节的个体性参与者（"矿工"与交易者）全球高度分散与相对匿名不同的是，比特币交易平台是在全球各个司法区注册的公司实体，[2]必须接受相应地区法律的监管。

比特币理论上的"去中心化"与实际上具备的中心化机制说明：法律制度对比特币的地位不具有评价能力，但能够直接决定比特币交易平台以及比特币集中交易行为是否具有合法性。[3]比特币集中交易环节是法律制度监管比特币以及经济刑法规制与比特币有关的经济与金融犯罪的中心环节。并且，这种交织"去中心化"与中心化的经济机理亦可推导出"比特币就是庞氏骗局"等整体否定比特币正当性论断的不合理性。

比特币事实上存在的经济利益中心化使得极少数程序开发者、早期玩家等在比特币交易平台兑换法定货币并获取了大量经济收益，而这些收益源自于后期投资者的跟进投入。这个过程在经济上近似于庞氏骗局的正反馈循环，[4]即经济产出（原比特币存储者的增值收益）源于后参与者的经济投入（获取比特币支出的相应法定货币）。但经济特征上的部分重叠显然不能作为法律性质判断上比特币等于庞氏骗局的整体依据。尽管比特币存在中心化的治理机构与利益群体，但这都是在比特币"去中心化"的发行与交易机制下经过技术与经济竞争形成的客观结果，至多存在分配机制不平等与早期参与者为系统创建投入大量计算资源而获得更多利益没有不平等的经济性争议，不能代替法律层面的规范评价。庞氏骗局表现为一个中心化的推动者或者共谋者以高回报、低风险等经济激励或者投资项目为诱饵，通过欺诈性手段骗取投资者的资金，而事实上根本不存在具有收益的项目或者仅有少部分资金被投入

---

〔1〕 各国和地区法定货币的多样性导致比特币交易平台作为利益交换与实现中心以法定货币为基础进行相对分化。同时，各个法定货币体系下的比特币交易平台竞争会进一步造成区域性交易中心的细分。

〔2〕 例如，Mt. Gox 是全球交易系统最为成熟的比特币交易平台，由位于日本的 Mt. Gox 有限公司负责运营，Mt. Gox 有限公司的母公司为在日本东京商会注册的 Tibanne 有限公司。再如，比特币中国是目前全球交易规模最大的比特币交易平台，隶属于上海萨图西网络有限公司。

〔3〕 从目前全球监管实践来看，除了泰国等极少数司法区实行全面禁止模式，比特币交易平台与集中交易行为经审查符合其既有监管制度的，绝大多数国家和地区均认可其合法性。

〔4〕 Burton G. Malkiel, *a Random Walk Down Wall Street*：*The Time-Tested Strategy For Successful Investing*，228（2012）；Lars Tvede, *The Psychology of Finance*：*Understanding The Behavioural Dynamics of Markets*，181~191（2002）.

项目，早期投资者收益全部或者绝大部分源于后期投资者的资金。[1]在我国，刑法以及司法解释将这种以非法占有目的非法融资的行为纳入集资诈骗罪的规制范围。[2]比特币经济体系中既不存在能够被证明构成犯罪主体的中心化诈骗计划推动者与共谋团队，也没有实施欺诈性行为诱骗投资者针对一个虚构的投资项目提供资金，更没有证据表明存在非法占有他人资金的诈骗目的。[3]因此，庞氏骗局等对比特币提出整体非法性（不正当性）法律判断的理论分析与实践批判并不是一个能够对比特币进行准确解释的框架。这又从经济刑法的层面再次验证了比特币技术系统本身不适合运用既有法律制度对其进行非此即彼的属性判断。传统法律评估不仅存在误判风险，而且会因为低估比特币经济机制上的复杂性而干扰旨在控制比特币经济系统性风险的宏观政策探索。法律制度聚焦于比特币交易平台及其集中交易行为做出监管安排并规制相应的违法犯罪行为才是更为合理的路径选择。

（二）比特币货币属性辨析

监管比特币交易平台、比特币集中交易行为、惩治比特币相关违法犯罪行为的前提在于确定基础法律框架，而解决比特币监管架构问题显然无法回避比特币的货币属性判断。如果比特币是货币，则应当将比特币交易纳入货

---

[1] U. S. Securities and Exchange Commission, Ponzi Schemes, http://www.sec.gov/answers/ponzi.htm，访问日期：2015年2月1日。

[2] 2010年我国最高人民法院《关于审理非法集资刑事案件具体应用法律若干问题的解释》第2条规定："实施下列行为之一，符合本解释第一条第一款规定的条件的，应当依照刑法第一百七十六条的规定，以非法吸收公众存款罪定罪处罚：（一）不具有房产销售的真实内容或者不以房产销售为主要目的，以返本销售、售后包租、约定回购、销售房产份额等方式非法吸收资金的；（二）以转让林权并代为管护等方式非法吸收资金的；（三）以代种植（养殖）、租种植（养殖）、联合种植（养殖）等方式非法吸收资金的；（四）不具有销售商品、提供服务的真实内容或者不以销售商品、提供服务为主要目的，以商品回购、寄存代售等方式非法吸收资金的；（五）不具有发行股票、债券的真实内容，以虚假转让股权、发售虚构债券等方式非法吸收资金的；（六）不具有募集基金的真实内容，以假借境外基金、发售虚构基金等方式非法吸收资金的；（七）不具有销售保险的真实内容，以假冒保险公司、伪造保险单据等方式非法吸收资金的；（八）以投资入股的方式非法吸收资金的；（九）以委托理财的方式非法吸收资金的；（十）利用民间"会""社"等组织非法吸收资金的；（十一）其他非法吸收资金的行为。"第4条第1款规定："以非法占有为目的，使用诈骗方法实施本解释第二条规定所列行为的，应当依照刑法第一百九十二条的规定，以集资诈骗罪定罪处罚。"

[3] 事实上，比特币基金会等承担比特币经济系统治理功能的组织反复强调比特币是一个实验性项目，作为探索性的发明与尝试，其前景未知且存在巨大风险，提示投资者应当谨慎对待。See Bitocin. org, "Some Things You Need to Know", http://bitcoin.org/en/you-need-to-know，访问日期：2016年12月1日。

币法律体系给予最为严格的监管，作为相关经济与金融犯罪行为对象的比特币也会因其货币属性的确立而使得刑法解释与刑事保护机制恢复相对稳定的原有状态。[1]但比特币是否属于货币可以说是当前全球比特币法律、经济理论与实践领域争议最大的难题。

完全否定比特币货币属性的观点认为，货币是一种制度安排，只有在既有的法律制度下才能对特定的可转移产权做出是否构成货币的判断。纵览全球货币法律体系，就当前且可以预期的未来而言，比特币既不是合法货币，也不是法定货币。[2]但反对意见认为，在比特币经济关系中，一方提供商品或者服务，交易相对方支付比特币，这与日常生活中的现金使用毫无差异。比特币事实上就是货币，将货币概念限定于法定货币与商品货币并不明智。[3]美国得克萨斯东区联邦地区法院近期更是在判例中明确指出：比特币显然可以作为货币使用。比特币能够用于购买商品、服务以及其他生活性消费项目。比特币唯一的限制在于其只能在接受其作为货币的地方使用。同时，比特币可以被兑换为美元、欧元、日元、人民币等通常意义上的货币。因此，比特币是货币或者钱的一种表现形式。[4]还有学者从商品货币、法定货币在非货币性价值、稀缺性原因等方面的差异化特征[5]切入剖析比特币货币属性，指出比特币与法定货币的相同点在于除了货币性价值之外没有任何价值，其基本属性就是货币。同时，比特币的稀缺性综合了商品货币必然性稀缺与法定货币的

---

〔1〕 如果比特币被认定为货币，一种监管模式是直接赋予其与法定货币等同的法律地位，在央行统一监管下形成以金融机构为主体构成的比特币货币交易市场；另一种监管模式是建构与具有货币属性的黄金相同的市场框架，专门设立类似于黄金交易所的比特币交易所或者在其他金融监管控制下的交易所开设专门的比特币交易平台。无论采取何种模式，比特币确立货币属性之后，经济刑法解释上的障碍与困境都会在很大程度上得到缓解。例如，未经许可组织比特币集中交易构成非法经营，基于非法占有目的骗取投资者比特币融资构成集资诈骗，比特币经营性收益逃避纳税构成逃税，针对比特币实施的财产犯罪的数额根据货币主管机构的规定予以认定。

〔2〕 Rhys Bollen, "The Legal Status of Online Currencies: Are Bitcoins the Future?", 24 J. BANKING & FIN. L. & PRACT. 272 (2013).

〔3〕 Jerry Brito, "Online Cash Bitcoin Could Challenge Governments, Banks", Time Techland, April 16, 2011, http://techland.time.com/2011/04/16/online-cash-bitcoin-could-challenge-governments/, 访问日期：2016 年 12 月 1 日。

〔4〕 SEC v. Shavers, 2013 BL 208180 (E. D. Tex. Aug. 6, 2013).

〔5〕 商品货币（黄金）除了具有货币性价值之外还具有一定的工业价值与审美价值，其稀缺性是天然与必然的；法定货币（纸币与硬币）不具有任何非货币性价值，其稀缺性是人为性建构、制度性设计、非必然的。

人为性稀缺，所以比特币是一种非常特殊的人造商品货币。[1]

从货币历史解释的观点来看，货币经历了商品货币（以物易物、黄金等贵金属）、商品支持货币（黄金券、可兑换黄金纸币等）、法定货币的价值形式变迁，完成了具有内在价值、具有一定内在价值、可兑换为具有一定内在价值的商品、不能兑换商品但中央权力基于国家信用保证货币所代表的购买力的价值内容演进。[2]针对比特币的货币属性分析显然不应脱离货币演变的历史架构。

比特币与商品货币（黄金）在供应上均具有必然的稀缺性，但前者的总量及其停止供应时间是固定的，而后者尽管存在资源枯竭耗尽的可能性，但并不存在一个特定的停止供应时间。更为重要的是，两者在供应量结构上表现出了完全不同的经济机理。更具效率的采矿技术的发明不仅会提升特定矿企的产量，还会造成黄金采矿行业整体生产力提高、促进行业挖矿效率提升并导致黄金总体产量增长。[3]而比特币的总产量与生产效率是事先设定的，因芯片技术、算法能力的提升而导致的挖矿效率变动只具有调整比特币分配结构的效果。历史上黄金价格始终受到供应量波动的影响，[4]而比特币价格在供应量既定的情况下实际上受制于需求度的变化，所以，比特币与商品货币存在实质性区别。

比特币与法定货币均不具有对应基础资产或者商品的可赎回性。法定货币存在政府或者法律制度的信用基础，而比特币则完全没有任何信用支持，

---

[1]　George Selgin, "Synthetic Commodity Money", April 10, 2013, http://ssrn.com/abstract = 2000118, 访问日期：2016 年 12 月 1 日。

[2]　商品支持货币与基础商品之间具有对应性。商品支持货币本身不具有任何内在价值，但能够兑换成一定数量的基础商品或者基础资产，其主要的历史性优势在于这种支付体系赋予了货币的便携性、提升了大额货币交易的便捷性。法定货币是特定国家或者地区中央权力指定和发行的、在该国家或者地区必须接受的货币。法定货币与商品支持货币在形式上具有类似性，但实质上存在显著区别。法定货币不具有赎回一定数量商品的效力。支持法定货币的不再是基础商品而是国家或者地区中央权力的信用。人们愿意接受法定货币完全是基于对中央权力的信赖。中央权力信用与使用者信赖分别构成法定货币体系中非常关键的制度性要素与行为心理要素。

[3]　[美] 劳伦斯·H. 怀特：《货币制度理论》，李扬译，中国人民大学出版社 2004 年版，第 33~34 页。

[4]　例如，1540 年至 1640 年代，西班牙在南美洲殖民地里科山（Cerro Rico）发现了金银数量极其丰富的矿藏，其大量发掘金银并用以支付战争费用、贵族消费等，从而导致由供应量激增引发的贵金属自身巨幅下跌。NIALL FERGUSON, THE ASCENT OF MONEY: A FIANCIAL HISTORY OF THE WORLD 25-27 (2008).

但这并不是比特币不是货币或者法定货币的真正原因。无论是采纳强制性禁止拒收模式[1]还是适用无强制接收义务模式,[2]法定货币在本质上都是公权力保证履行金融义务的一种法律状态。比特币则是政府权力、既有法律制度之外的私有市场创制的私货币体系,与法定货币完全是两种截然对立的制度,具有针锋相对的竞争关系。法律制度永远也不可能将比特币纳入以政府权力为保证的法定货币体系。然而,在法律与经济层面是否认可比特币的货币地位则是完全不同的问题。单纯从经济角度分析,任何主体都可以发行私货币,只是其在绝大多数情况下都不会被人们所接受,因为私货币缺乏强大的政府信用与经济保障。规模庞大的经济实体由于具有将私货币按照一定比例兑换为法定货币或者商品货币的承诺与经济担保能力,其发行的私货币存在被广泛接受的可能。但中心化发行、与法定货币关联的风险传递、发行系统内的违法犯罪风险、政府合法的货币监管政策权力等内在缺陷、外部法律管制因素均导致具有一定保障能力的规模化私货币无法与法定货币形成竞争。基于网络密码技术的比特币"去中心化"发行与交易机制历史性地赋予了其与全球各个国家和地区的法定货币进行竞争且不被既有法律制度直接管制的经济条件。因此,释疑比特币是否属于私货币的关键在于对其是否具备货币功能进行实质性解析。根据货币理论,交易中介、记账单元(价值尺度)与价值存储是货币的三大核心功能。[3]准确把握比特币实质的基础是货币的功能性解释而非纠结于货币在现实经济生活或者网络空间的表现形式。

在交易中介功能方面,比特币支付工具的运营范围遍及全球,初步形成了与传统法定货币进行竞争的态势。无论是互联网公司提供的非实物性、无

---

〔1〕 例如,我国《人民币管理条例》第3条规定:"中华人民共和国的法定货币是人民币。以人民币支付中华人民共和国境内的一切公共的和私人的债务,任何单位和个人不得拒收。"

〔2〕 例如,《美国铸币法案》规定:"美国纸币与硬币(包括联邦储备券等)是所有债务、公共收费、税费的法定货币。外国金银币等不是法定货币。"(See 31 USC § 5103-Legal tender.) 美国货币法律制度并没有规定必须接受法定货币的义务。交易一方可以不接受法定货币,其可以与交易对方协商其他支付方式,或者拒绝为支付法定货币的人提供商品或者服务。美国有多个私有发行货币在一定区域内流通。例如,"伯克夏尔"(BerkShares)是在美国马萨诸塞州伯克郡地区流通的私有货币。"伯克夏尔"于2006年9月29日由同名公司发行,其网站(berkshares. org)提供数百家接受"伯克夏尔"作为支付工具的本地商品与服务供应机构。所以,强制性并非法定货币的必要条件。

〔3〕 Benjamin J. Cohen, *The Future of Money*, 1 (2002).

物流需求性数字化产品，还是传统商户提供的实物性或者有形性商品与服务，都有相应商户接受以比特币工具的支付与结算。从 2009 年历史上首次比特币支付商品（1 万个比特币购买一个比萨且供应商不直接接受比特币而需要第三方信用卡支付中介促成）[1]之后，电子商务、网络与移动支付、比特币集中交易平台法定货币便捷兑换等互联网经济与金融迅猛发展极大地推动了比特币实体经济规模的增长。[2]然而，纵然比特币经济增速很快，其经济规模较之于传统互联网金融系统仍然显得极其微小。全球最大零售支付网络 VISA 年度支付金额达 4.3 万亿美元、交易数量为 875 亿笔。[3]比特币实际需求量绝大多数为投机性的而非贸易性的，旨在博取比特币与法定货币兑换率波动价差利润的投机交易在比特币交易总额中所占比例远超使用比特币系统进行商品与服务贸易支付量。[4]更为严重的是，违禁品交易、赌博、洗钱等违法犯罪活动构成了比特币交易总量中相当重要的部分。例如，比特币是全球最大黑市交易网站之一"丝路"（Silk Road）唯一接受的结算工具。"丝路"于 2013 年 10 月因提供毒品、枪械等违禁品交易平台而被美国联邦调查局（FBI）查禁。涉嫌负责网站运营管理的创始人罗斯·乌尔里希被捕时 FBI 扣押的比特币（根据案发时汇率计算）价值 3360 万美元，[5]"丝路"能够被查

---

〔1〕 Benjamin Wallace, "The Rise and Fall of Bitcoin", 12 *Wired* 19（2011）.

〔2〕 以全球规模最大的比特币电子商务网站之一 Bitpay 的商品与服务订单统计数据为例，截至 2013 年 12 月，Bitpay 网站月度比特币电子商务贸易数额接近 6 万比特币、数千万美元。在西方传统假日购物高峰感恩节"黑色星期五"当日，Bitpay 处理的订单数量高达 6296 件，明显体现出比特币电子商务与传统假日经济的高度接轨。See BitPay, "BitPay Drives Explosive Growth in Bitcoin Commerce", http://blog. bitpay. com/2013/12/bitpay-drives-explosive-growth-in. html，访问日期：2016 年 12 月 1 日。全球接受比特币支付的商品与服务经营者列表参见：https://en. bitcoin. it/wiki/Trade，访问日期：2016 年 12 月 1 日。

〔3〕 年度统计数据时间跨度为 2012 年 6 月 30 日至 2013 年 6 月 30 日。See VISA, "Visa Inc. at a Glance", http://corporate. visa. com/_ media/visa-fact-sheet. pdf，访问日期：2016 年 12 月 1 日。

〔4〕 以比特币中国（BTC China）交易平台 2013 年 12 月交易量为例，30 个交易日的比特币投机性交易总量超过 15 亿美元。详细统计数据参见：http://bitcoincharts. com/markets/btcnCNY. html，访问日期：2016 年 12 月 1 日。

〔5〕 U. S. Attorney's Office for the Southern District of New York & FBI Public Information Office, Press Release: Manhattan U. S. Attorney Announces Seizure of Additional ＄28 Million Worth of Bitcoins Belonging to Ross William Ulbricht, Alleged Owner and Operator of "Silk Road" Website, October 25, 2013, http://www. fbi. gov/newyork/press-releases/2013/manhattan-u. s. -attorney-announces-seizure-of-additional-28-million-worth-of-bitcoins-belonging-to-ross-william-ulbricht-alleged-owner-and-operator-of-silk-road-website，访问日期：2016 年 12 月 1 日。

算的月平均交易额保守估计为 120 万美元。[1] 因此，作为支付工具的比特币存在经济总量有限、经济结构上实体贸易规模相对投机交易比例过低、非法贸易黑数巨大等严重影响其履行货币交易中介功能的制约性因素。

在价值尺度功能方面，德国金融监管局明确认可比特币在自身构成商业、经济、金融服务等交易的对象时具有记账单位、金融工具的法律属性。[2] 德国金融监管局在欧盟金融监管领域的影响力意味着这种观点具有发展成欧盟监管比特币蓝本的潜能。在电子商务与传统交易实践中，比特币确实已经作为标准化的数值单位对多种商品、服务、资产、责任等价值与成本进行计量。问题在于比特币本身需要以法定货币进行定价，比特币的价值尺度功能更多的是形式化的表现，人们在交易中归根到底仍然采用当地法定货币定价体系。即使商品与服务贸易标注比特币价格，但由于比特币与法定货币之间的兑换率波动幅度很大，除了极少数商品与服务之外，交易项目的比特币定价几乎都需要根据比特币价格波幅基于一定时间或者价格空间标准予以调整。

在价值存储功能方面，价格波幅剧烈同样制约了比特币中短期价值存储货币功能的发挥。仅 2011 年至 2013 年上半年，比特币交易价格就经历了至少 6 次超过 50% 的跌幅。[3] 伴随着单位比特币价格攀升至历史高位 1200 余美元，2013 年下半年更是出现了更为密集的、数百美元价格震荡幅度的暴涨暴跌。[4] 比特币中短期价格波动性导致其基本上不具备货币的价值存储功能。然而，从长期趋势来看，全球各种法定货币均呈现出了不同程度的通胀水平，法定货币在长期价值存储上存在明显缺陷，而比特币基于发行总量固定、发

---

〔1〕 兑换率为 2012 年 2 月至 8 月的市场平均水平。See Nicolas Christin, Traveling the Silk Road: A Measurement Analysis of a Large Anonymous Online Marketplace, The International World Wide Web Conference, May 13–17, 2013, Rio de Janeiro, Brazil, http://www.andrew.cmu.edu/user/nicolasc/publications/Christin-WWW13.pdf, 访问日期：2016 年 12 月 1 日。

〔2〕 Jens Münzer, BaFin, "Bitcoins: Aufsichtliche Bewertung und Risiken für Nutzer (19. Dezember, 2013)", http://www.bafin.de/SharedDocs/Veroeffentlichungen/DE/Fachartikel/2014/fa_bj_1401_bitcoins.html, 访问日期：2016 年 12 月 1 日。

〔3〕 Derek A. Dion, "I'll Gladly Trade You Two Bits on Tuesday for A Byte Today: Bitcoin, Regulating Fraud in the Economy of Hacker-Cash", 2013 ILL. J. L. TECH. & POL'Y 165, 189 (2013).

〔4〕 王力凝："虚拟货币疯狂央行紧急收缴"，载《中国经营报》2013 年 12 月 23 日；唐烨："比特币狂跌怪谁"，载《解放日报》2013 年 12 月 20 日；刘琪："土豪抛售投资者趁机抄底比特币价格一日回弹 1390 元"，载《证券日报》2013 年 12 月 20 日。

行增量稳步下降的制度设计构成了与法定货币完全相反的通缩经济,[1]具有非常强的长期价值存储与增值潜能。

比特币在交易中介、价值尺度、价值存储上分别表现出有用性与限制性、形式功能承担与实质功能萎缩、中短期无能与长期潜能的深刻矛盾,而交易与存储这两大核心货币功能之间的冲突进一步加深了问题的复杂程度。比特币经济生态的发展趋势是逐步增长的,目前越来越多的商品与服务交易使用比特币进行结算。同时,在比特币与商品服务进行交易的经济生态中,一部分储蓄者会基于比特币长期升值的判断而选择推迟当前的比特币消费、换取远期的比特币消费能力或者购买力。比特币理论上的通缩经济模式与比特币经济生态中的商品与服务供应量增加会共同推动比特币价值长期持续上升,储蓄者因为持有比特币而得到不断增值的经济激励。以比特币交易平台规模最大的中国市场以及比特币实体经济规模最大的美国市场[2]进行推算——根据世界银行储蓄率统计数据,2009 年至 2012 年我国居民储蓄率平均高达约50%,同期美国约为 11.5%。[3]即使以全球较低水平的美国储蓄率予以估计,10 年之内绝大多数已供应比特币将处于存储状态而无法流通;如果进一步考量我国市场在全球比特币交易量中的比重以及中国国民超高储蓄率水平,比特币实际上丧失货币交易中介功能的时间还将显著提前。[4]可见,比特币的长期价值存储功能深刻制约了其长期支付工具职能的正常履行。

通过上述分析可以看到,比特币客观上具有部分性、限制性的交易中介、记账单元、价值存储等货币功能,在货币职能履行过程中核心功能之间具有

---

〔1〕 比特币发行量实行稳定增长且增量递减的机制,后续实际生产的比特币数量越少,待发行的比特币需求量越高,比特币在后期的价格相应越高;比特币发行总量确定,加之现实中存在比特币因电脑硬盘灭失等而丢失的情况,留存的比特币会进一步由于部分比特币灭失而增值。比特币的持续增值趋势意味着购买商品与服务所需要支出的比特币数量下降,从而形成了比特币的通缩经济。

〔2〕 Alyssa Botelho, "Bitcoin Value Smashes Records in China and US", 2944 *New Scientists* 5, 5 (2013).

〔3〕 The World Bank, Gross Savings (% of GDP), http://data.worldbank.org/indicator/NY.GNS.ICTR. ZS, 访问日期: 2016 年 12 月 1 日。

〔4〕 比特币系统可以随时修改最小单位从而使得比特币具有无限可分性。理论上,比特币在灭失程度接近极端的情况下仍然能够维持其功能性。因为即使全球流通比特币数量灭失到仅剩一个甚至不足一个时,剩余的比特币依旧可以通过进一步划分单位进而履行支付、计价、存储等货币功能。但在经济实践中,如果比特币储蓄数量(加上灭失数量)接近流通数量时,比特币商品与服务贸易体系基本上就已经崩溃了。

内在冲突，所以，比特币不具有全面、完整、彻底、真正的货币属性。但在具体情形中，特定经济行为与行为心理驱动下的比特币能够聚合所有货币功能从而构成实质意义上的货币、与法定货币（政府货币）进行竞争的私货币。在法律制度上机械地对比特币做出是与非的货币属性判断并不契合比特币动态且复杂的经济机理。

（三）比特币法律属性实质解释

比特币"去中心化"特征延伸下的基本经济原理与比特币的货币属性辨析，不仅充分阐释了比特币支付系统法律规制的困难性、比特币集中交易平台监管的必要性与可行性以及比特币具备实质货币功能但无法直接赋予其货币地位等经济机理与法律属性问题，而且奠定了在现有制度下确立比特币法律属性实质解释基本规则的理论准备。

比特币法律属性局限于普通商品或者特定虚拟商品在制度安排上的结构性瑕疵集中表现为，以经济刑法对经济秩序与金融市场刑事保护功能失控为代价，实现比特币"虚拟商品"市场与实体经济、金融市场在政策或者法律规范上的关联性与风险性切割。直接肯定或者否定比特币货币属性又会面临制度安排上的双重困境——法律肯定比特币属于货币，既有利于快速建构与完善监管机制对比特币集中交易平台实施严格监管，又能够确保比特币在经济犯罪解释上具有确定的属性定位与数额计算规则。但是，赋予比特币货币地位一方面等于承认了法定货币与一种发行与支付系统完全不受政府监管的私货币之间公开且合法的竞争，这与部分法域采取的法律强制政府货币垄断模式相抵触。另一方面，比特币固有的货币功能履行性缺陷导致其在很多情况下都不具备真正的货币功能。法律否定比特币货币地位显然又与比特币在实际运作中表现出的支付功能以及潜在、巨大的价值存储能力相悖。

法律制度将比特币属性界定为商品或者货币出现结构性瑕疵、双重困境的根本原因在于：其一，在经济机理上，没有把握比特币经济生态系统中发行、支付、交易等关键环节的链式关系以及比特币在（虚拟）商品、金融工具、货币等表现形态与功能履行上的互动联系。其二，在法律解释上，坚持在法律规范的逻辑框架下抽象出与比特币相符的法律特征并做出线性且单向的形式判断，未能结合客观行为与主观意志对比特币的现实性影响与主体性反射而形成比特币法律属性的实质解构。[1]

比特币在发行阶段仍然只是一个普通商品或者虚拟商品的生产过程，但其数量稀缺性、原始取得的成本耗费性、技术上的支付、计价、存储功能等决定了比特币具有发展为一般等价物或者特殊商品的潜能。产品与服务供应商愿意接受比特币，使其在发行并完成初始分配之后进入支付阶段并形成了以比特币为纽带的经济体系。比特币经济体中的经营者提供产品与服务并收取比特币，消费者支付比特币并获取相应商品。但接受比特币支付的产品与服务供应规模有限、市场流动性极低及其较慢的增长速度桎梏了比特币经济规模及其发展。在初始分配中，获取优势性比特币资源的中心化利益通过宣传与推广，在实体经济层面提升比特币支付系统的接受度，从而继续增加比特币经济生态中的商品供给，同时通过外部性金融体系建构（即开设比特币与法定货币集中交易平台）直接与法定货币发生定价关系，在拥有巨大经济规模的法定货币市场实现并不断增强比特币市场流动性供给。在比特币与法定货币交易市场，前者就是后者的资产类型，一定数量的比特币根据波动的兑换比率代表着相应数量的法定货币，比特币在被法定货币定价的同时，有效地完成了对法定货币的吸附，通过与全球核心法定货币（主要是美元）之间波动性的价格绑定，实现其全球法定货币资产类型的角色转换。由比特币集中交易平台促成的比特币捆绑法定货币的定价机制帮助比特币由普通（虚拟）商品、到小规模经济体一般等价物发展成了全球经济体中相应的法定货币资产类型。[2]尽管定价波动造成比特币资产价值严重不稳定，但在实体经济中履行支付、存储职能的比特币客观上代表着一定数量的法定货币，货币功能的执行及其与法定货币的吸附关系使得比特币在商品与服务贸易行为中褪去了普通（虚拟）商品的痕迹，成了一种具有内在缺陷的货币。但是，在帮助比特币形成货币能力的比特币与法定货币集中交易市场中，比特币只是供市场在参与者承担价格波动风险基础上寻求交易利润的金融商品或者投资

---

〔1〕 缺乏对比特币经济机理的准确把握限制了在法律上对比特币属性进行实质解释的能力。因为将客观行为与主观意志对比特币的作用与影响纳入比特币法律属性评价过程的前提是明确客观行为的经济内涵与行为主体的心理机制。

〔2〕 市场流动性提升意味着比特币经济生态中的产品与服务提供者能够以较低的交易成本将比特币兑换为法定货币，从而在更大规模的经济市场实现购买力，这显然会实质性地扩大比特币在实体贸易中的接受度、增加比特币经济生态中的商品供应，并在比特币集中交易市场实现法定货币长期定价的波动性、震荡性上升，从而构成了比特币实体贸易与投资（投机）市场之间的经济循环。

（投机）工具，不具有货币的实质功能与属性。所以，商品或者虚拟商品只是比特币运动链条中的初始属性，通过实体经济交易中介等核心货币功能承担与金融商品投资（投机）市场的流动性增强，比特币绑定了法定货币并形成了波动性兑换率，在实体经济与金融市场进行货币与金融商品的身份转换。

与传统商品、货币以及证券、期货等金融工具不同的是，比特币在运作流程上覆盖实体经济与金融市场中的不同内容，其履行的多种经济与金融功能之间亦互为影响。这就决定了比特币法律属性判断应当超越既有法律制度对传统商品、货币等进行单一化、形式化、封闭化、对象化界定的局限，转而聚焦于真实经济生活中的比特币行为（针对比特币展开的客观行为与行为心理），根据比特币在客观行为与主观意图控制下的实质内涵与功能进行多元化、开放性的法律解释。在比特币与商品、服务之间进行交易时，消费者的比特币行为是支付商品或者服务对价，经营者的比特币行为是直接获取比特币并最终有权获取该种比特币所内含的、具体数量存在波动风险的法定货币。比特币实际承担了交易中介与价值存储[1]功能，法律应当认定其在这种特定情形下构成实质上的货币。在比特币集中交易平台进行比特币与法定货币之间的买卖时，无论是从比特币实体经济流转到比特币集中交易市场进行法定货币套现的市场参与者，还是纯粹的比特币市场投资（投机）者，其比特币行为都是在承担价格波动风险的基础上谋取法定货币利益的最大化。比特币实际上承担着套利、投资（投机）、兑现法定货币的金融工具功能，法律应当认定其在这种情况下构成金融商品。

四、"去中心化"互联网金融市场风险控制的经济刑法制度反应与传统货币政策的反思

互联网金融系统使得消费者、经营者、金融机构等能够通过网络实施更为安全、快捷、低成本的货币流转、资金融通、投资投机等经济与金融行为。现行的制度安排已经针对互联网金融系统建构了相对完善的货币、金融、网络等领域的法律监管体系。经济刑法的制度价值保障互联网金融系统运作中的公私

---

[1] 比特币存储的就是其代表的、一定数量的法定货币。这种价值存储在利益上具有高度不确定性，在比特币与法定货币价格下跌时，会出现价值损耗，反之，则会出现因存储而带来的增值，但这并不影响比特币存储法定货币的实质功能。

产权以及相关实体经济与金融市场监管制度的有效执行。"去中心化"支付系统的技术勃兴使得这种比特币等全新支付工具的发行及运作不再受到传统法律监管制度的中心化控制。既有的经济、金融等行政法律法规选择彻底否定"去中心化"支付工具的货币、金融属性并严格限制其与法定货币之间的流通渠道。这在一定程度上管控了比特币投机市场的规模及其风险，同时在规范形式上将比特币以及比特币行为分别固定在（虚拟）商品与普通商品行为、网络行为的范畴之内，从而模糊了比特币经济生态的现实状况与风险累积：比特币仍然以支付工具的形式在实体经济中履行交易中介与价值存储的货币职能，仍然以金融商品的形式供比特币市场参与者从事投资或者投机交易并承担着市场操纵等各种违法犯罪被害风险。由于与比特币有关的各种违法犯罪行为实质上的社会危害性无法在规范形式上完成风险切割，比特币商品性、非货币性、金融性的属性定位导致经济刑法制度受到了最为直观的冲击。一系列经济与金融犯罪难以在刑法规范上对各种比特币行为完成具有规制效果的解释，经济刑法制度所保障的产权以及经济、金融管理秩序便相应地陷入了风险境地。

通过比特币经济机理与法律属性实质解构确立比特币在特定情形下所具备的货币与金融商品属性，有助于发现既有经济、金融行政法律体系及其刑事保障机制在管控比特币市场风险上的制度性缺失并进行针对性强且规范修改成本低的立法调整，及时恢复经济刑法实质解释机制，从而有效控制比特币犯罪行为给公私产权以及经济、金融管制秩序造成的风险，同时反思"去中心化"互联网金融技术时代政府货币与私货币之间的竞争对既有货币政策、外汇管制以及保障这种制度执行的货币犯罪、外汇犯罪刑法体系的影响。在政策定位上，经济刑法完成"去中心化"互联网金融市场风险控制的重任，应当有效地调配现有法律制度资源及时将比特币交易平台与比特币实际承担金融投资与投机功能的环节纳入系统化规制范围，促进比特币交易市场规范化与保障投资者合法权益，惩防违反金融市场进入许可制度、滥用金融市场资源配置机制的金融犯罪行为。在持续监测数字货币市场发展的基础上，防止比特币经济生态的固有缺陷在中短期内由"去中心化"互联网金融市场结构性风险扩散实体经济与传统金融市场系统性风险，合理解释比特币等新型支付系统在不同经济状态下的实质属性与功能，在经济刑法制度下强化保护公民财产权以及既有的经济管理秩序，反思契合"去中心化"互联网金融市场发展特征、对竞争性货币市场长期性风险具有制度性反应能力、有益于资产保值增值的法律监管机制及其刑事保障体系。

（一）我国经济刑法规范完善策略

比特币经济生态中风险最大的环节就是分布于全球且在我国市场占据重要份额的比特币集中交易平台。比特币集中交易平台几乎都存在显而易见的信息不对称与管理不透明问题，技术原理与市场价格波动机理的复杂性使得普通比特币投资者（投机者）难以理解并形成相对直观的风险认知。在传统货币框架下的金融信用体系中，银行针对法定货币吸收存款、提供贷款，券商等非银行金融机构在证券业务范围内提供融资、融券等信用服务。相应的，在数字货币支付体系中亦存在基于比特币的存储与借贷信用机制，在比特币集中交易平台，同样可以向客户融通比特币（"融币"）供其卖出做空比特币。信用机制的潜在扩张为比特币经济发展与比特币市场的投资（投机）提供了重要空间，但其金融商品投机属性亦对互联网金融市场的稳定性与风险控制提出了巨大挑战。不仅比特币集中交易平台运营者缺乏传统受监管市场的风险控制能力，市值规模小、金融商品资源分配不均衡、监管制度与执法机制尚未及时介入、金融衍生交易逐步开发之后加倍放大的市场风险等比特币集中交易市场固有缺陷导致市场参与者对抗市场操纵犯罪风险的能力非常有限。

对于比特币集中交易市场参与者而言，其金融行为心理上的"有限理性"[1]更是加深了这种非监管市场的过度投机性与高度风险性。比特币在集中交易市场的价格波动完全派生于其供求关系且其本身完全不具备任何非货币性价值。人们对比特币的认可仍然建筑在其能够兑换成法定货币的基础之上。在比特币集中交易市场持有或者存储比特币不可能成为长期选择。人们最终会在一定的价格、在特定的交易平台将比特币卖出并获取美元、欧元、人民币等法定货币。比特币阶段性的交易狂热本质上就是行为金融中的博傻心理——市场参与者在从事一项风险很大或者具有较大争议的投资（投机）时，并不以购入资产的价格与资产真实价值之间的关联与偏差作为决策或者评估的基础，

---

[1] 有限理性（Bounded Rationality）是行为经济与金融理论最重要的概念之一。有限理性概念的提出起源于行为心理学，并经由诺贝尔经济学奖获得者赫伯特·西蒙解释为经济决策定义因素而延伸至经济学的概念。有限理性是对传统经济理论理性前提假设的矫正以及更符合现实情形的描述。根据有限理性的阐释，人类选择行为往往不仅不能做出效用最大化的决策，而且会基于认知限制、动机限制及其两者之间的互动关系导致选择行为偏离理性。Daniel Kahneman，"Maps of Bounded Rationality：Psychology for Behavioral Economics"，93 Am. Econ. Rev. 1449（2003）.

而是预期未来能够以更高的价格将资产转让给市场中更"傻"的其他参与者。[1]正是在博傻心理的驱使下或者在相信会有更傻的投资（投机）者进入市场的心理博弈过程中，比特币交易的参与者从事互联网金融工具买卖并不因为其对应的法定货币资产在价值上符合买入价，或者其相信当时的市场价格具有真实性，而是在于其认为能够获得高价卖出的机会。这种泡沫的积累、危机的潜伏、市场的非监管性对于市场参与者资产安全构成了非常严峻的风险。

　　与比特币整体上的"去中心化"运作不同的是，承担比特币实体经济与金融市场、比特币与法定货币之间核心纽带这一关键作用的比特币交易平台完全处于法律监管能力的控制范围之内，但由于我国现行的金融商品法律监管制度以及经济刑法中的证券期货犯罪条款规制范围受限，导致实际承担金融商品功能的比特币以及从事金融投资（投机）交易的比特币网站并不处于严格的金融监管与经济刑法的规制状态。我国并没有采取制定统一的金融商品（金融工具）交易法或者广义的证券交易法[2]并将包括狭义证券、期货、衍生品等在内的所有金融工具整合于一部法律之中进行监管，而是通过《证券法》《期货交易管理条例》《信托法》等分别对证券及证券衍生品、期货及期货衍生品、金融信托等金融商品进行监管。[3]由于比特币与法定货币之间

---

〔1〕　Sandro C. Andrade, Jiangze Bian & Timothy R. Burch, "A Practical Anti-bubble Prescription", 9 *Economists' Voice* 15, 17 (2012).

〔2〕　《欧盟金融工具市场指令》将证券、集合投资单元、货币市场投资工具、金融期货合约、远期利率协议、利率、外汇、股权互换等法律许可的在受监管市场交易的工具统一纳入金融工具的范畴。《德国证券交易法》将证券统称为涵盖股票、债券、期货、期权、互换等金融资产或者金融衍生品类型的金融工具。《日本金融商品取引法》将证券界定为包括国债、地方债、法人根据特别法律发行的证券、有担保的公司债券、根据特别法律设立的法人所发出和出资证券、股票或表示新股承购权的证书、证券投资信托和贷款的受益证书、外国或外国法人发行的证券、资产抵押证券、证券化产品以及金融工具交易权利证明等金融市场中交易的工具。上述法律规定分别参见：Directive 2004/39/EC of the European Parliament and of the Council of 21 April 2004 on markets in financial instruments, Article 4 Definitions 1. 17 & Section C of Annex I; Wertpapierhandelsgesetz-WpHG § 2 Begriffsbestimmungen；金融商品取引法（きんゆうしょうひんとりひきほう、昭和23年4月13日法律第25号）第2条　この法律において「有価証券」とは、次に掲げるものをいう。

〔3〕　我国《证券法》第2条第1、2、3款规定："在中华人民共和国境内，股票、公司债券、存托凭证和国务院依法认定的其他证券的发行和交易，适用本法；本法未规定的，适用《中华人民共和国公司法》和其他法律、行政法规的规定。政府债券、证券投资基金份额的上市交易，适用本法；其他法律、行政法规另有规定的，适用其规定。资产支持证券、资产管理产品发行、交易的管理办法，由国务院依照本法的原则规定。"《证券投资基金法》第2条规定："在中华人民共和国境内，公开或者非公开募集资金设立证券投资基金（以下简称基金），由基金管理人管理，基金托管人托管，为基金

的现货交易显然不构成商品期货、金融期货合约或者金融信托，我国法律体系内对实际承担金融商品功能的比特币公开且集中交易市场行为有调整与规制可能性的只有以《证券法》《证券投资基金》为核心的证券法律制度。然而，我国现行证券法律体系中的证券范围非常狭窄，只能覆盖至股票、公司债、政府债、证券投资基金份额等少数具有投资与投机功能的金融商品，以比特币为典型代表的正在各类网络集中交易平台作为金融商品供市场参与者进行投资、投机且承载一定法定货币价值的支付工具无法在证券法律框架下受到监管。相应的，作为证券、期货市场投资者权益以及市场管理秩序最后屏障的证券期货犯罪刑法条款，在通过实质解释将比特币集中交易认定为金融商品交易而非普通（虚拟）商品买卖之后，仍然因为比特币不属于证券、期货合约、比特币集中交易平台不是证券、期货交易所而无法将市场操纵、内线交易、未经许可的经营行为认定为证券期货犯罪。

证券法律规范是控制金融商品交易市场系统性风险、保障投资者合法权益的核心制度安排。在比特币发行与支付"去中心化"导致其难以受到法律制度实际监管以及比特币集中交易平台表现出明显的金融工具投资（投机）性实质特征的前提下，我国法律制度有必要适度调整证券的内涵与外延，在证券法律体系的架构下对比特币交易平台及其市场行为进行集中监管。这不仅有助于严格控制比特币网络交易平台过度投机与市场操纵风险，而且能够将比特币与人民币之间的投机性交易对金融市场与实体经济的潜在风险限制于可控程度内的同时最大限度地发挥比特币在支付技术变革、金融制度创新、反思既有货币体系等方面的积极因素。

从制度安排成本角度分析，立即着手制定专门的金融商品交易法规制比特

（接上页）份额持有人的利益，进行证券投资活动，适用本法；本法未规定的，适用《中华人民共和国信托法》《中华人民共和国证券法》和其他有关法律、行政法规的规定。"第 44 条规定："基金合同应当约定基金的运作方式。"第 45 条规定："基金的运作方式可以采用封闭式、开放式或者其他方式。采用封闭式运作方式的基金（以下简称封闭式基金），是指基金份额总额在基金合同期限内固定不变，基金份额持有人不得申请赎回的基金；采用开放式运作方式的基金（以下简称开放式基金），是指基金份额总额不固定，基金份额可以在基金合同约定的时间和场所申购或者赎回的基金。采用其他运作方式的基金的基金份额发售、交易、申购、赎回的办法，由国务院证券监督管理机构另行规定。"《信托法》第 2 条规定："本法所称信托，是指委托人基于对受托人的信任，将其财产权委托给受托人，由受托人按委托人的意愿以自己的名义，为受益人的利益或者特定目的，进行管理或者处分的行为。"有关期货、期权以及期货衍生品的概念，参见上述《期货交易管理条例》第 2 条。

币交易平台以及市场交易行为并不现实且没有必要。比特币与证券在核心交易机制上的匹配性决定了既有的证券交易所、证券公司、证券市场行为监管体系完全能够与比特币交易所、比特币金融中介服务商以及比特币金融交易行为进行对接。我国的《证券法》修改〔1〕更是我国金融商品法律体系针对"去中心化"支付工具全新挑战作出及时制度应对的效果最佳且制度调整成本最低的历史性契机。从制度安排实体正当性角度分析,扩大证券范围、拓展证券概念外延已经成为我国《证券法》修改意见中非常重要的内容。〔2〕证券范围整体覆盖金融商品或者投资(投机)工具实际上是一种典型的证券法立法例。例如,美国《证券法》规定:证券是指任何票据、股票、库藏股、证券期货、基于证券的掉期、债券、公司债券、债务凭证、权益证明、分红契约参与证明、担保信托证书、认股证书、可转让股份、投资契约、表决权信托证书,石油、天然气或者其他矿业产权的部分不可分割权益,证券、存款证明、证券组合、证券指数(包括其内涵或者基于其产生的利息)的购买权、出让权、套期、期权等权利,外汇套期、期权等,或者任何通常称为"证券"的利益或工具,或者上述任何利益或工具的证明、权利参与、临时性证明、收据、保证文件、认购权证等。〔3〕这种覆盖内容相对广泛的证券概念界定有助于通过证券法所建构的严格监管机制,最大限度地惩防严重损害市场效率的操纵等欺诈行为,并对处于信息不对称劣势的普通市场参与者提供更为周延的保护。〔4〕比特币集中交易市场充斥着参与者的误解与偏见,交易平台因监管缺失而导致透明度存疑,比特币交易(过度)投机与违法犯罪风险损害投资者权益并严重影响资本合理流动至其他具有优化资源配置效果的市场——将比特币等互联网金融工具与法定货币之间的投资契约纳入证券范围,即可由证券监管机构对比特币交易所以及相关市场行为进行集中监管,以交易平台资金存管和监测监控制度保证投资者资金安全,以开户实名制和统一开户制度确保信息安全与有效履行反洗钱机制,以信息披露制度提升比特币市场

---

〔1〕 崔清新、王思北:"人大常委会公布五年立法规划",载《人民日报》2013年12月31日。

〔2〕 例如,《证券法》修改专家研讨中有一种代表性观点指出,证券法应当将"证券"拓展至股票、债券、证券投资基金份额等所有"实质证券",并将证券的认定授权证券监督管理机构。参见马婧妤、王宁、郭玉志:"证券法修改要做好顶层设计",载《上海证券报》2013年11月29日。

〔3〕 15 U.S.C. 77b(a)(1).

〔4〕 Donna M. Nagy, Richard W. Painter & Margaret V. Sachs, *Securities Litigation and Enforcement* 2 (2012).

透明度，以反内线交易、反市场操纵制度震慑市场违法犯罪行为。

作为前置性法律规定的证券法将比特币纳入监管范围实际上意味着经济刑法制度的同步完善。以法定货币定价且在交易所上市交易的比特币金融商品构成作为证券期货犯罪行为对象的"证券"，意味着一系列危害金融商品管理秩序、金融商品消费者合法权益的比特币行为得以接受经济刑法的规制。未经证券监管机构许可运营比特币交易所的，构成非法经营罪中的非法经营证券业务行为；基于资金、比特币持仓、信息等优势实施连续买卖、对敲、自我交易等行为，操纵比特币市场交易价格或者交易量额，构成操纵证券市场罪。经济刑法相关证券期货犯罪条款有效覆盖比特币投资（投机）市场，能够积极震慑比特币投资（投机）契约交易市场中的欺诈行为，提升比特币交易所的透明度管理水平。这种反欺诈、优化市场透明度、信息均衡化等经济刑法的刑事保障效果还能够在经济上促进比特币集中交易市场定价的理性化与抗操纵性，进而安全解决易于受到比特币市场参与者非理性行为触发的过度投机风险，遏制比特币市场风险向金融市场与实体经济蔓延。证券期货犯罪刑法条款的规范价值在于为各种参与风险市场的金融商品投资（投机）者资产安全提供制度性保护，使得市场参与者能够通过多元化的金融市场交易渠道实现资本配置决策收益、合理承担市场风险。简单地禁止经营者通过市场竞争设立比特币交易平台或者实际切断投资（投机）者资金安全进入比特币交易所的渠道，只会增加比特币市场现金交易的规范及其风险，影响比特币市场参与者资金安全。所以，经济、金融行政法律以及经济刑法应当积极将比特币风险交易平台以及行为纳入制度性的证券监管范围，而非以公民产权风险为代价在规范上形式化地割裂比特币与金融投资（投机）领域的客观联系。

（二）我国经济刑法规范解释与执法机制优化

比特币理论建构上的"去中心化"使得没有中央组织者能够破坏系统进而像诈骗、欺诈等犯罪人那样携款潜逃。比特币系统亦没有向市场参与者承诺高额回报或者任何形式的投资收益。比特币经济生态中的实际受益者主要是在比特币与法定货币兑换价格波动中获取价差利益的交易者以及投入计算资源验证比特币交易并在发行环节获取比特币经济激励的技术支持者（"矿工"）。价差投机是比特币作为支付工具存在与发展之后由人类投机心理与行为催化的衍生功能而非制度初衷。比特币投机工具的衍生功能客观上确实促进了支付工具功能的有效运作。比特币集中交易平台中的投机者充当了宝贵的流动性供给。比特币与法定货币兑换市场流动性越高，交易便捷性就越高，相应会提高商品与服务提供商对比特币的接受度，从而形成比特币实体经济的规模化增长。算法技术提供者在比特币经济生态中获益的对价在于其支撑、强化了比特币系统安全、市场信心。因此，根据具有制度评价比特币经济生态利益分配机制无法得出违法性或者犯罪性的结论。但难以在现有法律框架下以庞氏骗局、金字塔骗局等中心化的欺诈犯罪解释整个比特币支付系统，并不意味着比特币等"去中心化"支付系统彻底完成了合法性或正当性的证明。相反，中心化的法律规制不能以及法律性质上的高度不确定性与不稳定性进一步表明，比特币市场风险、比特币市场参与者受到经济与金融犯罪侵害的风险及其潜在的经济崩溃损失风险，远超传统庞氏骗局等大规模欺诈犯罪的程度。通过证券法拓展证券概念的覆盖范围，将比特币集中交易平台及其市场行为整体纳入证券监管法律框架，进而以经济刑法证券期货犯罪条款保障投资者权益以及"去中心化"金融商品投资（投机）市场管理秩序，只是风险控制体系的一个突破点。面对比特币与法定货币集中交易市场之外的实体经济与金融体系中切实存在的比特币关联违法犯罪风险与市场风险，还需要经济刑法在规范实质解释以及配套的刑事风险执法体系进行优化与调整。

在经济刑法解释层面，比特币在商品与服务贸易等环节承担货币功能的实质属性解释与相关融资犯罪、税务犯罪、财产犯罪等经济犯罪行为的实质解释能够进行有效的匹配，与比特币关联的经济与金融犯罪在性质判断上的规范解释障碍得以化解。持有的比特币资产直接代表着一定数量的法定货币，占有比特币不仅能够完成价值的存储，而且可以在经济交换过程中使用比特币支付商品与服务消费，故盗窃、诈骗行为所指向的比特币在对象属性上就是法定货币的数字化载体。行为人基于非法占有一定数量法定货币的目的，实施秘密窃取、骗取等行为，符合盗窃罪、诈骗罪等财产犯罪的行为性质。对于经营商品与服务贸易、提供劳务劳动等获取比特币经济收入却不予申报纳税行为而言，比特币作为一种特定的人民币资产类型，是经济贸易、社会劳动、资本利得的经营性收益、企业或个人所得，达到纳税标准但不予申报的，在行为性质上符合逃税罪的构成要件。既然比特币客观上具有存储法定货币价值的实质功能且能够以极低的交易费用进行占有转移，那么支付一定数量资金从而获取相应期限的比特币使用权，本质上就是支付法定货币使用成本（利息）并享有特定时间内法定货币使用权益的资金借贷行为。行为人以支付高额利息等为手段向不特定社会公众非法吸收比特币的，在行为性质上符合非法吸收公众存款罪的特征，具有非法占有比特币资产的故意且客观上实施了编造比特币投资项目，将比特币套现后进行大肆挥霍等行为的，则应当认定为集资诈骗罪。需要强调的是，上述与比特币有关的行为最终构成相应的财产犯罪、税务犯罪、融资犯罪，必须在犯罪数额上达到相应的追诉标准。与比特币关联的经济与金融犯罪规范解释还需要建构相应的司法定量规则。正是将比特币集中交易置于证券法律制度监管范围，才使得现有的刑事司法实践中的数额认定规则与估价机制得以固定价格剧烈波动的比特币资产数额——应当以财产犯罪、税务犯罪、融资犯罪等行为过程中完成比特币占有时作为计算比特币对应法定货币市场价格的基准时间，以占有行为发生当日证券监管机构许可的比特币交易所 24 小时比特币市场平均交易价格认定比特币资产价值。

除了通过性质判断与数额认定司法规则上的优化与完善将比特币关联经济与金融犯罪纳入经济刑法规制领域之外，刑事执法体系应当以反洗钱机制为核心切断比特币洗钱犯罪对整个经济刑法刑事保护体系的冲击。尽管目前没有也不可能存在准确的统计数据证明比特币与洗钱犯罪之间的关联度，但匿名支付与全球低成本流通的现实特点使得比特币先天性地具备了沦为犯罪非法所得流转渠道的潜在性社会危害。业已查处的"丝路"网站比特币洗钱等重大犯罪案件更是证明了比特币支付系统是天然且便捷的各类非法交易的财务管道。美国联邦司法部在执法评估报告中将比特币称作"理想的洗钱工具"[1]。比特币实质性地促进洗钱犯罪"效率"的原因在于该支付系统客观上能够实现价值转移的反监测性、匿名性与低（无）成本性。首先，比特币转账与接收过程中的任何环节都不需要依赖于银行、金融机构、非金融机构支付网络等任何形式的既有财富转移机制，这使得比特币完全脱离监管机构基于金融与非金融机构反洗钱义务承担而建构的监测网络。其次，单纯的比特币转账与接收行为只涉及数额与比特币钱包地址的信息公开，与交易者物

---

〔1〕 United States Department of Justice（National Drug Intelligence Center），Money Laundering in Digital Currencies ［Product No. 2008-R0709-003］，p. 1，http://www. justice. gov/archive/ndic/pubs28/28675/28675p. pdf，访问日期：2016 年 12 月 1 日。

理、网络地址以及身份有关的信息完全匿名。最后，比特币收付速度快且损耗低，完全不存在传统洗钱渠道的成本投入与风险承担问题。然而，无论比特币支付系统的"去中心化"与匿名性如何促进洗钱犯罪"效率"与"安全性"，目前绝大多数经过洗钱犯罪周转的比特币资产必须通过比特币集中交易平台通过市场买卖行为兑现为法定货币，才能最终且全面实现犯罪行为所指向的经济利益。而将比特币交易平台以及集中交易行为纳入证券法律制度体系进行监管意味着特币现货、期货、衍生品交易各个环节的从业机构都必须按照金融机构反洗钱标准履行义务。所以，刑事执法机制应当针对比特币点对点网络发行、管理、交易的特征，避免在"去中心化"互联网金融系统不受法律监管的区域耗费执法资源，而是集中刑事执法力量监测比特币集中交易平台的疑似洗钱犯罪行为并强化比特币交易所洗钱线索报告义务的履行，同时加强与其他比特币重要金融交易平台较为集中的国家和地区的反洗钱犯罪刑事执法联动，探索"去中心化"互联网金融工具反洗钱国际合作机制。

（三）我国经济刑法规范结构性失灵催生的传统货币制度反思

通过低成本的制度调整与经济刑法实质解释能够将与比特币有关的大部分经济与金融犯罪纳入既有的刑事保障机制。但是，在货币与外汇管理秩序方面，旨在保障货币发行体系与既有外汇管制的货币犯罪、外汇犯罪刑法条款依然存在结构性的制度失灵问题——比特币作为商品与服务贸易支付工具所发生的每一笔交易都意味着在实体经济中流动着不受央行控制的货币供应；人民币、各种外汇与比特币之间便捷兑换、以比特币支付系统实现资产全球化转移与法定货币兑现等意味着包括外汇、资本项目、公务人员（海外）财产申报等在内的管制措施随时可能因为比特币市场价格趋于稳定而彻底失控。货币犯罪、外汇犯罪等经济刑法制度在"去中心化"互联网金融时代面临重大且难以调试的危机促使我们不得不对刑法所保护的既有货币体系以及相关管制本身进行反思——当信息网络技术的颠覆性变革导致经济刑法难以有效保障货币领域内的经济与金融管制时，货币体系是否应当进入由市场对资源配置起到决定性的时代，既有的货币政策是否应当为了确保在货币竞争中的优势地位而开始进入制度改革的通道？

在传统市场中，中央政府领导下的央行基于与价格水平与货币总量有关的一系列极为复杂因素对法定货币进行管理，并且实践证明这种中心化的货币政策经常（尤其是在金融危机与后金融危机时代）受到广泛质疑与争议。[1]而以使用范围最广且争议最大的比特币为代表互联网金融工具市场则脱离了中心化货币政策及其可能诱发的高通胀环境，以密码技术杜绝货币滥发从而吸引人们选择使用与政府货币严格对立的私货币体系——"去中心化"互联网金融工具。交易中介与价值存储是货币的核心定性特征，规模经济与普遍接受是货币的定量特征，所以，货币的实质是经济体系内普遍接受的支付工具。比特币经济生态正处于修正货币功能内在冲突的发展过程之中。特定商户发行的预付卡等具有互联网金融工具的定性特征，但这种支付工具只能适用于特定商户所提供的特定商品或者服务，即使经济总量非常庞大，也不具有货币的普遍接受性。特定网站发行的虚拟货币实际上就是商户预付卡的网络化表现，其支付属性仅局限于网站所提供的虚拟商品范围，即使网络用户之间自行或者通过电子商品交易平台撮合将虚拟货币或者虚拟商品兑换为法定货币，本质上仍然是法定货币的周转，完全不会影响经济体系中的货币总流通量。特定主体所发行的数字货币确实能够兑换法定货币以及经济体系内的大部分现实商品与服务，但由于其具有中心化的特征，垄断法定货币体系的政府在其远达到规模经济时实际上就会对其进行禁止使用、关闭、取缔甚至追究数字货币发行主体的刑事责任。[2]所以，"去中心化"互联网金

---

[1] 国际上，德国总理默克尔在2009年6月3日于柏林的讲话中批评了美联储与英格兰银行的量化宽松计划。其认为，这种非同寻常的货币政策实际上播下了另一场金融危机的种子。翌日，美联储主席伯南克立即发表声明"恭敬地反对"默克尔的观点。但随后财经媒体又披露了美联储内部对于量化宽松政策通胀风险的疑虑与隐忧。学者认为，传统中心化货币政策争议性事件折射了应当通过更为正式与完善的机制予以制衡从而有效防止央行及其政策承担或者引发大规模潜在风险的必要性。See Franklin Allen & Elena Carletti, New Theories to Underpin Financial Reform, 9 JOURNAL OF FINANCIAL STABILITY 242 (2013). 在我国，2003年政府工作报告中广义货币（M2）增速预设目标为13%。2013年2月末的央行数据显示：M2余额为99.86万亿元，同比增长15.2%。市场中不断出现货币超发质疑，但也学者指出M2偏高是高储蓄率、高间接融资率等综合性因素造成的，货币超发并不严重。参见肖怀洋："百万亿M2引发五大悬疑四大银行首席预判央行货币政策走向"，载《证券日报》2013年3月29日。
[2] 例如，电子黄金公司（E-Gold Ltd.）早在1996年就创立了全球首个独立数字黄金货币体系。客户在开设电子黄金在线账户并使用信用卡或者现金充值之后，可以购买电子黄金提供的黄金等贵金属，价格与全球主要贵金属现货交易价格相当。客户就可以通过电子邮件使用这种以金属为基础的电子黄金货币完成商品与服务消费的支付。由于电子黄金货币以真实的黄金存量为基础，该系统用户数量增长非常快。同时，1999年网上交易金额就达到百亿规模。然而，2007年美国联邦检察官以洗钱、无证经营货币兑换业务等罪名起诉电子黄金公司及其创始人道格拉斯·杰克逊等人。经辩诉交易，被告公司支付罚金370万美元，杰克逊被判处300小时社区服务、6个月受电子监控的家庭监禁等刑罚。United States of America v. E-Gold, Ltd., Gold & Silver Reserve, Inc., Douglas L. Jackson, Barry K. Downey & Reid A. Jackson, Case No. 07-109 (RMC), United States Court of Appeals, District of Columbia Circuit, April 11, 2008.

融之前的所有具备货币属性或者特征的非法定货币完全不具有对法定货币进行替代（甚至达到竞争程度）的可能性，而通过"去中心化"技术机理摆脱传统货币制度监管的比特币等新型互联网金融工具的发展，能够实现只受内在缺陷（价格波动剧烈、市场参与者过度投机等）的自我限制而不受外部制约，这对传统法定货币体系构成了现实挑战与直接竞争。

根据传统经济管制理念与制度，比特币系统未经央行许可向市场投放具有支付中介与价值存储功能的实质货币，不仅严重影响国家货币供应政策，而且直接损害外汇管制与（海外）财产申报制度，应当禁止比特币系统并将发行、经营货币的行为以相关货币犯罪、非法经营犯罪论处。但是，禁止比特币在执法实践中基本上不具有可操作性，只要互联网依然存在，比特币等基于密码技术的数字货币便不可能被禁止。[1]禁止比特币的特定主权国家政策尝试（例如泰国）与依托于"去中心化"技术原理的互联网金融系统不可全面禁止性之间的巨大落差深刻体现出，传统货币体系控制下的金融思维与法律制度难以有效应对甚至无法准确理解这样的事实：比特币匿名性与"去中心化"的特点决定了其从诞生伊始就很难被与其特征高度对立化的政府彻底禁止或者严格控制。比特币的创制方式与运算体系根本不需要特定的比特币公司（企业）或者相关实际控制自然人操纵比特币的发行，不存在特定的服务器支持比特币支付系统，从而也不可能在特定司法区出现政府强制关闭、执法机构拘留或逮捕、法院传唤比特币发行公司或者实际控制自然人的情况。在金融上，比特币独立于由各主权实体央行构成的既有国际货币体系；在法律上，比特币不受区域性监管制度覆盖。全球各类利益集团或者特定诉求群体支持下的、被相应国家和地区政府予以负面标签化的组织或者机构能够通过比特币的交易与流通渠道获得运营资金且几乎不会承担被政府处以金钱没收与制裁的风险。所谓禁止比特币充其量至多是禁止建立与运营比特币集中交易平台（交易所、网站等）。除非实行断网，否则特定司法区完全不可能有效地禁止具有交易意愿的经济主体实施比特币的支付与接受、商品或服务的提供与消费。即使在实行资本项目管制的国家，比特币用户仍然可以随时在全球各大比特币交易所实现比特币与该国以及世界各国法定货币之间的自由兑换。

---

〔1〕 Noah Silverman, "The E-Penny Opera: Act Ⅱ", 68 *Wilmott* 16, 18 (2013).

货币犯罪等经济刑法制度无法通过直接铲除"去中心化"支付工具的方式限制其对传统政府货币体系的挑战——这等于是从既有货币体系最后且最强屏障的制度视角揭示了法定货币与私货币不得不正式进行货币竞争的全新时代的开启。哈耶克早在《货币的非国家化》就已经提出，政府不应当垄断货币发行的观点，私有银行应当基于其自身信用发行不计息凭证。凭证（例如，货币）发行应当公开竞争并以可变汇率的形式进行交易。能够确保购买力稳定的货币将在市场竞争中淘汰其他不稳定的货币。这种购买力稳定的货币生存、货币市场竞争的过程是效率最大化的货币体系。[1]从中短期的观点来看，法定货币体系总体上仍然具有相当的购买力稳定性，可控的通胀导致的购买力缩减的程度并不足以根本性撼动政府信用。目前尚未出现一种私货币体系能够在与政府信用机制在竞争过程中形成影响后者垄断地位的任何态势。法定货币政策体系主导下的低通胀长远上有利于促进经济增长、效率与稳定性，[2]而对于比特币等"去中心化"互联网金融工具坚持的持续通缩的经济生态而言，则很难提出令人确信的意见。因为经济史上从未出现过平缓、持续且长期的低通缩，没有充分的经济数据能够有效支撑低通缩前景的判断。"去中心化"互联网金融工具的固有性机制缺陷以及市场参与者的过度投机心理都是严重阻碍其继续生存与发展的重要因素。更存隐忧的是，比特币信用机制可以覆盖互联网金融工具存储、借贷与抵押、信用资产交易、评级与保险、数字货币利率衍生工具交易等多重内容。经济资源与需求的不断延伸迟势必逐步凸显数字货币信用体系价值、提升信用市场规模，从而放大互联网金融市场以及实体经济与传统金融市场风险、加速积蓄泡沫与危机。所以，在货币市场竞争中仍然处于压倒性优势的既有货币制度应当从限制货币竞争的经济刑法部分受到"去中心化"互联网金融供给冲击的现实中对传统货币政策进行反思，通过更为科学且旨在维护法定货币持有者购买力稳定性的货币制度安排巩固其竞争优势地位。

---

〔1〕 Friedrich A. Hayek, *Denationalisation of Money*: *an analysis of The Theory and Practice of Concurrent Currencies (Third edition)*, 23~25 (1990).

〔2〕 Ben S. Bernanke, "Inflation Expectations and Inflation Forecasting", Speech at the Monetary Economics Workshop of the National Bureau of Economic Research Summer Institute, Cambridge, Massachusetts, July 10, 2007, http://www. federalreserve. gov/newsevents/speech/Bernanke20070710a. htm, 访问日期：2016年12月1日。

冒用他人移动支付账户侵财
行为的性质认定

谭悦 * 李晓明 **

摘　要: "互联网+"时代的到来使得移动金融支付平台蓬勃发展，这不仅是对支付方式的创新，同时也成了一项刺激日常消费、提高电商平台销量的新举措。但冒用他人移动支付账户侵犯网络财产的案件频发，对此进行法律保护乃至刑法保护的呼声日益高涨，理论界与实务界对这一问题的认识分歧较大。移动支付账户中资金来源的不同影响着冒用行为的定性问题，对盗窃罪、诈骗罪、合同诈骗罪、贷款诈骗罪的争议从未停止，冒用账户并转移财产这一复合行为应当根据资金性质分别认定，分歧最多的冒用他人"蚂蚁花呗"则应当根据开通该业务的状态予以分别定性讨论。

关键词: 移动支付;冒用;侵财行为;行为定性

目前，国内部分主流电商平台凭借其多年积累的海量客户信用信息以及线上零售业优势，纷纷涉足个人消费金融领域。[1]位列全国前三的电商平台分别在其相关联的金融平台上推出了"支付宝""微信支付"和"京东支付"等个人移动支付产品。作为一项逐渐发展起来的支付手段，平台自身的规则漏洞以及我国电商支付领域监管的不完善，使得随之出现的个人支付账户被冒用、信用支付产品套现等严重损害交易安全的行为呈愈演愈烈之势，不仅对互联网金融安全形成了巨大的冲击，而且引起了学界对其中不同情形及行为性质的刑法争议。

---
*　1995 年生，女，苏州大学 2017 级刑法学硕士研究生，刑事法研究中心研究员助理。

**　1959 年生，男，苏州大学王健法学院教授、法学博士、博士生导师，刑事法研究中心主任。

〔1〕　马春芬:"电商平台个人信用支付产品发展现状及监管建议"，载《国际金融》2015 年第 11 期。

一、问题的提出：冒用账户侵财行为的定性难题

2018 年初，被告人杨某某利用李某让其帮忙注册淘宝、支付宝的机会获取了李某的支付宝密码以及银行卡支付密码等信息，随后在李某不知情的情况下利用微信转账、支付宝转账等方式非法转出李某支付宝账户余额及余额宝内金额共计 60 800 元，并使用李某的"蚂蚁花呗"功能消费购买了一部苹果手机，价值人民币 6000 余元，套取现金 4000 余元。本案行为人涉及多次套现行为，不可一概而论，对于究竟应当如何定性，控、辩、审三方意见各不相同：

检察机关认为，被告人非法转出受害人支付宝账户中余额及余额宝存款，并使用被害人"蚂蚁花呗"功能进行消费与提现，属于以非法占有为目的，多次秘密窃取公民财物，应当认定为盗窃罪。

辩护人则认为，被告人代为注册支付宝账户及密码属正当行为，被告人通过合法手段获得，注册完成后被害人未修改密码自身具有一定过错，被告人非法转出账户余额及余额宝中存款的行为符合侵占罪的构成要件，应当认定为侵占行为；因"蚂蚁花呗"业务具有一定的透支功能，可在账户内进行金融操作，属于"电子信用卡"，因此盗刷花呗的行为应当认定为信用卡诈骗罪。

法院经审理认为，对于非法转出账户中余额及余额宝中存款的行为，属于以非法占有目的，窃取他人财物的行为，故应当认定为盗窃罪；被告人通过"蚂蚁花呗"获得小额贷款购买商品、套取现金的行为应当认定为合同诈骗罪，主要理由如下：其一，支付宝账户开通"蚂蚁花呗"功能获得小额贷款，实则是与重庆市蚂蚁小微小贷有限公司（以下简称"蚂蚁小贷公司"）签订合同的行为。其二，被告人未经账户实际所有人许可，冒用他人支付宝账户消费，属于通过冒用他人名义签订合同，骗取蚂蚁小贷公司财物的诈骗行为。其三，无论是支付宝账户还是"蚂蚁花呗"均不可认定为信用卡，花呗服务不以用户账户内拥有资金为前提，被告人并未直接占有这部分资金，因此既不属于盗窃行为亦不属于信用卡诈骗行为。

移动金融支付领域乱象丛生，2017 年末宣判的"杜某某蚂蚁花呗套现第一案"[1]为蚂蚁花呗套现行为设立了刑事法领域的司法参照，但纵观上述案

---

[1] 参见重庆市江北区人民法院［2017］渝 0105 刑初 0817 号刑事判决书。

件，移动支付账户中的冒用型侵财行为的定性主要涉及盗窃罪、侵占罪、信用卡诈骗罪以及合同诈骗罪等罪名。其虽然有着不同于传统侵财犯罪的新特征，但仍属于网络侵财犯罪的范畴，而网络侵财犯罪则是由传统侵财犯罪发展出的新样态。因此，本文拟在明晰移动支付技术运作原理与法律性质的基础上，对上述罪名的适用争议问题予以探讨，试图为这一新型犯罪行为提供认定思路与理论依据。

二、事实与前提：支付宝平台及其相关业务运作原理和法律属性

不难看出，对冒用他人支付宝账户类的侵财行为，根据违法转出资金的不同渠道可大致分为三类，分别是来源于账户余额、余额宝或蚂蚁花呗。冒用行为定性问题的主要争议在于盗窃行为与诈骗行为的定夺，若支付宝平台及其相关业务可以被骗则又产生了合同诈骗、信用卡诈骗、贷款诈骗等分歧。因此，明确支付宝平台及其业务的运作原理及法律性质是认清这一问题的首要前提。

1. "支付宝"是法律拟制的支付机构

根据 2015 年中国人民银行发布的《非银行支付机构网络支付业务管理办法》，所谓支付机构是指依法取得《支付业务许可证》（即业内所称"金融支付牌照"或"牌照"），获准办理互联网支付、移动电话支付、固定电话支付、数字电视支付等网络支付业务的非银行机构。网络支付业务则是指收款人或付款人通过计算机、移动终端等电子设备，依托公共网络信息系统远程发起支付指令，且付款人电子设备不与收款人特定专属设备交互，由支付机构为收付款人提供货币资金转移服务的活动。

"支付宝"是阿里巴巴旗下支付宝（中国）网络技术有限公司的网络移动支付平台，主要提供的是部分或者全部资金转移的网络支付服务，除此之外还有其他理财、保险等金融业务，其本身仅作为集多种功能于一体的开放式平台而存在。其因属于第一批领取"支付业务许可证"的 27 个企业之一而成为法律拟制的支付机构，为一般用户与商家提供第三方金融支付业务，与银行等传统金融机构相比具有性质单一、业务准入需许可等本质上的区别。

"支付宝"中的存款可分为两个部分，分别为"余额"及"余额宝"。余额部分自不必多言，余额宝是由蚂蚁金服公司推出的余额增值服务与活期资金管理服务产品。目前，天弘基金公司是余额宝的基金管理人，通过对余额

宝转入资金获得收益的行为，等同于通过天弘基金公司购买短期小额基金产品的行为。

2. "蚂蚁花呗"业务并非传统"信用卡"

"蚂蚁花呗"是由蚂蚁小贷公司开发的一款以"支付宝"平台为基础，可多场景应用的消费信贷产品。用户申请开通该功能后，即视为与蚂蚁小贷公司在线签订了《花呗服务合同》。支付宝信用评估系统根据用户的不同信用等级，分别设置 500 元 ~ 50 000 元不等的消费额度，用户在付款时，选择由花呗代为付款，以"本月用，下月还"的赊购方式进行消费即可。"蚂蚁花呗"套现的行为模式与信用卡套现具有高度相似性，法院将其本质属性认定为非法从事资金支付结算业务。用户在线支付过程中可以使用"蚂蚁花呗"先行透支，由"蚂蚁小贷"公司垫付款项，享受先消费、后付款的便利，虽然其具备了信用卡消费的外观特征，但笔者认为其本质上是一种金融信贷产品，有别于传统金融学意义上的信用卡。

就发行主体而言，根据全国人民代表大会常务委员会发布的《关于〈中华人民共和国刑法〉有关信用卡规定的解释》的规定。刑法领域内的"信用卡"是由商业银行或者其他金融机构发行的电子支付卡。"蚂蚁小贷公司"属于"蚂蚁金融服务集团"旗下企业之一，是由企业法人投资设立，经营小额贷款业务的企业，其虽然具备一定的金融业务功能，但目前尚不能界定为刑法意义上的金融机构，不具有信用卡发行机构的相关资质。"蚂蚁小贷公司"因企业性质，不得对外吸收公众资金，仅可使用自有资金以及不超过两个银行业金融机构的融入资金从事小额贷款发放业务，因此可以将其理解为资金流较大、目标用户范围较广的民间借贷行为。根据原中国银行业监督管理委员会、中国人民银行发布的《关于小额贷款公司试点的指导意见》，允许小额贷款公司活跃于市场的主要原因在于希望通过这种类型的机构正确引导民间资本的流向，减少非法融资行为，促进国民经济的健康发展。其并不涉及社会公众资金的金融安全问题，也无需上升到需要刑法将其界定为金融机构并进行特殊保护的高度。[1]

随着"支付宝"支付平台受众的剧增，"蚂蚁花呗"的使用范围愈加广

---

[1] 王国平："从首例利用'蚂蚁花呗'套现案例探析相关套现行为的本质属性"，载《法律适用（司法案例）》2018 年第 10 期。

泛，但其使用渠道仍需通过电子支付，不存在现实生活中的有形状态。换言之，"蚂蚁花呗"使用条件限制繁多，依赖载体条件苛刻。不同于银行发放的信用卡具有普遍的资金融通性，收款方不接受"花呗支付"、用户未开通"蚂蚁花呗"、用户未开通支付宝账户或是网络未接通等情形均会造成支付失败，故"蚂蚁花呗"不符合信用卡的本质特征。因此，将其扩张解释为"虚拟信用卡"显然是不合理的。同时，在司法实践中，对于冒用他人支付宝账户进行"蚂蚁花呗"消费的定性，大部分法院将其定性为盗窃行为[1]，而非信用卡诈骗行为。[2]因此，"蚂蚁花呗"虽然具有传统信用卡与"电子支付卡"的大部分外观特征，但究其本质仍属于网络支付平台中的附属产品，属于网络信贷消费产品，不可独立存在，亦不可广泛流通。再者，根据"罪刑法定原则"，法律和司法解释并未将"蚂蚁花呗"明确解释为"信用卡"。因此，若强行将其解释为"电子信用卡"，难免有类推解释之嫌。

三、焦点分析：冒用账户侵财行为的学术论争与专业讨论

移动支付技术的迅猛发展拓展了人们对财产的处置方式，移动支付平台的迅速普及也催生出了新型互联网金融犯罪模式，以冒用移动支付账户为例的侵财类犯罪定性问题亟待解决，以上述案例为模型，争议焦点主要集中在以下几个方面：

1. 非法转出他人支付宝余额的行为

针对非法使用他人移动支付账户进行侵财的案件，以2015年浙江省高级人民法院案例指导中的"陈某明、孟某等盗窃案"[3]等案件为例，盗窃说仍是目前的主流观点：支持者的主要理由如下：由移动支付本身的特性所决定，支付宝确认身份的唯一方法便是通过账户与密码验证，支付宝平台没有对实际使用者身份进行实质审查的义务，因而不具有被骗可能性。支付宝账户的密码就好比房间的钥匙，账户内的余额就好比房间内的财物，通过获取他人

---

[1] 参见［2017］苏0924刑初372号。

[2] 这一问题目前尚有争议，但经过笔者在中国裁判文书网中的检索，认定为盗窃行为的占多数。同时笔者认为，此处使用手机软件中的"蚂蚁花呗"更趋近于传统理论中的对机器使用，虽然在使用过程中的部分环节利用了具有较高识别能力的人工智能手段，但不可将其等同于对人使用。

[3] 参见［2014］浙杭刑终字第781号。

账户及密码非法转出财物的行为与盗窃行为无异。[1]

支持符合诈骗罪构成要件的学者则认为：行为人通过支付宝账户进行非法转账行为，支付宝公司对资金的流向处于明知的状态，因此不具有秘密性特征，同时被骗的是支付宝公司而非软件，符合诈骗罪的对象。行为人采取虚构得到用户授权的方式，使得支付宝公司误以为转账行为是用户的真实意思表示，进而转出资金，符合诈骗罪的行为构造[2]，确切地说，此种行为模式与"三角诈骗"行为具有本质上的相同特征。

2. 非法转出他人余额宝资金的行为

在司法实践中，对此类行为的认定较为统一，经过对中国裁判文书网48份裁判文书[3]的对比与分析，非法转出他人余额宝资金的行为均被认为构成盗窃罪，但大部分裁判文书并未进行详细说理，大都表述为"具有非法占有目的，秘密窃取他人财物"。不难看出，大多数法院在认定时并不区分冒用他人支付宝账户非法转出资金来源究竟是余额还是余额宝，仅就资金来自于信用卡、"蚂蚁花呗"等其他性质完全不同的渠道而作出区分，或许这也正是目前争论的主要症结或理应厘清的核心问题。

3. 非法使用他人"蚂蚁花呗"的行为

盗刷"蚂蚁花呗"的行为是目前争议的集中所在，主要可以被分为"盗窃说"[4]、"合同诈骗说"（以上述案件为例）、"信用卡诈骗说"以及"贷款诈骗说"[5]等。"盗窃说"的主要理由是，行为人非法获取财物的核心环节是通过盗刷蚂蚁花呗进行消费的行为，其本质与非法转出资金行为无异，资金来源的不同并不影响行为性质的认定，其行为仍然是秘密窃取他人财物，换言之，并不存在"骗"的行为性质，因此应认定为盗窃罪。[6]支持"合同诈骗说"的论者的主要观点是：行为人冒用账户所有者身份使得支付宝平台

〔1〕 张红良："擅改他人支付宝信息窃财行为如何定性"，载《中国检察官》2015年第24期。
〔2〕 石坚强、王彦波："将他人支付宝账户内资金私自转出构成诈骗罪"，载《人民司法（案例）》2016年第11期。
〔3〕 主要选取近五年全国范围内的网上文书，搜索全文范围内关键词为"冒用""支付宝""余额宝"。
〔4〕 参见［2019］苏13刑终195号。
〔5〕 参见［2018］闽0602刑初366号。
〔6〕 尹志望、张浩杰："冒用他人支付宝账户进行蚂蚁花呗套现的定性"，载《人民法院报》2016年11月10日。

陷入错误认识，蚂蚁小贷公司基于错误认识而垫付资金，实际上属于传统刑法犯罪中的"三角诈骗"模式，应当认定为合同诈骗罪。"信用卡诈骗说"的最大特点在于将"蚂蚁花呗"业务等同于传统意义上的"信用卡"，但根据上述对"蚂蚁花呗"性质的分析与理解，这种观点显然不能成立，否则具有类推解释之嫌。"贷款诈骗说"则认为，重庆蚂蚁小贷公司是经过国家认证的适格小额贷款发放主体，依正当程序申请有权向贷款人发放贷款，且"蚂蚁花呗"的发放采用远程电子评估技术，蚂蚁小贷公司无义务对实际使用人与账户所有者身份进行核对，目前也无操作可能性。因此，行为人以非法占有为目的，客观上冒用他人账户欺骗"蚂蚁花呗"服务商获取小额贷款的行为，应当以贷款诈骗罪论处。

新型移动支付平台类犯罪行为都是在冒用他人支付宝账户的前提下侵犯他人财产权益的行为，主要区别在于资金渠道及来源的不同。笔者认为，上述诸多分歧产生的原因有以下两个方面：

其一，对支付宝平台及相关业务所涉法益理解有误。剥离外在表象明确支付宝平台、余额宝业务、"蚂蚁花呗"业务的实质属性以及法律关系是至关重要的。实践中常见的误导做法是将支付宝及其业务等同于移动支付平台本身，忽视天弘基金公司、蚂蚁小贷公司等资金流转过程中的实际参与者是造成误读、误判的一大原因。如在冒用型侵财行为中，冒用行为人、账户所有者、支付宝平台以及第三方公司（如蚂蚁小贷公司、天弘基金公司等），均可能是法律关系的当事人，若将第三方公司等同于支付宝平台则无论冒用行为人盗刷资金时采用哪一渠道的支付方式，均可被看作为账户余额，最终都将被认定为盗窃行为。

其二，支付宝账户中财产的存在形式直接影响着行为性质的认定。在司法实践中，对资金性质的不同定位与认识决定着冒用盗刷行为的不同定性，在涉及非法转出余额宝资金与使用蚂蚁花呗的案例中体现得尤为明显，若将余额宝中的资金认定为存入基金公司账户中，则涉及除支付宝平台外合理存在的天弘基金公司，而若将余额宝中的资金等同于账户余额则可将其认定为盗窃行为。在冒用他人账户盗用"蚂蚁花呗"的情形下亦是如此，若将"蚂蚁花呗"资金认定为支付宝账户中的存款，则冒用行为应当属于盗窃，若将"蚂蚁花呗"资金认定为小额贷款，则根据冒用行为时"蚂蚁花呗"业务的开通状态，可以分别认定为盗窃罪或合同诈骗罪。

四、冒用型侵财行为再分析：盗窃与诈骗均存在适用空间

获取他人支付宝账户密码，违法提现行为根据资金存在形式的不同主要可分为三类，分别是非法转出账户余额、非法转出余额宝中的资金、盗刷"蚂蚁花呗"或进行套现。就实际操作层面而言，获得账户及密码即可等同于可以支配余额及余额宝，这种支配因未经允许而显然是非法的，但究竟应当如何认定则需要明确支付宝平台能否产生错误认识。在盗刷或对"蚂蚁花呗"进行非法提现的过程中也是如此，"蚂蚁花呗"产品或该网络服务商是否会产生错误认识正是关键所在。

1. 对"机器不能被骗"的质疑

在传统刑法理论中，在谈及"信用卡诈骗"问题时，以张明楷教授为代表的学者始终坚持"机器不能被骗"的理论，认为在捡拾到信用卡的情况下在 ATM 机上使用构成盗窃罪，因为机器不会产生错误认识，换言之，机器不能成为诈骗罪的适格对象。[1]但随着科技的进步，人工智能化趋势势不可挡，此时的机器或软件能否被骗需要重新审视，机器不可被骗理论似乎不可再一以贯之。

对于"机器能否被骗"这一命题，目前存在几种不同的观点和认识：

在实务界中，坚持"法律关系说"者大有人在，即人与机器之间的关系实则是行为人与机器背后的操纵者发生的法律关系[2]，机器在法律上不具有主体地位，不需要进行评价，这一问题本身即是一个"伪命题"。刘宪权教授在论证非法获取他人网络支付账户与密码并使用这一问题时，将其等同于在 ATM 机上使用，并认为 ATM 机与网络支付既不是人也不是机器，而是通过电脑编程具有一定的与人脑类似识别功能的"机器人"，行为人倘若利用"机器人"中"人"的认识错误而非法获取财物则应当被认定为诈骗类犯罪，倘若是利用本身的"机械故障"则应被认定为盗窃类犯罪。[3]换言之，现代互联网及以其为依托的各项网络技术实则具有复合属性，既有与人脑类似的功能，

〔1〕 张明楷："也论用拾得的信用卡在 ATM 机上取款的行为性质——与刘明详教授商榷"，载《清华法学》2008 年第 1 期。

〔2〕 张建、俞小海："网络支付平台中盗、骗交织型犯罪的认定"，载《中国检察官》2015 年第 24 期。

〔3〕 刘宪权："网络侵财犯罪刑法规制与定性的基本问题"，载《中外法学》2017 年第 4 期。

又以机器的机械技术为载体，不可一概而论。高铭暄教授也是持"具体问题具体分析"的态度，将"互联网＋"时代的人工智能产品进一步分为"工具利用型"与"产品缺陷型"，以此对非法取财的问题进行定性。[1]田宏杰教授则认为，应当将机器能否被骗理解为机器背后的人能否被骗，根据机器的设置目的，如果机器的存在本就是为了处分财物，则认为机器可以被骗，如果机器本身并非出于此目的而存在则不能与自然人被骗等同。[2]

笔者认为，在互联网及其产品越来越智能化的时代，人们之所以开始重新考虑机器或网络是否可以被骗的问题，主要是因为人工智能产品已经逐渐趋近于或超过人脑的识别技术，早已不可简单地认为实行行为的操作对象能够或者不能够被骗，而应当考察智能化手段究竟被运用在了实行行为过程中的哪一项环节。换言之，应当分清智能化手段在行为实行过程中究竟是作为"辅助型"工具而存在还是作为"替代型"产品。根据目前的技术发展水平，我们仍处于"弱人工智能时代"，人工智能技术所能解决的问题仍然处于较为单一的阶段，尚未达到能够完全模拟人脑思维的程度。[3]以支付宝软件为例，现行人工智能手段主要被应用于刷脸支付技术以及用户资格审查及筛选过程，距离能够独立负责整个环节并作出决定的技术水平相去甚远，但从技术层面而言，财产被非法转出也确实是通过机器操作完成的。因此，就技术而言，支付宝的智能化程度尚未达到与人脑类似的可以被骗的程度，应当将其理解为平台背后的服务提供者、关键决策作出者是否被骗，倘若平台开发商及网络服务提供者因违法行为产生错误认识而处分财产则应当认定为诈骗，若平台开发商或网络服务提供者所提供的技术仅是工具辅助性质的，则可以认定为盗窃，将这一问题作出区分后再进行理解是十分必要的。

如此一来，冒用他人移动支付账户及密码问题的难点之一可迎刃而解，倘若冒用后非法转账或使用的资金来源为支付宝账户余额，此时，就整个犯罪过程而言，与冒用他人银行卡侵财具有一致性，可以认定为盗窃行为。至于资金来源为余额宝的盗用情况，最初笔者认为应当认定为类似于"三角诈

〔1〕 高铭暄、王红："互联网＋人工智能全新时代的刑事风险与犯罪类型化分析"，载《暨南学报（哲学社会科学版）》2018年第9期。

〔2〕 田宏杰、肖鹏、周时雨："网络虚拟财产的界定及刑法保护"，载《人民检察》2015年第5期。

〔3〕 吴允锋："人工智能时代侵财犯罪刑法适用的困境与出路"，载《法学》2018年第5期。

骗"的行为，因冒用行为人的非法转账或使用行为使得代为管理的天弘基金公司产生错误认识，从而错误地处分账户所有人的财产。但随着进一步地深入思考，笔者认识到，自己忽视了网络账户的一大特性——身份识别仅凭账户及密码，因此基金公司不具有正确识别出此时的操作不是户主本人所发出的可能性，因此可以认为此类行为与盗取余额行为无异。

2. 账户本身是否开通花呗功能或将成为关键因素

冒用他人移动支付平台中"蚂蚁花呗"账户进行非法消费或套现的行为一直是争论的热点与难点。2017年12月，重庆市江北区人民法院判决的"蚂蚁花呗套现第一案"对非法进行花呗套现行为予以定性，将帮助套现人认定为非法经营罪，但对套现行为人未作处理，冒用他人账户后进行套现或消费的行为则更是没有司法参照。笔者认为，冒用时账户本身是否已经开通花呗功能是该冒用类侵财行为性质认定的关键因素。

倘若账户本身已经开通了花呗功能，则不存在花呗服务商被骗的情况。行为人冒用他人账户后使用已经开通的花呗产品进行消费或套现的行为与非法使用账户中的余额等情形并没有本质上的区别，唯一不同之处在于花呗产品属于消费信贷产品，具有"赊购"功能。就服务开发商而言，拥有账户及密码则视为有权处置账户内财产，开发商不具有对操作行为人作出身份实质性审核的义务。根据双方在花呗服务开通时签订的《花呗用户服务合同》的条款：请妥善保管好您的支付宝账户名、密码、数字证书等重要信息，对账户的操作行为将视为您本人的行为，如开通服务、消费交易等，您将承担相应法律后果。可以认为，在服务开通时，服务商就已经对冒用行为作出了一定的自我免责，正确输入账户及密码则视为本人，也就不存在服务商被骗的问题。因此，在被冒用账户已经开通花呗服务，正确输入账户及密码后所进行的操作可以视为"本人"操作，花呗服务商未因产生错误认识而处分财产，可以认为是与盗用余额、余额宝等行为具有相同性质的盗窃行为。至于冒用后进行非法提现的行为，延续"蚂蚁花呗套现第一案"中的思路，笔者亦认为，套现行为人尚未达到需要刑法予以评价的程度，可由花呗服务商根据合同约定采用民事诉讼的手段予以维权。

倘若被冒用账户本身并未开通蚂蚁花呗功能，则应当考虑花呗服务商具有被骗可能性。蚂蚁花呗的开通过程可以被视为户主本人与花呗服务商签订了一份《花呗用户服务合同》。根据该合同的内容，服务开通后仅需账号密码进行的操作视为本人操作，服务商利用人工智能手段对真实账户进行一系列评估后决定能否开通以及开通额度的多少，以保证正常的交易秩序。但由于该合同签订时已经存在身份冒用行为，可以认为是民事领域中的冒名合同，服务商无法对操作者的真实身份、还款能力、信用等级等内容进行正确评估，往往是被骗给予高额度的信贷资格，从而造成财产损失，符合刑法中因产生错误认识而处分财产这一行为模式。至于"蚂蚁花呗"是否被骗的问题，将之理解为其背后的花呗服务商是否被骗更为合理，冒用他人身份签订《花呗用户服务合同》显然是一种民事上的欺诈行为。笔者认为，冒用行为人具有非法占有目的，冒名户主真实身份与服务商签订合同开通花呗业务，后非法使用花呗消费或提现的行为，不仅是对户主财产权利的侵犯，同时更是恶意破坏交易规则，增加商业风险的行为，严重扰乱市场秩序，将其评价为合同诈骗行为似乎更为合理。

扫描付款二维码转移财产构成盗窃罪

金 果 *

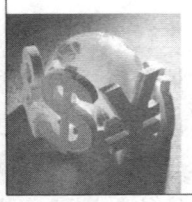

【裁判要旨】

被告人扫描非法取得的付款二维码信息后转移财产的行为，从行为特征和信用卡信息资料的刑法解释上来说，都不能以信用卡诈骗罪定罪处罚，而应当以盗窃罪定罪处罚。诈骗行为的本质特征，即行为人与被害人之间有充分的互动性，而行为人扫描非法取得的付款二维码信息后转移财产的行为符合盗窃罪的"直接夺取性"这一本质特征，无需被害人一方的参与，因此符合盗窃罪定罪处罚的情形。针对《刑法》第196条的信用卡诈骗罪，对于"信用卡信息资料"不宜做扩大解释，宜做限制解释，付款二维码信息不能等同于信用卡信息。

【案 情】

公诉机关：上海市浦东新区人民法院

被告人：段某华

2017年4月，被告人段某华以非法占有为目的，利用其本人及他人的身份信息，在"VV商户"（随行付）微信公众号平台注册段某华等5个资金账户，并绑定相关银行卡账户。2017年4月14日至17日，被告人段某华在非法获得他人"银联钱包"APP内设定的付款二维码信息后，利用"VV商户"账户的扫码功能，采用扫描付款二维码的方法，将他人在"银联钱包"APP所绑定的银行卡账户内的资金转至其控制的个人银行账户，骗取资金共计人民币7万余元（以下币种均为"人民币"）。2017年10月12日，被告人段某华被公安人员抓获，到案后如实供述上述犯罪事实。

上海市浦东新区人民检察院认为，被告人段某华虚构商品交易事实，以

---

* 作者单位：上海市浦东新区人民法院刑庭。原文载于《人民司法》2019年第20期。

非法方式获取绑定他人信用卡账户信息的动态付款二维码，扫码付款二维码后将他人信用卡账户内资金骗至被告人绑定的银行卡账户，行为已经构成信用卡诈骗罪，诉请法院依照《刑法》第 196 条第 1 款第 3 项之规定，对被告人予以处罚。

被告人段某华及辩护人对公诉机关指控的事实及罪名均无异议。

【审　判】

上海市浦东新区人民法院认为，从行为性质上来看，被告人的行为更符合盗窃罪的行为特征。被告人段某华的行为可以被细分为以下几个步骤：①非法获取付款二维码；②使用被告人本人的手机扫描二维码；③转账。由于被告人的扫描行为是其本人的通信设备完成的，故对二维码的读取，即财产的处分，是无需被害人参与完成的，无论该被害人是自然人还是机器。诈骗行为所要求的行为人和被害人之间的互动性在本案中均不能得到体现。本案中，被告人段某华的转账是小额免密的转账，无须被害人一方做出任何辨认或者判断，是没有被害人财产处分这一环节的，因此和信用卡诈骗罪中的信用卡诈骗行为所要求的同时具有"冒用信息"和"被害人处分"的行为特征不符。而被告人段某华直接用本人的手机扫取他人付款二维码的行为与盗窃行为所要求的"直接夺取性"相一致，符合盗窃罪的构成要件，因此应认定为盗窃罪。上海市浦东新区人民法院一审判定被告人段某华犯盗窃罪，判处有期徒刑 4 年，并处罚金人民币 12 000 元。

宣判后，上海市浦东新区人民检察院提出抗诉。上海市第一中级人民法院于 2019 年 4 月 29 日作出［2018］沪 01 刑终 1757 号刑事裁定，驳回抗诉，维持原判。

【评　析】

公诉机关认为被告人的行为构成信用卡诈骗罪的主要理由是被告人的行为符合《刑法》第 196 条第 1 款第 3 项所称"冒用他人信用卡"中的"窃取、收买、骗取或者以其他非法方式获取他人信用卡信息资料，并通过互联网、通讯终端等使用"的情形。但法院判决认为，被告人的行为性质更符合"盗窃行为"特征，且二维码信息不能等同于信用卡信息，故不能认定行为人的行为构成信用卡诈骗罪，而应当认定为构成盗窃罪。问题的焦点就在于：

①二维码信息是否就等同于信用卡信息资料；②被告人行为的本质是"诈骗"还是"盗窃"。现解析如下：

（一）付款二维码信息不等同于信用卡信息资料

对于本案定性的不同意见是认为被告人的行为可以适用《刑法》第196条第3款"冒用他人信用卡的"，即符合窃取、收买、骗取或者以其他非法方式获取他人信用卡信息资料，并通过互联网、通讯终端等使用的行为特征。那么，本案中的二维码信息是否可以直接等同于信用卡信息资料？笔者对此持否定观点。付款二维码信息虽然是在支付账户的基础上建立起来的条码信息，但是根据2017年12月中国人民银行印发的《条码支付业务规范（试行）》（银发〔2017〕296号）的相关规定，可以推断出付款二维码信息不能等同于信用卡账户信息。该规范第18条指出："……条码信息仅限包含当次支付相关信息，不应包含任何与客户及其账户相关的敏感信息。……移动终端显示的条码，不得包含未经加密处理的客户本人账户信息。"从上述条文我们至少可以推断，付款二维码信息是包含"当次"支付有关的商户信息，受理终端类型和代码，交易时间、地点、金额、类型、渠道、发起方式等信息的条码信息，具有单次性。同时，信用卡账户信息和二维码信息是有加密系统隔断的，不能说被告人获取了被害人的付款二维码信息即获得了被害人的信用卡账户信息。

而传统意义上的信用卡信息资料与二维码信息相比具有"内容丰富性"和"可重复使用性"。"内容丰富性"是指传统信用卡信息资料一般包括账号、交易密码、卡号、有效期、安全码、持卡人个人资料（手机号码、身份证号码等）和短信验证码等信息，而付款二维码信息仅仅是以当次交易支付内容为主的信息资料，包括支付商户信息、交易时间、地点、金额、类型、渠道、发起方式等，从两者的内容实质上看，完全不能等同。"可重复使用性"是指信用卡持卡人或者是信用卡信息资料持有人在获得传统信用卡信息资料后是能多次转账结算、存取现金、消费信用的，即多次的财产转移可能性；而行为人在获得了"付款二维码信息"时，就只能有单次、有限的转账支付可能，即单次的财产转移可能性。进一步说，这种单次转移财产的危害性与非法获取"信用卡信息资料"后可以多次、在较大范围内转移被害人财产的危害性不能等同。并且，被告人获取二维码信息更多的是具有财产转移的危险，而获得信用卡信息资料之后，被告人就有可能衍生出伪造、复制卡片等危害金融管理秩序的行为。正是基于以上的区别，笔者认为，二维码信息资料是不能等同于信用卡信息资料的。

对信用卡信息资料，笔者认为，应该采取严格限制解释，可以清晰地区分不同行为的社会危害性，被告人非法获取不同信息内容产生的是不同的法益侵害和现实危害结果，将信用卡诈骗罪中的"信用卡信息资料"做限制解释，而不是扩大解释，是符合实际且体现刑法精细化的精神的。

（二）从行为性质上来看，被告人的行为更符合盗窃罪的行为特征

被告人段某华的行为可以被细分为以下几个步骤：①非法获取付款二维码；②使用本人和他人的身份信息在微信随行付注册商户并绑定银行卡；③使用被告人本人的手机扫描二维码；④转账。从行为流程上看，被害人财产的转移是通过被告人本人的手机操作完成的，其中随行付支付平台是被告人一方注册的，绑定的是被告人一方账户，并非基于被害人一方的设备或者代表被害人一方的支付平台，是无需被害人参与的，无论该被害人是自然人还是机器。诈骗行为的犯罪构成一般要求行为人和被害人之间具有充分互动性，但本案被告人没有与银联 APP 进行互动，财产的转移依赖的是被告人所持机器的读取，被告人段某华的转账是小额免密的转账，无需银联 APP 作出任何辨认或者判断。同时，本案被告人也没有与被盗账户所有人有直接接触，因此诈骗行为的本质特征在本案中不能得到体现，和信用卡诈骗罪中的信用卡诈骗行为所要求的同时具有"冒用信息"和"被害人处分"的行为特征不符。而被告人段某华直接用本人的手机扫取他人付款二维码的行为与盗窃行为所要求的"直接夺取性"相一致，被告人非法获取的二维码所支持的账户具有一定程度的开放性，被告人的扫描行为类似于在一个半开放的账户直接夺取财产，符合盗窃罪的构成要件，应定性为犯盗窃罪。

综上，被告人扫描非法取得的付款二维码信息后转移财产的行为，从行为特征和信用卡信息资料的刑法解释上来说，都不能以信用卡诈骗罪定罪处罚，而应当以盗窃罪定罪处罚。

刑法谦抑主义的司法机能与贯彻

尚　勇[*]　莫洪宪^{**}

摘　要：我国金融刑事立法呈现出金融犯罪圈的扩展（犯罪化）、对金融风险的防范（处罚的早期化）和部分金融犯罪实质危害的阙如（保护法益的抽象化）等特征，这从事实上宣告了刑法谦抑主义约束金融刑事立法的有限性。既然如此，毋宁把注意力集中在金融刑法的解释和适用上，为刑法谦抑主义在金融刑事司法活动中的贯彻塑造具体、可行的路径和标准。刑法谦抑主义具有导向性、制约性和评价性等多重机能，其中最为重要的是其司法评价机能。二次性违法理论试图发挥刑法谦抑主义的评价机能，但鉴于自身的片面性，其并不是可靠的判断标准。在民刑交叉、行刑衔接的金融犯罪案件中，刑事违法性的判断具有相对独立性，不绝对从属于相关前置法的规定。刑法谦抑主义的基本内涵在于法规范目的的协调性和法益的个人性还原。金融犯罪的认定要真正贯彻刑法谦抑主义，就必须顾及法规范目的的协调性与法益的个人性还原这两方面的要求。

关键词：刑法谦抑主义；金融犯罪；二次性违法理论；法规范目的的协调性；法益的个人性还原

近年来，中国刑事立法呈现活跃化的特征，刑法作为犯罪预防和社会管理[1]

---

　*　贵州大学法学院教师。
　**　武汉大学法学院教授。
　〔1〕　一般认为，刑法属于司法法，而不是社会管理法，更不是社会福利促进法，刑事立法和司法实践不应该以某种名义推动刑法的行政化。（参见何荣功："'预防性'反恐刑事立法思考"，载《中国法学》2016 年第 3 期。）但事实是，中国刑法已在一定程度上参与并将继续参与社会管理的事务。

的手段，前置化和工具化的倾向愈发明显。[1]这从事实上宣告了现代社会中刑法谦抑主义对于立法约束作用的有限性，"理论上动辄指责立法违反谦抑性原则，未必有实证基础和充分说理"；与其过分批判积极的刑事立法实践，毋宁"将谦抑主义的着眼点从主要钳制立法转向制约司法活动"。[2]那么，对于刑事立法或者刑事立法者而言，基本上只具有"温情提示"作用的刑法谦抑主义在刑事司法活动中能否有所作为？如果刑法谦抑主义在刑事司法活动中理应发挥作用，其应当如何贯彻？本文拟以民刑、行刑交叉问题为视角，并以金融刑法规范的适用为例，就刑法谦抑主义的司法机能及其贯彻等方面的内容进行论述。

一、刑法谦抑主义立法限制作用的式微

根据贝卡里亚的设想，人类为了保护自己而结合成社会，同时迫于无奈让渡一部分自由；既然是不得已而为之，则每个人都希望以牺牲尽可能少的自由来确保自己平安无忧地享受手中剩余的自由，故刑法的正当边界在于防止个人夺回业已交出的那部分自由和防止其侵害他人的自由。[3]依此逻辑，刑罚处罚的范围应该尽可能小，国家亦不能随意剥夺个人的自由。随后，边沁提出了四种不应适用刑罚的情形，即滥用之刑、无效之刑、过分之刑和昂贵之刑，[4]较为完整地表达了刑法谦抑的思想。日本学者宫本英脩和平野龙一等人对刑法"谦抑主义"之命名和对刑法谦抑主义之系统阐述做出了巨大贡献。[5]从宏观上看，刑法谦抑主义在我国获得了较为一致的认可。从刑事立法和刑事司法领域的界分来看，我国刑法学者更倾向于认为刑法谦抑主义是一项立法原则。例如，陈兴良教授认为，刑法的谦抑性是指立法者当力求以

---

〔1〕 参见孙万怀："违法相对性理论的崩溃——对刑法前置化立法倾向的一种批评"，载《政治与法律》2016年第3期；魏昌东："新刑法工具主义批判与矫正"，载《法学》2016年第2期。

〔2〕 参见周光权："积极刑法立法观在中国的确立"，载《法学研究》2016年第4期。

〔3〕 参见 [意] 切萨雷·贝卡里亚：《论犯罪与刑罚》（增编本），黄风译，北京大学出版社2014年版，第11~13页。

〔4〕 参见 [英] 吉米·边沁：《立法理论》，李贵方等译，中国人民公安大学出版社2004年版，第373~374页。

〔5〕 参见敦宁："刑法谦抑主义的西方立场与中国定位"，载赵秉志主编：《刑法论丛》（总第52卷），法律出版社2018年版，第415~416页。

最小支出，即少用甚至不用刑罚而用其他的替代措施来实现对犯罪的控制和预防。[1]我国刑法学者也多以刑法谦抑主义理论分析或者批判刑事立法，但关于该理论如何具体适用于司法活动的论述则比较少见。张明楷教授明确提出，刑法的补充性不是处理刑事个案的具体规则，而是一项立法原则或者司法观念。[2]也就是说，在其看来，刑法谦抑主义不是个案中刑法解释和适用的准则。

随着工业社会的发展和全球化所导致的风险与矛盾的增加，在"自由给安全让路"的观念深入人心的当代社会，立法上的谦抑主义必将遭遇一定程度的消减。[3]就我国的情况而言，在社会生活日趋复杂化，价值观念日渐多元化，环境风险、经济风险等日益提升的现实背景下，主张刑事立法上的谦抑进而强调非犯罪化难免显得"不合时宜"。这便是立法者在大多数时候选择对刑法谦抑主义"置之不理"的重要原因。[4]总体而言，刑事立法的活性化倾向、处罚的早期化与重刑化对于刑法谦抑主义造成了严重冲击。[5]在我国金融刑法的立法和历次修正中，重刑化方面的问题有所改善，但前两点特征表现得十分突出。

（一）犯罪化：金融犯罪圈的扩展

在我国现行《刑法》修订通过后，全国人大常委会先后出台了《关于惩治骗购外汇、逃汇和非法买卖外汇犯罪的决定》（以下称《外汇犯罪决定》）和 10 个《刑法修正案》，其中除了《刑法修正案（二）》《刑法修正案（四）》和《刑法修正案（十）》以外，《外汇犯罪决定》和其余修正案都涉及金融犯罪。《刑法修正案（八）》和《刑法修正案（九）》所涉金融犯罪的条款较为特殊，基本只对相关犯罪的法定刑做了修改。总的来看，我国金融刑法的历次修正以犯罪化为主，金融犯罪圈逐步扩大：第一，增设新罪。例如，增设骗购外汇罪，诱骗投资者买卖期货合约罪，[6]妨害信用卡管理罪，

---

〔1〕　参见陈兴良：《本体刑法学》（第 2 版），中国人民大学出版社 2011 年版，第 60~65 页。

〔2〕　参见张明楷：《刑法学》（第 5 版·上），法律出版社 2016 年版，第 21 页。

〔3〕　参见陈璐："论刑法谦抑主义的消减"，载《法学杂志》2018 年第 9 期。

〔4〕　参见姜涛："在秩序与自由之间：刑法父爱主义之提倡"，载《江淮论坛》2015 年第 1 期。

〔5〕　参见陈家林：《外国刑法通论》，中国人民公安大学出版社 2009 年版，第 98 页。

〔6〕　该罪由《刑法修正案》在 1997 年《刑法》第 181 条之基础上以添加犯罪对象的方式而增设，与原"诱骗投资者买卖证券罪"形成选择性罪名。现行《刑法》第 182 条经历相似的修改。

窃取、收买、非法提供信用卡信息罪和骗取贷款、票据承兑、金融票证罪等。第二，通过修改犯罪主体、行为方式和降低入罪条件实现金融犯罪覆盖范围的扩大化。例如，针对逃汇罪的主体（公司、企业或者其他单位）取消了原条款中"国有"的限制。又如，信用卡诈骗罪增加了"使用以虚假的身份证明骗领的信用卡"的行为方式。再如，针对违法发放贷款罪，将原条款中的"违反法律、行政法规规定"修改为"违反国家规定"，调低了入罪的门槛。

我国金融刑法的前述变化被学者评价为金融刑事立法的过度扩张，[1]金融犯罪圈的扩展被视为经济刑法过度化的重要一环。[2]这种扩张基于以下几方面的原因被认为违背了刑法谦抑主义：首先，刑法谦抑主义的传统立场是坚持"入罪谦抑"，即排斥犯罪化或者过度犯罪化。而我国《刑法》——当然包括金融刑法——的补充和历次修正均以犯罪化为主，这至少在形式上背离了刑法谦抑主义的非犯罪化立场。[3]其次，刑法补充性是刑法谦抑主义的核心内容，意味着仅当其他手段对法益的保护都不充分时，刑法才能以替补的形式对法益进行保护。刑法补充性的逻辑在于，"法益保护并不会仅仅通过刑法得到实现，而必须通过全部法律制度的手段才能发挥作用"；鉴于其对公民权利干涉的严厉性，刑法应当是最后予以考虑的保护手段，亦即，只有在其他解决社会问题的手段均不奏效的时候，才允许使用刑法。[4]学者据此提炼出了刑法是二次性违法规范形式的观点，强调刑事立法应该实现前置法与刑法的有序衔接，而且务必始终以前置法为依据，[5]即所谓"立罪至后"。然而，我国金融刑事立法的"无先而后"现象却突破了"立罪至后"的基本规则。例如，在立法将窃取、收买、非法提供信用卡信息行为入罪之时，并不存在有关该行为的民事和行政法律责任的规定。同样，对于采用欺骗手段骗取金融机构的票据承兑、信用证、保函的行为，也是在未有前置法规制的情

---

〔1〕 参见顾肖荣、陈玲："必须防范金融刑事立法的过度扩张"，载《法学》2011年第6期。

〔2〕 参见何荣功："经济自由与刑法理性：经济刑法的范围界定"，载《法律科学（西北政法大学学报）》2014年第3期。

〔3〕 参见敦宁："刑法谦抑主义的西方立场与中国定位"，载赵秉志主编：《刑法论丛》（总第52卷），法律出版社2018年版，第419页。

〔4〕 参见［德］罗克辛：《德国刑法学总论》（第1卷），王世洲译，法律出版社2005年版，第23页。

〔5〕 参见杨兴培编著：《犯罪的二次性违法理论与实践：兼以刑民交叉类案例为实践对象》，北京大学出版社2018年版，第94~96页。

形下就一步到位予以犯罪化的。[1]最后，对于相关金融行为的犯罪化，立法者并未（也无意）去论证该行为确实属于非刑法手段无以控制者。

（二）处罚的早期化：金融风险的防范

"基于刑法是调整社会行为的最后手段的要求，本着刑法的人道精神和谦抑的原则，为了体现刑法的人性思想，犯罪化对于反社会行为的筛选就应当很慎重。纳入刑法调整范围的犯罪行为只能是限于一些重大的反社会行为，而轻微的反社会行为则会由其他领域的法律加以调整，这也是大家的共识。"[2]遗憾的是，学理上的共识在刑事立法者那里并非牢不可破，更何况，"重大""轻微"尚没有统一的衡量标准。随着经济活动的多样化和经济形势的复杂化，社会上关于金融风险的担忧日甚，对于金融安全的呼声日浓，加之我国持金融监管本位立场，以刑法手段防范和化解金融风险的做法显得顺理成章。"防范"意味着防患于未然，意味着立法者可能选择以刑法手段维护金融交易秩序和金融监管秩序，意味着刑法介入的提前。

以骗取贷款罪为例，一般认为，其设立是为了解决司法实践中贷款诈骗罪非法占有目的的认定难题，进而对金融机构和金融秩序给予特殊保护。[3]且不追问针对金融机构和金融秩序特殊保护的正当性所在，为了实现特殊保护而将没有（或者无法证明具有）非法占有目的的骗取贷款行为犯罪化，其必要性令人质疑。毕竟，从"骗来用一阵就归还，哪有必要大动干戈"的朴素法感情出发，骗取贷款行为的社会危害性很难说达到了需要动用刑罚加以惩罚的程度。诚如何荣功教授所言，立法将主观上不具有非法占有目的，而仅具有非法使用目的的骗取贷款行为入罪，突破了刑法对财产关系的传统介入限度。[4]但是，立法者经过权衡之后仍将该行为予以犯罪化，部分理由是"骗取金融机构信用与贷款，使金融资产运行处于可能无法收回的巨大风险之中，有必要规定为犯罪"。[5]显然，立法者除了具有免去"非法占有目的"

---

〔1〕 参见胡启忠："金融刑法立罪逻辑论——以金融刑法修正为例"，载《中国法学》2009年第6期。

〔2〕 孙战国：《犯罪化基本问题研究》，中国法制出版社2013年版，第17页。

〔3〕 参见林静："骗取贷款罪的若干问题"，载《法学杂志》2017年第2期。

〔4〕 参见何荣功："经济自由与经济刑法正当性的体系思考"，载《法学评论》2014年第6期。

〔5〕 参见黄太云：《刑法修正案（六）》的理解与适用（下）"，载《人民检察》2006年第15期。

认定难题的实用考量外，其逻辑还在于尽量堵住会给银行或者其他金融机构财产损失的种种可能，提前防范金融风险。

与此相似的是窃取、收买、非法提供信用卡信息罪。单从信用卡"信息"的角度无从解释立法者何以将相关行为犯罪化。信用卡信息当然属于公民个人信息，但侵犯公民个人信息罪的罪刑规范中存在"情节严重"的规定，而窃取、收买、非法提供信用卡信息罪却未做罪量方面的要求。所以，只能从保护金融秩序，维护金融安全，提前防范金融风险的视角来理解窃取、收买、非法提供信用卡信息罪，才能准确地把握该罪的入罪逻辑。

（三）法益的抽象化：部分金融犯罪实质危害性的阙如

"法益论总是彰显着自由主义的精神"，"以自由主义为基础的法益论重视对个人法益的保护，反对通过牺牲个人法益来扩张对所谓的共同法益或者集体法益的保护"。[1]但立法者未必会如此考虑。例如，德国联邦宪法法院就曾明确指出，法益论不能承担引导立法的功能。尽管法益概念已被广泛接受，其具体内涵却远未获得清晰的阐释，这导致了法益立法批判功能的弱化乃至丧失。当其物质属性或者传统个人本位属性无法维持时，法益的抽象化便不可避免，而且会越走越远，向着精神化一端迈进。法益的抽象化促使法益被期望履行的批判功能趋于崩溃。[2]

根据刑法谦抑主义的要求，无实害就不应动用刑罚。但立法者一旦将金融刑法的保护法益设定为抽象的"金融秩序"或者"金融管理秩序"，就在很大程度上给自己免除了证明相关行为之实害性的义务。如此一来，一些行政性的管理措施就会被轻而易举地纳入刑法的保护范畴，使得刑法在特定领域彻底沦为管控社会和迎合国家政策的有力工具。以非法吸收公众存款罪为例，根据《非法金融机构和非法金融业务活动取缔办法》（以下称《取缔办法》）、《关于取缔非法金融机构和非法金融业务活动中有关问题的通知》（以下称《取缔通知》）的规定，国家对依法需经批准而未经批准的非法集资活动予以取缔；非法集资包括未经批准而擅自非法吸收公众存款，或者擅自变相吸收公众存款，或者擅自以任何名义向社会不特定对象非法筹集资金。而

---

〔1〕 杨萌："德国刑法学中法益概念的内涵及其评价"，载《暨南学报（哲学社会科学版）》2012年第6期。

〔2〕 参见劳东燕：《风险社会中的刑法：社会转型与刑法理论的变迁》，北京大学出版社2015年版，第43页。

根据我国《刑法》第 176 条，非法吸收公众存款罪的罪状"非法吸收公众存款或者变相吸收公众存款"几乎是对《取缔办法》相关规定的重复描述，唯独增加了关于法益——"扰乱金融秩序"——的规定。可是，所谓金融秩序是一种极其抽象化的法益——如果能够被称为法益的话，国家的金融管理制度亦可被视为金融秩序的一种，因而凡是未经批准并针对不特定对象的集资活动均能被涵摄在非法吸收公众存款罪的条文之中。这体现了刑法对金融前置法的全方位保护，进一步强化了我国金融监管本位的立场，致使一些实际上有利于助推经济发展的民间金融也一并成了刑事打击的对象。

　　总结而言，我国金融刑事立法呈现出金融犯罪圈的扩展、金融行为处罚的早期化和部分金融犯罪实质危害的阙如等特征，以严格的立场视之，这些特征违背了刑法谦抑主义。但笔者以为，对于已经变成现实的金融刑法规范而言，与其大费笔墨批判立法，毋宁把注意力集中在金融刑法的解释和适用方面，为金融刑事司法活动真正贯彻刑法谦抑主义塑造具体可行的路径和准则。

二、刑法谦抑主义约束司法活动的可能性

（一）刑法谦抑主义立法限制作用微弱的原因

　　首先，刑事法治环境的复杂化导致刑法谦抑主义在立法上的克减。目前，我国正在进行社会主义现代化建设，社会法治环境呈现出三重混合的形态，即在法治国大环境下伴有计划经济时代集体主义的某些印记，并已初步显现社会福利国的雏形，[1] 刑事法治环境具有多样性和复杂性。一方面，计划经济时代遗留下来的、由国家全面管控社会的观念和惯性依然存在，国家广泛介入社会生活的冲动仍不时外化于各项政策、法律（包括刑法）和法规之中。另一方面，我国社会处于转型时期，经济高速发展，科技日新月异，人们的思维观念日渐多元化，与之相伴的则是贫富差距的加大，各项风险的激增，各种矛盾的加剧与社会诚信的缺失。从立法者的角度看，最重要的往往是社会的稳定和秩序的维持，以便为全体人民营造安定、有序的生存、生活和发展环境。从一般民众的角度看，国家理应控制社会风险，维护社会安全，促进食品、医疗以及各项与民众切身利益重大相关的事业的完善。当立法者的

---

〔1〕　参见陈璐："论刑法谦抑主义的消减"，载《法学杂志》2018 年第 9 期。

担忧和民众的呼声相互重叠时，动用刑法解决社会问题的阻力便大幅度减小，而此时对于个人自由的强调和呼吁自然会变得无力和苍白。总之，当代刑事立法的功能性特征极其明显，立法者的反应更为迅捷，其通过刑法控制社会的欲望更为强烈，刑法的触角伸得更长。[1]

其次，刑事立法的技术特点与刑法谦抑主义的要求存在距离。刑法属于司法法，应该以安定性作为指导原理，故而在相当程度上具有稳定性。刑法的终极任务是通过惩罚犯罪来保护社会的重要法益，但社会是变化发展的，刑法时刻面临因应社会情势变迁的外部压力。刑事立法者为了缓解刑法稳定性和适应性之间的矛盾，在不少情况下不得不选择模糊的语词，使用笼统的表达，甚至不惜设置兜底条款来对值得处罚的违法行为进行类型化。[2]这就难免会在形式上将那些没有处罚必要的行为囊括在内。例如，在非法吸收公众存款罪的罪刑条款中，"秩序"就是一个模糊词，因为"秩序"意指"有条理、不混乱的情况"，[3]其中"条理"与"混乱"都具有中介过渡性，内涵并不明确。是以，该罪的立法并没有清楚划定罪与非罪的范围，易导致处罚的泛化，这与刑法谦抑主义的要求相悖。

（二）刑法谦抑主义从限制立法到约束司法的转变

前述表明，基于我国刑事法治环境的复杂化和刑事立法技术的特点，刑法谦抑主义对刑事立法的实际影响十分有限。笔者不否认刑法谦抑主义在应然意义上制约和引导刑事立法的作用，只不过效果甚微，难如人意，否则我国刑法学界也不至于出现那么多批评刑法"过度化"的声音。既然如此，我们不妨转移视线焦点，让刑法谦抑主义从宏观叙事中挣脱出来，使其尽可能在刑事司法活动中发挥约束作用。

1. 刑法谦抑主义约束司法活动的前提条件

"回顾《刑法》的修法过程，刑事立法资源对金融犯罪的投入不可谓不多。历次《刑法修正案》多次涉及金融犯罪的罪名和刑罚的修改。尽管当下

---

[1] 参见周光权："积极刑法立法观在中国的确立"，载《法学研究》2016年第4期。

[2] 值得强调的一点是，语言的模糊性与语言的概括性不同。语言的概括性是对事物共同特征进行归纳而形成的特性，并不妨碍语言的清晰性；而模糊性语言是指那些表达了事物类属边界或者性质状态方面的亦此亦彼性、非此非彼性，即中介过渡性的语言。（参见黎千驹：《模糊语义学导论》，社会科学文献出版社2007年版，第28、46~47页。）

[3] 参见中国社会科学院语言研究所词典编辑室：《现代汉语词典》（第6版），商务印书馆2012年版，第450页。

的金融刑法结构引发了许多争议和反思，然而由于刑法本身的稳定性要求，除非有大规模刑法典修订，总体上，金融犯罪的刑法规范资源依然需要依赖目前的《刑法》及其相关立法。"[1]依托法律规则的语言及展现于其中的观念（立法者的抽象意图），根据法定程序就具体案件发表权威看法，乃法官之权责。[2]相应地，刑事司法人员在处理金融犯罪案件时不可能绕开业已生效的金融刑法规范。那么，在某些金融刑法规范本身面临谦抑性方面的疑问时，相关刑事司法活动能否受到刑法谦抑主义的约束？笔者认为，答案是肯定的，即从其地位和特征来看，刑事司法活动（当然包括金融刑事司法活动）具备贯彻刑法谦抑主义的条件。

第一，（刑事）法律本质上是一个动态过程，（刑事）司法活动是其中的重要部分。"法律不只是一套规则，它是人们进行立法、裁判、执法和谈判的活动。它是分配权利与义务并据以解决纷争、创造合作关系的活生生的程序。"[3]法律作为语言现象，其本身及与社会实践的关系可以被划分为以下三个子系统：形式层面的法规则（这些规则包含着实质信息）；官方对法规则的适用（包括法官在解决冲突时的适用行为）；社会实践对法规则的遵守。[4]这意味着，法规则设定了旨在实现于生活世界的形象，一个理想实体，该形象或理想实体唯有通过遵从与否的社会实践和官方的适用活动方能体现出来。[5]所以，从动态上看，罪刑规范、刑事司法活动和社会所有成员对罪刑规范的遵守才是完整的刑法。也就是说，罪刑条款是静态的，须通过刑事司法活动才能真正发挥行为规制和法益保护的机能。刑事司法活动受制于刑事立法，但其绝不可能只是在"逐字遵守"的意义上适用刑法，即刑事司法具有相对独立的地位。鉴于此，刑事司法活动得以在某种程度上"纠正"刑事

---

[1] 安曦萌：《金融犯罪的刑法治理：以刑法谦抑为视角》，北京大学出版社2017年版，第66页。

[2] 参见尚勇："刑法主观解释论的提倡"，载陈金钊、谢晖主编：《法律方法》（第23卷），中国法制出版社2018年版，第218页。

[3] ［美］伯尔曼：《法律与宗教》，梁治平译，商务印书馆2012年版，第14~15页。

[4] See Dick W. P. Ruiter, *Legal Institutions*, Kluwer Academic Publishers, 2001, pp. 24~25, *quoted from*: Hanneke Van Schooten, "Law as Fact, Law as Fiction: A tripartite Model of Legal Communication", in Anne Wagner, Wouter Werner & Deborah Cao (eds.), *Interpretation*, *Law and the Construction of Meaning*, Springer, 2007, p. 6.

[5] See Hanneke Van Schooten, "Law as Fact, Law as Fiction: A tripartite Model of Legal Communication", in Anne Wagner, Wouter Werner & Deborah Cao (eds.), *Interpretation*, *Law and the Construction of Meaning*, Springer, 2007, pp. 6~7.

立法所存在的某些问题。

第二，刑事司法人员在刑事司法活动中具有一定程度的能动性。"不管我们是否愿意，也不管法官是否有意，司法裁判的过程却实实在在地充盈着司法官的能动性。"〔1〕这种能动性意味着司法活动不仅以形式逻辑为基础，还强调司法人员主观能动性的发挥，强调价值判断与利益衡量的重要性。〔2〕当然，在刑事司法活动中，刑法适用不能突破罪刑法定主义的铁则。但我们都知道，罪刑法定主义的根本要求是"法无明文规定不为罪"，"法无明文规定不处罚"，其目的在于杜绝入罪擅断，并不禁止合理的出罪裁判。就此而言，刑事司法人员依然具有广阔的主观能动空间。在刑事立法"顾及"不到刑法谦抑主义的地方，刑事司法人员可以根据法定的程序和合法的方式自觉接受刑法谦抑主义的约束。

总之，刑事司法活动的地位和特征决定了其不能脱离罪刑规范进行罪行擅断，但也给予了刑事司法人员一定的能动空间。该空间为创造个案结论的合理性与正义性提供了可能。尤其是在金融刑法存在违背刑法谦抑主义之嫌的情况下，金融刑事司法活动唯有秉持"入罪谦抑"的理念和准则，方能够取得金融犯罪制裁的法律效果和社会效果的统一。

2. 刑法谦抑主义的司法机能

根据我国刑法学者的归纳，刑法谦抑主义具有导向、制约、整合、评价等机能。所谓导向机能，是指以谦抑主义引导刑法谦卑紧缩，拒绝刑法任意扩张，保持刑法适用的滞后性；所谓制约机能，是指谦抑主义抑制刑法的不当扩张和刑罚的滥用；所谓整合机能，是指谦抑主义对刑法运行的各个环节进行整合协调；所谓评价机能，是指谦抑主义作为评析和判断刑法理论与实践的标准，对刑事政策、刑法立法、刑法适用和刑罚执行等进行检验。〔3〕以上关于刑法谦抑主义各机能的描述，均涉及刑事政策、刑事立法和刑事司法诸方面。对于刑事司法而言，刑法谦抑主义的导向机能、制约机能和评价机能尤为重要，其中，刑法谦抑三义的导向机能可以被视为司法观念层面的价值，刑法谦抑主义的制约机能可以被视为司法运作机制层面的价值，刑法谦

---

〔1〕 周赟："司法能动性与司法能动主义"，载《政法论坛》2011年第1期。

〔2〕 参见劳东燕："能动司法与功能主义的刑法解释论"，载《法学家》2016年第6期。

〔3〕 参见吴富丽：《刑法谦抑实现论纲》，中国人民公安大学出版社2011年版，第27~32页。

抑主义的评价机能可以被视为个案中刑法解释与适用层面的价值。由此看来，那种认为刑法谦抑主义不是处理个案的具体规则，而仅针对立法和司法观念层面而言的观点，[1]是值得商榷的。

前述表明，刑法谦抑主义的司法机能具有多重性，即从司法观念到司法运作机制再到个案的刑法适用等几个层次上体现出来。本文着重在最后一个层次（也即最具体的层次）探讨刑法谦抑主义的司法机能如何发挥的问题。对此，本文将结合金融犯罪的认定来进行论述。

三、刑法谦抑主义的司法贯彻

我国刑法学术界以往多将刑法谦抑主义作为刑事立法的限制原则，现在绝大多数学者都承认刑法谦抑主义同时还是刑事司法的约束原则，但对于如何让其成为解决刑事个案之准则的研究并不多见。以金融犯罪的规制和认定为例，目前学界一种影响力比较大的观点是，运用犯罪的二次性违法理论（或称为刑法的二次规范性理论），构建"金融前置法—金融刑法"的金融犯罪认定模式，将刑法谦抑主义技术化、具体化为个案的评价标准。该观点具有重大的理论启示意义和实践指导意义，但也不无疑问。下文将以二次性违法理论的批判为出发点，尝试为金融刑事司法活动贯彻刑法谦抑主义构建可行的教义学准则。

（一）二次性违法理论的片面性

"对于金融司法活动而言，出于前置性法而入于刑法是必须坚守的标准，对金融行为特征的考察离不开对前置性法的参照，对金融行为违法性程度的认定离不开金融法规和金融刑法的关联对比。"[2]这是二次性违法理论在金融犯罪认定问题上的具体运用，其核心主张可以被归纳为三点：第一，前置法是认定金融犯罪的必经程序；第二，不违反前置法就不存在金融犯罪；第三，金融犯罪是违反前置法的违法程度升级的金融行为。这显然是从缓和的违法一元论所得出的结论，其特点是倾向于肯定民事违法、行政违法等其他法域

---

〔1〕 参见张明楷：《刑法学》（第5版·上），法律出版社2016年版，第21页。

〔2〕 杨兴培编著：《犯罪的二次性违法理论与实践：兼以刑民交叉类案例为实践对象》，北京大学出版社2018年版，第183页。

的违法性与刑事违法性之间的绝对关联，并承认可罚的违法性概念。[1]但是，缓和的违法一元论不足取，因为法秩序统一原理强调的是各法域规制目的的协调，而非违法判断的统一或者从属，"可罚的违法性"亦会引起犯罪认定的恣意和混乱。

就金融犯罪的认定而言，二次性违法理论具有片面性，并不是一个可靠的判断标准。这可以从以下两个方面表现出来：第一，参照（即参考并依照）前置法的刑事违法性判断会遭遇困难。在民刑交叉案件中，由于民法和刑法规制的性质、目的多数时候并不一致，所谓参照民法的违法性判断便成了空中楼阁，不切实际。民事规制更多的是通过确定民事行为的效力而调整平等主体之间的关系，其目的在于利益平衡和利益补偿，而刑事规制主要是通过确定危害行为的违法性和有责性来宣告行为为社会所否定和排斥，其目的在于惩罚行为人与预防犯罪。以骗取贷款行为为例，如果从民法的角度看，其属于可撤销的民事行为，并非绝对无效；如果从刑法的角度（至少从现行《刑法》的规定）看，其具有违法性。在此，所谓以民事违法性为基础的刑事违法性判断将面临尴尬。第二，可罚的违法性标准难免陷入恣意。在行刑衔接的案件中，尽管不少行政法规范也属于制裁性规范，与刑法规范具有性质上的相似性，但行政规制的首要目的在于社会管理和对违法行为的取缔，与刑法惩罚犯罪和预防犯罪的目的有别。如果以行政违法性作为刑事违法性的基础，并认为后者是前者程度的加深，则在一些案件的处理上不能得出公平正义的结论。以非法吸收公众存款罪为例，按照前述《取缔办法》和《取缔通知》的规定，无论其实际上是否造成了投资者的利益损失，任何形式的非法吸收公众存款行为都应予以取缔。在可罚的违法性理论看来，只要非法吸收公众存款的数额达到一定程度就将以非法吸收公众存款罪论处，但一概如此处理显然不妥当。

（二）刑法的补充性：法规范目的之协调性

通常认为，刑法谦抑的要义在于刑法适用的不得已性，换言之，只有在穷尽其他手段仍不能充分保护法益之时，刑法才能"替补登场"来保护法益，此即刑法的补充性。从刑法的补充性概念很容易推出前述二次性违法理论的

---

[1] 参见简爱："从'分野'到'融合'刑事违法性判断的相对独立性"，载《中外法学》2019年第2期。

结论，但如前所述，二次性违法理论失于片面，并非可靠的判断标准。若从违法相对论的视角观之，法秩序的统一是指法目的层面的统一（或曰法规范目的的协调），而非违法判断的统一，因而应该允许刑法"相对独立"地进行违法判断。[1]在化解各法域的规范冲突之际，必须考虑具体的法益概念、法规范的保护目的，由其构成的法制度所欲实现的规整目的以及整体法秩序的目的之诉求。[2]显而易见，刑事违法性的判断不是无条件从属于民事违法性或者行政违法性的判断，只有在法规范目的的统一或者法规范目的协调的层面来谈刑事违法的从属性才有意义。换句话说，刑法的补充性不等于刑事违法性的从属，而在于全面考虑和协调法规范目的（包括前置法规范目的和刑法规范目的）之后对相关行为的刑事违法性作出审慎的评价。

以非法吸收公众存款罪为例，尽管《取缔办法》和《取缔通知》坚持金融监管本位的立场，对一切形式的非法吸收公众存款行为进行取缔，但按照现代金融经济的要求，金融犯罪治理的刑事政策应该向金融交易本位主义转变。[3]劳东燕教授指出，在不法行为本身系不公平体制的产物或者与既有的体制缺陷存在关联时，刑法适用可以依据刑事政策的指引对构成要件做限制解释，以收缩特定犯罪的处罚范围。[4]我国对于向不特定公众吸收存款行为的管控本就有过于严厉之嫌，相关行为的刑事违法性判断自然不应该与行政法的规定马首是瞻。如果说金融交易本位主义的刑事政策停留在应然理念上，不同人可能对此存在不同认识，那么从法规范目的的整合或者法规范目的协调的角度看，对于非法吸收公众存款行为刑事违法性的判断也不应该只以《取缔办法》和《取缔通知》为前提条件。

近些年来，我国金融法律、法规和规章等的增设或者修改呈现出"直接融资（包括民间融资）逐渐放宽，间接融资管控依旧严格"的发展趋势。事实上，我国的民间金融改革意在放宽金融市场准入、从严监督金融交易、引导资金脱虚向实、促进民间融资迈向法制化的发展轨道。例如，《关于促进互

---

〔1〕　参见简爱："从'分野'到'融合'刑事违法性判断的相对独立性"，载《中外法学》2019年第2期。

〔2〕　参见于改之："法域冲突的排除：立场、规则与适用"，载《中国法学》2018年第4期。

〔3〕　参见刘远："我国治理金融犯罪的政策抉择与模式转换"，载《中国刑事法杂志》2010年第7期。

〔4〕　参见劳东燕："罪刑规范的刑事政策分析——一个规范刑法学意义上的解读"，载《中国法学》2011年第1期。

联网金融健康发展的指导意见》规定，支持互联网企业依法合规设立互联网支付机构、网络借贷平台、股权众筹融资平台、网络金融产品销售平台，建立服务实体经济的多层次金融服务体系，更好地满足中小微企业和个人投融资需求，进一步拓展普惠金融的广度和深度。而根据《网络借贷信息中介机构业务活动管理暂行办法》（以下称《网贷中介管理办法》）第10条的规定，网络借贷信息中介机构可以自行或委托、授权第三方通过互联网、固定电话和移动电话等电子渠道进行宣传或推介融资项目。这虽然是对网络借贷信息中介机构的规定，但却表明我国金融政策在一定程度上放开了向不特定对象融资的严厉管制。若仍以《取缔办法》和《取缔通知》的相关规定作为判断向不特定对象吸收存款之刑事违法性的基础，则会造成要么认为《网贷中介管理办法》相关规定因与上位法冲突而无效，要么面临选择性执法的尴尬局面。

另一方面，根据我国《商业银行法》《证券法》《保险法》《信托公司管理办法》《证券投资基金法》以及《关于小额贷款公司试点的指导意见》的规定，商业银行、证券公司、保险公司、信托公司、基金管理公司等金融机构以及小额贷款公司的设立必须经过金融监管部门的批准，任何个人和单位未经批准不得从事相关金融业务。可见，我国对于货币、资本经营采用特许制度，并给予特别的监管要求，包括从市场准入、审慎经营一直到特殊的市场退出安排。[1]这种制度安排有其合理性，尤其是在我国当前经济有脱实向虚趋势的背景下，严格限制非金融机构和个人充当从事货币、资本经营的金融中介十分必要。

通过以上分析可以得出一个基本结论，即行为人为满足生产经营之需而向不特定对象吸收存款的直接融资活动具备基本的正当性，刑法介入应该慎之又慎，除非融资伴有欺骗性，[2]但集资从事货币、资本经营行为不仅不为任何前置法所容，而且其本身具备高度的金融风险，显然具有刑事违法性。该结论并非建立在个别金融法律及其规定与刑事违法性之关系的基础上，而是从我国金融法律制度规范目的的协调性中获得的。

（三）刑法的片断性和宽容性：法益的个人性还原

所谓刑法的片断性，是指刑法不会将所有对社会有害的行为都作为处罚

---

〔1〕 参见彭冰："非法集资活动规制研究"，载《中国法学》2008年第4期。

〔2〕 参见莫洪宪："非法集资犯罪的刑事规制"，载《检察日报》2018年12月27日。

对象，而只是从中挑选出一部分加以处罚；某种行为是否成为刑法的规制对象，取决于该行为所侵犯的法益的重要性程度以及违法侵害行为的形态。[1]刑法的宽容性要求根据宽容精神控制刑罚处罚的范围，其实质乃强调法益保护的衡量。因此，无论是刑法的片断性还是刑法的宽容性，其核心均在于法益保护的必要性。法益保护的必要性取决于两个方面，即法益的性质和法益被侵犯的程度。在金融犯罪的规制中，特别值得探讨的是保护法益的性质问题。

通说认为，金融犯罪的法益是金融秩序或者金融管理秩序，可谓集体法益。集体法益以"超个人法益""社会法益"等面目出现。一元的法益学说（一元论）认为，集体法益仅具有一种被推导出来的功能，即它只有在保护个体利益，与个体具有本质的关联时，才是正当、合法的；超个人的法益必须能够从个人法益中直接或者间接推导出来。[2]同样，社会并非独立的法益持有者，而是个人的集合；社会法益不是某个"社会"的法益，其只有在能够回溯至个人利益的情况下才具有刑法上的可保护性。[3]是以，纯粹的公共秩序之类的"法益"被德国刑法学家阿梅隆斥为伪法益概念。[4]

学理上将金融犯罪所侵犯的法益归纳为金融管理秩序无可厚非，关键是在金融刑法的适用中，以"某某（金融）管理秩序"指导构成要件的解释时，必须重视法益的个人性还原。具体而言，某行为虽然在形式上符合相关金融犯罪的构成要件，但在难以认为其侵犯了与个人利益实质相关的法益时，要避免轻易认定犯罪的成立。例如，向不特定公众吸收存款的行为若没有妨碍或者破坏个人之间的金融交易自由，原则上应该作为无罪处理。又如，骗取贷款的行为若没有危害银行等金融机构信贷资金的安全，则不构成犯罪。[5]也就是说，即使存在骗贷行为，但在贷款具有真实、有效的担保，金融机构实际上没有被骗，行为人实施非实质性的欺骗手段，行为人针对金融机构和担保

---

〔1〕 参见陈家林：《外国刑法通论》，中国人民公安大学出版社 2009 年版，第 94 页。

〔2〕 参见杨萌："德国刑法学中法益概念的内涵及其评价"，载《暨南学报（哲学社会科学版）》2012 年第 6 期。

〔3〕 参见冀洋："法益自决权与侵犯公民个人信息罪的司法边界"，载《中国法学》2019 年第 4期。

〔4〕 参见［德］克努特·阿梅隆："德国刑法学中法益保护理论的现状"，姚培培译，载方小敏主编：《中德法学论坛》（第 14 辑·下卷），法律出版社 2018 年版，第 32～33 页。

〔5〕 参见孙国祥："骗取贷款罪司法认定的误识与匡正"，载《法商研究》2016 年第 5 期。

人实施双重欺骗而担保人代为还款，或者行为人于贷款到期日前已清偿贷款等情形下，均不应该肯定骗取贷款罪的成立；在行为人明显具有还贷经济能力，或者其与金融机构达成还款协议等情形下，也应该尽量避免该罪的适用。[1]

由此看来，在所谓民刑交叉、行刑衔接的金融犯罪案件中，刑事违法性的判断具有相对独立性，而不绝对从属于民事违法性、行政违法性的判断。法规范目的的协调性和法益的个人性还原乃刑法谦抑主义的基本内涵。正是基于法规范目的协调性和法益的个人性还原这两方面的要求，刑法谦抑主义的评价机能才得以贯彻于金融刑事司法活动之中。

结　语

我国刑法学者认为，从刑事立法与刑事司法解释的种种迹象来看，刑法谦抑主义正在被搁浅，[2]这表明了刑法谦抑主义限制刑事立法[3]的式微。在此背景下，有必要重视刑法谦抑主义的司法评价机能，而不能任其继续"搁浅"下去。本文认为，刑法谦抑主义不能仅被限缩成二次性违法理论，因为该理论本身具有片面性，并不是一个可靠的判断标准。刑法谦抑主义的基本内涵在于法规范目的的协调性和法益的个人性还原。刑事司法活动必须顾及法规范目的的协调性和法益的个人性还原这两方面的要求，从而使刑法谦抑主义在刑法解释和适用中得到贯彻。

---

〔1〕　参见史令珊："骗取贷款罪的司法过度扩张与限制适用"，载《湖北警官学院学报》2018年第6期。

〔2〕　参见石聚航："刑法谦抑性是如何被搁浅的？——基于定罪实践的反思性观察"，载《法制与社会发展》2014年第1期。

〔3〕　由我国最高司法机关作出的规范性的、抽象性的司法解释实质上具有刑事立法的属性。

盗窃比特币行为的定性分析

周铭川 *

摘　要： 比特币是运行于比特币网络区块链中的记账记录，主要来源于比特币网络对挖矿成功者的奖励。由于比特币投机具有严重的社会危害性，因而一直被我国有关部门严厉禁止，导致比特币事实上具有违禁品性质，不是我国刑法所保护的财物。但是，为了维护社会秩序，对于盗窃他人比特币的行为，仍有必要予以打击。就持有者的管理控制能力而言，比特币与无体物比较接近，而与虚拟物品差异较大，因此对盗窃比特币的行为，以盗窃罪论处将比以非法获取计算机信息系统数据罪论处更加合理。

关键词： 比特币；违禁；盗窃；非法获取计算机信息系统数据罪

比特币（Bitcoin）是一种基于点对点对等网络和密码学算法产生的"去中心化"记账记录，其产生和流通无须依靠任何第三方作为信用中介，而是在一个由用户自发维护的 24 小时不间断运行的比特币网络上进行。[1]随着比特币投资的日益普遍，比特币盗窃案件时有发生。由于我国并不承认比特币流通的合法性，实践中对于盗窃比特币的行为应当如何定性，产生了较大争议。而定性分歧无疑会影响"同案同判"这一司法公正目标的实现，因此，对于此类案件的定性问题进行探讨，具有较大意义。

一、比特币的运行原理

2008 年底，一个自称中本聪（Satoshi Nakamoto）的人在 https://p2pfoundation. net 网站上发布了《比特币：一种点对点的电子现金系统》，并于 2009 年 1 月 3 日"挖出"了内含 50 个比特币的第一个区块，宣告比特币网络正式产

＊作者单位：上海交通大学法学院。

〔1〕 See Aljosha Judmayer et al., *Blocks and Chains*, Morgan & Claypool, 2017. p. 19.

生。该网络虽然由中本聪设计开发，但却不属于任何人或组织，而是一个由用户出于获利目的自行维护和升级的开源系统。该网络只记录全网所发生的每一笔比特币交易信息并向全网用户公开，而不记录用户的姓名、账号、比特币总额、密钥等信息，这些信息均由接入网络的各种钱包（Wallets）或第三方交易网站完成。用户之所以自愿维护网络的运行，是因为可以通过算法工作量证明（俗称"挖矿"）获得新生比特币和交易手续费的奖励。用户既可以下载客户端钱包，通过从事挖矿活动、用法定货币向其他人购买比特币、出售商品并由对方支付比特币等方式取得比特币，用于投资、交易甚至兑换法定货币，也可以在第三方交易网站上注册取得专用账户和登录密码，其钱包则由交易网站集中管理。[1]

钱包只是一个用来存放私钥、公钥和地址的密钥管理工具，并不直接存放比特币，即使某一钱包不能用了，只要知道私钥（Private Key），就能把私钥放进另外一个钱包继续使用。每个钱包中都包含一个或多个密钥对，每个密钥对包括一个私钥和一个公钥（Public Key）。私钥是由钱包随机生成的，用于对外支付比特币时对交易进行数字签名；公钥则由私钥通过椭圆曲线加密乘法（Elliptic curve multiplication）自动生成，用于验证私钥签名的真实性；地址则由公钥通过哈希函数（Hash Function）乘法自动生成，用于接收和发送比特币。从私钥加密计算出公钥，再从公钥加密计算出地址，是一个单向的不可逆过程，无法根据地址推算出公钥，也无法根据公钥推算出私钥。因此，知道私钥即能控制所在地址的比特币，忘记私钥则无法控制所在地址的比特币。[2]由于一个钱包里有许多对私钥和公钥，因此如果只知道一个私钥，则只能控制该私钥所在地址的比特币，而无法控制钱包内其他私钥所在地址的比特币。并且，即使钱包被人非法侵入和控制，只要私钥没有被他人知悉，持有人就仍可以通过私钥实现对其比特币的完全控制，反过来，即使钱包没有被人非法侵入和控制，如果私钥已经泄露，则持有者也可能随时失去对比特币的控制，因为其比特币随时可能被他人转移进其他地址，相当于仓库大门的钥匙被他人偷配了一把。

---

〔1〕 See Andreas M. Antonopoulos, *Mastering Bitcoin - Programming the Open Blockchain*, O'Reilly Media, Inc. , 2017, pp. 4~5.

〔2〕 See Pedro Franco, *Understanding Bitcoin*: *Cryptography, Engineering, and Economics*, John Wiley & Sons Ltd. , 2015, pp. 17~18.

在比特币交易过程中，支付者在点击确认将某一笔比特币发送到接收者的地址时，钱包会自动用私钥对该笔交易进行数字签名，并自动将交易信息和公钥向全网所有用户公开（俗称"广播"），接收者和其他用户均可以用支付者的公钥来验证该笔交易的真实性。由于只有对应的公钥才能解开用私钥签名的数据，而地址又是由公钥生成，因此全网用户都可以验证交易是否属于某个地址。根据系统设置，比特币网络大约每 10 分钟能确认一个新区块并同时发行比特币奖励，于是，每个矿工都会将网上 10 分钟内所有交易数据以及如果自己挖矿成功应得的奖励记录到一个新区块中，该区块必须小于1MB。之后，系统就采用哈希（hashing）算法工作量证明（proof-of-work）机制，让"矿工"们竞争求解一道数学题，谁最先计算出来了，谁记录的新区块就会被所有人认可（这叫"共识"），其新区块就会自动添加到原区块链的尾部，其他人记录的新区块则自动失效。每一个新区块都会被打上时间戳（timestamps），各区块按照生成的时间顺序排列成区块链，每一个独立节点（用户使用的电脑等客户端服务器）之间又通过比特币网络联结到一起，共同为电子交易记录建立起一个去中心化的、分布式的时间戳服务器系统。因此，"挖矿"就是各"矿工"将待确认的交易数据打包放进一个新区块进而竞争取得将其区块放进区块链末的权利，从而完成交易数据确认并获取新生比特币和交易手续费奖励的过程，比特币网络则是这种由全网用户共享总账记录的单向区块链。[1]

综上，比特币网络就是一个通过哈希算法对全部交易记录加上时间戳并将它们合并进一个基于哈希算法的工作量证明的不断延伸的交易记录区块链，除非重做全部工作量证明，否则各笔交易记录一旦形成将无法更改。一般认为，一笔交易只有经过网内 6 个以上区块确认，才能视为安全交易，因为参与确认的区块数越多，该交易数据就越不容易被人篡改或重组。而比特币就是一种运行于比特币网络区块链中的记账记录，主要来源于比特币网络对挖矿成功者的奖励。[2]

---

〔1〕 参见李钧等：《比特币：一个虚幻而真实的金融世界》，中信出版社 2014 年版，第 5 页。

〔2〕 参见李涛、丹华、邬烈瀚：《区块链数字货币投资指南》，中国人民大学出版社 2017 年版，第 23 页。

二、比特币是否为刑法所保护的财物

从比特币运行原理来看，比特币不过是比特币网络区块链中关于某一用户具有"多少个"比特币的记账记录而已，这种记账记录本身是没有任何价值的，正如通常会计账簿上的记账记录不具有价值一样。但是，由于极其独特的产出方式，以及人们的投机心理，比特币的价格逐年攀升，从 2009 年时几乎一文不值到 2017 年最高峰时 2 万多美元才能兑换一枚，严重刺激了人们投资比特币企图一夜暴富的欲望，由此也催生出了各种各样打着区块链和虚拟货币进行圈钱的骗局。由于全世界投资者众多，加之有些国家并未禁止比特币支付，比特币也成了各种犯罪交易以及洗钱犯罪的重要工具。[1]

在我国，尽管也有不少人认为比特币是一种虚拟货币，但是，从国家立场来看，虽然没有明确宣布比特币是违禁品，但事实上是将其当作违禁品对待的。

第一，国务院于 2000 年 5 月颁布，于 2014 年、2018 年两次修订的《人民币管理条例》中的诸多条文，均只确立了人民币的唯一法定货币地位，并且对除此之外的其他"货币"行为有明文禁止规定。例如，其第 25 条第 1 款规定："禁止非法买卖流通人民币。"对于该条的含义，侯国云教授认为："禁止人民币的非法买卖流通，是指禁止人民币与其他货币的非法兑换。所谓非法兑换，是指不在国家批准的金融机构兑换。"而用虚拟货币兑换人民币，无疑也属于用虚拟货币买卖人民币。[2]第 28 条规定："任何单位和个人不得印制、发售代币票券，以代替人民币在市场上流通。"根据该条规定，任何单位和个人均不得制作并发行虚拟货币，不得让虚拟货币进入市场流通使用，因为虚拟货币也得实质解释为一种代币票券。而市场上常见的 Q 币、点券等，虽然主要是用人民币购买虚拟货币的单向过程，但也难以排除有人出售虚拟货币换取人民币、有人接受虚拟货币支付的可能性，因而属于一种打法律擦边球的违规行为。如果某公司明目张胆地允许用虚拟货币兑换人民币，则是明显的违法行为。

---

〔1〕 参见孔庆波、卞宏波："利用比特币实施违法犯罪行为过程探析"，载《辽宁公安司法管理干部学院学报》2019 年第 1 期。

〔2〕 参见侯国云、么惠君："虚拟财产的性质与法律规制"，载《中国刑事法杂志》2012 年第 4 期。

第二，鉴于国内比特币投机炒作之风盛行，可能引发金融风险，中国人民银行等五部门于 2013 年 12 月 3 日发布了《关于防范比特币风险的通知》，对此投机之风进行遏制。其第 1 条规定："正确认识比特币的属性。比特币具有没有集中发行方、总量有限、使用不受地域限制和匿名性等四个主要特点。虽然比特币被称为'货币'，但由于其不是由货币当局发行，不具有法偿性与强制性等货币属性，并不是真正意义的货币。从性质上看，比特币应当是一种特定的虚拟商品，不具有与货币等同的法律地位，不能且不应作为货币在市场上流通使用。"根据该条规定，比特币不是虚拟货币而只是一种虚拟商品，不能并且不应作为货币在市场上流通使用，否则就是违法的。第 2 条接着规定："各金融机构和支付机构不得开展与比特币相关的业务。现阶段，各金融机构和支付机构不得以比特币为产品或服务定价，不得买卖或作为中央对手买卖比特币，不得承保与比特币相关的保险业务或将比特币纳入保险责任范围，不得直接或间接为客户提供其他与比特币相关的服务，包括：为客户提供比特币登记、交易、清算、结算等服务；接受比特币或以比特币作为支付结算工具；开展比特币与人民币及外币的兑换服务；开展比特币的储存、托管、抵押等业务；发行与比特币相关的金融产品；将比特币作为信托、基金等投资的投资标的等。"该条规定几乎对比特币第三方交易网站宣判了死刑，因为第三方交易网站无法将其所赚取的比特币向银行及其他支付机构兑换成人民币。第 3 条、第 4 条则对第三方交易网站明确提出监管要求。第 3 条规定："加强对比特币互联网站的管理。依据《中华人民共和国电信条例》和《互联网信息服务管理办法》，提供比特币登记、交易等服务的互联网站应当在电信管理机构备案。电信管理机构根据相关管理部门的认定和处罚意见，依法对违法比特币互联网站予以关闭。"该条课予电信管理机构关停违法的比特币交易网站的职责，可谓极其严厉。第 4 条第 2 款规定："提供比特币登记、交易等服务的互联网站应切实履行反洗钱义务，对用户身份进行识别，要求用户使用实名注册，登记姓名、身份证号码等信息。各金融机构、支付机构以及提供比特币登记、交易等服务的互联网站如发现与比特币及其他虚拟商品相关的可疑交易，应当立即向中国反洗钱监测分析中心报告，并配合中国人民银行的反洗钱调查活动；对于发现使用比特币进行诈骗、赌博、洗钱等犯罪活动线索的，应及时向公安机关报案。"该条对比特币交易网站附加反洗钱义务，要求只有用户实名注册登记才能使用，如果交易网站切实履行该义务，则利用比特币进行洗钱、诈骗、赌博等犯罪活动的情形将大幅度减少，从而将极大地影响人们使用比特币的积极性。现实情况也是如此，在该通知发布当日，国内交易平台上的比特币交易价格立即暴跌 35.15%，从 6970元一枚下跌至 4520 元一枚。[1]

第三，鉴于各种虚拟货币发行现象泛滥成灾，一旦广大中小投资者发生亏损，极易引发群体性事件，[2]中国人民银行等七部门 2017 年 9 月 4 日发布《关于防范代币发行融资风险的公告》，严禁以代币发行方式进行非法集资活动。公告指出，代币发行融资（ICO）是指融资主体通过代币的违规发售、流通，向投资者筹集比特币、以太币等所谓虚拟货币的行为，本质上是一种未经批准的非法的公开融资行为，涉嫌非法发售代币票券、非法发行证券、非法集资、金融诈骗、传销等违法犯罪活动。公告再次强调，ICO 中使用的代币或虚拟货币不是由货币当局发行的，不具有法偿性与强制性等货币属性，不具有与货币等同的法律地位，不能也不应当作为货币在市场上流通使用。公告规定，自公告发布之日起，各类 ICO 活动应当立即停止，已完成 ICO 的组织和个人应当做出清退等安排，合理保护投资者权益，妥善处置相关风险，有关部门将依法严肃查处拒不停止的 ICO 活动以及已经完成的 ICO 项目中的违法违规行为。并且规定，自公告发布之日起，任何所谓的 ICO 交易平台都不得从事法定货币与代币、虚拟货币相互之间的兑换业务，不得买卖或作为中央对手方买卖代币或虚拟货币，不得为代币或虚拟货币提供定价、信息中介等服务；对于存在违法违规问题的 ICO 交易平台，金融管理部门将提请电信主管部门依法关闭其网站平台及移动 APP，提请网信部门对移动 APP 在应用商店做下架处置，并提请工商管理部门依法吊销其营业执照；各金融机构和非银行支付机构不得直接或间接为 ICO 和虚拟货币提供账户开立、登记、交易、清算、结算等产品或服务，不得承保与代币和虚拟货币相关的保险业务或将代币和虚拟货币纳入保险责任范围；金融机构和非银行支付机构发现

〔1〕 参见刘树新："非法犯罪案件频发对加强我国数字货币监管的启示"，载《金融发展评论》2018 年第 10 期。也有人说，当日比特币价格出现断崖式下跌，从最高 8000 元/个跌至最低 1000 元/个，参见工程 2："中国比特币交易时代终结，国内比特币官方网站平台全部关闭"，载 http://m. elecfans. com/article/685573. html，访问日期：2019 年 9 月 11 日。
〔2〕 参见何隽铭："ICO 商业模式的法律性质分析及监管模式优化——基于九国 ICO 监管现状"，载《上海金融》2018 年第 2 期。

ICO 交易违法违规线索的，应当及时向有关部门报告。随着该公告的发布实施，包括比特币中国、火币网、OKCoin 在内的国内所有比特币交易网站相继关闭，广大投资者只好转战海外平台或者进行场外交易。[1]虽然 ICO 筹集的是比特币、以太币等虚拟货币，但投资者必须首先用人民币交换来这些虚拟货币，才能将之投入募资公司，最终损失的仍然是人民币，或者说，ICO 所筹集的本质上仍然是人民币，因此涉嫌非法集资。

除了上述行政规章之外，行业协会等机构也发布了相关文件。例如，2018 年 1 月 2 日，互联网金融风险专项整治工作领导小组办公室向各地下发文件，要求积极引导辖内企业有序退出比特币挖矿业务，并定期报送工作进展；2018 年 1 月 3 日，央行召开闭门会议，要求限期关停比特币矿场，要求地方政府从减少电力供给入手，逐步削减比特币挖矿规模。而在 2017 年 11 月 13 日，四川甘孜州电力有限责任公司丹巴县供电分公司曾下发通知给并网水电站，称比特币生产属于非法经营，要求各并网水电站全部停止向比特币挖矿企业供电。[2]中国互联网金融协会于 2018 年 1 月 12 日发布《关于防范变相 ICO 活动的风险提示》，指出以迅雷"链克"（原称"玩客币"）为代表的"以矿机为核心发行虚拟数字资产"（IMO），包括链克、流量币、BFC 积分等，是变相 ICO，值得警惕。并明确提出，对于 IMO 模式以及各类通过部署境外服务器继续面向境内居民开办 ICO 及虚拟货币交易场所的服务，发现有涉及非法金融活动的，可向有关监管机关或中国互联网金融协会举报，对其中涉嫌违法犯罪的，可向公安机关报案。

虽然国家的态度一直很明确，但是这阻挡不了广大投资者的发财欲望，比特币的交易价格始终居高不下，以比特币为犯罪对象的犯罪也时有发生。一旦发生比特币被盗等事件，对于财产损失者应否保护及如何保护，就成了有争议的问题。而其前提似乎在于，比特币的法律属性到底是什么？对此，有人认为"比特币、以太坊等流通性和可兑换性较强的高级虚拟货币的本质属性是数字货币"[3]；有人则反对这一观点，认为"比特币并非经济学意义

〔1〕 参见 WEMONEY："国内比特币交易平台全部关闭，切勿轻信境外炒币"，载 http://finance. ifeng. com/a/20171031/15757021_ 0. shtml，访问日期：2019 年 9 月 11 日。

〔2〕 参见周炎炎："中国监管部门着手清退比特币挖矿企业，将从电力供给'开刀'"，载 https://www. thepaper. cn/newsDetail_ forward_ 1932909，访问日期：2019 年 9 月 12 日。

〔3〕 参见王冠："基于区块链技术 ICO 行为之刑法规制"，载《东方法学》2019 年第 3 期。

上的货币，即使具备了部分货币职能，但囿于当前其市场规模与民众接收程度的局限性，决定了它本质上仍然是一种商品，将比特币定性为无记名有价证券具有民法层面的理论支撑"；[1]有人则从国家禁止比特币交易的角度出发，认为"鉴于我国目前明确将比特币列为虚拟商品，并且禁止进行交易，比特币不应当作公私财物"，不能成为盗窃罪的犯罪对象；[2]类似观点认为，"网络虚拟财产并不具有我国刑法意义上'财物'的一般法律属性"并且"当前我国刑法及相关司法解释并未将网络虚拟财产纳入盗窃罪中'财物'范畴"[3]，"网络虚拟财产是一种权利而不是物，不属于作为盗窃罪行为对象的'财物'"[4]，"盗窃罪的对象是财物，不应包括财产性利益。将财物解释为财产，属于以目的解释之理由对刑法文义进行类推"。[5]

以上观点都有所偏颇。虽然我国政府对比特币交易持严厉禁止态度，但这并不妨碍广大投资者认为比特币具有投资价值。实际上，许多投资者根本不关心比特币是什么，只是知道用人民币可以买进、卖出比特币，可以从低买高卖中赚取利润，至于比特币到底是一串数字，还是一张邮票，甚至是某人的一句承诺，对于投资者来说完全无关紧要；至于这种记账记录是否凝结了"社会必要劳动时间"，从而能否构成马列经典著作中所谓具有价值的商品，当然更不可能在投资者的考虑范围之内。至于比特币是否受我国法律保护，也并不影响投资者认为它有价值，正如贩卖毒品者认为毒品具有很大价值一样。正如有学者所言，中国网民规模达六七亿，平均每周上网时间近30个小时，使用游戏装备、游戏货币的人也特别多，Q币等虚拟货币在网络世界中几乎与真实货币没有任何区别，早已成为满足人们物质生活和精神生活的重要手段，因此没有理由认为虚拟货币不是一种财产。[6]虽然本文不赞同这种"法不责众即为合法"的论证方式，但不可否认的是，比特币在投资者

---

〔1〕 参见王熠珏："'区块链+'时代比特币侵财犯罪研究"，载《东方法学》2019年第3期。

〔2〕 参见李毅："比特币盗窃案引发的法律思考"，载《经济》2018年第8期。

〔3〕 参见臧德胜、付想兵："盗窃网络虚拟财产的定性——以杨灿强非法获取计算机信息系统数据案为视角"，载《法律适用》2017年第16期。

〔4〕 参见徐彰："盗窃网络虚拟财产不构成盗窃罪的刑民思考"，载《法学论坛》2016年第2期。

〔5〕 参见费翔："盗窃网络虚拟财产的行为定性探讨——基于刑法解释理由"，载《重庆科技学院学报（社会科学版）》2015年第8期。

〔6〕 参见张明楷："非法获取虚拟财产的行为性质"，载《法学》2015年第3期。

眼里当然是一种具有投资价值的商品，无论其本质属性到底是什么，无论其是否受到我国法律的保护。

就刑法上财产的概念而言，德国刑法学界有法律的财产说、经济的财产说、折衷说等三种观点。其中，法律的财产说认为，刑法所保护的财产必须是民事法上的权利，财产犯罪的本质则是侵害民事法上的权利，处罚财产犯罪所要保护的也正是民事权利。如果彻底贯彻此说，则不法原因给付物、无效债权、采用盗窃等非法手段取得的财物，由于不受民事法律保护，不能成为财产犯罪保护的财产，第三者盗取、诈取或侵占这类钱物的，自然也不能构成财产犯罪。但这与各国普遍运用刑法打击侵犯赃物等违禁物品的行为的司法实践不符。经济的财产说认为，凡是具有经济价值或金钱价值的利益都是财产，都可以成为财产犯罪的保护法益，至于经济利益是通过合法手段还是非法手段取得以及占有者是否享有民事法上的权利，则在所不问。这种观点的缺陷在于自相矛盾，因为刑法不可能去保护他人在犯罪所得赃物等违禁物品之上所存在的利益。折中说则认为，由于刑法的目的是通过保护法益来维护社会秩序，所以只有法秩序所承认的利益，或者说只有民事法上应该保护的利益，才能成为财产犯罪的保护法益，只是，刑法上的法益还可以是民事法上没有权利的利益，只要不是民法上不被保护的违法利益即可。[1]这种观点的缺陷在于难以说明哪些法益是刑法所保护而民法不保护的利益。

以上三种财产概念都有失偏颇，因为它们都是从刑法必然是为了保护某种法益才去打击犯罪的角度思考问题的，但是，由于权利无非是指某种利益受到国家强制力的保护而已，因此一旦某种法益被刑法所保护，就已经成了刑法上的权利。既然如此，只有法律的财产说才是正确的，经济的财产说根本无法成立，但法律的财产说却无法解释为什么刑法要打击侵犯违禁物品的行为的问题。实际上，问题的关键不在于刑法是否保护持有者对其违禁物品所享有的利益，而在于刑法是否需要打击犯罪以维护社会秩序。至少在我国，刑法是打击盗窃、诈骗、抢夺、侵占、抢劫、敲诈勒索等侵犯他人持有的违禁品、不法原因给付物以及犯罪所得赃物的行为的。对于这些情形，当然不能认为刑法在保护持有者对这些违禁物品所享有的某种权益，否则必然在逻

---

〔1〕 参见刘明祥：《财产罪比较研究》，中国政法大学出版社 2001 年版，第 9~10 页。

辑上陷入自相矛盾。[1]例如，一方面认为非法持有毒品者构成非法持有毒品罪，另一方面又认为刑法保护非法持有毒品者对其毒品的非法持有利益；一方面认为抢劫杀人者构成抢劫罪，另一方面又认为抢劫犯对其抢劫杀人所得赃物的占有利益值得刑法保护以不被其他人窃取或抢夺，这无疑是自相矛盾的。只有跳出"任何具体犯罪都必须有受刑法保护的法益""刑法打击这个犯罪是为了保护某个法益"这种思维定势，实事求是地承认在有些具体犯罪中并无刑法所保护的法益，只是为了维护社会秩序而打击犯罪，才能合理解释刑法为什么能打击各种侵犯违禁物品的行为的问题。对于盗窃他人比特币的行为也是如此，无论我国民法或刑法是否保护比特币，只要投资者认为比特币具有经济价值而其他人又来盗窃投资者的比特币，就存在一个是否需要对这种盗窃行为进行打击以维护社会秩序的问题。换言之，如果刑法打击盗窃他人比特币的行为，则其原因和目的并不是保护比特币持有者对比特币的利益，而是为了打击盗窃行为本身，是为了通过打击来维护和谐稳定的社会秩序，至于比特币的本质属性到底是什么以及持有比特币是合法还是非法，对于刑法打击盗窃行为没有影响。因此，问题就变成了是否需要打击以及如何进行打击。

三、对盗窃比特币的行为有无必要进行打击

对于盗窃比特币的行为有无必要予以打击，传统观念大多是从比特币到底是什么的角度来思考问题的。认为比特币是财物者，倾向于认为盗窃比特币将构成盗窃罪，相反，认为比特币不受法律保护或者不属于刑法所保护的财物者，则倾向于认为盗窃比特币不能构成盗窃罪，只能构成非法获取计算机信息系统数据罪。在这两种主要观点之外，根据学者们对虚拟财产的看法，应当还有两种观点：一种观点认为盗窃他人虚拟财产不构成任何犯罪，理由是虚拟财产不是劳动创造的，没有价值，不属于财产，虚拟财产与真实财产的交易违背价值规律和价值交换规则，是严重违反金融法的扰乱金融秩序行为。如果刑法保护虚拟财产，不仅效果适得其反，而且会诱导更多青少年和社会精英加入游戏队伍，造就职业玩家，催生网络劳工，造成巨大的人才浪

---

[1] 参见黄丽勤："论没有被害法益的财产犯罪"，载《贵州大学学报（社会科学版）》2019年第4期。

费，引发通货膨胀，使国家金融体系遭受重创。因此，刑法不仅不应当保护虚拟财产，反而应当严禁虚拟财产与真实财产的交易，增加虚实交易罪。[1]在遭到反驳之后，侯教授再次撰文重申，虚拟财产不是人类劳动创造的产物，没有客观性、现实性、稀缺性，在现实世界中也不具有任何效用性，更不能在现实世界中流转，用虚拟财产兑换现实货币违反了价值规律和价值交换规则，属于干扰金融秩序的违法行为，保护虚拟财产会给社会带来极大危害，应当让虚拟财产永远待在虚拟世界中。[2]另一种观点认为，虚拟财产表征用户与网络公司之间的债务债权关系，是用户对网络公司享有的财产性利益，是刑法保护的合法财产，但由于对债权性质的虚拟财产无法以打破原占有建立新占有的夺取方式进行侵害，不符合盗窃行为的构成要件，因此盗窃他人虚拟财产的行为不构成盗窃罪，以非法获取计算机信息系统数据罪论处也只是权宜之计，应当增设计算机诈骗罪。[3]

本文认为，以上观点分歧，除了各自的理论基础不同之外，还与各自思考问题时所站立的角度有关。如果站在国家的角度，就会认为对盗窃比特币的行为不应当定罪量刑，因为，在通说的观念里，用刑罚惩罚盗窃比特币的行为，无疑是向社会宣告比特币是受到法律保护（尤其是刑法保护）的合法财产，但这无疑与国家严厉禁止比特币投机炒作的政策相违背。实际上，投机炒作比特币，不仅存在侯教授两篇论文中所提到的各种社会危害性，而且还具有其他更加严重的社会危害性。由于比特币主要通过挖矿方式取得，而挖矿要消耗大量的电力资源，由于电力主要是用煤炭生产，意味着挖矿必然浪费天量煤炭，而生产煤炭又会造成严重环境污染。Digiconomist 比特币能源消耗指数显示：全球比特币行业所消耗的电能相当于美国 300 万个家庭所消耗的电能、超过全球 159 个国家所消耗的电能；据剑桥大学加里克·希勒曼和迈克尔·斯莫克于 2017 年 4 月份公布的行业研究报告显示：中国是比特币矿厂最多的国家，比特币矿厂消耗了中国大量的电能，而中国 60% 的电能来

---

〔1〕 参见侯国云、么惠君："虚拟财产的性质与法律规制"，载《中国刑事法杂志》2012 年第 4 期。

〔2〕 参见侯国云："再论虚拟财产刑事保护的不当性——与王志祥博士商榷"，载《北方法学》2012 年第 2 期。

〔3〕 参见徐凌波："虚拟财产犯罪的教义学展开"，载《法学家》2017 年第 4 期。

自于煤炭发电。[1]随着比特币挖掘难度的不断增大，所消耗的电能也越来越多。根据 Digiconomist 的评估：2018 年 5 月 25 日全球比特币挖矿耗电 1.88 亿千瓦时，相当于年耗电 688.1 亿千瓦时，是 2017 年 5 月耗电水平（115.7 亿千瓦时）的 6 倍，平均每一枚比特币交易要耗电 968 千瓦时，相当于美国 32 个家庭一天的用电量。此外，目前比特币全年碳排放量相当于 3385 万吨，平均每枚比特币交易排放二氧化碳 474 公斤。[2]至于比特币挖矿到底浪费中国多少电力资源和煤炭资源、对中国环境污染破坏程度到底有多严重，目前尚无精确的统计分析，但从新闻媒体报道来看，无疑是触目惊心的。据央视调查：2017 年，1 个拥有 5000 台矿机的中型矿场，一年耗电量约 6000 万度，相当于一个 10 万人口的城镇一年的生活用电量，如按工业用电 1 元每度计算，电费就是 6 千万元每年。[3]在四川地区，三五千台矿机的小矿场比比皆是，上万台矿机的大型矿场也不罕见，许多有大型财团支持的矿场甚至直接斥资买下一座水电站，更有矿场试图投资兴建水电站以供己用。[4]2014 年 8 月，美国某知名媒体记者访问中国东北某矿场，一进矿场就惊得目瞪口呆，现场犹如愤怒大黄蜂扇动翅膀的声音充斥双耳，尽管开着空调，但室内温度仍然高达 40 度，卷风机形成的强风让人无法前行，在卷风机背后则是不可计数的挖矿机。据介绍，该矿场共有 2500 台挖矿机器，全天 24 小时工人三班倒，每秒进行 2300 亿次哈希计算，每月花费电费 40 万元人民币。[5]正如世界央行行长卡斯滕斯所言，比特币是完全没有效率的，是一个泡沫、庞氏骗局和环境灾难的组合；[6]又如伦敦 Citigroup 公司分析师卡里斯托弗·查普曼所言：

---

〔1〕 参见"耗电量极大的比特币矿厂大多数分布在中国"，载 https://new.qq.com/cmsn/201712
20/20171220018086.html，访问日期：2019 年 9 月 12 日。

〔2〕 参见 Digiconomist："Digiconomist 评估结果：一枚比特币耗电近 1000 度"，载 http://www.
bitcoin86.com/news/23147.html，访问日期：2019 年 9 月 12 日。

〔3〕 参见之家哥："央视调查：70% 比特币来自中国'矿'"，载 https://www.wdzj.com/hjzs/
ptsj/20171114/124581-1.html，访问日期：2019 年 9 月 12 日。

〔4〕 参见 Charles："隐藏在深山里的比特币矿厂，每年电费居然如此之高"，载 https://www.jfq.
com/mining/16555.shtml，访问日期：2019 年 9 月 12 日。

〔5〕 参见孔祥杰："百度百科：比特币"，载 https://baike.baidu.com/item/比特币/4143690? fr＝
aladdin，访问日期：2019 年 9 月 11 日。

〔6〕 See C. Edward Kelso. World Central Banker to Central Banks: Bitcoin Is a Bubble, Ponzi, and Dis-
aster. https://news.bitcoin.com/central-banker-to-central-banks-bitcoin-is-a-bubble-ponzi-and-
disaster/，访问日期：2019 年 9 月 11 日。

"挖掘比特币现在已经成了一种非常肮脏的勾当。"[1]

除了浪费不可再生的宝贵煤炭资源、电力资源以及严重污染破坏自然生态环境之外，因比特币引发的传销犯罪、集资诈骗犯罪、洗钱犯罪、赌博犯罪、贩卖毒品枪支等违禁物品的各种犯罪，已日益为人们所熟悉，[2]因投资比特币上当受骗或遭受财产损失而引发的群体性事件也时有耳闻，[3]比特币投机炒作的可怕后果正日益清晰地呈现在人们面前。可以说，比特币投资在本质上是一种赌资金额巨大的赌博游戏，但其浪费天量电力资源和煤炭资源、排放天量二氧化碳、严重污染破坏环境等特点，使其社会危害性比开赌场的社会危害性更大，理应作为犯罪严厉打击。既然如此，对于投资比特币这种具有严重社会危害性的行为，即使暂时还未被规定为犯罪，至少也不应当运用刑法去保护。进而，对于盗窃比特币的行为，也不应作为犯罪来打击，以免给人造成国家保护比特币投资的错误印象。

但是，如果站在广大投资者一方，则会认为，由于比特币是投资者的个人财产，盗窃比特币会给投资者造成财产损失，因此应当运用刑法来保护投资者的利益，从而对盗窃比特币的行为应予打击，这是目前大多数学者的立场，并且许多司法解释也规定对侵犯他人违禁物品的行为也应定罪量刑。

综上，为了防止发生群体性事件以维护社会秩序，大多数刑法学者不假思索地认为应当保护比特币投资者利益的情绪，对于盗窃比特币的行为似乎也有打击的必要。因此，仍有必要继续探讨以什么罪名进行打击更加合理的问题。

四、对盗窃比特币的行为应如何论处

对盗窃比特币的行为应如何论处，目前主要有盗窃罪说和非法获取计算机信息系统数据罪说两种观点，基于以下理由，盗窃罪说更加合理。

---

[1] 参见腾讯财经："耗电量极大的比特币矿厂大多数分布在中国"，载 https://new.qq.com/cmsn/20171220/20171220018086.html，访问日期：2019 年 9 月 12 日。

[2] 参见孙骁骥："比特币背后的全球财富大洗牌"，载 http://www.aijinrong.cc/caijing/zixun/182652.html，访问日期：2018 年 9 月 12 日。

[3] 参见区块链 Truth："起底 OK 维权事件：OKEx 爆仓已经成为多起群体性事件诱因"，载 https://www.chainnews.com/articles/431077928643.htm，访问日期：2019 年 9 月 12 日。

首先，从管理可能性来看，持有者对其比特币的管理控制能力介于对虚拟财物和无体物的管理控制能力之间，但更接近于无体物，将其视作无体物比将其视作虚拟财物更加合理。传统的 Q 币等虚拟财物，是由持有者向发行公司购买的、具有债权性质的财产性利益，在持有者与发行公司之间存在一种债权债务关系，持有者可以用虚拟财物向公司请求提供某种网络服务，公司则负有提供网络服务的义务。尽管如此，就对虚拟财物的管理控制能力而言，发行公司比持有者具有更大的权力，其完全可以违约拒不提供服务，而一旦发行公司因违约或关停而拒不提供服务，则持有人对虚拟财物的持有将毫无意义，其根本原因在于虚拟财物本质上是发行公司对持有者的一种服务承诺，持有者预先付出人民币向公司购买网络服务，公司则以"多少 Q 币、几套游戏装备"等便于计量的方式向购买者承诺将提供等价服务，故持有者实际上所持有的，并非以物理形式存在的电子数据，而只是公司承诺服务的电子记录而已，不可能真正持有某种虚拟财物。实际上，作为一种电子数据组合的虚拟财物，是作为游戏软件的一部分保存在发行公司的服务器里面的，无法也不可能脱离游戏软件而存放到各个持有者的个人电脑里。尽管虚拟财物可以在各个持有者之间转让，但实际上所转让的只是公司对持有者的服务承诺记录而已，是一种债权的转让。尽管"公司将提供网络服务"的"承诺记录"也体现为电子数据形式，但其显然不是服务本身，一旦公司因关停或违约而拒不提供服务，则持有再多的承诺记录也无济于事。鉴于虚拟财物的"服务承诺记录"本质，对盗窃他人虚拟财物的行为以非法获取计算机信息系统数据罪论处，无疑比以盗窃罪论处更加合理。与之相反，尽管比特币也不是"服务"本身而仅仅是一种记账记录，但比特币与虚拟财物的重大区别在于，比特币具有"去中心化"的特点，其承诺服务的提供方是连接比特币网络的所有用户而不是某个特定的公司。每一个持有者既是可以请求全网其他用户提供服务的一方，同时也是承诺将向全网用户提供服务的一方。尽管这种服务承诺体现为承认比特币的货币性质，允许相互之间用比特币购买商品或者兑换法定货币，而不是承诺提供网络服务，但其本质上仍属于承诺提供网络服务而不是承诺提供作为商品等价交换中介物的货币。因为任何国家都不可能将比特币作为国家法定货币，否则国家对货币、对金融的控制权力将完全失守，进而导致国家金融秩序、经济秩序和社会秩序崩溃。基于比特币"去中心化"产生、运行的特点，除非全网用户同时违约，否则比特币服务将一直延续下去，任何用户都无法单方面拒绝提供服务，更无法关停比特币网络，因此比特币持有者对其比特币具有近乎完全的管理控制能力。持有者能通过掌握私钥实现对其比特币的完全控制，不受制于任何中介机构或中心机构，类似于电力公司对其电力这种无形物的完全控制。因此，就几乎完全的管理控制能力而言，持有者对其比特币的控制与电力公司对其电力的控制更为接近，而与游戏玩家对 Q 币等虚拟财物的控制能力较弱具有很大差异，对盗窃比特币的行为，以盗窃无体物的盗窃罪论处更加合理。

其次，从比特币的保管方式来看，对盗窃比特币的行为以非法获取计算机信息系统数据罪论处将存在不周延的情况。因为，对于比特币，除了在线保管之外，还可以离线保管，在离线保管中，除了存储于 U 盘形式的"硬钱包""冷钱包"之外，还可以将私钥打印出来保存于纸上，俗称"纸钱包"。与在线钱包相比，离线钱包可以较好地避免受到黑客攻击、网络钓鱼和人为破坏等风险，但却存在容易被盗的缺陷。由于对比特币的控制完全依赖于对私钥的掌握，知悉了私钥即相当于控制了比特币，遗失了私钥即相当于遗失了比特币，而钱包只是存放和管理比特币私钥和地址的工具，与比特币的控制没有太大关系。因此，如果通过盗窃取得了持有者的纸钱包，从而知悉了持有者的私钥，就可以随时通过使用自己的钱包将他人持有的比特币转移至自己的比特币地址中，并在比特币网络区块链中留下交易记录，给原持有人造成财产损失。显然，这种通过盗窃纸钱包而取得他人私钥的方式，并没有也不需要非法侵入他人计算机信息系统，更不需要非法获取他人计算机信息系统里的数据，不能以《刑法》第 285 条第 2 款规定的非法获取计算机信息系统数据罪论处。甚至，对于盗窃他人硬钱包的行为，也可以理解为与夺取纸钱包相似，因为行为人只需要将硬钱包插入自己的电脑，在自己的电脑系统上操作，就可以将原持有人的比特币转移至自己的地址内，而不需要非法侵入他人计算机信息系统并获取他人计算机信息系统里的数据。至于夺取他人纸钱包或硬钱包的行为属于何种停止形态，则要综合考虑全部案情。因为，夺取纸钱包、硬钱包的行为只处于盗窃罪的预备阶段，只有开始实施转移他人比特币的行为，才属于盗窃罪的着手实行阶段，才可能真正取得比特币。至于如何认定着手，则取决于对着手采纳何种标准，主观说、形式客观说、实质客观说、折中说的结论很可能不一样。例如，若采取主观说，会认为一旦夺取纸钱包、硬钱包即属于实行的着手，因为已经体现出行为人犯意的飞跃的表动、表现出行为人具有犯罪故意；若采取形式客观说，则会认为只有开始实施转移他人比特币的行为才是实行的着手，之前的行为只属于犯罪预备；若采取实质客观说，则会认为应当根据原持有者是否丧失对私钥的掌握情况而定，如果原持有者完全不记得其私钥，则夺取其私钥即具有完全控制、取得他人比特币的实质危险，而已经属于实行的着手，反之，如果原持有者对私钥有多个备份，仍然知道其私钥，则夺取钱包取得私钥仅仅属于犯罪预备，因为原持有人仍有可能率先将其比特币转入新的安全地址，导致行为人一无所获，正如取得他人仓库的备用钥匙并不意味着已经取得仓库内的财物一样。相对而言，实质客观说更加符合比特币"占有私钥即相当于占有比特币"的特征，因而更加合理。

再次，从全面评价的角度来讲，对盗窃比特币的行为以盗窃罪论处更加合适。因为，非法侵入他人计算机信息系统进而非法获取他人计算机信息系统内的数据只是手段行为，目的行为则是非法获取他人持有的比特币，如果仅以非法获取计算机信息系统数据罪论处，就仅仅评价了手段行为，而完全没有评价行为人侵犯他人持有的目的行为，是一种片面的、不完全的评价。并且，由于非法获取计算机信息系统数据罪的法定刑比盗窃罪更轻，若以该罪论处，则无论认为这种情形是想象竞合还是牵连犯，都没有体现从一重罪论处的精神，从而也违背罪刑相适应原则，因为行为人的行为本来已经构成了重罪，却因为存在想象竞合或牵连犯反而被以轻罪论处，这显然不妥。

最后，反对者不赞同对盗窃比特币的行为以盗窃罪论处的重要理由之一，可能是比特币的价格难以评估，导致盗窃数额难以认定。但这应当不成问题，因为，对于这种行为不需要计算财产数额，根据犯罪情节轻重定罪量刑即可。其一，刑法打击盗窃比特币的行为，本来就不是为了保护比特币持有者对比特币的某种权益，而只是为了维护社会秩序，因此本来就不需要按照侵犯财产罪的方式来确定被害人的财产损失数额，只需要认定盗窃行为的犯罪情节轻重即可。其二，比特币在本质上只是存在于比特币网络区块链中的一种记账记录，这种记账记录本身并无任何价值，只是全体持有者认为它具有价值它才具有价值，认为它具有多大价值它才具有多大价值，其价值完全依赖于全体持有者的市场认同，因而是一种极其主观的价值而不是客观存在的价值。比特币的交易价格，从 2009 年时 1 美元就可兑换 1300 枚比特币到 2017 年高峰时 2 万美元才能兑换一枚比特币，再到如今 1 万美元兑换一枚比特币，[1]充分说明它的价值完全取决于全体比特币持有者的市场认同，[2]试图对这种主观的价值进行评估以确定出定罪量刑所需要的客观数额大小，本身就不科学。其三，对于侵犯违禁物品持有的行为，众多司法解释都规定应以侵犯行为本身的情节严重程度来定罪量刑，而不以违禁物品的市场价格来定罪量刑。例如，2013 年最高人民法院、最高人民检察院《关于办理盗窃刑事案件适用法律若干问题的解释》第 1 条第 4 款规定："盗窃毒品等违禁品，应当按照盗窃罪处理的，根据情节轻重量刑。"最高人民法院 2005 年《关于审理抢劫、抢夺刑事案件适用法律若干问题的意见》第 7 条规定："以毒品、假币、淫秽物品等违禁品为对象，实施抢劫的，以抢劫罪定罪；抢劫的违禁品数量作为量刑情节予以考虑。"而早在 1992 年，最高人民法院、最高人民检察院就在《关于办理盗窃案件具体应用法律的若干问题的解释》中规定："盗窃违禁品，如毒品、淫秽物品等，按盗窃罪处理的，不计数额，根据情节轻重量刑。"最高人民法院 1998 年《关于审理盗窃案件具体应用法律若干问题的解释》同样规定："盗窃违禁品，按盗窃罪处理的，不计数额，根据情节轻重量刑。"最高人民法院 2008 年《全国部分法院审理毒品犯罪案件工作座谈会纪要》也规定："盗窃、抢夺、抢劫毒品的，应当分别以盗窃罪、抢夺罪或者抢劫罪定罪，但不计犯罪数额，根据情节轻重予以定罪量刑。盗窃、抢夺、抢劫毒品后又实施其他毒品犯罪的，对盗窃罪、抢夺罪、抢劫罪和所犯的具体毒品犯罪分别定罪，依法数罪并罚。"以上司法解释均表明，虽然原持有者对其持有的毒品、淫秽物品等违禁物品不可能享有所有权或占有权，但是刑法也禁止其他人对原持有人实施盗窃、诈骗、抢夺、抢劫等行为，否则也应以相应财产犯罪论处。并且，虽然司法解释制定者明知违禁物品也具有价值和市场价格，也能进行评估作价，但为了避免给人形成刑法保护违禁物品的持有的错误印象，而特意强调只能根据情节轻重量刑。如前所述，虽然我国法律目前

---

〔1〕 参见聚富财经："09 年一个比特币多少钱，价格低到不敢想，8 年涨了几百倍"，载 https://www.jfq.com/headline/11026.shtml，访问日期：2019 年 9 月 11 日。

〔2〕 天价比萨事件：2010 年 5 月 22 日，美国一位程序员用一万枚比特币购买了两块标价 25 美元的比萨，相当于 0.0025 美元一枚。如按 2017 年最高价 2 万美元一枚计算，该程序员错过了一个成为亿万富翁的机会，该比萨也成为史上最昂贵的披萨，高达 1 亿元美金一个或者 7 亿元人民币一个。参见 31QU："'披萨事件'细节：1 万比特币，4 天无人问津"，载 https://www.8btc.com/article/296292，访问日期：2019 年 9 月 11 日。可见，将比特币视作货币有多离谱。

尚未明文规定比特币是违禁品，但是从国务院各部门颁布的相关规范性文件来看，事实上是将比特币作为违禁品来对待的，并严厉禁止投机炒作比特币的行为。因此，对盗窃比特币的行为，可以参照上述司法解释的规定，以盗窃行为本身的情节严重程度来定罪量刑，而不能根据比特币的市场价格、原持有人的购买价格或者行为人的销赃所得数额来定罪量刑，这些数额只宜作为量刑情节之一进行考虑。

综上，对于盗窃他人比特币的行为，应当以盗窃罪论处，但应不计盗窃数额，而以盗窃行为本身的情节严重程度作为定罪量刑的依据。

虚假诉讼罪法益间关系的实质解读

储陈城 * 王晶晶 **

摘 要：虚假诉讼严重影响社会秩序的稳定，同时给公民的合法权益带来实质威胁。《刑法》第307条关于虚假诉讼罪的规定过于笼统，致使司法实践中对虚假诉讼行为的适用存在分歧，此种现象在民间借贷领域尤为突出。无论是民事诉讼法还是刑法，我国对虚假诉讼行为的打击从未间断。面对社会发展带来的各种挑战，应当明确虚假诉讼罪的规制范畴，实质解读"妨害司法秩序"与"严重侵害他人合法权益"之间的关系，合理界定不同入罪条件的标准，使虚假诉讼罪发挥其应然功能。

关键词：虚假诉讼罪；民间借贷；"妨害司法秩序"；"套路贷"；"严重侵害他人合法权益"

一、问题提出与现状分析

随着社会的发展，借助法律手段解决纠纷成了公民维护自身合法权益的重要手段之一。与此同时，也存在以诉讼的方式谋取不正当利益的情形。2015年11月，《刑法修正案（九）》开始实施，该修正案新增了虚假诉讼罪[1]，用以规制虚假诉讼行为人的恶意诉讼行为。从法律条文的表述来看，作为此罪的入罪条件，妨害司法秩序与严重侵害他人合法权益之间属于选择关系，即以捏造的事实提起民事诉讼，只要达到妨害司法秩序的后果或者严重侵害了他人的合法权益，就达到了入罪的标准，应定罪处罚。需要注意的是，"妨

---

* 安徽大学法学院副教授。
** 安徽大学法学院诉讼法硕士研究生。
　[1]　"以捏造的事实提起民事诉讼，妨害司法秩序或者严重侵害他人合法权益的，处三年以下有期徒刑、拘役或者管制，并处或者单处罚金；情节严重的，处三年以上七年以下有期徒刑，处处罚金。"

害司法秩序"与"严重侵害他人合法权益"作为虚假诉讼罪所保护的法益应如何定位其关系？从实质上看二者之间的关系究竟是并列、递进还是包含关系？两种法益是否具有同等重要的地位？

为解决上述问题，本文拟采用实证分析的方法，以"虚假诉讼罪"为关键词，通过中国裁判文书网全文检索，选取 100 份刑事裁判文书作为样本进行分析。整理发现，在民间借贷纠纷中，虚假诉讼罪的罪状主要表现为，行为人虚构借贷事实（包括部分虚构和全部虚构两种情况），并向法院提起民事诉讼，希望获取法院有利于己的判决。比如，"万某禄上诉案"就符合上述情形。该案的案情如下：万某禄在明知自己与林某之间仅存在 70 万元（其中本金 52 万元）债权债务关系的情况下，捏造事实，谎称林某欠款 120 万元，并以林某最后出具的金额为 70 万元的借条，及林某此前出具但未取回的金额为 50 万元的借条分别向法院提出民事诉讼，要求林某归还借款共计 120 万元。在开庭审理过程中，法院发现万某禄涉嫌虚假诉讼，将线索移送公安局。一审法院认为，被告人万某禄以捏造的事实提起民事诉讼，妨害司法秩序，其行为已构成虚假诉讼罪。[1] 万某禄不服判决提起上诉，二审法院经审理，认为万某禄所提"50 万元借条和 70 万元借条相互独立"的上诉理由没有证据支持，不予采信。本案的被告人万某禄在明知的情况下，仍以两份借条为依据向法院提起虚假民事诉讼，并在法院两次庭审中均进行虚假陈述，显属捏造事实进行虚假诉讼，故其所提没有虚假诉讼的理由不能成立，不予采纳。在此案中，被告人万某禄在林某不知情的情形下，捏造不存在的欠款事实（50 万元欠款），以未归还的欠条向法院提起诉讼，要求林某偿还本金及利息，致使法院错误立案，并开庭审理此案，虽未发生损害林某利益的结果，但浪费了司法资源，侵害了司法秩序，符合虚假诉讼罪的构成要件，应以虚假诉讼罪进行定罪处罚。

当然，在样本中亦存在与上述案件不同的案件，但是法院也认定为虚假诉讼罪并判处刑罚。譬如"刘某虚假诉讼案"：刘某借给张某人民币 50 万元，双方口头约定月息 10%，为了使借贷关系合法化，双方在借条上写明的利息为 2%。后双方商议按照月息 10% 计算，扣除已归还的 45 万元，张某仍需归还刘某本金及利息 17 万元。随后，张某在车上又写了一张 17 万元的借条给

---

〔1〕 杭州市中级人民法院 二审 ［2017］浙 01 刑终 82 号刑事裁定书。

刘某。因张某无力归还欠款，刘某用 50 万元的借条向法院提起了诉讼，并在法院的主持下达成调解。2016 年 10 月，刘某自觉高额利息未实现，遂又用 17 万元的借条，以张某未归还人民币 17 万元本金为由向法院提起了诉讼。法院经过审理，当庭宣判张某需要支付被告人刘某人民币 17 万元本金及利息，并出具了判决书。被告人刘某以捏造的事实提起民事诉讼，妨害司法秩序，其行为构成虚假诉讼罪。在本案中，刘某所持的 17 万欠条，是为使超出法律保护的高额利息部分得到保障，但此欠条是其与张某协商一致，由张某在意思表达自由情况下出具的。与"万某禄上诉案"的区别在于，17 万欠条并非基于完全不存在的债权债务关系，被告人与张某的意思合意即此法律关系存在的基础。

对上述案件进行对比我们可以发现，在民间借贷案件中，完全无中生有捏造虚假事实提起诉讼，希望以司法权威的强制性、诉讼的合法形式实现占有他人财产或逃避债务之目的的行为，与基于真实的借贷关系而产生的，以合法手段保护自身权益，提起民事诉讼行为，均以虚假诉讼罪论处，而两者之间明显存在很大的差别，这就值得我们认真审视虚假诉讼行为所带来危害后果，并从实质的角度去解读虚假诉讼罪的立法目的与法益选择。

二、规制虚假诉讼行为的立法演变与发展

(一) 演变历程：非刑事手段向刑民交叉规制转变

1. 民事规制

虚假诉讼行为会浪费大量司法资源，不法分子通过虚假诉讼换取具有强制力的司法文书，实质上是依托司法的公信力，达到不法目的。应对社会频发的虚假诉讼行为，最初的规制主要体现在民事领域。我国《民事诉讼法》第 112 条[1]通过罚款、拘留等措施达到惩戒虚假诉讼行为人，惩治社会失信行为。然而，由于民事规制力度较不足，致使此条规定并未发挥其应然的效果，实施虚假诉讼者在衡量可能遭受的法律风险与预期可得的非法利益之后，往往会选择后者，法律规定在此种情况下呈现失灵状态。[2]面对频发的虚假

---

[1] 《民事诉讼法》第 112 条规定："当事人之间恶意串通，企图通过调解、诉讼等方式侵害他人合法权益的，人民法院应当驳回其请求，并根据情节轻重予以罚款、拘留；构成犯罪的，依法追究刑事责任。"

[2] 参见毕慧："论民事虚假诉讼的法律规制"，载《浙江学刊》2010 年第 3 期。

诉讼，司法机关的态度十分明确，旨在严厉打击虚假诉讼行为。而实践中对虚假诉讼的民事规制主要是驳回诉讼请求，适用罚款的案例不多，拘留更为少见。即便是罚款，罚款的金额也多为诉讼标的额的 5% 以内，制裁力度有限。[1]以虚假诉讼为代表的不诚信诉讼使得不诚信这一道德范畴的评价上升为法律评价，加剧了社会诚信缺失带来的负面影响。[2]在民事措施打击力度明显不足的状况之下，将性质严重的虚假诉讼行为纳入刑法的规范范围之内，实现保护公民合法权益与抑制诚信缺失现象，是顺应社会需要的最佳选择。

2. 刑法规制

刑法最初并没有设立单独的罪名来打击虚假诉讼行为，针对部分严重危害社会并值得科处的行为，司法机关一般采用妨害作证罪、帮助伪造证据罪、诈骗罪等其他章节的罪名进行处罚。但是，上述所列罪名在理论上存在难以完整、合理规制虚假诉讼的弊端，在实践中也无法得出统一的处理结果。虚假诉讼罪的核心行为特征在于"以捏造的事实提起诉讼"，而不在于诉讼程序启动之后的后续行为。[3]2014 年 3 月，全国政协委员黄廉熙提交了一份《关于完善虚假诉讼违法责任体系的提案》，提案指出不完备的法律规则将会降低违法成本与风险，而在收益明显优于与风险的情形下，无疑是纵容当事人实施虚假诉讼行为，因此建议在"妨碍司法罪"中增设虚假诉讼罪。[4]2014 年 10 月 27 日上午，《刑法修正案（九）》提交十二届全国人大常委会第十一次会议审议。同年 12 月，该修正案出台，针对当前社会诚信缺失、欺诈等背信行为多发、社会危害严重的实际情况，为发挥刑法对公民行为价值取向的引领作用，拟增加规定虚假诉讼犯罪。2015 年 5 月，立案登记制度在全国范围内推行，全国立案登记总数增长接近三成，当场立案率高达 90%。在激增的案件数量背后，虚假诉讼的危害性逐渐暴露。[5]在理论和现实的双重压迫之下，"虚假诉讼罪"入刑的脚步逐渐加快。2015 年 6 月，刑法修正案草案说

---

[1] 参见熊跃敏、梁喆旎："虚假诉讼的识别与规制——以裁判文书为中心的考察"，载《国家检察官学院学报》2018 年第 3 期。

[2] 参见彭智刚、过琳："防治虚假诉讼之道——以检察监督为视角"，载《人民检察》2016 年第 14 期。

[3] 参见丁学文："虚假诉讼行为的刑法规制——兼评《刑法修正案（九）（草案）》第 34 条"，载《东南大学学报（哲学社会科学版）》2015 年第 S2 期。

[4] 参见王晓雁："委员建议：增设'虚假诉讼罪'"，载《民主与法制时报》2014 年 3 月 10 日。

[5] 参见李翔："虚假诉讼罪的法教义学分析"，载《法学》2016 年第 6 期。

明二审稿删去"为谋取不正当利益"这一目的要求。不再要求虚假诉讼行为人需要出于"谋取不正当利益"的主观目的，只要存在虚假诉讼行为即满足该罪的构成要件，法院在审理具体案件时不需要考虑虚假诉讼行为人出于何种目的。作为对频发的虚假诉讼案件的回应，此次修改排除了犯罪动机，将虚假诉讼罪的规制范围进一步扩大。同年 8 月，《刑法修正案（九）》正式出台，在《刑法》第 307 条后增加一条，作为第 307 条之一，[1]将虚假诉讼罪纳入刑罚体系之中。该条文将虚假诉讼罪定义为"以捏造的事实提起民事诉讼，妨害司法秩序或者严重侵害他人合法权益"。基于刑法的谦抑性与处罚的被动性，在前置社会防护措施发挥效果的情况下不宜采用刑法手段进行规制，因而，刑法仅将"妨害司法秩序或者严重侵害他人合法权益"两种情形纳入犯罪构成要件之中。

- 2012-08-31 民事诉讼法112条
- 妨害作证罪、帮助伪造证据罪、诈骗罪等其他章节的罪名进行处罚
- 2014-03-10 全国政协委员提交《关于完善虚假诉讼违法责任体系的提案》
- 2014-10-27 《中华人民共和国刑法修正案（九）（草案）》提交全国人大常委会审议
- 2015-05-1 立案登记制度在全国范围内推行
- 2015-06-24 《刑法修正案（九）》说明二审稿删去"为谋取不正当利益"
- 2015-08-29 《刑法修正案（九）》正式出台，在刑法第三百零七条后增加一条
- 2016-06-20 最高人民法院《关于防范和制裁虚假诉讼的指导意见》
- 2018-10-24 最高人民检察院《关于人民检察院加强对民事诉讼和执行活动法律监督工作情况的报告》
- 2018-09-26 最高人民法院、最高人民检察院《关于办理虚假诉讼刑事案件适用法律若干问题的解释》

图 1　虚假诉讼罪入刑过程概览

　　2018 年 9 月 27 日，最高人民法院、最高人民检察院发布《关于办理虚假诉讼刑事案件适用法律若干问题的解释》[2]（以下简称《虚假诉讼解释》），

---

　　[1]　"以捏造的事实提起民事诉讼，妨害司法秩序或者严重侵害他人合法权益的，处三年以下有期徒刑、拘役或者管制，并处或者单处罚金；情节严重的，处三年以上七年以下有期徒刑，并处罚金。"单位犯前款罪的，对单位判处罚金，并对其直接负责的主管人员和其他直接责任人员，依照前款的规定处罚。"有第一款行为，非法占有他人财产或者逃避合法债务，又构成其他犯罪的，依照处罚较重的规定定罪从重处罚。"司法工作人员利用职权，与他人共同实施前三款行为的，从重处罚；同时构成其他犯罪的，依照处罚较重的规定定罪从重处罚。"

　　[2]　法释［2018］17 号文件。

进一步明确虚假诉讼犯罪行为的定罪量刑标准，加大惩治力度。至此，针对虚假诉讼规制形成了一种民事、刑事手段交叉规制的局面。当然，作为"人类的艺术品"的文字也具有无法涵盖所有情形的缺陷，即使刑法使用日常用语，也很难避免其具有的多变形与不确定性。因此，在解释刑法概念时，需要在刑法条文中的用语的"可能的词义"范围内，对其进行限制解释或扩张解释。[1]《虚假诉讼解释》有关虚假诉讼罪的入罪及量刑问题的规定仍然过于笼统，不利具体的司法实践。

（二）新型挑战："套路贷"案件

自2015年开始，社会上不断出现披着民间借贷外衣，通过"虚增债务""伪造证据""恶意制造违约""收取高额费用"等方式非法侵占财物的"套路贷"诈骗等新型犯罪，严重侵害了人民群众的合法权益，扰乱了金融市场秩序，影响了社会的和谐稳定。[2]有别于传统的"高利贷型犯罪"，"套路贷"犯罪危害性更大，侵害范围更广。自此，全国迅速掀起一股打击"套路贷"犯罪的热潮："青田检察院依法批捕全市首例'套路贷'虚假诉讼案嫌犯"[3]，"苍南县法院例涉'套路贷'虚假诉讼案宣判"[4]，"甘肃张掖首例"套路贷"案宣判"[5]，"南昌市经开区人民检察院办理的首例民事虚假诉讼监督案件"[6]……

针对新型的犯罪类型，两高两部率先作出回应，发布了《关于办理黑恶势力犯罪案件若干问题的指导意见》[7]。该意见明确指出："对于以非法占有为目的，假借民间借贷之名，通过'虚增债务''签订虚假借款协议''制造资金走账流水''肆意认定违约''转单平账''虚假诉讼'等手段非法占有他人财产，或者使用暴力、威胁手段强立债权、强行索债的，应当根据案件

---

〔1〕 李运才："刑法解释方法的界定——基于刑法解释对象的考察"，载《上海政法学院学报（法治论丛）》2018年第4期。

〔2〕 参见《最高人民法院关于依法妥善审理民间借贷案件的通知》2018年8月1日。

〔3〕 http://www.jcrb.com/xmtpd/youliao/201806/t20180619_1877511.html，访问日期：2019年6月17日。

〔4〕 http://www.cncn.gov.cn/art/2019/5/27/art_1255455_34360341.html，访问日期：2019年6月17日。

〔5〕 https://baijiahao.baidu.com/s? id=1629666990019883130&wfr=spider&for=pc，访问日期：2019年5月28日。

〔6〕 http://nc.jxnews.com.cn/system/2019/06/04/017519731.shtml，访问日期：2019年6月13日。

〔7〕 法发〔2018〕1号文件。

具体事实，以诈骗、强迫交易、敲诈勒索、抢劫、虚假诉讼等罪名侦查、起诉、审判。"而后各地方司法机关根据各地区具体情况，根据刑法、刑事诉讼法的相关规定，陆续发布了关于办理套路贷刑事案件的指导意见（详见表1）。

表1　"套路贷"案件相关政策文件

时　间	出台单位	文件名称	文件号
2018-01-16	最高人民法院、最高人民检察院、公安部、司法部	《关于办理黑恶势力犯罪案件若干问题的指导意见》	法发〔2018〕1号
2017-10-25	上海市高级人民法院、上海市人民检察院、上海市公安局	《关于本市办理"套路贷"刑事案件的工作意见》	沪公通〔2017〕71号
2018-03-18	浙江省高级人民法院、浙江省人民检察院、浙江省公安厅	《关于办理"套路贷"刑事案件的指导意见》	浙公通字〔2018〕25号
2018-06-11	最高人民检察院	《关于充分发挥检察职能为打好"三大攻坚战"提供司法保障的意见》	高检发〔2018〕8号
2018-06-15	安徽省高级人民法院、安徽省人民检察院、安徽省公安厅	《关于办理"套路贷"刑事案件的指导意见》	皖高法〔2018〕125号
2018-07-04	重庆市高级人民法院	《关于办理"套路贷"犯罪案件法律适用问题的会议纪要》	渝高法〔2018〕136号
2019-04-09	最高人民法院、最高人民检察院、公安部、司法部	《关于办理"套路贷"刑事案件适用法律若干问题的意见》	法发〔2019〕11号
2019-05-12	广东省高级人民法院	《"套路贷"涉黑恶典型案例》	
2019-06-18	江苏省高级人民法院、江苏省人民检察院、江苏省公安厅	《关于建立健全严厉打击"套路贷"违法犯罪沟通协调机制的意见》	
2019-07-24	浙江省高级人民法院、浙江省人民检察院、浙江省公安厅	《关于办理"套路贷"相关刑事案件若干问题的纪要》	浙高法〔2019〕117号

　　根据最高人民法院、最高人民检察院、公安部、司法部《关于办理"套路贷"刑事案件若干问题的意见》，"套路贷"是对以非法占有为目的，假借民间借贷之名，诱使或迫使被害人签订"借贷"或变相"借贷""抵押""担保"等相关协议，通过虚增借贷金额、恶意制造违约、肆意认定违约、毁匿还款证据等方式形成虚假债权债务，并借助诉讼、仲裁、公证或者采用暴力、威胁以及其他手段非法占有被害人财物的相关违法犯罪活动的概括性称谓。据此，我们可以将利用虚假诉讼手段获取非法利益的套路贷案件定义为"诉讼手段类套路贷案件"。在具体案件庭审中，由于借款人缺乏保护自身利益的意识，导致放贷人将非法利益通过诉讼合法化。[1]此种隐蔽型的套路贷通过诉讼形式将非法利息变现，是传统虚假诉讼行为与"套路贷"犯罪的结合体，这对我们打击虚假诉讼行为提出了区别于以往、更高层次的要求。

　　（三）小结——虚假诉讼罪立法目的分析

　　"人们通过立法和司法的创造活动，就是要设计并获得有效管理社会的法律制度，同时期望达到这一创造活动所要得到的结果，即追求实现特定的价值目标，亦即完成特定的立法与司法保护目的。"[2]从虚假诉讼行为的规制立法演变过程我们可以看出，虚假诉讼犯罪的立法目的实际上是保护公民的合法权益。一方面，从起源看，虚假诉讼行为最初由民事措施进行规制。民法打击虚假诉讼的行为目的在于惩治社会失信行为，将此种本该受道德规制的背信行为纳入法律评价范围的根本在于该行为导致他人的合法权益受到侵害。在"收益-风险"严重失衡的困境下，国家选择将"虚假诉讼罪"纳入刑罚体系。这是在民事措施这一前置社会防护措施失灵之下的补充性措施，其目的较民事手段并未发生变化，出发点依旧是保护被害人的合法权益。

　　另一方面，此种观点也可以从相关司法文件中得到辅证。以"套路贷"犯罪政策文件的解读为例，安徽省高级人民法院、安徽省人民检察院、安徽省公安厅《关于办理"套路贷"刑事案件的指导意见》[3]，明确对"套路贷"进行定性："套路贷"犯罪的主观目的是非法占有公私财物，部分犯罪主体带有黑恶团伙性质。同时，该意见指出："此类犯罪侵害客体多、社会危险

---

　　〔1〕　参见张纵华："民事诉讼视角下的'套路贷'解析与消减"，载《人民法治》2018 年第 13 期。
　　〔2〕　谢望原："谨防刑法过分工具主义化"，载《法学家》2019 年第 1 期。
　　〔3〕　皖高法〔2018〕125 号文件。

大，不仅严重侵害人民群众财产安全和其他合法权益，还严重破坏社会管理秩序、扰乱金融市场秩序，严重妨害司法公正……"不可否认，"套路贷"犯罪严重扰乱社会经济秩序，使社会民众居于不安、动荡的环境之中，但打击"套路贷"犯罪的核心目的仍回归于合法财产权以及对人身权的保护。区别于"高利贷"行为的"食利性"本质，"套路贷"行为具有"侵财性"目的，这才是全国严打的根本原因。由此可以看出，套路贷中涉及的各种罪名，主要是为了保护公民的合法财产权不受非法侵犯。所以，采用虚假诉讼手段的套路贷行为被认定为虚假诉讼罪的原因也是其严重侵害了他人的合法权益。综上，关于虚假诉讼罪立法目的这一问题，可以认为其至少是以保护合法权益为主要目的。

三、实质解读虚假诉讼罪的法益

（一）入罪条件之关系的梳理分析

虚假诉讼罪以"妨害司法秩序或者严重侵害他人合法权益"作为入罪标准，以"情节严重"作为法定刑升档条件。《虚假诉讼解释》针对妨害司法秩序以及严重侵害他人合法权益的情形做出了具体的规定，将人民法院立案后采取保全措施、开庭审理或者作出裁判文书等重要程序节点作为入罪标准。同时，人民检察院关于《虚假诉讼解释》的问题解读指出"妨害司法秩序"与"严重侵害他人合法权益"两种构罪要件既表现为并列关系，也是内在统一的，两者在司法实践中存在交叉重合关系，很难完全割裂或截然分开。〔1〕针对两种法益之间的关系，学界持不同的观点。

1. 选择关系——妨害司法秩序或者严重侵害他人的合法权益

早在《虚假诉讼解释》出台之前，就有学者就两种法益之间的关系表明了自己的立场，认为虚假诉讼罪的法益保护具有选择性，即"妨害司法秩序"与"严重侵害他人合法权益"属于选择关系。理由在于：其一，从形式上来看，并不能从法条表述中得出两个保护法益存在主次位阶之分，也即二者是选择性保护法益。其二，将虚假诉讼罪的保护法益界定为司法秩序或者他人的合法权益均存在不妥之处。若仅将此罪认定为是对司法秩序的保护，则不

---

〔1〕 参见缐杰："《关于办理虚假诉讼刑事案件适用法律若干问题的解释》重点难点解读"，载《检察日报》2018 年 9 月 27 日。

符合现行刑法关于"严重侵害他人合法权益"的规定。反之，认为保护他人合法权益是立法目的，会忽略虚假诉讼行为与"司法秩序被侵害"结果之间的关系，换言之，这种做法对"妨害司法秩序"的要求过于严格。因此，虚假诉讼罪的法益属于选择性保护法益，针对司法秩序而言是行为犯，对公民的合法权益成立结果犯。[1]

此观点一直据占学界的主流地位，但是仍然存在不能解决的理论缺陷。从立法技术规范的角度出发，二者属于选择关系，即 A 与 B 的关系。但从实质上分析，两者并不是 A 与 B 的独立的选择关系，而如《虚假诉讼解释》问题解读中提到的，属于交叉重合关系，进一步说，两者更应该是 a 与 A 的关系，即"严重侵害他人合法权益"的过程之中必然包含"妨害司法秩序"的情形（如图 2 所示）。另外，按照该观点的逻辑，针对不同的保护法益分别成立行为犯与结果犯是否就能避免其所指出的可能出现的问题？从妨害司法秩序的角度分析，若存在提起虚假诉讼的行为，被法院立案并受理即存在司法秩序的侵害后果，成立虚假诉讼罪，在此时尚可满足立法的要求。但从"严重侵害他人合法权益"的角度看就存在问题了，提起的虚假诉讼被立案受理之后就侵害了司法秩序。那么，凡构成虚假诉讼罪，必然会妨害司法秩序，作为并列入罪条件的"严重侵害他人合法权益"是否会在实际操作中被架空？另外，所谓的司法纯洁性应该如何如何理解？过度强调司法秩序的秩序的公正性、纯洁性是否会带来新的不公正？以上问题都是该理论需要回应的质疑。

图 2　严重侵害他人合法权益与妨害司法秩序的关系图解

---

〔1〕　参见张明楷："虚假诉讼罪的基本问题"，载《法学》2017 年第 1 期。

针对上述疑问，可以明确回答的是，司法秩序的维护固然值得维护，但是并非"以虚假的事由，加重法院的审理负担，致使司法资源浪费，即属于侵害司法过程的纯洁性，就一定是妨害了虚假诉讼罪所强调的"司法秩序"。首先，从公民诉权角度来说，正常的诉讼也会加重司法负担，是否只要加重司法审查负担就意味着损害了司法秩序？答案是否定的。在民事诉讼中，公民就纠纷向人民法院提起诉讼是行使诉权的表现，而在具体的审理过程中，法院也具有对证据进行审查的义务。其次，从法益保护角度出发，作为虚假诉讼罪保护法益的司法秩序在何种程度上值得刑法保护不能单纯以行为致使审理负担加重、司法资源浪费为标准，应从更深层次理解。维护司法秩序的根本目的是实现公平正义，而通过司法的强制力这一手段实现不法利益，实际上会导致被害人遭受不利益（主要是财产权益）、不公正的结果，使司法权威受到损害，这才是"妨害司法秩序"的应有之义。最后，从刑法处罚必要性的角度看，以故意伤害罪为例，故意伤害致人轻微伤的行为并不会由刑法进行规制，而是由行政处罚来代替，只有致人轻伤或重伤，刑法才会追究其责任。与妨害司法秩序并且严重侵害他人合法权益的行为相较，上述观点所言及的妨害司法秩序的行为仅能被评价为"单纯地扰乱司法秩序的行为"，与实质意义上的方式司法秩序的行为存在差别，更不具有刑法处罚的必要性。

2. 包含关系——手段与目的关系的合理性分析

针对"选择关系"的观点，持包含关系意见的学者指出：不能孤立地看待"妨害司法秩序"与"严重侵害他人合法权益"，应将其放在虚假诉讼罪整体理解的语境下，二者应该是包容关系，严重侵害他人合法权益的不法包含妨害司法秩序的不法。[1]鉴于立法者过分注重犯罪的实践性但缺乏逻辑思考，以及受"处断的一罪"思维的影响，将"司法秩序"与"他人合法权益"同时规定为虚假诉讼罪的法益的立法定位不合理，虚假诉讼罪的核心保护法益应该是司法秩序，故而建议删去"严重侵害他人合法权益"这一定罪条件，使之成为法定刑升档的条件。

在实践中，存在"妨害司法秩序类型的虚假诉讼罪"，也存在"妨害司法

---

〔1〕 参见苏永生："虚假诉讼罪的'严重侵害他人合法权益'——从定罪条件到注意规定"，载《法学杂志》2019 年第 7 期。

秩序并严重侵害他人合法权益类型的虚假诉讼罪"，但是不存在严重侵害了他人合法权益却未妨害司法秩序的行为成立虚假诉讼罪的情形。因此，对于"妨害司法秩序"与"严重侵害他人合法权益"之间属于包含关系的见解具有合理性。但是，认为司法秩序作为虚假诉讼罪保护法益的中心，将"严重侵害他人合法权益"从入罪条件中删去的提议十分不妥。需要强调的是，在虚假诉讼罪的保护法益之中，至少可以认为他人合法权益是核心的法益。原因有两点：其一，基于前述对立法演变的梳理与分析，可以知晓从虚假诉讼行为出现并被纳入法律规制开始，其主要目的便是保护他人的合法权益，出现刑罚措施，也是对前置措施的补强，防范该行为的目的一直都是如此。虚假诉讼罪的立法目可以有力地证明他人的合法权益居于核心法益的位置。其二，将"妨害司法秩序"单独作为定罪条件，可能会带来至少以下两种不利后果：第一，此举会使司法走向过度强调司法秩序的误区，进而扩大虚假诉讼罪的打击范围，使大量单纯扰乱司法秩序的行为被纳入被刑法处罚的风险之中。第二，司法秩序妨害的标准本身就具有争议，单独作为定罪条件也会给司法实践打击犯罪带来很大的困难。更有甚者，不具有实际操作性的缺陷可能会使虚假诉讼罪的规定沦为"僵尸条款"，丧失了此罪的设立目的。

立法将"妨害司法秩序"与"严重侵害他人合法权益"作为虚假诉讼罪的入罪条件。二者从来不是毫无关系的、分离的，二者之间联系紧密，甚至存在交叉关系。根据最高人民法院《关于防范和制裁虚假诉讼的指导意见》[1]的规定，虚假诉讼的要素包括："（1）以规避法律、法规或国家政策谋取非法利益为目的；（2）双方当事人存在恶意串通；（3）虚构事实；（4）借用合法的民事程序；（5）侵害国家利益、社会公共利益或者案外人的合法权益。"因此，笔者将二者的关系解读为手段与目的的关系："妨害司法秩序"作为手段，为"严重侵害他人合法权益"这一目的性条件服务。在这种关系之中，我们可以很好地解释严重侵害他人合法权益构成虚假诉讼罪的过程中必然妨害司法秩序这一条件的现象，同时也能避免盲目扩大打击范围的问题。

（二）虚假诉讼罪的实质解读

1. 如何理解捏造的事实？

根据《刑法》第307条第1款的规定，虚假诉讼罪的首要要素是"以捏

---

[1] 法发〔2016〕13号文件。

造的事实提起民事诉讼"。从文义角度理解，"捏造的事实"即虚假的事实，包括虚假的民事法律关系、虚假的理由、虚假的陈述、虚假证据等。《虚假诉讼解释》指出，刑法规定的"以捏造的事实提起民事诉讼"是指捏造民事法律关系，虚构民事纠纷，向人民法院提起民事诉讼的行为。其中，"捏造"是指无中生有、凭空捏造和虚构；"事实"是指行为人据以提起民事诉讼、人民法院据以立案受理、构成民事案由的事实。"捏造事实"行为的本质是捏造民事法律关系、虚构民事纠纷，两者应同时具备、缺一不可。对于"部分篡改型"虚假诉讼行为，即民事法律关系和民事纠纷客观存在，行为人只是对具体的诉讼标的额、履行方式等部分事实作夸大或者隐瞒的行为，不属于刑法规定的虚假诉讼罪的范畴。据此，可以将捏造的事实分为"无中生有"与"部分篡改"两种情形（见图3），两者的区分依据是基础的民事法律关系是否存在，无中生有类型的虚假诉讼，由于本身就不存在真实的民事法律关系，必然会损害他人的合法权益，因此必然属于虚假诉讼罪的范畴。需要特别予以讨论的是"部分篡改"的类型，此类情形是存在基础的民事法律关系，但是在证据或者部分事实层面进行造假，导致法院的审理负担加重，虚假诉讼行为人获取不法利益。

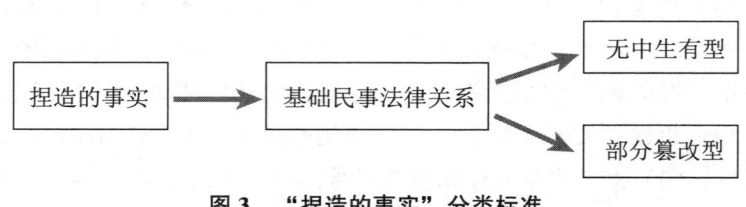

图3 "捏造的事实"分类标准

最高人民法院在关于虚假诉讼罪的最新解读中指出，"部分篡改型"虚假诉讼案件应被排除出虚假诉讼罪的打击范围。[1]理由是：第一，将此部分无中生有类型的案件排除符合文义解释与体系解释。部分无中生有案件由于存在真实的债权关系，因而与凭空捏造的文义不服，也与刑法其他章节罪名完全无中生有的捏造不相对应。第二，此举符合立法目的。"虚假诉讼行为的立法原意是依法惩治不具有合法诉权的行为人故意捏造案由事实，制造自己既

---

〔1〕 参见最高人民法院：周峰、李加玺："虚假诉讼罪具体适用中的两个问题"，载《人民法院报》2019年9月12日。

有诉权的假象，意图骗取人民法院裁判文书，从而达到个人非法目的，重点在于惩治"诉"行为本身的虚假性"。第三，部分无中生有案件的捏造程度无法具体量化，将其排除的做法符合司法实际情况，不至于使虚假诉讼罪缺乏实践操作性，也可以使其他手段发挥应有的作用，如判决败诉。依据民事诉讼法惩罚等。

但是，以上述的标准划定虚假诉讼罪的范畴存在不妥之处。若属于"部分篡改"的情形，则可以以其他非刑罚措施进行惩罚。而在无中生有的案件之中，因为该行为致使被害人受有损失，并且毫无基础的事实根据，对此需要以虚假诉讼罪进行处罚。对比分析来看，无中生有类型与部分篡改类型的虚假诉讼案件对被害人所造成的危害结果没有实质区别，两类案件在给被害人造成不利损失方面具有同等的危险性，但是处罚结果却有天壤之别，难道仅仅是基于真实的民事法律关系的存在而提起民事诉讼的划分标准？不可否认，虚假诉讼罪的目的是惩治捏造虚假事实提起诉讼，侵害他人合法利益的行为。但对于诉讼行为的打击不应该以是否无中生有进行区别。换言之，这部分扰乱司法秩序的行为未被纳入虚假诉讼罪规制范围不能以其系部分捏造的行为作为解释理由。"无论是解释刑法文本还是理解司法解释，不言而喻的前提是：作者（立法者、司法解释的制作者）在话语表达时必然会在显性表达的背后隐藏着隐性表达解释者的任务是根据常规关系、通过常规推理把这些隐性表达发掘出来。"[1]因此，对于虚假诉讼罪的控制范围应该从入罪条件的限制与解读入手。

2. 限定"妨害司法秩序"的手段行为

从外在关系看，"妨害司法秩序"与"严重侵害他人合法权益"属于包含关系。从内部关系看，前者作为手段关系为后者提供可能。语言具有模糊性，因此法律需要解释。法律者或普通民众，往往会通过对文字的朴素思考理解法律。应注意的是，"法律条文的设置在很大程度上凸显了国家机器对治理国家的需要"[2]作为虚假诉讼罪保护法益的司法秩序的解读应有实质性的界分，不能停留在表面，对于"只要以捏造的事实提起诉讼并被人民法院立

---

〔1〕 王政勋："贿赂犯罪中'谋取不正当利益'的法教义学分析——基于语义解释方法的考察"，载《法学家》2018年第5期。

〔2〕 付玉明、杨智宇："论理解释的体系与方法"，载《上海政法学院学报（法治论丛）》2018年第4期。

案受理即构成虚假诉讼罪"，"行为人提起虚假诉讼，法院受理并开始庭审活动就符合犯罪构成要件"等简单的解读，尤其应当警惕。因此，应严格限定"妨害司法秩序"这一"手段行为"，以行为人对民事关系发生的主观意愿，以及后期推动纠纷进入诉讼程序的强烈程度进行划分。（如图4）

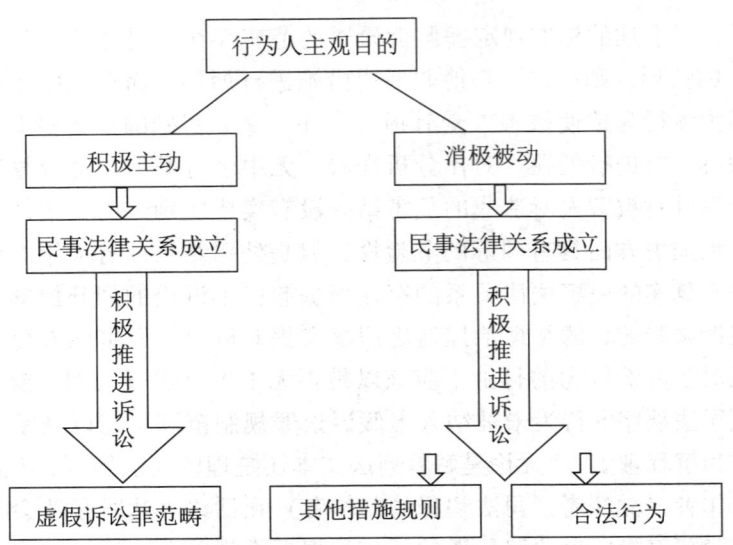

图4 划分虚假诉讼罪范畴的标准

若行为人对于民事法律关系的发生并非积极追求，甚至是处于被动的主观状态，则就不应纳入虚假诉讼罪的范畴之内。如在人身侵权案件中，被侵权人基于侵权纠纷提起民事诉讼，夸大受伤程度并且伪造虚假医疗单据、出租车票据，借此希望获得更多的赔偿。在这类案件中，在民事关系成立之初，双方当事人均没有"侵害他人权益"的想法，而被侵权人也是在自身权益受到实际损害的情况下，基于"降低或者弥补自身损失"的目的，推动纠纷进入法律程序。虽然在诉讼过程之中进行部分虚假陈述或者提交虚假单据，但诚如前文所述，在民事诉讼中甚至所有的诉讼中，当事人都会竭尽所能寻找最佳的诉讼策略，为自己谋求最大的利益，因此，单纯的想要获取更多可得利益的行为不会也不应该被刑法所打击。但是，若在最初就对基础民事法律关系成立激励促成，并在后续过程中基于其他目的，想要利用司法手段获得不法利益的情形，即使在审理过程中被发现，尚未造成侵害他人权益的后果，也应当被视为对司法秩序的妨害。以"套路贷"案件为例，虚假诉讼行为人在借贷关系成立之前，就积极地寻求对象，采取"套路"骗取被害人与之成立所谓的"合法"借贷合同，在后续的过程中又肆意制造违约，采取诉讼手段，通过合法的诉讼程序将非法利益合法化。此种案件在形式上确实存在借贷关系，并有借款合同、银行流水等证据佐证关系真实存在，此时被害人缺乏举证能力，无法还原真实，若进行民事诉讼，犯罪分子胜诉的概率极大。[1]在这种情形下，行为人自始至终一直积极推动整个过程，即使最后并未获得利益，但是基于其主观目的与危害性的行为也具有被刑法评价的可能性，此种类型的行为是典型的"妨害司法秩序"。同样，在高利贷案件中，对于放贷人将高额利息做成合法债务的行为，在双方非合意的情形之下，可以理解为借款人对借款的事实基础关系持认可态度，但是在商讨高额利息方面未达成合意。此时，不能借实质的违法性理论（即没有造成法益的侵害）来否定行为的不法性，此举无益于维护法治权威。[2]若放贷人以此提起诉讼，希望通过强制手段获取超额利息的行为，虽然尚处于审理阶段，但并未走到最后的判决、执行阶段，也应当被纳入虚假诉讼罪的范畴。

3. 何为严重侵害了他人的合法权益？

在虚假诉讼罪中，妨害司法秩序和严重侵害他人合法权益之间的危害性存在程度由轻及重的差别，因此，即使将两种情形定为同样的罪名，也不能同等量刑，否则会出现量刑不均衡，导致实体结果上的不公正。所以，除了限制"妨害司法秩序"的标准之外，还应当明确"严重侵害他人合法权益"的含义。

严重侵害他人合法权益的判断标准应该是被害人实际受有不利的损失。《虚假诉讼解释》将作出判决这一时间节点纳入既遂标准。而对于作出裁判而言，完全可以理解为此是对被害人的危险属于一种抽象的危险，这种抽象的危险实际上并没有必要进行过分保护，原因在于在判决作出之后，法院会告知被害人救济的途径与方式，被害人并不是没有任何办法维权。因此，在被

---

〔1〕 参见陈兴良："刑民交叉案件的刑法适用"，载《法律科学（西北政法大学学报）》2019年第2期。

〔2〕 参见姜涛："行为不法与责任阻却：'于欢案'的刑法教义学解答"，载《法律科学（西北政法大学学报）》2019年第1期。

害人的财产实际上被执行之后更具有合理性，此时也可以诠释司法权威受到了实质上的损害。

当然，被实际执行财产的标准存在例外情形：以"高利贷"案件为例，借款人同意将高额利息做成债务，放贷人据此提起民事诉讼，在案件的判决作出并且实际执行之后，借款人反悔，以虚假诉讼罪为由要求追究刑事责任。在这种情形下，依照德国刑法学家罗克辛教授的说法，在自陷危险的场合，如果遭受危险的人与造成危险的人以同样的程度认识到这个风险存在，结果就不能归责于行为人。因此，对于民间借贷类案件，应区别对待。在高利贷场合，被害人自知将要承受不利的风险，并自愿接受该风险，属于被害人自陷危险场合，不能就此否认被害人的主观意志对受害结果的影响。此时，基于被害人的同意，可以阻却被告人行为的违法性，因此不属于严重侵犯他人的合法权益。

结　语

虚假诉讼行为的产生与发展依托于复杂的社会背景，何种类型的虚假诉讼行为应当被纳入虚假诉讼罪的范畴备受争议。要以虚假诉讼罪的立法目的为中心，将单纯的扰乱司法秩序、不具有刑罚处罚性的行为剥离出入罪标准，避免无限扩大刑法的打击范围，从而违反谦抑性。"司法秩序"与"他人合法权益"作为虚假诉讼罪的保护法益，后者居于核心地位。"妨害司法秩序"的行为作为手段行为必须被置于整个诉讼过程进行解读，以行为人对基础民事法律关系的主观态度以及参与诉讼程序的行为，综合判断犯罪成立条件，从而更有力地打击虚假诉讼行为。

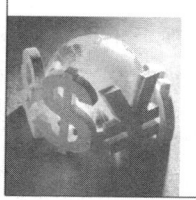

非法吸收公众存款罪中集资参与人地位认定

冯卫国[*] 李 婷^{**}

摘　要：非法吸收公众存款罪中集资参与人地位问题被认为是理论与实务之疑难问题，准确认定集资参与人地位和性质对准确把握本罪立法本意、实现法益保护和人权保障的刑法机能具有重要意义。本文结合现阶段理论和实务及相关法律之规定，以非法吸收公众存款行为的生成机制和保护法益为切入点，通过对集资参与人在本罪中所起作用的探究，认为集资参与人处于行为人和被害人的中间地位；并在借款的行为模式之下，分析集资参与人利益保护之范围和诉讼权利保障之形式，应视具体情势区别对待，且利益范围应限于与存款相关之利益。

关键词：非法吸收公众存款罪；集资参与人；地位；利益保护

一、集资参与人地位认定现状与困境

（一）何为非法吸收公众存款罪

根据《刑法》第 176 条之规定，非法吸收公众存款罪是指非法吸收公众存款或者变相吸收公众存款，扰乱金融秩序的行为。最高人民法院于 2010 年 12 月通过的《关于审理非法集资刑事案件具体应用法律若干问题的解释》（以下简称 2010 年《解释》）对该罪的客观方面进行明确规定，要求具备“非法性”“社会性”“利诱性”和“公开性”四个特征，且自然人与单位均可构成此罪，罪名主要规定在分则第三章第四节破坏金融管理秩序罪中，主

＊　西北政法大学刑事法学院教授。
＊＊　西北政法大学刑法学专业 2018 级硕士研究生。

观上不要求非法占有的目的。由此可知，该罪涉及两方行为主体，一是非法吸收公众存款的行为人，二是参与非法吸收公众存款的集资参与人。

（二）集资参与人地位认定困境

对于集资参与人的概念界定，这里采用《关于办理非法集资刑事案件若干问题的意见》（2019年1月30日）（以下简称2019年《意见》）中集资参与人的定义，即"集资参与人，是指向非法集资活动投入资金的单位和个人，为非法集资活动提供帮助并获取经济利益的单位和个人除外"。这里的集资参与人通过集资参与活动所实施的行为仅为向非法吸收公众存款的行为中投入资金，即参与到集资行为中，其所获的利益仅为依据存款而享有的高额利息。

对于非法吸收公众存款的行为，《刑法》明确处罚实施该行为的行为人，对于参与该行为的集资参与人并未明确其地位，仅能从中得出集资参与人并非《刑法》规制的行为人，其参与行为不受刑罚处罚。但无论是理论探讨抑或司法实践，集资参与人的地位问题无疑都是此类案件亟待考虑的问题。从实体法而言，集资参与人的参与行为对于该罪的成立具有重大意义，在相关司法解释及实践中，存款数额或人数均作为该罪的立案标准加以考量，这是否意味着集资参与人应视为被害人身份？从程序法而言，集资参与人应享有何种诉讼权利，处于何种诉讼地位才符合立法本意？相关司法解释中的"集资参与人"性质应如何定位？同时，加之非法吸收公众存款罪涉及的集资参与人人数众多，涉及财物的处置及返还，直接关乎社会维稳问题。

（三）集资参与人地位纷争

1. 理论实务探讨

理论和司法实务中对于集资参与人地位为何，主要是通过诉讼法上的证人、被害人等刑事诉讼当事人或参与人的角色来进行定位。理论和司法实践中存在以下四种观点：

（1）将集资参与人认定为被害人，主要是从集资参与人的财产损失方面进行考量，通过将非法吸收公众存款的行为类比于民事上的民间借贷合同，在存款无法按时归还的情况下，集资参与人财产利益受到损失，进而具有被害人的性质。[1]

---

〔1〕 徐莉、徐岚："非法吸收公众存款犯罪中被害人权益的保护"，载《湖北警官学院学报》2012年第9期。

（2）将集资参与人认定为证人是考虑到集资参与人的参与行为本身不具有正当性，及集资参与人对于查明案件事实的重要作用。〔1〕

（3）将集资参与人视为证人或被害人的观点认为，被害人本质上属于证人的一种，究竟是作为证人或被害人应依司法机关的具体安排。

（4）将集资参与人分为三种情况加以考虑：一是利益未受到损害甚至获利的集资参与人，即存款已被还本付息，只能作为证人；二是明知或应知非法吸收公众存款的行为是非法，但为获取高额利息而参与的集资参与人，由于存在主观过错，因而仅能作为证人；三是仅为获取高额利息，主观上不明知或应知行为人吸收存款行为是非法，应作为被害人参与诉讼。〔2〕

以上观点均存在一定的合理性，无论是区分情况抑或同一对待，都意在准确定位集资参与人的行为性质，保障其应有权益，避免对其不当利益的保护，充分体现非法吸收公众存款罪的立法本意。

2. 相关法律规定

有关非法吸收公众存款罪，相关司法解释主要包括 2010 年《解释》《关于办理非法集资刑事案件适用法律若干问题的意见》（2014 年 3 月 25 日）（以下简称 2014 年《意见》）及 2019 年《意见》。

前两部法律对集资参与人的地位并未予以明确说明，但都将集资参与人人数或者存款数额作为立案标准，这表明集资参与人的参与存款行为对非法吸收公众存款罪的成罪化意义；且 2014 年《意见》明确将集资参与人表述为"集资参与人"，并明确规定涉案财物返还集资参与人的有关事项，这一规定说明"集资参与人"在法律上并未被明确等同为"证人"或"被害人"。但在本罪的司法认定及办理过程中仍存在对其相关事项针对性规定，表现为存款的财产利益返还与权利保护问题；2019 年《意见》对集资参与人的权利保障予以进一步明确。立法起初并未将其视为法律保护对象，而是在之后的相关司法解释中逐渐关注到集资参与人的"涉案财物追缴"问题及"权利保障"问题。从起初的粗略性规定到现今的精细化规定，这一立法变化表明，集资参与人应受法律保护的权利愈加受到法律和实务的关注，包括其实体的

---

〔1〕 张宇："非法吸收公众存款案 集资参与人应为证人"，载《检察日报》2014 年 6 月 18 日。
〔2〕 石经海："非法吸收公众存款案存款人诉讼地位探析"，载《广西政法管理干部学院学报》2002 年第 3 期。

财产权益和程序的诉讼权利。

无论是理论上还是实务中各类观点，抑或是相关司法解释的表述，都反映出集资参与人在该罪中的地位模糊性问题。司法解释中的权利保障的根据何在？集资参与人立法倾向为何？集资参与人到底是"证人""被害人"或依情势而定能否准确说明其地位？这些问题的回答都需要回归到非法吸收公众存款罪本身进行重新审视。

二、集资参与人地位本质探析

集资参与人地位问题源于《刑法》对于非法吸收公众存款罪的规定，对其地位分析也应着眼于该罪本身。应当根据集资参与人在本罪生成过程中及其在侵犯法益过程中所起作用来对集资参与人进行准确定位。同时也应聚焦于集资参与人本身，保障应予保障的利益，进而实现法益保护和人权保障的刑法机能。

（一）本罪生成机制——集资参与人作用分析

刑法分则规定必须由两人以上共同实施的犯罪是必要共犯，必要共犯以复数行为主体共同实行行为为必要。其必要性基础在于不仅要求行为主体本身为复数，同时要求其他参与人对行为人行为具有积极助推作用，且该互补行为对于构成要件的实现而言必不可少，[1]以此区别同属于复数主体的非共同犯罪行为，如强奸罪所要求的至少同时存在行为人和被害人两方主体等情形。简言之，在必要共犯中，无论是否均受到处罚，至少特定行为人的行为对于犯罪构成起到了必不可少的加工作用。

对于非法吸收公众存款罪，其客观行为表现为非法吸收公众存款或变相吸收公众存款，剔除出基于《刑法》规制目的而对客观行为所附加的诸如"非法""公众"等因素，该罪的基础行为可被理解为吸收行为。吸收行为必然包含吸收人与被吸收人两方主体，其中，吸收人为非法吸收公众存款罪的行为人，被吸收人为参与非法吸收公众存款罪的集资参与人。由此可知，本罪的成立必然要求行为人和集资参与人两方主体的存在，同时不仅对于"吸收方"，对于"被吸收方"也要求其在一定程度上存在积极主动地参与，而非单纯之主体复数的存在。因而，从这一角度出发，集资参与人在本罪的构成

---

〔1〕 李岚林："对向犯研究"，武汉大学 2014 年博士学位论文。

方面起着必不可少的作用，行为人单方的吸收存款行为无法完整实现本罪的要件。在共犯理论上，非法吸收公众存款罪为必要共犯，由于行为人和集资参与人的加工方向属于相互的对向方向，因而属于对向犯类型。

当然，这里的考量是以存在具体特定的集资参与人且集资参与人业已起到必要的加工作用（即事实上参与到了非法吸收公众存款行为中）为前提，本罪恰由于集资参与人的参与行为而使吸收存款的行为达至刑法规制的程度。在未遂状态下，行为人已经着手实施吸收公众存款行为，但集资参与人尚未知晓或已知晓但未参与到此种行为中，此时不存在对于集资参与人的地位研究问题。

仅立足于集资参与人本身考虑，其作为参与方的动机和目的往往是高额利息回报，但在具体的非法吸收公众存款罪案件中，其目的和动机是否实现存在不确定性。无论集资参与人的存款是否得到偿还，不可否认的是，在其实施存款行为、参与到行为人吸收存款的活动之时，本罪的法益侵犯即形成，集资参与人的本身的利益问题不影响本罪的犯罪构成。因而，在本罪的生成机制方面，非法吸收公众存款罪考量的仅是集资参与人的客观行为，对集资参与人的主观状况不加以考虑，这也是本罪立法本意的要求和体现。

（二）法益侵犯考量

在刑法理论中，法益保护作为刑事立法基本的指导思想，指刑法的目的和任务是防止受刑法保护的法益受到侵害或威胁。[1]犯罪的本质即表现为法益的侵害。而犯罪客体指刑事法律所保护而为犯罪行为所侵害的社会关系，法益说论者认为，刑法所保护的社会关系即刑法所保护的法益内容，将犯罪客体与法益做同义理解，符合刑法规制犯罪的本质特征。[2]非法吸收公众存款罪亦如此，刑法对其进行规制的原因同样在于行为侵犯了法益。探讨具体犯罪的法益具有重要意义：一方面，通过对法益的准确把握，探析具体行为违法性的本质，进而实现刑法保护机能的发挥；另一方面，通过对法益进行分析来探求立法本意，为具体犯罪的构成要件的解释提供指导，因而此处通过对本罪的法益侵犯分析来探析集资参与人的地位问题。

本罪被规定在《刑法》第三章第四节侵犯金融管理秩序罪中，在法条中

---

〔1〕 张明楷："法益保护与比例原则"，载《中国社会科学》2017 年第 7 期。

〔2〕 参见张明楷：《法益初论》（2003 年修订版），中国政法大学出版社 2003 年版。

也明确规定"扰乱金融管理秩序",这表明,在立法体系的安排上本罪所要保护的法益为金融管理秩序,毋庸置疑。对于集资参与人的财产权益是否也属于本罪所保护的法益范围,学界存在争议,认为应包括集资参与人财产权益的观点主要从集资参与人的存款无法得以偿还的角度,将集资参与人视为民法意义上的普通自然人。这里的法益侵犯应被认定为仅侵犯了金融管理秩序,集资参与人的财产损失不应作为本罪所侵犯的法益内容。首先,一犯罪行为对于法益的侵犯具有确定性,但集资参与人的利益是否受到损害却具有不确定性,完全取决于存款是否能够得以归还这一偶然性事实,且这种不确定性区别于犯罪未完成形态的法益侵害的效果;其次,无论集资参与人是否知悉非法吸收公众存款的行为的非法性,其参与到非法吸收公众存款的动机和目的均在于对高额利息的追求,这种投机性的心态本身具有风险,且高额利息本身不受法律保护,因而集资参与人对于参与行为的后果本身存在过错;最后,出于高额利息引诱的参与存款行为本身对于金融管理秩序而言具有危害性,单个集资参与人行为的危害性较小不能成为其应受保护的正当性理由,若均加以保护,可能会促使引导集资参与人对此类行为的积极参与。

因此,非法吸收公众存款罪的法益保护对象仅为金融管理秩序,不包括集资参与人的财产损失问题,其构成要件的实现不以集资参与人的存款损失为要求。但理论界与司法实践均积极关注集资参与人的财产返还问题,主要原因在于:一方面,金融管理秩序本身具有抽象性,是否对其产生扰乱后果无法进行具体判断,而非法吸收公众存款行为的数额和对象可体现出了对金融管理秩序的扰乱破坏程度,两者之间存在密切联系,加之存款数额或集资参与人数具有具体量化的计算可能性,因而将具体存款数额和人数作为入罪标准;另一方面,非法吸收公众存款罪属于典型的涉众型集资类犯罪,其涉及的集资参与人数众多,直接关乎社会稳定问题,在实践中不可忽视。

集资参与人的财产损失不属于本罪所保护的法益,《刑法》及司法解释又将该结果的发生作为入罪标准,理论上存在将集资参与人的财产损失作为客观的超过要素或者附随法益加以考量的观点,意在解决集资参与人财产损失的尴尬处境。[1]客观的超过要素要求行为本身已经具有社会危害性,通过客

---

〔1〕 时方:"非法集资犯罪中的被害人认定——兼论刑法对金融投机者的保护界限",载《政治与法律》2017年第11期。

观的超过要素之规定限制处罚范围的性质，要求这一要素符合非法定刑升格等加重处罚的条件，且该罪必须属于双重危害结果的犯罪。[1]非法吸收公众存款罪中，行为人要认识到其非法吸收财产的行为会扰乱金融管理秩序，主观上至少是过失，对于集资参与人的财产是否能够得以返还不要求存在故意的认识，仅需要存在预见可能性即可。因而，将集资参与人的财产损失作为客观的超过要素存在一定的合理性，能够合理地解释集资参与人的财产损失在本罪中的地位。附随法益并非成立犯罪的行为必须要侵犯的法益，对这类法益的侵害具有不确定性和或然性。[2]这一概念的提出也为解释集资参与人的财产损失提供了合理性基础，集资参与人的财产不必然在非法吸收公众财产罪中受到侵害，集资参与人财产侵害的存在表征着犯罪行为的基本样态和后果。

但无论对以上两种观点从何种角度进行分析，都意在说明在某些特定罪名中犯罪行为所造成的非构成要件性质的危害后果以及如何处理其在犯罪中的地位问题。就非法吸收公众存款罪而言，其法益保护范围不包括集资参与人的财产利益，但财产损失状况在本罪的定罪量刑方面仍发挥着特定积极作用。

（三）集资参与人地位认定

作为具有对向犯性质的共同犯罪类型，集资参与人无疑在犯罪过程中起着必不可少的作用，但《刑法》仅对非法吸收公众存款的行为予以处罚，对集资参与人的参与行为不予处罚，这在理论上被称为片面对向犯。有关片面对向犯中一方行为不予处罚的理由，理论上存在立法者意思说、实质说和折中说，但对一方必要性的参与行为是否处罚，应从多维度进行考量。

一方面，刑罚处罚的本质在于法益侵害。在非法吸收公众存款罪中，集资参与人对法益侵犯结果的发生起到了积极的实质性作用，但集资参与人的行为可被理解为构成要件的定型性参与行为，即由于其实施的行为没有超出立法者预想的范围，抑或其实施的仅为最低程度的加工行为，这种加工行为是社会所能容忍的范围。这在德国理论上被称为"最低程度加工理论"或"必要的最低共同作用"，即参与人的行为对法益侵害若仅起着最低程度的加

---

〔1〕　张明楷："'客观的超过要素'概念之提倡"，载《法学研究》1999 年第 3 期。

〔2〕　王彦强："犯罪竞合中的法益同一性判断"，载《法学家》2016 年第 2 期。

工作用，未超出"最低程度"或"必要性"的限制范围，则不受处罚。在非法吸收公众存款罪中，集资参与人在存有闲散资金的情况下，面对高额利息的回报，从一般人观念来看，其参与存款的行为并未超出预想范围，未逾越构成要件所必要的最低程度，是刑法所能容忍的行为范围，且属于必要共犯本质上不可或缺的构成要件，[1]从这一角度来讲，不应处罚集资参与人必要的构成要件参与行为；另一方面，刑法具有谦抑性，非法吸收公众存款罪中行为人往往处于发动者的地位，是整个犯罪历程的开启者，是实施扰乱金融管理秩序的法益侵害的主要行为人，集资参与人仅是在其公开地通过利诱才参与到该行为中的，行为的社会危害性主要是由行为人的行为所引起并促进的。作为集资参与人，相比于行为人，其本身的参与行为不足以达到刑罚应受惩罚的程度，对于此类利息规定过高的行为，我国主要是通过对过高利息不予保护的方式等加以规制。因而，在非法吸收公众存款罪中，民法手段若足以规制其行为，则刑法不必加以规制，这也是刑法谦抑性的体现。

在德国理论上，除最低程度加工行为不可罚的理论外，还存在"功能性双重角色"理论用以说明行为不可罚的原因，该理论由德国学者佐瓦达于1991年首次提出。对向犯必要参与者的功能性双重角色，是指必要参与者兼具行为人和被害人的功能。德国的重利罪是对这一理论的典型阐释：必要参与人在处于不利的情况下，通过承诺给予利益使自己受到损害，其行为本身也对行为人实现法益侵犯起到了不可或缺的作用，因而同时具有被害人和行为人功能。这一理论要求被害人和行为客体存在一致性，由于行为主体具有双重性格，因此其是否应受处罚也成了理论上的难题。对于非法吸收公众罪中的集资参与人而言，当其存款无法得到返还时，财产利益的损害直接表征其被害人的功能，同时其存款行为直接为非法吸收公众存款进而扰乱金融管理秩序的行为人提供帮助，因而又具有行为人功能。虽从表面观之如此，但实质上，被害人身份和行为人身份存疑。原因在于：一方面，仅当其存款无法返还之时才具有正当的财产利益的损失，但这种返还本身具有不确定性，如上所述，具有极大的偶发性和盖然性。因而在犯罪行为开始实施之时，其被害人功能未得以显现，且集资参与人的参与存款行为既非刑法积极鼓励之行为，也非行为人强迫或乘人之危的被害人不得不为之行为，被害人主动、

---

〔1〕 蔡淮涛："对向犯研究"，武汉大学2015年博士学位论文。

自愿的行为具有一定的自陷风险性质，并非单纯的被害人性质。另一方面，不可否认集资参与人对于犯罪成立的积极作用和加工行为，具有一定的行为人功能，但并非具有完全的行为人性质，其行为处于一般社会观念所容忍的范围内，其社会危害性并未达至刑罚处罚程度。由此观之，在非法吸收公众存款罪中，集资参与人并不具有"功能性双重角色"的地位。尽管这一理论是为解决可罚性问题，但在我国法律明文规定不对其处罚的情况下，其对集资参与人地位的认识具有积极意义。

因而，不予处罚不仅代表其非行为人之身份，也暗含着其非被害人之身份。对于非法吸收公众存款罪的集资参与人而言，其应处于被害人和行为人之间，"集资参与人"表明其具有非被害人、非行为人的中间性质。

学界通常将非法吸收公众存款罪中的"集资参与人"表述为"存款人"，并在此基础上或将其认定为"被害人""证人"，或以具体情势分别认定。在对集资参与人的地位本质进行分析的基础上，可探知 2014 年《意见》为何使用"集资参与人"而非学界通常的"存款人"一词，即非法吸收公众存款罪中的"集资参与人"与"存款人"存在较大差异。法律虽未明确界定存款人的定义，但根据《商业银行法》等法律，存款人可被作如下界定：向合法的具有办理储蓄存款业务资质的银行等金融机构办理存款业务的个人和单位。因而，存款人的存在应以合法的吸收存款行为或具有吸收公众存款资质的金融机构为前提，进而享有款自愿、取款自由、存款有息等相关存款权利，且相关存款权利完全受到法律保护。在非法吸收公众存款罪中，尽管存在与存款行为相类似的向非法吸收公众存款的行为，但一方面，集资参与人是在对高额利息的追逐中参与非法吸收存款，进而对此类犯罪的发生起着一定程度的推波助澜作用；另一方面，行为人所实施的吸收公众存款行为并非合法，其所成立的所谓的金融机构也因其非法性而不具有吸收公众存款的资质，因而"集资参与人"并不等同于"存款人"。在此，本文采用"集资参与人"这一术语。

三、集资参与人利益保护及权利保障

将集资参与人性质定位为处于被害人和行为人的中间地位，表明其一方面相比于行为人的不可罚性，另一方面相比于被害人的非绝对保护性。审视非法吸收公众存款罪的行为模式，其借款关系的犯罪模式规定了集资参与人

合法利益的存在可能性，进而要求在对待集资参与人的问题上，其原有合法利益具有法律保护必要性，同时对其不应得利益具有不予保护的必然性。集资参与人基于其合法利益而享有的与之对应的诉讼权利也同时应加以维护。

（一）借款的行为模式分析

如上所述，剔除非法吸收公众存款罪中表征其严重社会危害性的诸如"非法""公众"等因素，本罪的行为模式表现为以"吸收"关系为特征的犯罪构成，而"吸收"行为实质上是以民法中的借款法律关系为依托，无论是"公开性""非法性""社会性"抑或"利诱性"，均是基于借款合同作为基本表现形式，因而行为人实质上是借款人身份，集资参与人实质上是贷款人身份。"非法性"是指借款资格，"公开性""社会性"是指借款方式，"利诱性"是指借款利率。在非法吸收公众存款罪中，行为人恰是通过高额利率的设定来达到其成功借款的目的，通过向社会公开达到其大量借款资金的目的，正因如此，常与高利贷行为难以区分。

民法上的不予保护与刑法上的刑罚规制恰是两种行为社会危害性程度差异的体现。若集资参与人也作为行为人加以认定，实质上非法吸收公众存款所获资金就应作为非法所得予以没收。但上文已经论述其并非行为人的原因，且行为本质上的借款合同模式就要求刑法对于合法权益也应加以保护。理论上存在基于借款关系而将集资参与人视为被害人的观点，这种观点是对存款返还行为性质的误解，之所以归还存款仅是出于对原有社会秩序的恢复和原有利益的保护，达到刑法的规制程度并非意味着排除民法所承认的合法利益，因而对于集资参与人的相关存款利益仍需保护和归还。且非法吸收公众存款罪所涉及的集资参与人数众多、范围较广，若不能及时保障其应得的财产利益，必将对社会稳定和秩序造成严重影响。

（二）集资参与人利益的保护范围

实践中，存款利益是否需返还，应视具体情况而定，非法吸收公众存款罪虽然是以存款数额或集资参与人数作为入罪标准，但并不排除某些存款事实上已经得以返还的情况，尽管在实践中往往对已经履行完毕的借款合同不加关注，在立论探讨上仍需纳入考量范围。因而需要分情况讨论资金得以偿还和无法得以偿还的情形。

若相关存款利益已经得以偿还，则集资参与人的利益未受任何损失，且甚至可被认定为获利者。在理论上，非法吸收公众存款罪名的成立会导致以合法形式掩盖非法目的所签订的借款合同无效，根据合同无效的法律后果，应当恢复原状，即返还存款本金及按年利率24%进行计算的利息，超出年利率36%的部分应当优先作为存款未得以返还的资金。但在合同已经履行完毕的情况下，一方面，此类存款得以全部返还的情况出现可能性较小，另一方面，存款返还后本身可能会再次实施存款行为，即仍继续参与到此种行为中，进行重复投资。因而，考虑到实践中情况较少且增加了资产清退难度，这部分已返还的利益可予以消极承认。

在相关存款利益未得以返还的情况下，虽据以上分析，集资参与人皆属行为人与被害人之间的性质，看似应得出此时集资参与人的利益保护范围应一致的结论，但这一性质是以集资参与人对于基本的存款参与行为存在认知为基础加以认定的，并不排除集资参与人在主观上有超出这一范围的认识程度，即明知行为人吸收存款行为具有违法性。根据主客观相一致的原则，这一主观的超出部分应作为区分对待的标准，分为集资参与人主观上明知或者应知本罪的行为人没有吸收存款资格的情况，即主动集资参与人，与集资参与人不明知也不应知对方吸收存款的行为是违法，且个人利益确实受损的情况，即被动集资参与人。上述分类是对是否明知具有吸收存款的资格的主观要求的强调，实际上是对于刑法意义上法益侵犯的知晓可能性判断。之所以进行如此区分，是为判断其利益保护的范围，主动集资参与人的主观恶性重于被动集资参与人，因而对于利益的保护范围要小于被动集资参与人。

对于主动集资参与人，属于以合法形式掩盖非法目的的情形，应当认定借款合同无效，法律效果为返还本金及法律所承认的合法利息，但由于集资参与人本身知晓行为人行为非法性，出于惩罚的目的，不应返还利息，应仅返还本金即可。对于被动集资参与人，出借方不知借款方实施的是非法吸收公众存款行为，可按照普通民间借贷关系进行处理，即返还本金和24%以内的利息。但这种分类实际上是在理论上的分类，实践中对于集资参与人主观认定存在较大难度，且由于涉案款项并非能完全追回，本金是否能够全部得以返仍存在较大风险。

（三）诉讼地位及权利保障

既然集资参与人非存款人，则在存在类似的投入资金无法返还的情况下，集资参与人与此时作为"被害人"的存款人亦存在较大差异。在刑事诉讼中，存款人可以"被害人"的诉讼地位参与诉讼。但集资参与人的性质，据上所述，既非被害人也非行为人，而是处于"被害人"和"行为人"之间。尽管从形式上判断，非法吸收公众存款罪中存在存款人，但从严格意义上分析，其并非真正意义上的存款人，而是处于"被害人"和"行为人"之间的集资参与人。若通过"存款人"这一术语对集资参与人的性质和地位进行理解，无法体现集资参与人的本身过错在实现该罪构成要件中所起的积极助推作用，暗含将集资参与人引导向"被害人"，进而仅考虑到对其利益的保护而忽略刑法对其行为的消极态度。为防止混淆，非法吸收公众存款罪中可认定存在一特定诉讼参与人身份，即"集资参与人"。

由于集资参与人并非刑事诉讼法上明确规定的诉讼当事人或诉讼参与人，因而对其所享有的诉讼权利及义务需依其性质进行具体分析。首先，集资参与人本身存在过错因而无法享有被害人所享有的诉讼权利，也无需履行犯罪嫌疑人、被告人所需尽的诉讼义务。且从审判实务角度分析，在非法吸收公众存款案件中，集资参与人人数众多，若皆以"被害人"之诉讼地位认定，则会由于涉案人数过多而无法充分实现对各个集资参与人作为"被害人"的权利保障，会导致审判程序无法正常进行。其次，将存款人视为证人的观点具有一定合理性。证人在刑事诉讼中的主要作用为查清案件事实，而存款人无论存款是否得以返还，无论主动存款人抑或被动存款人，都曾亲历行为人犯罪行为的过程，因而虽然存款人在刑事诉讼过程中并非证人，其也在发挥证人作用，有利于查明案件事实。在此意义上，其诉讼地位可类比于证人地位。若在诉讼中是作为证人，则应当享有证人所享有的权利和义务，如如实提供证言等；但若并非证人身份，则不享有相关权利。同时应保障其作为相关存款利益的权利主体的其他诉讼权利。

最后，2019 年《意见》第 10 条明确规定关于集资参与人权利保障问题，这一规定完全是基于集资参与人本身地位的性质和特征所规定的针对性的权利保障范围。"人民法院、人民检察院、公安机关应当通过及时公布案件进展、涉案资产处置情况等方式，依法保障集资参与人的合法权利。集资参与人可以推选代表人向人民法院提出相关意见和建议；推选不出代表人的，人民法院可以指定代表人。人民法院可以视案件情况决定集资参与人代表人参加或者旁听庭审，对集资参与人提起附带民事诉讼等请求不予受理。"该条规定了存款人的三项权利，即知悉案情权，建议意见权及参加庭审或旁听权三类权利。存款人知悉案情进展、通过推选代表提出意见和建议的权利及旁听庭审权都是基于其所享有的对于相关存款利益而享有的权利；鉴于非法吸收公众存款案件的涉及人数众多，只有保证其知悉相关存款利益能否得以返还并给予其提出意见和建议的渠道，才能在有效维持社会秩序的情况下使案件处理得以顺利进行，而要求其推选代表也是考虑到人数众多的现状；参加庭审权是实际上将其作为证人参与诉讼过程，此时应当保障其所享有的作为证人的各项权利，同时要求其履行相关证人的义务。之所以对存款人提起附带民事诉讼等请求不予受理，也表明司法解释未将存款人视为被害人，因此认定其不享有被害人所享有的其他诉讼权利。

  非法吸收公众存款罪中的集资参与人地位问题一直被认为是理论和实务中的司法疑难问题，加之网络犯罪频发，此问题的重要性也日益凸显。司法解释将其认定为"集资参与人"，本文将其地位认定为处于行为人与被害人之间，是对集资参与人在本罪中所起作用和本罪法益保护之考量，进而通过探究其行为模式，探究其权利保护范围和方式。虽仍存在诸多不足与缺陷，唯愿为这一方面研究尽绵薄之力！

诈骗罪"处分意识不要说"的法教义学批判

徐光华 *　张添明 **

摘　要："处分意识不要说"并不能合理地区分诈骗与盗窃，诈骗罪是"自我损害型"犯罪，而盗窃罪是"他人损害型"犯罪，二者之间属于互斥的构成要件，只有采取处分意识必要说才能对二者进行合理的界分。在新型支付方式下强调诈骗罪的处分意识仍有必要。处分意识不要说的概念并不确定，忽略了财产转移的主观要素，德日关于诈骗罪的理论不能被直接移植到我国。"交流沟通"并非诈骗罪的本质特征，民法上意思表示的解释理论无法为处分意识不要说背书。

关键词：处分意识不要说；处分意识必要说；新型支付方式

引　言

盗窃与诈骗的区分是刑法理论界与实务界的一大难题。之前，在我国关于盗窃罪与诈骗罪区分的"论战"中，无论是司法实践还是刑法理论，"处分意识必要说"都明显占据上风。[1]但近些年来，随着新型支付方式的发展，传统的财产犯罪从线下的"面对面"犯罪发展成了线上的"虚拟"犯罪。由

---

　* 江西财经大学法学院教授，博士生导师。

** 江西财经大学法学院硕士研究生。

〔1〕　主流刑法教科书均认为有无处分意识是区分盗窃罪与诈骗罪的关键。参见张明楷：《刑法学》（第5版），法律出版社2016年版，第1003~1004页；陈兴良：《口授刑法学》（第2版·下），中国人民大学出版社2017年版，第293~295页；周光权：《刑法各论》（第3版），中国人民大学出版社2016年版，第126~127页；黎宏：《刑法学各论》（第2版），法律出版社2016年版，第329~330页；最高人民法院指导案例第27号"臧进泉等盗窃、诈骗案"裁判要旨与审判理由均确定，处分意识是区分盗窃罪与诈骗罪的关键。参见浙江省高级人民法院［2011］浙刑三终第132号刑事判决书。

此，司法实务中出现了一系列新型支付方式下的侵财案件。其典型代表有如下四个案例：

案例一：机票案。孙某通过拨打订票电话购买机票，行为人伪装成客服人员要求孙某通过网银支付，后告知孙某未付款成功，孙某必须要通过 ATM 机操作才能使付款生效。行为人通过诱导孙某输入所谓的验证码，其实是输入转账数额。最终孙某 "被骗" 共 32 万元。[1]

案例二：偷换商家二维码案。行为人邹某乘店铺老板不注意的时候，把店铺老板收款的二维码换成了自己的二维码，从而获取顾客支付的货款。

案例三：支付宝转账案。行为人徐某在使用其所在单位派发的手机时，发现支付宝账户是其原同事马某的，支付宝账户中显示有 5 万余元。徐某通过工作时获取的马某支付宝账户的密码，分别两次转账 1.5 万元到刘某的账户，后徐某通过刘某进行取现。[2]

案例四：1 元激情聊天案。行为人王某在网上发布消息称只需要 1 元就可以参与激情聊天，被害人程某某通过王某发送的软件程序，在页面显示为支付 1 元的情况下，输入了自己的账号密码，行为人王某通过之前设置的软件程序将程某某网络银行内的 9000 余元盗走。[3]

有部分学者通过对上述案列的分析论证，认为在新型支付方式下盗窃与诈骗的区分应当采取处分意识不要说。[4]但笔者认为，处分意识不要说有诸多不合理之处，持处分意识不要说的学者对上述案例的分析路径存在问题，并且，处分意识不要说的新立论也存在明显的缺陷。"处分意识必要说" 仍然是区分诈骗罪与盗窃罪的关键之所在。因此，本文的方向是通过对处分意识不要说的批判，来确证处分意识必要说的合理性。

---

〔1〕 参见 "400 电话成诈骗幌子　订折扣机票被骗 32 万"，载 http://news.sohu.com/20100916/n274978731.shtml，2019 年 9 月 15 日访问。

〔2〕 参见宁波市海曙区人民法院 ［2015］甬海刑初字第 392 号刑事判决书；宁波市中级人民法院 ［2015］浙甬刑二终字第 497 号刑事裁定书。

〔3〕 参见江苏省盱眙县人民法院 ［2011］盱刑初字第 463 号刑事判决书；江苏省淮安市中级人民法院 ［2012］淮中刑二终字第 33 号刑事裁定书。

〔4〕 秦新承："认定诈骗罪无需 '处分意识' ——以新型支付方式实施的诈骗案为例"，载《法学》2012 年第 3 期；蔡桂生："新型支付方式下盗窃与诈骗的界限"，载《法学》2018 年第 1 期；陈兴良主编：《刑法各论精释》（上），人民法院出版社 2015 年版，第 452 页（诈骗罪部分由车浩执笔）。

一、第三方支付平台与诈骗罪的处分意识

在批判他人观点之前，必须证成其自身观点的妥当性。传统诈骗罪的处分行为是指被害人（被骗人）基于行为人的欺诈，从而陷入错误的认识，"自愿"处分了财产的行为。[1]但在新型支付方式下，随着第三方支付平台的兴起，被害人与行为人不再进行"面对面"式的"沟通"，而是通过"中介机构""沟通"，第三方支付平台作为"中介机构"能否被骗，如何产生处分意识，需要我们进行规范的形塑。

（一）第三方支付平台与预设的同意

许乃曼教授曾言："被害者学（被害人教义学）在总则与分则之间具有桥梁功能。"[2]被害人同意作为被害人教义学的重要组成部分，其在刑法教义学上具有举足轻重的地位。随着我国的刑法教义学逐渐渗透到刑法各论，被害人同意与侵犯个人法益的犯罪逐渐变得密不可分。[3]尤其是在财产犯罪中，被害人的同意会影响构成要件该当性的判断。以盗窃罪为例，盗窃罪的客观构成要件是秘密窃取他人的财物，具体展开来讲，被害人财物的损害是来自于行为人违反其意志的单方窃取，因此盗窃罪属于"他人损害犯"。[4]在此意义上来说，违反被害人的意志是盗窃罪的一种积极的构成要件要素。相反，取得被害人同意的"窃取"行为就不满足盗窃罪的客观要件，因此而不具有构成要件的该当性。[5]

盗窃罪中的被害人同意可以分为现实的同意与预设的同意。与现实的同

---

〔1〕 张明楷：《诈骗罪与金融诈骗罪研究》，清华大学出版社2006年版，第123页。

〔2〕 ［德］贝恩德·许乃曼："刑事不法之体系：以法益概念与被害者学作为总则体系与分则体系间的桥梁"，王玉全等译，载许玉秀、陈志辉等编译：《不移不惑献身法与正义———许迺曼教授刑事法论文选辑》，新学林出版股份有限公司2006年版，第220页。

〔3〕 车浩教授是我国被害人教义学的旗手性人物，2012年车浩教授在《法学研究》第2期发表《盗窃罪中的被害人同意》一文，自此中国刑法学界建构起了被害人教义学与财产犯罪的桥梁。车浩教授所主张的被害人教义学是一个更为包容的概念，包括了德国学者在诈骗罪中主张的被害人教义学，与被害人自陷风险以及被害人同意。（参见车浩：《刑法教义的本土形塑》，法律出版社2017年版，第47~85页）。对此，陈兴良教授曾评论到："车浩……力图用被害人（教义学）概念重新构建刑法学"（参见梁根林主编：《当代刑法思潮论坛》（第2卷·刑法教义与价值判断），北京大学出版社2016年版，第64页）。

〔4〕 与此相反，诈骗罪之所以会给被害人造成财产损害，是因为被害人（被骗人）基于自己瑕疵之意思表示而进行的处分行为，所以诈骗罪也被称之为"自我损害犯"。

〔5〕 王皇玉：《刑法总则》（第5版），新学林出版股份有限公司2019年版，第307~308页。

意不同的是，预设的同意是占有人提前预设的，这种同意是一种抽象、概括的同意，对方只要满足了占有人提前设置的条件，就视为占有人同意。预设的同意理论最早被用于解决自动售货机类案件，如果行为人将假币投入自动售卖机取得商品，便违反了机器设置者的条件（必须投入真币），因此行为人构成盗窃罪。后车浩教授在解决拾得他人的信用卡在 ATM 机上取钱这一难题时，引入了预设的同意理论。车浩教授认为，拾得他人的信用卡在 ATM 机上取钱并未违反机器设置者的意志，只要行为人在插卡和输入密码等程序性、技术性环节上没有瑕疵，取款行为就得到了银行的同意。因此，这种行为不能以盗窃罪论处。[1]笔者完全赞同车浩教授的观点，"预设的同意"理论也完全可以适用于利用第三方支付平台的侵财案件。在上述"支付宝转账案"中，第三方支付平台管理者作为资金的占有人，其所设置的同意条件就是正确地支付密码。也就是说，任何输入正确支付密码的人都符合预设同意的条件，第三方平台就应当进行支付。而在上述"支付宝转账案"中，行为人徐某拥有真实有效的支付宝密码（无需考虑其取得密码的方式），只要其正确输入了支付宝密码就可以认定其符合第三方支付平台管理者所设置的支付条件，因此徐某的行为并不构成盗窃罪。

（二）第三方支付下处分意识的重新理解

传统诈骗罪中被害人（被骗人）的处分意识都是由真实客观存在的人作出的，那么由此产生的问题便是，在新型支付方式下，第三方支付平台是否能被骗？诈骗罪的处分意识如何产生？

（1）第三方支付平台不能被骗。大陆法系刑法理论大多数都坚持"机器不能被骗"的刑法教义。生物学上认为，"意识是人脑对大脑内外表象的觉察"，也就是说意识是能动的产物。可第三方支付平台只是一套"冷冰冰"的程序，程序的本质是代码的集合。因此，无论如何解释，程序都不能成为被骗的对象，诈骗罪始终是对人实施的犯罪。

（2）第三方支付平台并非人工智能。有学者提出："新型支付方式运作原理与 ATM 机几乎相同，因而新型支付平台是具有识别功能且代替人脑开展业务的'机器人'，其同样可以成为被骗的对象。"[2]这种观点将新型支付方式

---

〔1〕 车浩："盗窃罪中的被害人同意"，载《法学研究》2012 年第 2 期。

〔2〕 刘宪权："论新型支付方式下网络侵财犯罪的定性"，载《法学评论》2017 年第 5 期。

与人工智能相结合，可谓是一大创新。但笔者认为，第三方支付平台是否能被骗，与第三方支付平台是不是机器人没有任何关系。自动取款机和第三方支付平台只是货币流通的平台，是一个机械装置，根本就不具有识别功能，更别说能代替人脑开展业务。人类与它们之间没有任何的交流沟通，它们也没有任何的自主意识，其完全是依靠人类所设定的程序运行。事实上，人工智能法学研究已经呈现泛化趋势，可以说人工智能法学研究正在经历一场"造神运动"。正如刘艳红教授所批评的那样："当法学重要期刊上的论文将自动取款机、手机银行、支付宝第三方支付平台等统统纳入人工智能范畴时，恰恰表明概念附会的严重性达到了让人失去底线的地步。"[1]

（3）被骗的是第三方支付平台的管理者。上述"支付宝转账案"行为人之所以构成诈骗罪，并非是由于第三方支付平台可以成为被骗的对象，而是第三方支付平台后面的人可以成为被骗的对象。支付宝公司创设了支付宝这一第三方支付平台，只要是输入真实密码的交易都满足支付宝交易的有效性条件。这些交易基于"预设的同意"，并不符合盗窃罪的构成要件该当性。在"支付宝转账案"中，行为人徐某实施的"交易行为"被支付宝平台的管理者误认为是真实有效的交易，因此给予其同意支付的指令，从而使得徐某成功通过第三方支付平台转移财物并非法占有。在此意义上来说，支付宝平台的管理者陷入了认识错误，基于瑕疵的意思进行了财产的处分。[2]

二、处分意识不要说的困境

（一）处分意识不要说的概念并不确定

正如普珀教授所言："一直以来，我们法律人都在为了概念争执。"[3]持处分意识不要说观点的学者，在处分意识不要说的概念上提出了截然不同的

---

[1] 刘艳红："人工智能法学研究的反智化批判"，载东方法学：https://doi.org/10.19404/j.cnki.dffx.20190819.001，访问日期：2019 年 8 月 19 日。

[2] 姜涛教授认为第三方支付平台可以被骗，但是在论证时又称是第三方平台后的审核人员被骗，而不是机器被骗，这样未免令人产生疑惑；姜涛教授还提出假定的处分意识，但这也令人感到疑惑。这种假定的处分意识到底是谁作出处分意识，如果是第三方支付平台，那么又回到了之前的问题上，机器如何产生处分意识？如果是第三方支付平台后的人被骗，那么这种处分意识就不应当是假定的，而是现实客观存在的。（参见姜涛："网络型诈骗罪的拟制处分行为"，载《中外法学》2019 年第 3 期。）

[3] ［德］英格博格·普珀：《法学思维小学堂——法律人的 6 堂思维训练课》，蔡圣伟译，北京大学出版社 2011 年版，第 3 页。

看法。

一部分持处分意识不要说的学者认为,盗窃与诈骗的区分标准在于被害人(被骗人)的客观行为,对于被害人(被骗人)主观上的意愿,并不予以考虑。[1]这种处分意识不要说是彻底的"外在行为论",按照这种观点,上述的"机票案""1元激情聊天案"的被害人有客观上的交财行为,所以都构成诈骗罪。依据这种观点,对诈骗与盗窃进行区分就看是不是被害人(被骗人)自己给,是自己给就是诈骗,不是自己给就是盗窃。笔者认为,这样的区分标准未免太过随意,不具有合理性。并且,这种观点无法解决占有迟缓的问题。例如,行为人甲以借打电话的名义,向乙借用手机,后乘乙不注意便消失在人海中("借打手机案")。按照这种处分意识不要说的观点,乙存在客观的主动交付行为,所以应当按照诈骗罪论处。但在本案中,乙并没有将手机转移占有给甲,乙只是出现了占有的迟缓(占有的松弛),甲的行为应当构成盗窃罪。

还有的处分意识不要说的学者认为诈骗罪的成立虽然不需要处分意识,但处分人必须认识到自己行为转移的是财产。[2]按照这种观点,上述"机票案""1元激情聊天案"的被害人均没有认识到自己对财产的处分,所以应当构成盗窃罪。这种观点事实上已经要求处分人主观上有处分财物的意识,所以说这种观点虽然被冠以处分意识不要说之名,但已经脱离了处分意识不要说的实质内涵,而进入了处分意识必要说之内。

由此可见,处分意识不要说自身概念都十分不确定,我们怎么能用一种不确定的概念去区分盗窃与诈骗这一组本就难以区分的概念?当然,也许有人会提出反驳,处分意识必要说概念也并不完全统一,以概念的不确定性来指责处分意识不要说有"五十步笑百步"之嫌。诚然,处分意识必要说的内部也有争议,但处分意识必要说内部无论是缓和论还是严格论都坚持处分人必须认识到自己在进行财产的处分。因此,无论采用"严格论"还是"缓和论"的观点,分析上述"机票案""1元激情聊天案"都会得出盗窃罪的结论。而处分意识不要说内部的争论是"质"的争论,如果采取上述第一种处分意识不要说,得出的结论是行为人构成诈骗罪,但如果采取的是第二种得

---

〔1〕 蔡桂生:"新型支付方式下盗窃与诈骗的界限",载《法学》2018年第1期。
〔2〕 陈洪兵:《财产犯罪之间的界限与竞合研究》,中国政法大学出版社2014年版,第213页。

出的结论是行为人构成盗窃罪。处分意识不要说概念如此不确定,如何能担任区分盗窃与诈骗的重任?

(二) 处分意识不要说忽略了财产转移的主观要素

1. 占有的对象应当包括财产性利益

刑法学界近几年对财产利益能否成为占有的对象争论得尤为激烈,因为占有的对象是否包括财产性利益将会直接影响财产犯罪的界限。否定者认为,承认财产性利益的占有将会破坏构成要件的定型性。[1]肯定者则认为,虽然无法对财产性利益进行现实的物理上的支配,但是并不影响占有人对其规范性的支配和控制。[2]

笔者认为,占有的对象应当包括财产性利益。首先,占有从其本质上来说就是占有主体对财物的规范性支配,这种支配可以是通过物理上对财物的实际控制,但其同时也可以依据观念上的支配加以实现。其次,随着科学技术的发展,网络化、数据化使得占有时常缺乏物质的载体,但人们都不否认自己对这些电子票券、电子货币的占有。最后,从刑法条文的规定来看,占有的对象也应当包括财产性利益。《刑法》第265条规定以牟利为目的,盗接他人通信线路、复制他人电信码号或者明知是盗接、复制的电信设备、设施而使用的,以盗窃罪论处。盗窃罪是违反他人意志并打破他人占有的犯罪,这里的行为对象既然包括电信码号,恰恰说明我国刑法承认无体物也应当是刑法上占有的对象。[3]

2. 转移财产性利益时主观上也应当有转移占有的意思

按照萨维尼的观点,一个人如果要取得占有,则必须存在客观上的占有行为 (体素),和伴随物理的行为意图 (心素)。体素并非要求占有人直接接触物,而是拥有直接支配物的能力。心素则要求占有人必须事实上对占有物有支配的意图。[4]刑法上的占有,也是体素与心素的统一,即占有人必须客观上有占有的行为,主观上必须具有占有的意思,二者缺一均不构成刑法上

---

〔1〕 徐凌波:"虚拟财产犯罪的教义学展开",载《法学家》2017年第4期。

〔2〕 李强:"作为规范性支配的占有——以日本的刑事判例为中心",载《环球法律评论》2018年第1期。

〔3〕 张明楷:《刑法学》(第5版),法律出版社2016年版,第994页。

〔4〕 朱虎:"萨维尼的《论占有》及其贡献——法学、立法以及方法",载《比较法研究》2006年第6期。

的占有。例如，毒贩甲乘乙不注意，在乙过安检之前将毒品放入乙的背包中，后过安检时乙被查出携带毒品。乙虽然在客观上是占有该毒品，但在主观上没有占有的意思，所以乙并不构成非法持有毒品罪。

既然刑法上的占有必须"主客观相统一"，那么刑法上转移占有的行为也必须是二者间相统一的行为。诈骗罪中的"财产处分"本质上属于一种占有移转的行为，在上述"机票案"和"1元激情聊天案"中，被害人的客观行为虽然造成了财产的直接性减损，但是主观上并没有转移财产的意思。按照处分意识不要说的观点，只需关注处分人的客观行为，不需要考虑处分人在主观上有没有转移财产占有的意思，如此一来将导致占有的转移，只有客观行为，却没有主观的转移占有意识，这并不符合主客观相统一原则。

（三）处分意识不要说是错误地借鉴德日刑法的产物

关于处分意识是否必要，德国主流观点采取了区分的方法，在处分有体物时，主流观点认为应当坚持处分意识必要说，而在进行财产性利益的处分，主流观点认为不需要处分意识。[1]而日本的主流观点则认为，诈骗罪应当坚持处分意识必要说。[2]但也有部分学者和司法判例认为在处分财产性利益时，应当采纳处分意识不要说。[3]我国有学者受到德日刑法理论的影响，主张在新型支付方式下，采纳处分意识不必要说。[4]对此观点，笔者不能苟同。

在处分财产性利益时德国主流观点之所以持处分意识不要说，是基于其立法模式。《德国刑法》第 242 条第 1 款规定："意图为自己或第三人不法之所有，而窃取他人之动产者，处五年以下有期徒刑或罚金。"也就是说，德国将盗窃罪的行为对象限定在有体物，而不包含财产性利益。但其对诈骗罪的规定与此不同。《德国刑法》第 263 条第 1 款规定："意图为自己或第三人不法获取财产利益，告以虚伪错误之事实，或扭曲或隐蔽真实之事实，引起或维持错误，致生他人财产之损害，处五年以下有期徒刑或罚金。"[5]也就是说，诈骗罪的行为对象包括财产性利益在内。在进行财产性利益的处分时，

〔1〕 王钢：《德国判例刑法（分则）》，北京大学出版社 2016 年版，第 205 页。

〔2〕 ［日］山口厚：《从新判例看刑法》（第 3 版），付立庆等译，中国人民大学出版社 2019 年版，第 217~218 页。

〔3〕 ［日］西田典之：《日本刑法各论》（第 6 版），王昭武等译，法律出版社 2013 年版，第 205 页。

〔4〕 蔡桂生："新型支付方式下盗窃与诈骗的界限"，载《法学》2018 年第 1 期。

〔5〕 李圣杰、潘怡宏编译：《德国刑法典》，元照出版有限公司 2017 年版，第 316、339 页。

德国主流观点之所以认为不需要处分意识，正是为了填补处罚的漏洞。例如，行为人将免除自己债务的文件让喝醉酒的被害人签字（"签字案"）。倘若采取处分意识必要说，被害人并没有意识到自己签署的文件是免去行为人债务，没有处分财物的意思，因此行为人不构成诈骗罪。又由于盗窃罪的行为对象仅限于有体物，行为人也不构成盗窃罪，这样只能认定其为无罪。所以，在处分财产性利益时德国主流观点之所以持处分意识不要说，实际上是为了避免"漏风"。〔1〕同样，《日本刑法》第 235 条将盗窃罪的行为对象限定为"财物"，而 246 条第 2 款认为"不法利益"是诈骗罪的行为对象。〔2〕在日本出现了乘客没有购买全程价款的车票，而下车出站时车站工作人员又没有注意，乘客因此而逃票的案例（"乘车逃票案"）。〔3〕和德国的主流观点相似，日本部分学者和裁判官为了处罚类似于"乘车逃票案"这样的案件，采取处分意识不要说，以此来填补处罚漏洞。

如前所述，刑法上占有的对象应当包括财产性利益，按照此种观点，盗窃的行为对象也应当包括财产性利益，并且我国的司法实践对此也予以认可。在第 1063 号指导案例"习海珠抢劫案"中，法官在裁判要旨中写道："尽管我国现行刑法中并没有直接规定侵犯财产罪的犯罪对象包括财产性利益，也没有单独设立利益罪。但是，刑法理论界普遍的观点认为，财产性利益可以作为财产犯罪的对象。随着社会交易方式、财产形态的日渐多样化，作为刑法中的财产犯罪的对象，'财产'概念的内涵和外延也呈现逐渐扩张趋势。财产既包括有形的财物，也包括各种财产性利益。加强对财产性利益的法律保护，是市场经济发展的必然要求。"〔4〕因此，我国完全不需要借鉴德国日本的做法，采纳处分意识不要说来填补处罚的漏洞。无论是德国的"签字案"还是日本的"乘车逃票案"，在我国均符合盗窃罪的构成要件。更为重要的是，"法律毕竟是地方性知识"。〔5〕前田雅英教授曾告诫中国学者："一定要关注

〔1〕 王钢：《德国判例刑法（分则）》，北京大学出版社 2016 年版，第 205 页。
〔2〕 张凌、于秀峰编译：《日本刑法及特别刑法总览》，人民法院出版社 2017 年版，第 49~50 页。
〔3〕 ［日］松宫孝明：《刑法各论讲义》（第 4 版），王昭武等译，中国人民大学出版社 2018 年版，第 213~214 页。
〔4〕 "习海珠抢劫案［第 1063 号］"，载中华人民共和国最高人民法院刑事审判第一、二、三、四、五庭主办：《刑事审判参考》（总第 102 集），法律出版社 2016 年版，第 57~60 页。
〔5〕 黎宏：《刑法学》，法律出版社 2012 年版，序言部分。

中国自身的问题，而不能一直依赖日本或德国的理论。"〔1〕各国对刑法分则的规定都不相一致，如果一味地用德日刑法各论的理论来套用中国的司法实践，这就好比南橘北枳，其结果一定是水土不服。

三、对处分意识不要说新立论的破解

刑法理论并非一成不变。随着社会的发展，刑法理论也会随着时代的发展而进行自我完善。处分意识不要说的学者为了证成其观点的合理性提出了新的立论，但这些新立论并不具有说服力。

（一）"交流沟通" 并非诈骗罪的本质特征

德国有学者认为，诈骗罪本质上是一种 "交流沟通型" 犯罪。就机器来说，机器只是根据人类设定的指令行事，而不会与人进行现实的沟通与交流，因此对机器难言欺诈。我国有学者敏锐地观察到了这一点，在撰文探讨新型支付方式下处分意识不要说合理性的时候，也提出了诈骗罪是 "交流沟通型" 犯罪这一命题。〔2〕按照这种观点，上述 "偷换商家二维码案" 因行为人与店铺老板、顾客之间均未发生针对财产决策的交流沟通而不构成诈骗罪。

但笔者认为此种观点值得商榷。第一，诈骗罪是一种 "交流沟通型" 犯罪这一命题在德国刑法学界并没有形成共识。从德国司法判例来看，"自我损害型" 仍然是诈骗罪的本质特征，诈骗罪的 "交流沟通型" 特征并没有获得德国司法实践主流的认可。〔3〕第二，即便认同诈骗罪是一种 "交流沟通型" 犯罪，处分意识必要说也同样注重行为人与被骗人进行 "沟通交往"，但这并不代表有沟通就产生了处分意识。例如，甲意欲偷窃乙的古董瓷器，甲与乙积极进行沟通，乙以为甲真心想买，便将花瓶的详情介绍于甲，甲了解后趁乙不在家，将乙的花瓶偷走。本案中，甲乙的确对花瓶进行了多次 "沟通"，但乙并没有产生处分意识。〔4〕笰三，上述 "偷换商家二维码案" 不构成诈骗罪并不是因为行为人、顾客和商家没有进行 "交流沟通"。在本案中，顾客是

---

〔1〕 ［日］前田雅英：《刑法总论讲义》，曾文科译，北京大学出版社 2017 年版，译者后记部分。

〔2〕 蔡桂生："新型支付方式下盗窃与诈骗的界限"，载《法学》2018 年第 1 期；蔡桂生："缄默形式诈骗罪的表现及其本质"，载《政治与法律》2018 年第 2 期。

〔3〕 王钢："德国刑法诈骗罪的客观构成要件——以德国司法判例为中心"，载《政治与法律》2014 年第 10 期。

〔4〕 姜涛："网络型诈骗罪的拟制处分行为"，载《中外法学》2019 年第 3 期。

受骗人，而商家是被害人，但顾客并没有处分商家财产的权限，行为人偷换了二维码使得顾客陷入了认识错误，顾客此时成了行为人的工具，因此行为人构成盗窃罪的间接正犯。第四，从我国现行立法及其司法解释来看，我国的诈骗类犯罪并不要求"沟通交往"。[1]以信用卡诈骗罪为例，我国《刑法》第 196 条第 1 款第 2 项将冒用他人信用卡的行为定性为信用卡诈骗。并且《最高人民检察院关于拾得他人信用卡并在自动柜员机（ATM 机）上使用的行为如何定性问题的批复》规定："拾得他人信用卡并在自动柜员机（ATM 机）上使用的行为，属于刑法第一百九十六条第一款第（三）项规定的'冒用他人信用卡'的情形，构成犯罪的，以信用卡诈骗罪追究刑事责任。"由此可见，我国刑法规定与司法解释均认为诈骗类犯罪并不以"沟通交流"为必要条件。

（二）民法上意思表示的解释理论无法为处分意识不要说背书

有的持处分意识不要说的学者为了立证自己的观点合理性，跨出刑法法域，借鉴民法上的意思表示解释理论来说明处分意识不要说观点的合理性。其解释称："表示行为与行为人的内部意思不一致，但基于安全等原因，其行为仍然可能被认为有效……被害人的处分行为实际上指的是能够发生转移效果的行为。"[2]笔者认为，这完全是一种错误的借鉴。

首先，民法上的意思表示的确分为内在的意思和外在的表示，内在的意思与外在的表示行为在某些情况下也的确会不一致，但意思表示该如何进行解释，是应当采意思主义还是表示主义，这在民法学界至今没有定论。民法学界部分学者之所以支持表示主义，是因为意思主义太过于苛责意思表示的相对人，而意思表示的解释方法实质上是风险的分配。最重要的是，这种理论并不适用于新型支付手段下的侵财案件。以"机票案"为例，在"机票案"中，意思表示的相对人不可能出现意思表示的受领错误，因为他一开始就知道，被害人不知道自己在处分自己的财物。也就是说，被害人的外部行为与被害人的内心意思不一致，行为人是明知的。这样一来，行为人根本不存在

---

〔1〕 马寅翔："限缩与扩张：财产性利益盗窃与诈骗的界分之道"，载《法学》2018 年第 3 期。

〔2〕 姜涛、杨睿雍："新型支付手段下诈骗罪的处分意识再定义"，载《重庆大学学报（社会科学版）》网络首发，http://kns.cnki.net/kcms/detail/50.1023.C.20190519.2057.002.html，访问日期：2019 年 5 月 19 日。

以被害人外部行为来推定其内心表示的前提条件。[1]其次,如果一定要对民法理论进行借鉴,民法上同样也有 "处分行为" 这一概念。民法上的处分行为是指直接作用于某项现存权利的法律行为,例如转移物的所有权、让与债权等都是处分行为。[2]而民法上的处分行为没有争议地要求处分人主观上必须存在处分意识。因此,无论从民法的角度还是从刑法的角度去理解处分行为,处分行为都离不开处分意识。

四、短暂的结语

盗窃罪是 "他人损害犯",而诈骗罪是 "自我损害犯",两者属于实质的互斥关系,处分意识作为诈骗罪不成文的构成要件要素,在盗窃与诈骗之间划出了一条不可逾越的鸿沟,使得两罪一直处于泾渭分明的状态。倘若将处分意识不要说贯彻到底,便会突破这条鸿沟,使得两罪的界限过于模糊。通过以上对处分意识不要说的批判,我们可以清楚地看到处分意识不要说并不具有合理性,处分意识不要说认为新型支付方式可以助其 "突围",终究只是一厢情愿。

---

〔1〕 关于意思表示的解释详细论证请参见 〔德〕卡尔·拉伦茨:《法律行为解释之方法——兼论意思表示理论》,范雪飞等译,法律出版社 2018 年版,第 1~104 页。

〔2〕 〔德〕卡尔·拉伦茨:《德国民法通论》(下册),王晓晔等译,法律出版社 2003 年版,第436~437 页;〔德〕迪特尔·梅迪库斯:《德国民法总论》,邵建东译,法律出版社 2001 年版,第 168~169 页。